AF274697

Aplicaciones Informáticas de Administración de Recursos Humanos

Gestión administrativa de las relaciones laborales

Certificados de profesionalidad

RE/LAB/DG/8-51

 *Anagrama «LUCHA CONTRA LA PIRATERÍA», propiedad de Unión Internacional de Escritores.*

Será perseguida de acuerdo con la legislación vigente la reproducción total o parcial de esta obra por cualquier medio, existente o de próxima invención, incluido el tratamiento informático, transformación, plagio, distribución, fotocopia o comunicación de cualquier forma, ya sea por métodos electrónicos, mecánicos o por registro, sin el permiso previo y por escrito de los editores y titulares del ©. No está permitida cualquier otra forma de cesión de uso del ejemplar.

CONSEJO DE REDACCIÓN

Rafael Martínez Hurtado
Noelia Berlanga Sánchez

ILUSTRACIÓN

Ignacio Velasco Marugán

MAQUETACIÓN

Verónica Seoane López

1957 **ADAMS** 2022

© Centro de Estudios ADAMS. Ediciones Valbuena
C/ Narciso Serra, 14
28007 Madrid
adamsediciones@adams.es
www.adams.es

I.S.B.N.: 978-84-1077-517-6
Depósito legal: M-16855-2025
Editado en agosto de 2025
Imprime: Centro de Estudios Adams. Ediciones Valbuena, S.A.
Impreso en España. Printed in Spain

Diríjase a CEDRO (Centro Español de Derechos Reprográficos, www.cedro.org) si necesita fotocopiar, escanear o hacer copias digitales de algún fragmento de esta obra.

Presentación

Comprometidos por ofrecer una propuesta formativa ajustada a las necesidades de la sociedad y del mercado de trabajo, Grupo ADAMS presenta este curso de **Aplicaciones informáticas de administración de recursos humanos**, desarrollado conforme a los nuevos **Certificados de Profesionalidad** y, por tanto, vinculado al **Catálogo Nacional de Cualificaciones**. De esta manera, es posible obtener la acreditación oficial, con validez en todo el territorio nacional, estar en posesión de las aptitudes y conocimientos que permiten un óptimo desempeño profesional, una vez superadas las pruebas establecidas al efecto.

Esta **Unidad Formativa**, con una duración asociada de 30 horas, forma parte del **Certificado de Profesionalidad de Gestión integrada de Recursos Humanos**, perteneciente a la familia de Administración y gestión.

En la elaboración de los contenidos hemos pretendido garantizar la **adquisición, mejora y actualización de las competencias profesionales** requeridas en el mercado laboral, así como fomentar el **aprendizaje**.

Para conseguir tal objetivo, cada unidad didáctica presenta la siguiente estructura:

UNIDAD DIDÁCTICA 1

Aplicaciones informáticas de Administración de Recursos Humanos.

Título

Según el programa oficial publicado en el BOE.

Objetivos

Al comienzo de la unidad didáctica, identifican las capacidades que podrá adquirir.

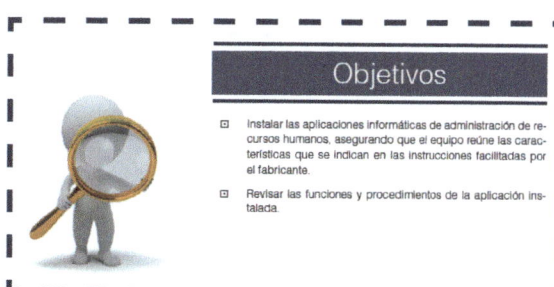

Objetivos

☐ Instalar las aplicaciones informáticas de administración de recursos humanos, asegurando que el equipo reúne las características que se indican en las instrucciones facilitadas por el fabricante.

☐ Revisar las funciones y procedimientos de la aplicación instalada.

Contenido

Introducción

1. Elección de la aplicación informática
   1.1. Introducción
   1.2. Criterios de elección
   1.3. Principales marcas de aplicaciones informáticas de administración de recursos humanos

Índice de contenidos

Proporciona una visión general del contenido, enumerando todos los aspectos que se desarrollan en la Unidad Didáctica.

Aplicaciones Informáticas de Administración de Recursos Humanos **ADAMS**

Introducción

En esta primera unidad analizaremos los criterios de elección de la aplicación informática de administración de recursos humanos. Estos pueden ser técnicos, económicos u organizativos.

Estudiaremos las funcionalidades y procedimientos de instalación-actualización de la aplicación informática NOMINASOL.

 Puedes acceder al programa NOMINASOL, no tiene coste de adquisición, lo puedes instalar y utilizar sin ningún tipo de limitación, y en tantos ordenadores como desees. El enlace de descarga lo encontrarás en la web Software DELSOL.

1. Elección de la aplicación informática

1.1. Introducción

Todas las aplicaciones informáticas de recursos humanos, al igual que las de contabilidad, deben cumplir en su diseño con los requisitos legales vigentes. Por tanto, son básicamente similares entre sí con oferta de versiones escalonadas de estándar a avanzadas.

Para facilitar las explicaciones y hacerlas más sencillas y comprensibles, a lo largo del curso se utiliza un único programa (**NOMINASOL**) de muy frecuente uso en el ámbito de gestión de las relaciones laborales de los recursos humanos.

Para una elección adecuada, el alumno aprenderá a utilizar las herramientas de localización, análisis, síntesis y las fuentes de información necesarias para evaluar criterios técnicos, económicos y organizativos.

El objetivo principal de esta unidad es conseguir por parte del alumno un dominio suficiente de la aplicación informática de uso en el ámbito de gestión de recursos humanos y relaciones laborales.

1-15

Exposición y desarrollo

Del contenido del programa oficial, con Notas resaltadas al margen, como "Definición", "Recuerda", "Información"…

ADAMS Aplicaciones Informáticas de Administración de Recursos Humanos

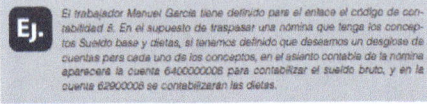

Ej. El trabajador Manuel García tiene definido para el enlace el código de contabilidad 6. En el supuesto de traspasar una nómina que tenga los conceptos Sueldo base y dietas, si tenemos definido que deseamos un desglose de cuentas para cada uno de los conceptos, en el asiento contable de la nómina aparecerá la cuenta 6400000008 para contabilizar el sueldo bruto, y en la cuenta 62900008 se contabilizarán las dietas.

En el supuesto de que el líquido de las nóminas se desee contabilizar en la cuenta de "Remuneraciones Pendientes de Pago", podemos optar por usar una única cuenta o usar una cuenta para cada uno de los trabajadores, según tengamos la casilla activada o desactivada respectivamente.

1. **Ret. Retribuciones en especie:** indicaremos la cuenta contable que recoge el importe que se le retiene al trabajador en concepto de IRPF correspondiente a las retribuciones en especie.

1-46

Ejemplos y Actividades

Interrelacionados con los contenidos estudiados y que aportan una visión práctica de la materia.

Autoevaluaciones. Enunciados | **ADAMS**

Autoevaluación de Unidad 1
Enunciados

----

1. Si estamos observando, entre otros, el coste de adquisición, el de mantenimiento y el de actualización, ¿de qué criterio de selección estamos hablando?:

- a) Criterio absoluto.
- b) Criterio organizativo.
- c) Criterio técnico.
- d) Criterio económico.

2. ¿Con cuántos usuarios permite trabajar la aplicación?:

- a) Solo con el supervisor.
- b) Con 10 usuarios.
- c) Con un número ilimitado de usuarios.
- d) Con el supervisor y 3 usuarios más.

3. ¿Cuántos caracteres se aconseja que debe tener como máximo el nombre del directorio donde se instala NOMINASOL?:

- a) 6.
- b) 8.
- c) 10.
- d) No influye el nº de caracteres.

4. La aplicación con la que podemos enlazar NOMINASOL es:

- a) CONTASOL.
- b) TPVSOL.
- c) FACTUSOL.
- d) GESTORSOL.

331

Autoevaluaciones

Te ayudarán a comprobar el grado de asimilación de la materia estudiada, en base a las competencias a adquirir y sus criterios de realización.

Supuestos Prácticos

Aportan la aplicación de los conocimientos y del saber hacer en un contexto real de trabajo.

Supuestos Prácticos. Enunciados | **ADAMS**

Supuesto Práctico 1
Enunciados

Crear el calendario laboral de la provincia de Madrid correspondiente al año 2024.

Los días festivos en Madrid son los siguientes:

- 1 de enero - Festividad Nacional.
- 6 de enero - Festividad Nacional.
- 28 y 29 de marzo - Festividad Nacional.
- 1 de mayo - Festividad Nacional.
- 2 de mayo - Festividad Autonómica.
- 15 de mayo - Festividad Local.
- 25 de julio - Festividad Autonómica.
- 9 de noviembre - Festividad Nacional.
- 15 de agosto - Festividad Nacional.
- 1 de noviembre - Festividad Nacional.
- 6 de diciembre - Festividad Nacional.
- 8 de diciembre - Festividad Nacional.

385

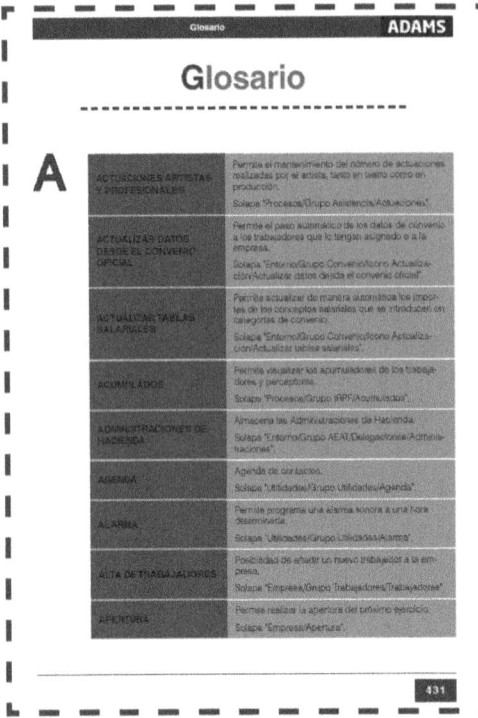

Glosario

Te ayudará a comprender mejor el significado de algunas palabras.

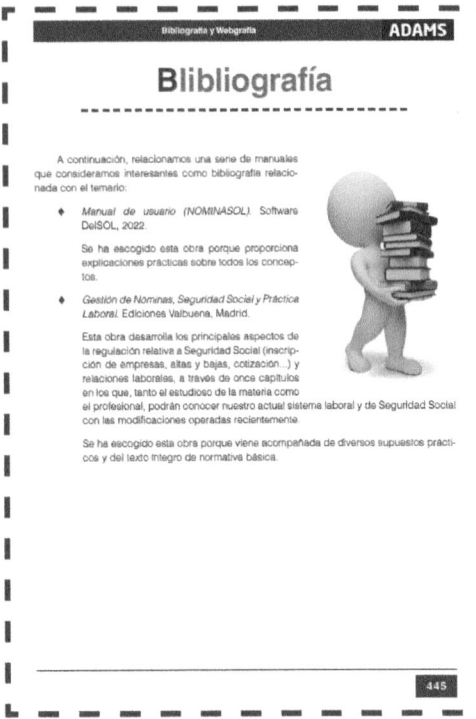

Bibliografía y Webgrafía

Te ayudarán a ampliar tus conocimientos en caso de considerarlo necesario.

En nuestra página web **www.adams.es** estarás al día en cuanto a información sobre cursos, productos y servicios se refiere, además tendrás la opción de dirigirnos cualquier consulta o sugerencia a través de **adams@adams.es**

Esperando haber cumplido el objetivo propuesto, te expresamos nuestros mejores deseos de éxito.

ADAMS

Índice

Ficha 11

Iconos 12

Unidad Didáctica 1. **Aplicaciones informáticas de Administración**
                          de Recursos Humanos 13

Unidad Didáctica 2. **Tablas del sistema** 59

Unidad Didáctica 3. **Carga de datos relativos a la empresa** 85

Unidad Didáctica 4. **Carga de datos de los trabajadores** 129

Unidad Didáctica 5. **Gestión de nóminas** 159

Unidad Didáctica 6. **Gestión de incidencias del periodo de liquidación de salarios** 201

Unidad Didáctica 7. **Generación de documentos** 229

Unidad Didáctica 8. **Seguridad, control de acceso y utilidades** 287

Autoevaluaciones. Enunciados 331

Autoevaluaciones. Soluciones 359

Supuestos Prácticos. Enunciados 385

Supuestos Prácticos. Soluciones 391

Glosario 431

Bibliografía 445

Webgrafía 447

Familia profesional: **ADMINISTRACIÓN Y GESTIÓN**

Área profesional: **Administración y auditoría**

FICHA DE CERTIFICADO DE PROFESIONALIDAD: GESTIÓN INTEGRADA DE RECURSOS HUMANOS (ADGD0208)

H. Q	Módulos certificado	H. CP	Correspondencia con el Catálogo Modular de Formación Profesional		
			Unidades formativas	Horas
160	MF0237_3: Gestión administrativa de las relaciones laborales	210	**UF0341: Contratación Laboral**	**60**
			UF0342: Cálculo de prestaciones de la Seguridad Social	30
			UF0343: Retribuciones Salariales, Cotización y Recaudación	90
			UF0344: Aplicaciones Informáticas de Administración de Recursos Humanos	**30**
90	MF0238_3: Gestión de recursos humanos	150	UF0345: Apoyo Administrativo a la Gestión de Recursos Humanos	60
			UF0346: Comunicación Efectiva y Trabajo en Equipo	60
			UF0044: Función del Mando Intermedio en la Prevención de Riesgos Laborales	30
120	MF0987_3: Gestión de sistemas de información y archivo	120	UF0347: Sistemas de Archivo y Clasificación de Documentos	30
			UF0348: Utilización de las Bases de Datos Relacionales en el Sistema de Gestión y Almacenamiento de Datos	90
120	MF0233_2: Ofimática	190	UF0319: Sistema Operativo, Búsqueda de la Información: Internet/Intranet y Correo Electrónico	30
			UF0320: Aplicaciones Informáticas de Tratamiento de Textos	30
			UF0321: Aplicaciones Informáticas de Hojas de Cálculo	50
			UF0322: Aplicaciones Informáticas de Bases de Datos Relacionales	50
			UF0323: Aplicaciones Informáticas para Presentaciones: Gráficas de Información	30
	MP0078 Módulo de prácticas profesionales no laborales	120		
490	**Duración horas totales certificado de profesionalidad**	790	**Duración horas módulos formativos**	**670**

Iconos

Actividad

Contenido extra

Definición

Ejemplo

Enlace web

Importante

Información

Lectura recomendada

Legislación

Listening

Nota

Objetivos logrados

Recuerda

Reflexiona

Vocabulario

UNIDAD DIDÁCTICA 1

Aplicaciones informáticas de Administración de Recursos Humanos.

Objetivos

- ☑ Instalar las aplicaciones informáticas de administración de recursos humanos, asegurando que el equipo reúne las características que se indican en las instrucciones facilitadas por el fabricante.

- ☑ Revisar las funciones y procedimientos de la aplicación instalada.

Contenido

Introducción

1. Elección de la aplicación informática

   1.1. Introducción

   1.2. Criterios de elección

   1.3. Principales marcas de aplicaciones informáticas de administración de recursos humanos

   1.4. Licencia de uso de aplicaciones informáticas

   1.5. Beneficios del software legal

   1.6. Ventajas del software legal

2. Funcionalidades y procedimientos de instalación de la aplicación

   2.1. Instalación de la aplicación informática

   2.2. Registro de usuario

   2.3. Desinstalación de la aplicación informática

   2.4. Pantalla de inicio de sesión

   2.5. Pantalla de bienvenida

   2.6. Pantalla principal

   2.7. Enlace contable

   2.8. Botones comunes de la aplicación

   2.9. Actualizaciones

   2.10. Usuarios

Resumen

Introducción

En esta primera unidad analizaremos los criterios de elección de la aplicación informática de administración de recursos humanos. Estos pueden ser técnicos, económicos u organizativos.

Estudiaremos las funcionalidades y procedimientos de instalación-actualización de la aplicación informática NOMINASOL.

 *Puedes acceder al programa NOMINASOL, no tiene coste de adquisición, lo puedes instalar y utilizar sin ningún tipo de limitación, y en tantos ordenadores como desees. El enlace de descarga lo encontrarás en la web Software DELSOL.*

1. Elección de la aplicación informática

1.1. Introducción

Todas las aplicaciones informáticas de recursos humanos, al igual que las de contabilidad, deben cumplir en su diseño con los requisitos legales vigentes. Por tanto, son básicamente similares entre sí con oferta de versiones escalonadas de estándar a avanzadas.

Para facilitar las explicaciones y hacerlas más sencillas y comprensibles, a lo largo del curso se utiliza un único programa **(NOMINASOL)** de muy frecuente uso en el ámbito de gestión de las relaciones laborales de los recursos humanos.

Para una elección adecuada, el alumno aprenderá a utilizar las herramientas de localización, análisis, síntesis y las fuentes de información necesarias para evaluar criterios técnicos, económicos y organizativos.

El objetivo principal de esta unidad es conseguir por parte del alumno un dominio suficiente de la aplicación informática de uso en el ámbito de gestión de recursos humanos y relaciones laborales.

1.2. Criterios de elección

1.2.1. Criterios técnicos

Es recomendable hacer fichas por proveedor y versión con las siguientes variables para su posterior análisis comparativo en una hoja de cálculo.

Rellenar datos comerciales	
Nombre del programa	
Fabricante	
Versión y año	
Distribuidor	
Precio	
Rellenar Información técnica	
Equipo informático necesario	
Mínimo	
Recomendado	
Sistema operativo	
Necesidad de periféricos (ratón, impresora, escáner, tarjeta digitalizadora, módem, adaptación de teclado...)	
Fase de valoraciones	
Facilidad de instrucciones	1 - 2 - 3 - 4 - 5
Tiempo medio de instalación	1 - 2 - 3 - 4 - 5
Guía rápida	1 - 2 - 3 - 4 - 5
Manual de uso	1 - 2 - 3 - 4 - 5
Precisión y claridad en las instrucciones	1 - 2 - 3 - 4 - 5
Apoyo gráfico	1 - 2 - 3 - 4 - 5
Accesibilidad de los datos (facilidad en la búsqueda de información)	1 - 2 - 3 - 4 - 5
Ejemplificaciones	1 - 2 - 3 - 4 - 5
Tutorial	1 - 2 - 3 - 4 - 5
Secuenciación de contenidos (organización autónoma)	1 - 2 - 3 - 4 - 5
Interactividad y control del programa	1 - 2 - 3 - 4 - 5
Iconos inteligibles (analogía entre la imagen y la función que representa)	1 - 2 - 3 - 4 - 5

Iconos formalizados (comunes a otros programas)	1 - 2 - 3 - 4 - 5
Posibilidad de personalización	1 - 2 - 3 - 4 - 5
Intuitivo	1 - 2 - 3 - 4 - 5
Atractivo y moderno	1 - 2 - 3 - 4 - 5
Facilidad de salida y reinicio	1 - 2 - 3 - 4 - 5
Permite la experimentación (su propio uso genera aprendizaje)	1 - 2 - 3 - 4 - 5
Da orientaciones ante errores	1 - 2 - 3 - 4 - 5
Manejo fácil	1 - 2 - 3 - 4 - 5
Facilita el trabajo	1 - 2 - 3 - 4 - 5

1.2.2. Criterios económicos

Para calcular el coste final de una aplicación informática de RR. HH. deben considerarse, entre otros, los siguientes elementos:

Criterios económicos	Proveedor 1	Proveedor 2	Proveedor 3	Proveedor 4
Coste de adquisición	€	€	€	€
Coste de mantenimiento	€	€	€	€
Coste de actualizaciones	€	€	€	€
Valor residual y coste de reposición	€	€	€	€
Instalación y configuración	€	€	€	€
Costes de aprendizaje del usuario	€	€	€	€
Coste atención al cliente	€	€	€	€

1.2.3. Criterios organizativos

Dentro de este apartado podemos tener los siguientes criterios:

Criterios organizativos	Empresa
Estructura empresarial	
Tipo general de negocio	
Rango de ingresos anuales de la empresa	
Nº total de empleados	
Presupuesto estimado para la implantación de la aplicación informática	
Necesidad de servicio de implementación	
Necesidad de mantenimiento anual	
Asistencia	
Formación	
Idiomas en los que trabaja la empresa	
Tiempo del que dispone la empresa para la implementación	

Características	Proveedor 1	Proveedor 2	Proveedor 3	Proveedor 4
Multipuesto. Trabaja en red local				
Multiempresa / Multiusuario				
Nº de trabajadores				
Régimen general de consejeros y administradores				
Régimen especial de trabajadores autónomos				
Régimen especial agrario, artistas, representantes de comercio y funcionarios de administración local				
Envío telemático del certificado de empresa (CERTIFIC@2)				
Afiliación, altas y bajas del Sistema Red				

Envío telemático boletines de cotización por Sistema Red				
Banca electrónica (cuaderno 34 AEB)				
Modelos AEAT: 110, 111 y 190				
Envío telemático de contratos por Contrat@				
Control analítico de costes laborales				
Plantillas de informes de gestión laboral				
Diseñador visual de documentos e informes				
Configuración y personalización de nuevos informes				
Nuevo centro de análisis				
Enlace contable				
Precio	€	€	€	€

1.3. Principales marcas de aplicaciones informáticas de administración de recursos humanos

Los mismos proveedores de las aplicaciones ofrecen en sus webs cuadros comparativos, por gamas de versiones, en las cuales pueden apoyarse los compradores potenciales.

Nombre	Enlace	Logotipo	Versiones
A3 Software	www.wolterskluwer.com/ es-es/solutions/a3asesor	Wolters Kluwer	a3asesor
DELSOL	www.sdelsol.com/ programa-nominas-nominasol/	TeamSystem | Software DELSOL	NOMINASOL
GEYCE	www.geyce.es/nominas-p-2-es	geyce	g-Nomi
Microarea Software	winlab.microarea.es/	microarea® software	WinLab
Monitor informática	www.monitorinformatica.com/	monitor informática	miNomina miAgrario
Sage	www.sage.com/es-es/	Sage	Sage NominaPlus Sage 200 Laboral Sage HR

1.4. Licencia de uso de aplicaciones informáticas

La licencia de software es la autorización que otorga el dueño de los derechos del software para la instalación, copia y/o utilización de su producto en un ordenador.

El contrato de licencia contiene los términos y condiciones que regulan la utilización del software, incluido el ámbito de los derechos de la licencia y cualquier limitación relacionada con esta, como su propósito, el lugar de uso y el hardware que se empleará.

Las licencias de software autorizan un derecho no exclusivo al propietario de la licencia para que un número concreto de usuarios utilicen una copia del software. Salvo que se indique lo contrario, estará estrictamente prohibida la copia y distribución de dicho software a otros usuarios u ordenadores.

El propietario de la licencia nunca adquiere la titularidad de la propiedad intelectual del software, sino que obtiene el derecho a utilizar el software de acuerdo con los términos y condiciones especificados en la licencia.

1.5. Beneficios del software legal

La **piratería afecta a la economía de todo un país**. Las ventajas de reducirla no solo se reflejarían en las cifras macroeconómicas, sino que repercutirían en todos los ámbitos de la sociedad. Si se lograra reducir la tasa de software ilegal, nuestro país tendría una economía más competitiva y, además, se generarían mayores inversiones en el área I+D+i.

Reducir el índice de piratería supondría también un incremento en el número de puestos de trabajo, la mayoría de ellos de alta cualificación.

Desde el punto de vista del usuario:

❑ Los programas originales tienen completamente garantizado su correcto funcionamiento.

❑ Ofrecen una mayor seguridad y fiabilidad.

❑ Se elimina, prácticamente, la posibilidad de la entrada de virus en los sistemas.

❑ El soporte, servicio y asistencia técnica se materializa por la correcta instalación del mismo, garantizando la rentabilidad en el uso de las soluciones informáticas.

❑ Cada programa cuenta con una completa y correcta documentación y los usuarios pueden acceder en condiciones ventajosas a cursos de formación.

❑ Los programas originales cuentan con la posibilidad de incorporar las últimas versiones a un mínimo coste.

Desde el punto de vista empresarial:

❑ El uso de software original fomenta la libre competencia, favorece el desarrollo del sector tecnológico.

❑ Acelera las inversiones procedentes del exterior.

❑ Impulsa las relaciones comerciales y mejora la imagen de la economía española y de sus empresas.

Para el canal de distribución:

❑ Contribuye a dotarle de una mayor especialización y profesionalización.

❑ Favorece y potencia la actividad de un canal legal, desterrando las prácticas de competencia desleal que promueven los canales piratas.

1.6. Ventajas del software legal

Los programas originales garantizan el correcto funcionamiento ofreciendo una mayor seguridad y fiabilidad.

1. Se aumenta la calidad de soluciones, servicios y su desarrollo tecnológico.

2. Se disminuyen las posibilidades de entrada de virus en los sistemas.

3. Se incrementa la rentabilidad y la competitividad de la compañía.

4. Se fomenta la libre competencia, favoreciendo el desarrollo del sector.

5. Se aceleran las inversiones procedentes del exterior.

6. Se impulsan las relaciones comerciales.

7. Se mejora la imagen de la economía española y sus empresas evitando la competencia desleal.

8. Se dispone de los servicios de asistencia técnica y de mantenimiento ofrecidos por los fabricantes.

9. Posibilidad de incorporar nuevas actualizaciones legales o funcionales a bajo precio.

2. Funcionalidades y procedimientos de instalación de la aplicación

2.1. Instalación de la aplicación informática

NOMINASOL nos guía a la hora de realizar la instalación-actualización de la aplicación informática en nuestro ordenador. Es, por tanto, muy sencilla.

Para proceder a la instalación, acceder la página de DELSOL:

En la página principal pulsamos la opción "Productos" y veremos todas las aplicaciones que nos ofrece el fabricante. Pulsamos sobre la opción "NOMINASOL" para descargarla.

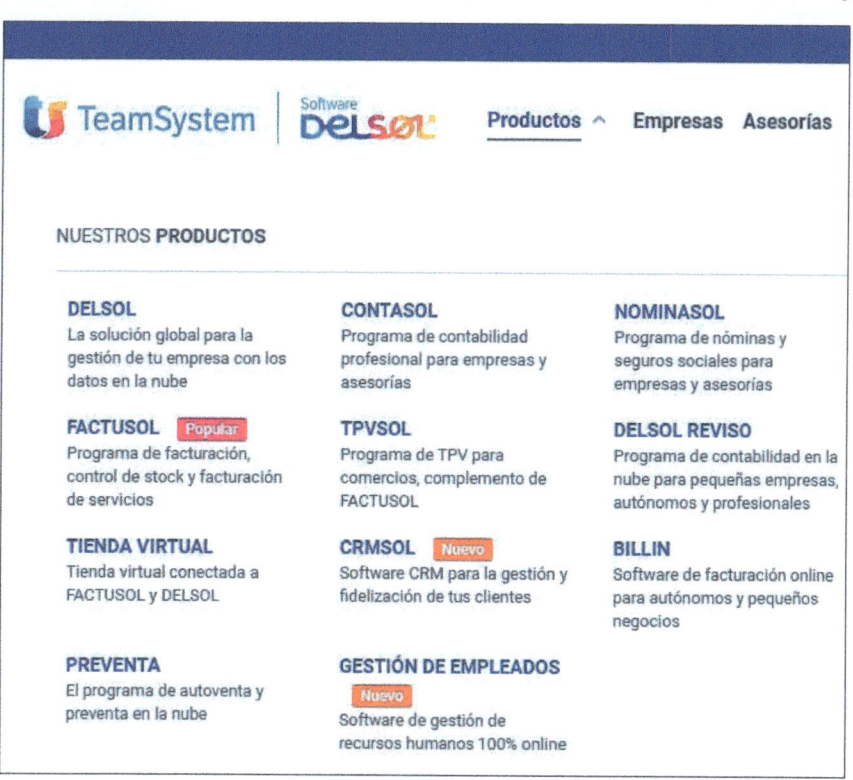

Al pulsar la opción "NOMINASOL" nos aparece una pantalla donde podremos seleccionar si queremos solicitar presupuesto o probarlo ahora. Esta prueba gratuita dura 30 días, pasados los cuales, si quiero seguir probándolo, debemos descargar de nuevo la aplicación de prueba.

Una vez pulsado el botón de ¡Pruébalo ahora!, se nos pide una serie de datos, que una vez rellenos y enviados, nos remitirá a un enlace por correo electrónico para realizar la descarga. Deberemos aceptar la casilla "Política de privacidad" y seleccionar si queremos instalar el programa NOMINASOL en la nube o en nuestro ordenador.

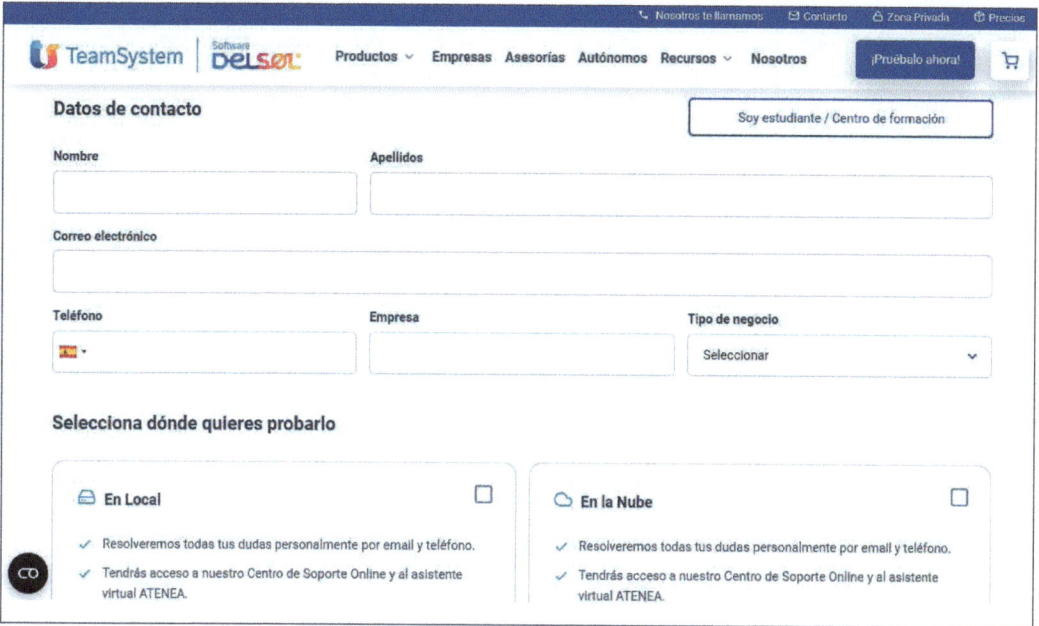

Una vez recibido el mensaje en la cuenta de correo, pulsaremos en el enlace "Descargar NOMINASOL" y comienza la descarga automáticamente. Deberemos indicar en qué ubicación se guardará el fichero de instalación. Para ello, pulsar en el botón "Guardar archivo". Por defecto se proporciona una ubicación, pero se puede modificar si se desea.

El nombre asignado al directorio no debe contener más de 8 caracteres, para así evitar posibles problemas al trabajar en un entorno de red con la aplicación. Además, solo se admiten los caracteres permitidos por el sistema operativo (números, letras y símbolos, excepto \ / ", letras acentuadas y letra ñ).

Accedemos a la carpeta en la que se ha guardado el fichero nominasolinstalarweb.exe y ejecutarlo.

Seguiremos las instrucciones indicadas en la pantalla del asistente de instalación.

Terminado el proceso de instalación de la aplicación, aparecerá el siguiente acceso directo en el escritorio.

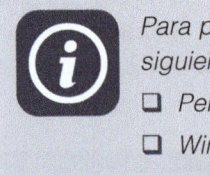

Para poder realizar la instalación del programa NOMINASOL, necesitamos la siguiente configuración:

❏ Pentium III o superior.

❏ Windows 8, 10.

❏ 1 Gb de memoria RAM (según el sistema operativo, puede ser necesario más memoria para la ejecución óptima del programa).

❏ 1 Gb de espacio disponible en el disco duro.

❏ Resolución de pantalla 1.366 x 768 o superior.

❏ Ratón.

❏ Conexión a Internet, recomendada a alta velocidad para su instalación en la nube.

2.2. Registro de usuario

Al pulsar el botón "Contratar", la página web del fabricante nos llevará a las distintas modalidades de contrato que tiene; se puede optar por cualquiera de las tres que existen actualmente, según las necesidades que tenga la empresa.

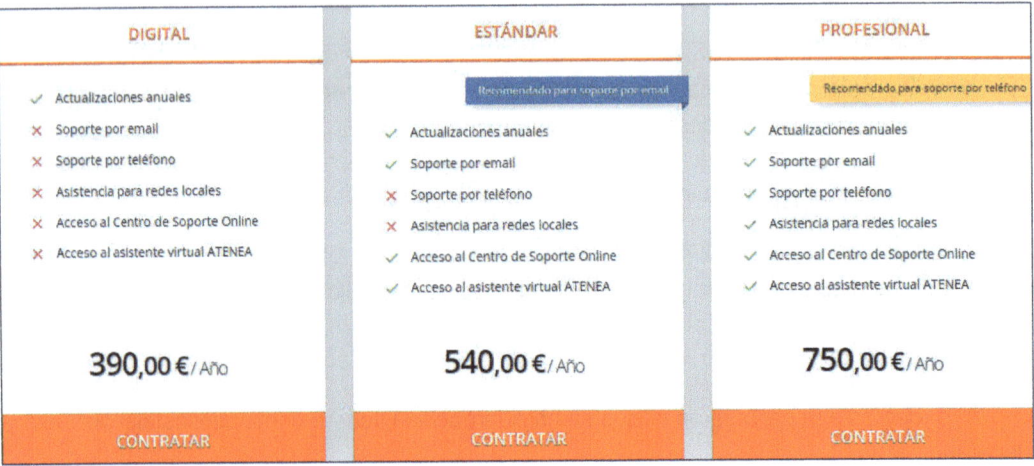

El registro de usuario se hará a través de la página web DELSOL.

Al pulsar en el botón "Contratar" sobre una de las modalidades que existen, esta se añadirá en el carrito de compra.

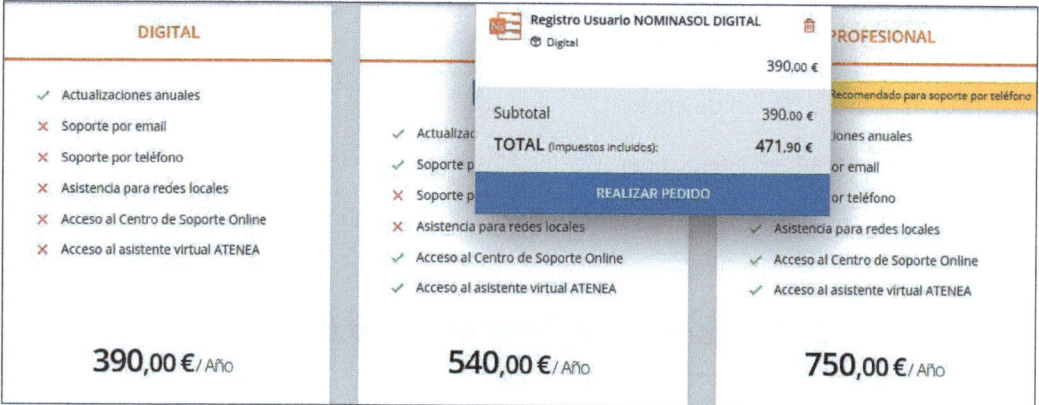

Al pulsar la opción que nos aparece en el carrito de la compra nos llevará a una página donde nos pedirán los datos fiscales para realizar la factura, y enviarnos el enlace de instalación del programa.

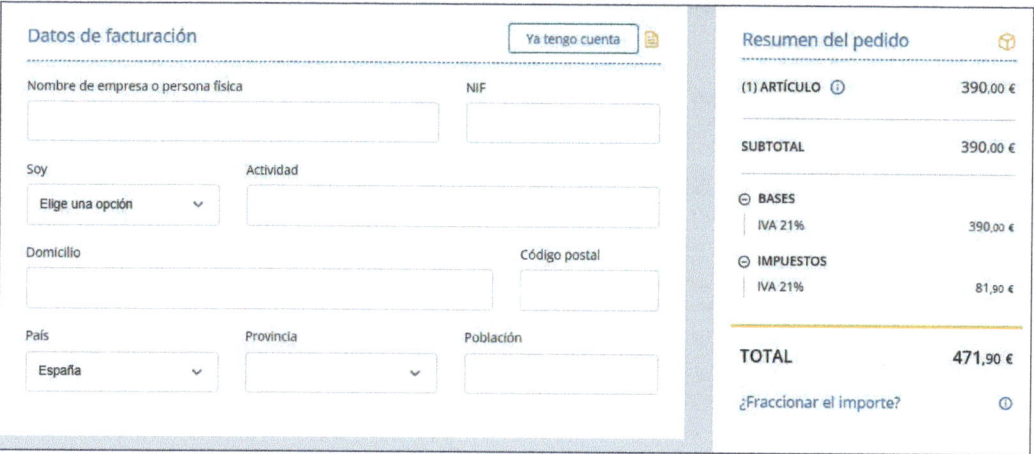

Una vez instalado el programa solo tendremos que ejecutar el icono que se instalará en nuestro escritorio y empezar a trabajar.

2.3. Desinstalación de la aplicación informática

La desinstalación la haremos a través de la opción del sistema operativo "Desinstalar programas". Los pasos a seguir son:

1. Acceder al "Panel de control".

2. En "Programas" seleccionar "Desinstalar un programa".

3. Localizar en la lista de los programas la aplicación NOMINASOL y pulsar en "Desinstalar".

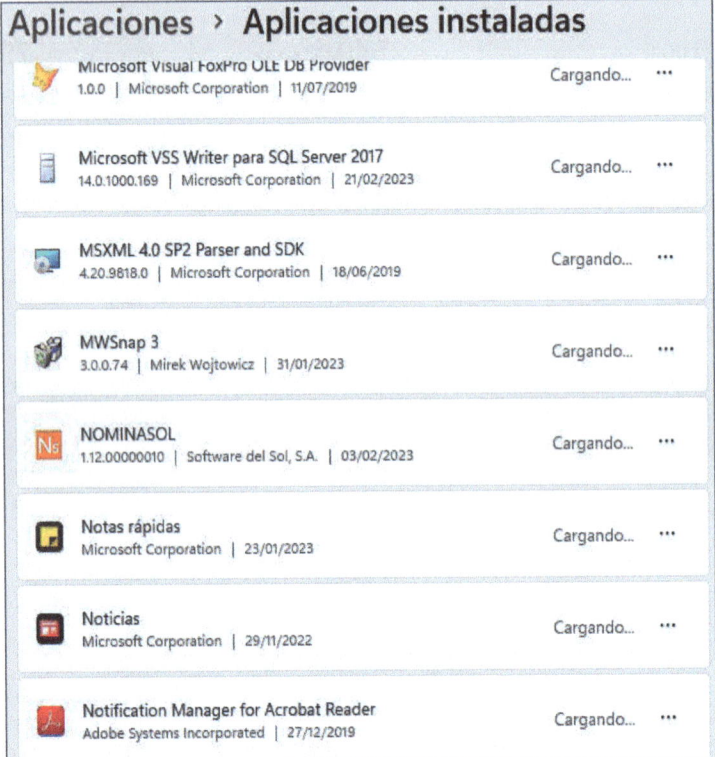

2.4. Pantalla de inicio de sesión

La pantalla principal que encontramos al acceder a la aplicación es la siguiente:

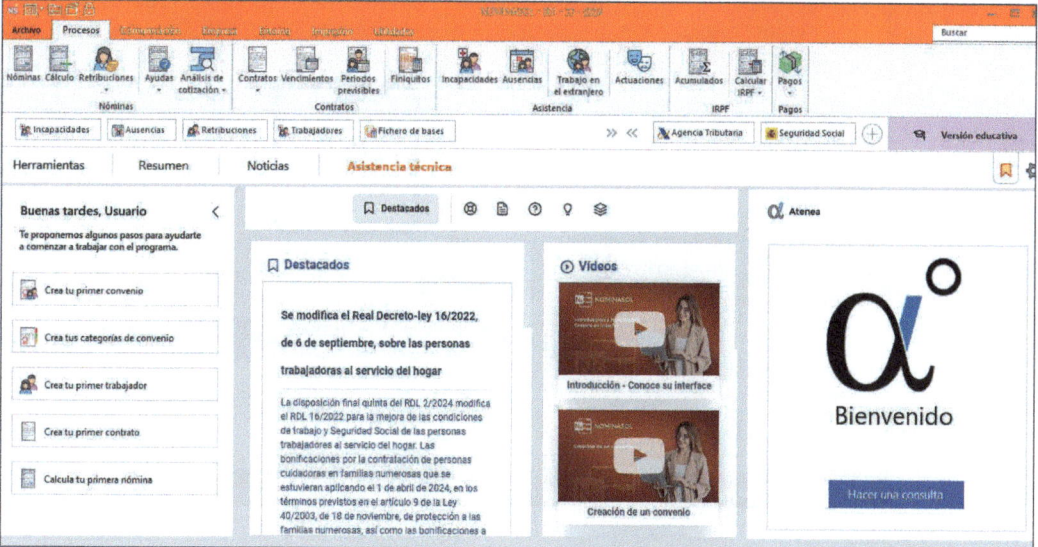

La primera vez que abrimos la aplicación solo aparecerá el usuario supervisor (usuario que tiene el privilegio de entrar en todas las opciones del programa), por lo que debes seleccionarlo para iniciar la sesión. Posteriormente, se podrán crear nuevos usuarios y, en ese caso, podrás elegir con el que deseas acceder.

Una vez seleccionado el usuario, pulsamos en "Iniciar sesión".

En la parte izquierda tenemos dos bloques:

❏ **Información:** en el apartado Información podrás consultar la versión del programa, la licencia de uso, las distintas formas de tener asistencia técnica y enviar sugerencias sobre las opciones del programa o alguna incidencia del mismo.

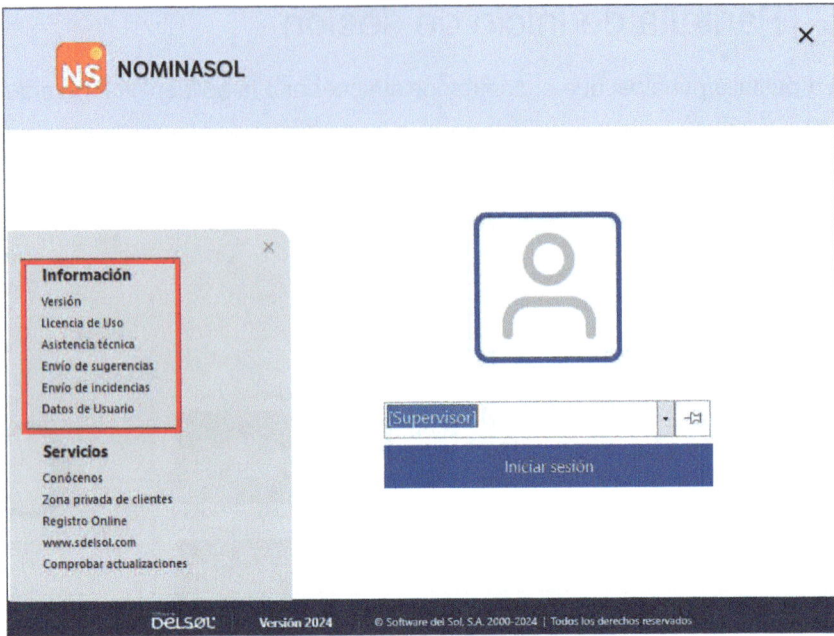

❑ **Servicios:** en el apartado Servicios podrás acceder rápidamente a los distintos enlaces que en la página de Software DELSOL podrías acceder a las siguientes opciones: "Conócenos", "Zona privada de clientes", "Registro Online", "www.sdelsol.com" y la opción "Comprobar actualizaciones".

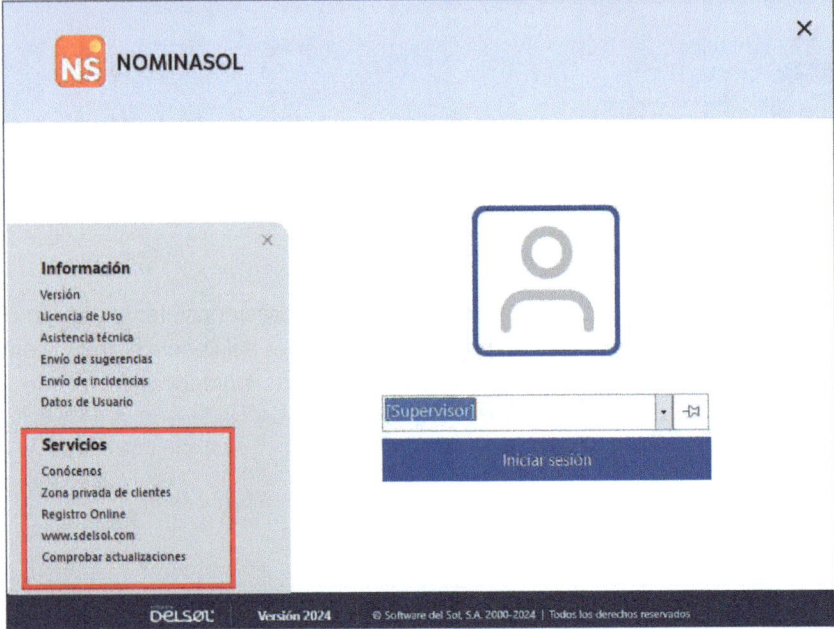

2.5. Pantalla de bienvenida

Tanto si has elegido que ya eres usuario registrado como activar un periodo de prueba, a continuación, selecciona la opción que desees de las siguientes:

2.5.1. Crear una empresa

Si lo que deseas es crear una empresa nueva, selecciona la opción "Crear una empresa" y pulsa el botón "Siguiente".

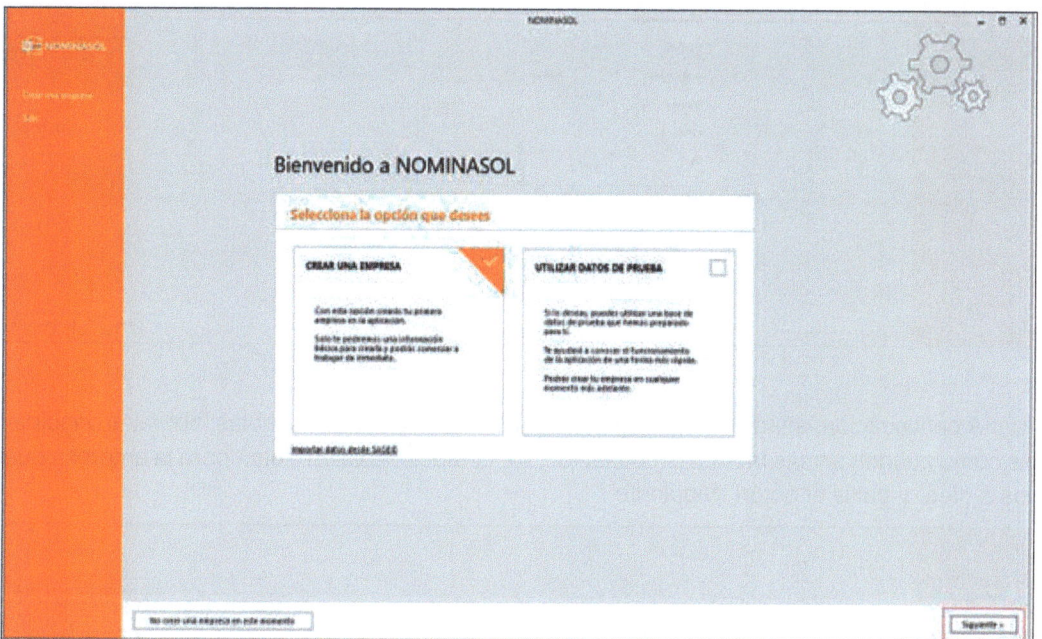

En la ventana que aparece, añade los datos fiscales y laborales de la empresa y pulsa el botón "Siguiente".

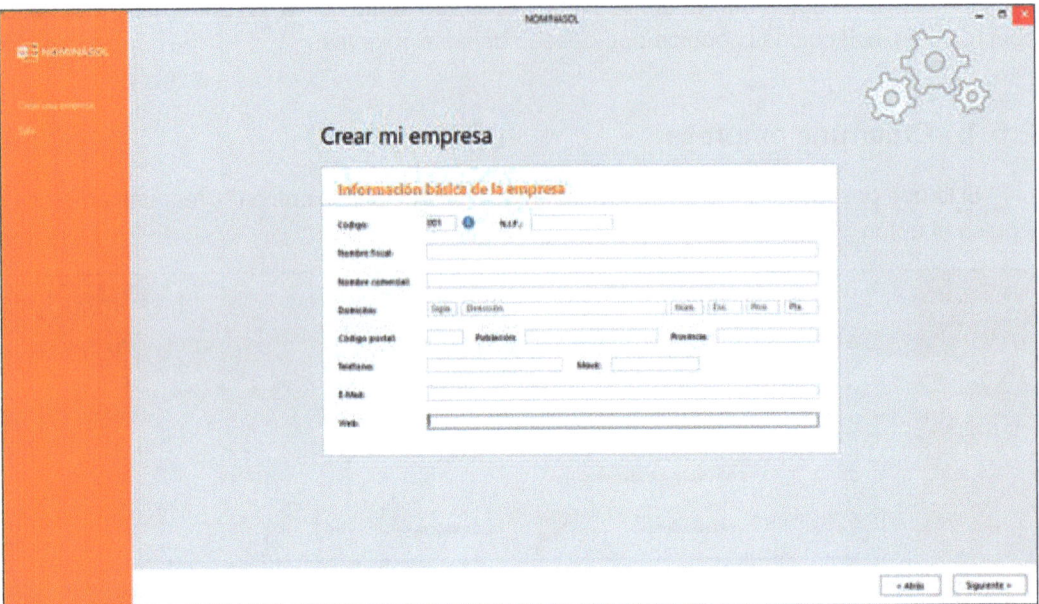

A continuación, añade una configuración inicial en cuanto a las tablas laborales principales como pueden ser las tablas de cotización, los códigos de CNAE, etc., para la empresa que vas a crear y pulsa el botón "Siguiente".

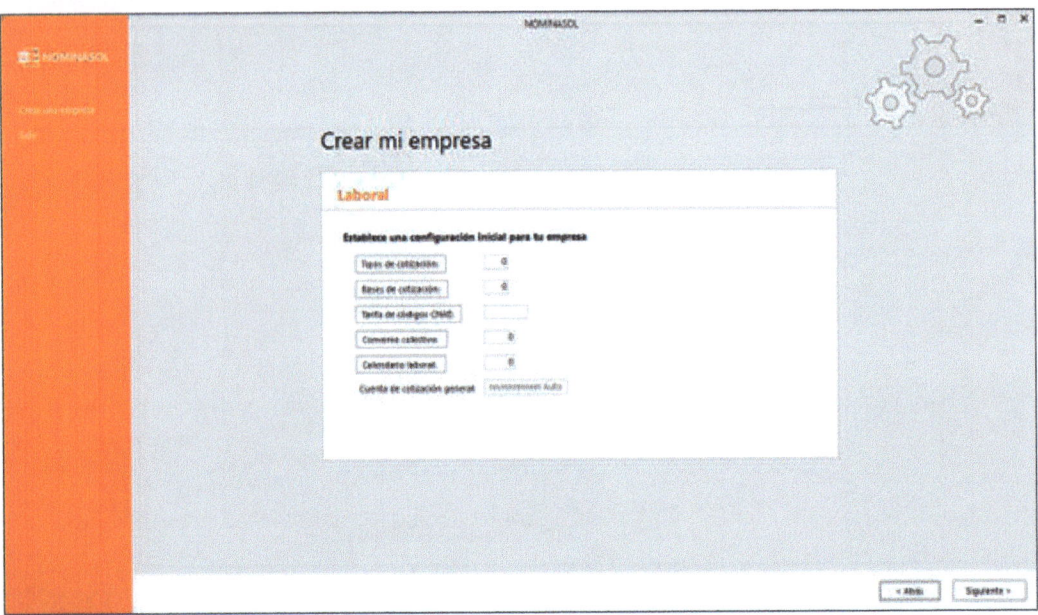

Por último, selecciona el año con el que vas a comenzar a trabajar, indica si quieres establecer una contraseña para acceder a esta empresa y pulsa el botón "Crear empresa".

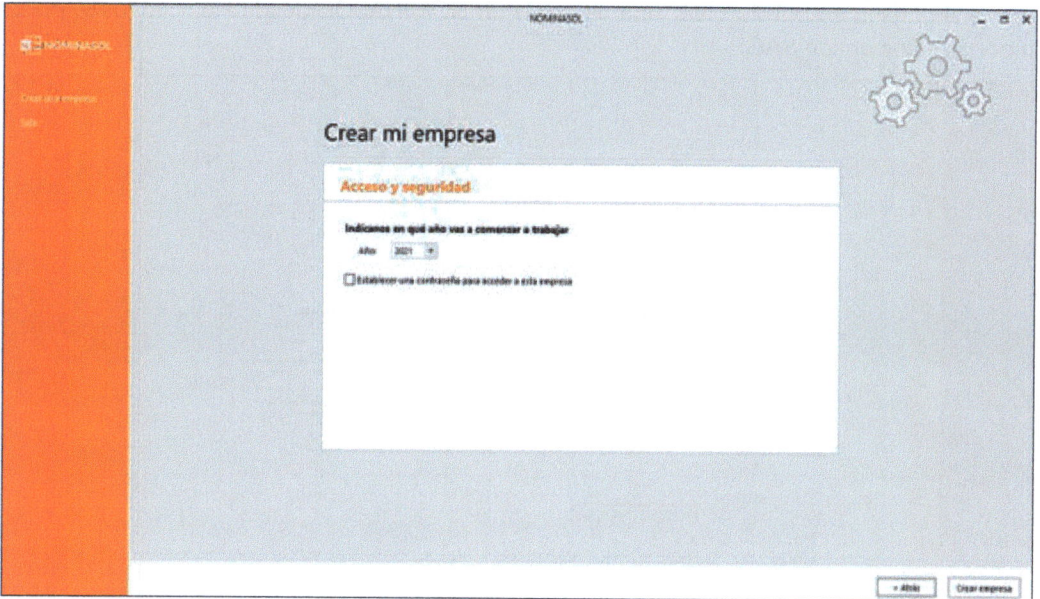

2.5.2. Utilizar datos de prueba

Desde esta opción, puedes utilizar una base de datos de prueba que te ayudará a conocer el funcionamiento de la aplicación.

Lo único que hay que hacer es pulsar el botón "Abrir".

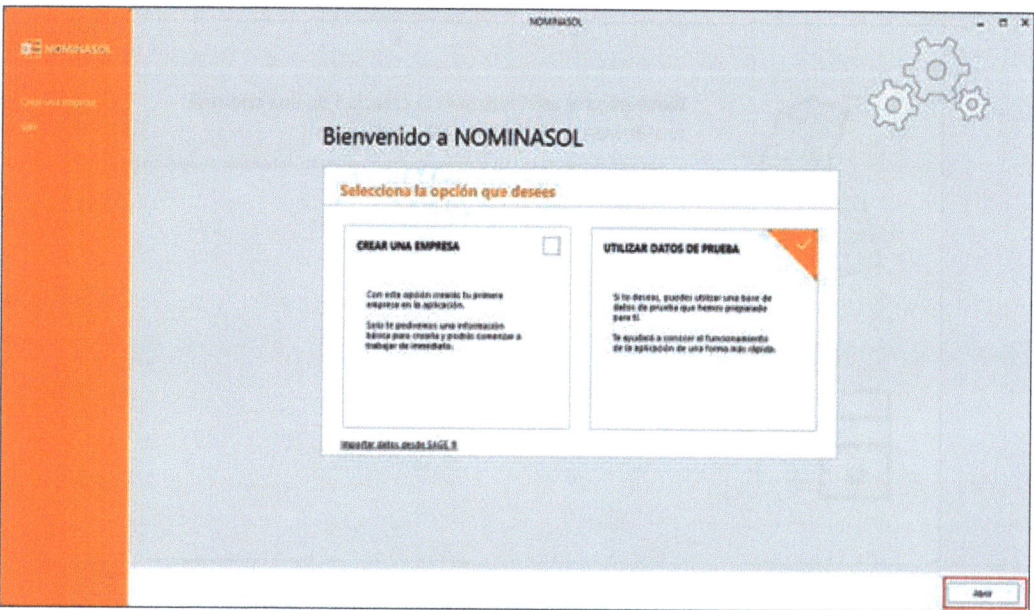

2.5.3. Importar datos desde SAGE©

Si se desea se puede crear una empresa en NOMINASOL desde NominaPlus®, pulsa Importar datos desde SAGE©.

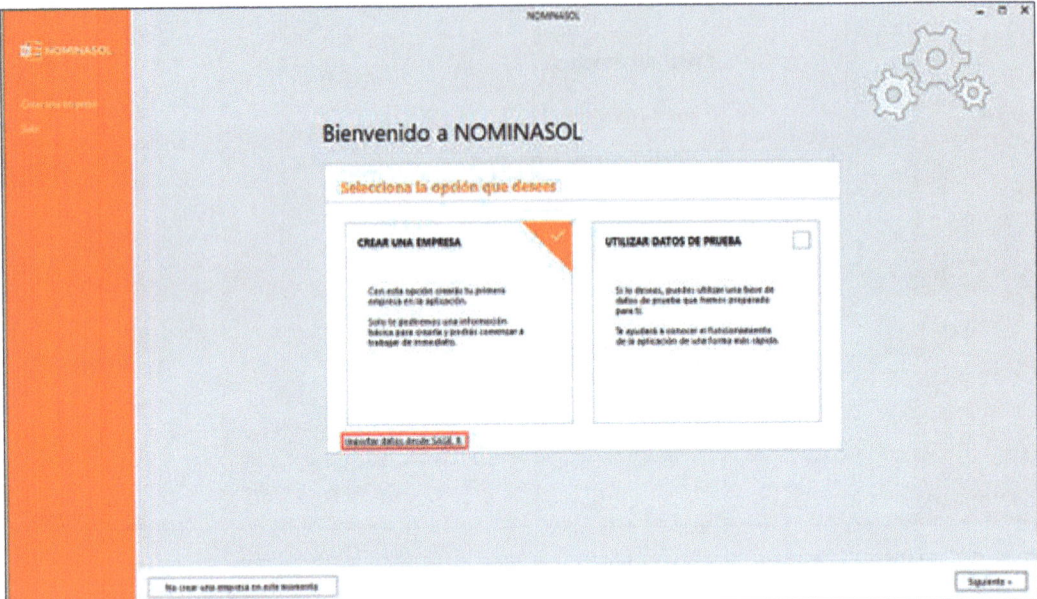

En este caso aparecerá un asistente que nos ayudará a crear una nueva empresa en NOMINASOL de forma automática utilizando los datos de la empresa de NominaPlus®.

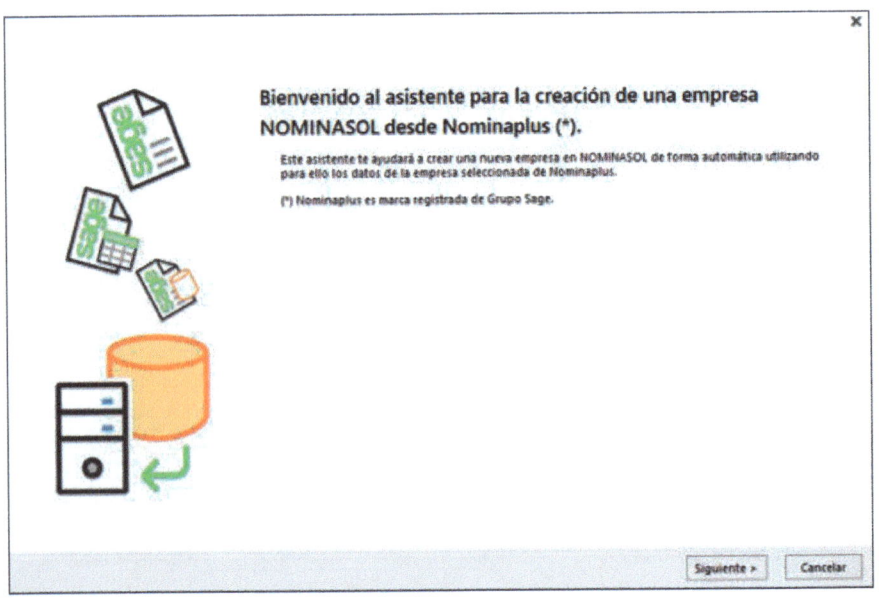

Se pondrá la carpeta donde se encuentra instalado NominaPlus® para poder realizar la importación de los datos; en caso de no saberse la ruta, habrá que pulsar en el botón Examinar... examinar, para buscar donde está instalada la aplicación origen de los datos.

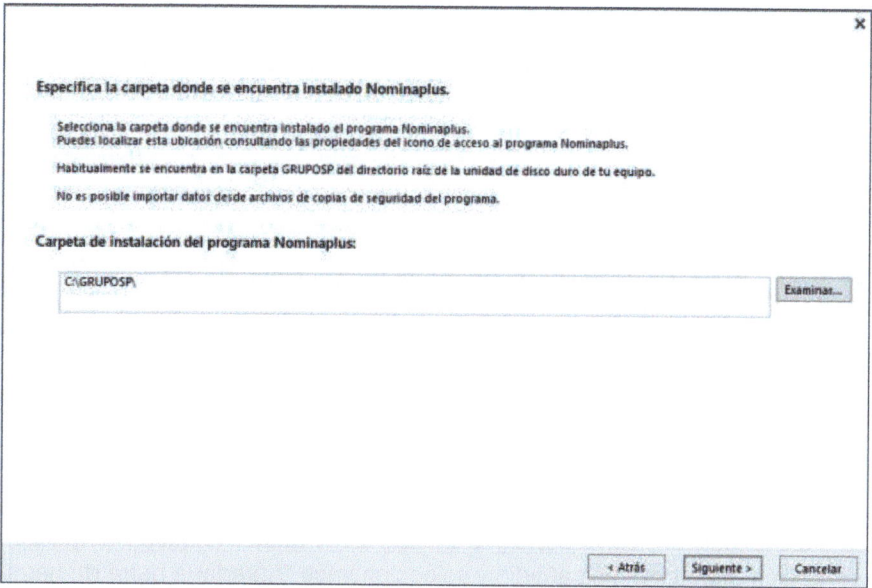

2.6. Pantalla principal

Una vez accedemos a una empresa, se visualiza la pantalla principal de la aplicación.

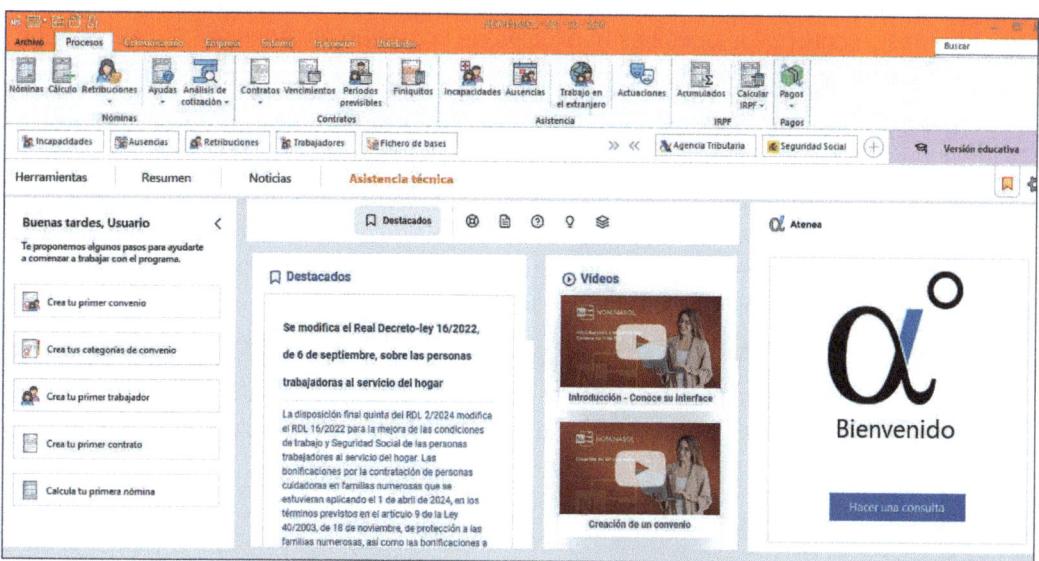

Dicha pantalla consta de las siguientes partes:

❏ **Barra de acceso rápido:** situada en la parte superior izquierda de la ventana, contiene una serie de botones que permiten acceder a las opciones más comunes o utilizadas.

NS	Menú de control de la ventana.
	Muestra los ejercicios existentes de la empresa.
	Cierra la sesión de la empresa actual y abre el menú "Archivo".
	Bloquea el programa. En caso de tener definida contraseña al usuario, la solicitará para volver a activar la empresa.

Podemos personalizar esta barra añadiendo o quitando iconos según las necesidades.

Para añadir un icono debemos pulsar con el botón derecho del ratón, sobre la opción que deseamos añadir, y seleccionamos "Agregar a barra de herramientas".

Si por el contrario se quiere eliminar un icono, pulsamos con el botón derecho del ratón, sobre la opción que deseamos eliminar, y pulsamos "Quitar de barra de herramientas".

❏ **Menú archivo:** se encuentra a la misma altura que las solapas de la cinta de opciones y contiene las opciones habituales de la gestión de archivos: "Nuevo", "Abrir", "Cerrar" y "Seguridad".

La opción "Información" nos permite realizar ciertas acciones sobre las empresa creadas, como modificar la información de la empresa, cambiar el código datos de la empresa, eliminar empresa, traspasar información de la empresa, chequeo de la base de datos y apertura del ejercicio siguiente. La opción registro visualiza la información del usuario, además de permitir enviar incidencias y sugerencias y comprobar si existen actualizaciones del programa.

Por último, "Opciones", que iremos desarrollando a lo largo del contenido y que nos va a permitir mostrar y definir una serie de información necesaria, como por ejemplo gestionar los distintos usuarios, los distintos códigos postales, entidades bancarias, etc.

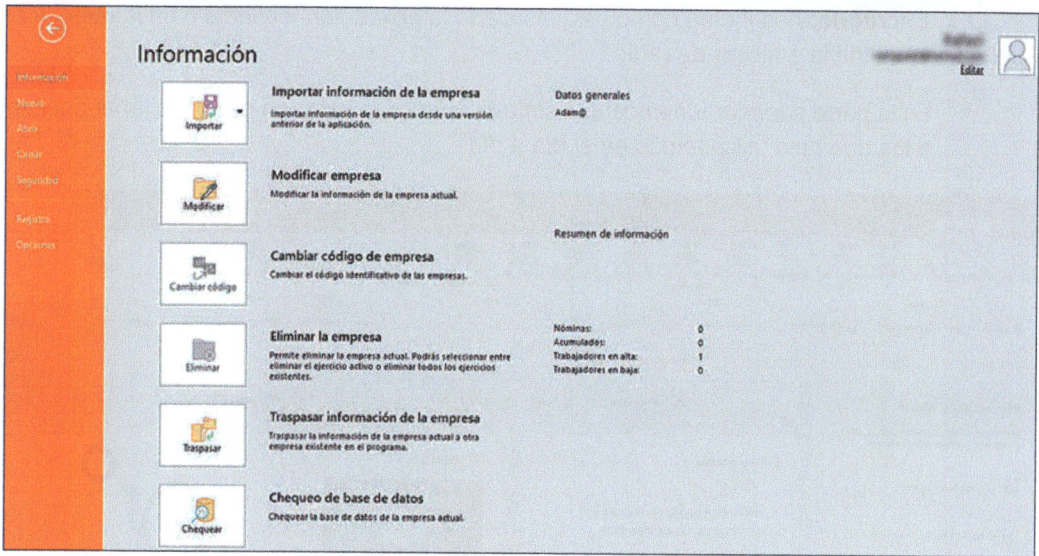

❑ **Cinta de opciones:** se encuentra en la parte superior de la pantalla, y está formada por diversas solapas en las que se encuentran agrupadas las distintas opciones de la aplicación. Cada una de las solapas, a su vez, está divida en grupos.

En la cinta de opciones pueden aparecer otras solapas que se activan al seleccionar una opción. Por ejemplo, si pulsamos en "Nóminas", que se encuentra en la solapa "Procesos", se activa una nueva solapa:

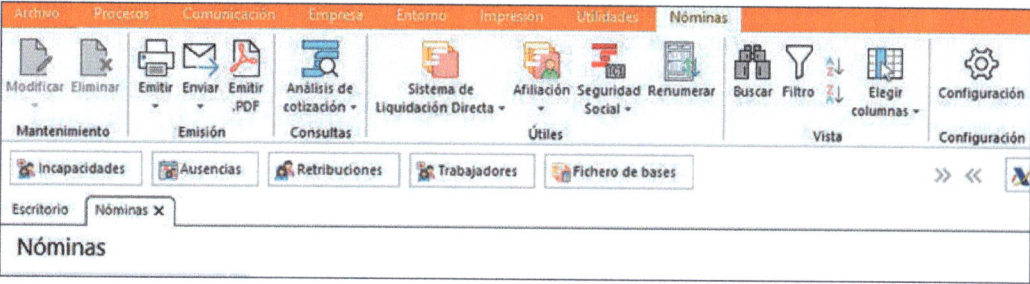

❏ **Escritorio:** nos indica cómo está instalada la aplicación, en local o en la nube, y el icono de la emisora de radio.

En la parte superior tenemos una serie de opciones que nos permiten tener acceso a las que más utilizaremos en el día a día.

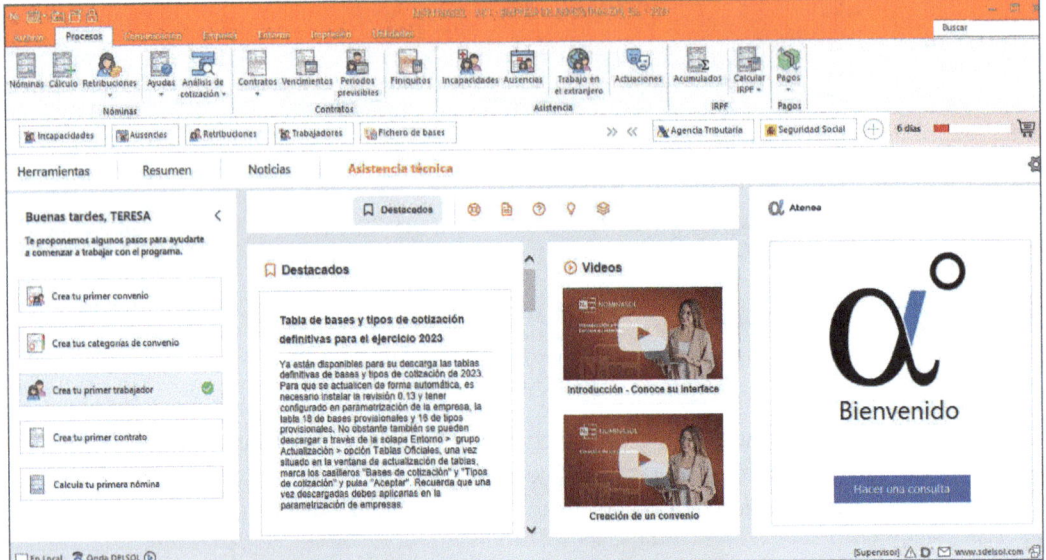

❏ **Herramientas:** tendremos acceso a los contactos almacenados en la agenda, a las tareas pendientes, a la calculadora y a la agenda diaria.

Al pulsar en el + que hay en la parte derecha de "Agenda de contactos" y "Tareas pendientes", se pueden añadir nuevos contactos y tareas.

❏ **Resumen:** podremos acceder a las opciones más usuales, correspondientes a las solapas de la cinta de opciones "Procesos", "Empresa" y "Entorno". En la parte inferior visualizaremos una estadística de cada uno de los procesos realizados en la aplicación, como por ejemplo nº de trabajadores en total, nº de trabajadores de alta y baja, nº de registro de incapacidades temporales, etc.

❏ **Noticias:** permite seleccionar los periódicos digitales que más nos interesen, para visualizar las noticias publicadas en cada uno de ellos.

❏ **Asistencia técnica:** en la parte izquierda vemos los pasos que hemos de seguir para empezar a trabajar en la empresa, en la parte central el tutorial con una serie de vídeos de cómo comenzar a trabajar, y en la parte derecha una opción para realizar consultas online.

2.7. Enlace contable

2.7.1. Introducción

Las aplicaciones de DELSOL permiten un enlace entre ellas, ofreciendo así una completa gestión.

Podemos enlazar NOMINASOL con la aplicación CONTASOL (aplicación de contabilidad general).

En la solapa "Utilidades" de la cinta de opciones tenemos el grupo "Enlace contable".

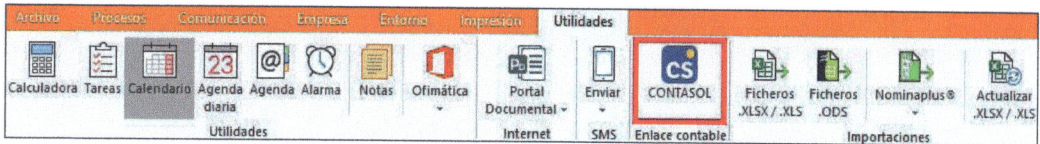

Dichas opciones solo aparecen en NOMINASOL como informativas, ya que el enlace hay que hacerlo desde la aplicación de CONTASOL.

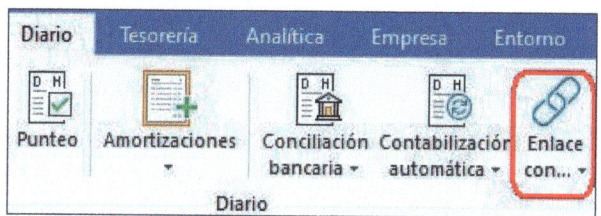

En la aplicación de NOMINASOL tendremos que definir el nº de dígitos máximo para las cuentas contables, a través de la solapa "Empresa/Grupo Parametrización/Icono Parametrización" y pulsamos, en la parte izquierda de la ventana, en "Enlace contable".

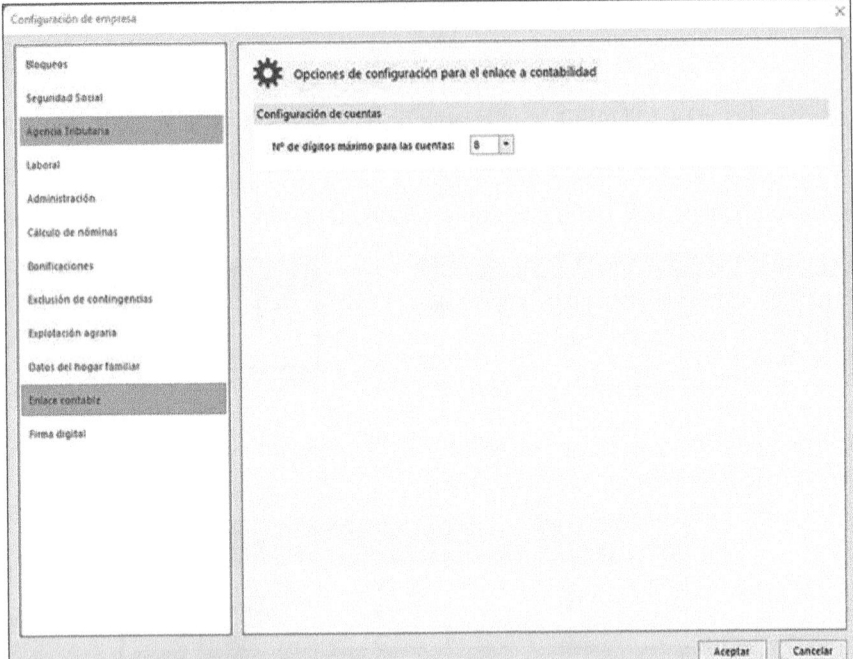

A través de la solapa "Empresa/Grupo Trabajadores/Icono Trabajadores" deberemos indicar la cuenta contable que se le asigna a cada trabajador, si deseamos realizar un desglose de las cuentas contables en las que se registran los devengos de las nóminas (cuenta contable 640 "Sueldos y Salarios"), así como para la cantidades pendientes de pago de las nóminas (cuenta contable 465 "Remuneraciones pendientes de pago"). Si el trabajador ya está creado, pulsamos en el icono "Modificar" de la ventana "Trabajadores" y, posteriormente, en el grupo de opciones "Mostrar" de la solapa "Trabajador". En la casilla "Código para contabilidad" deberemos asignar un valor numérico, como máximo de 5 dígitos, para cada trabajador.

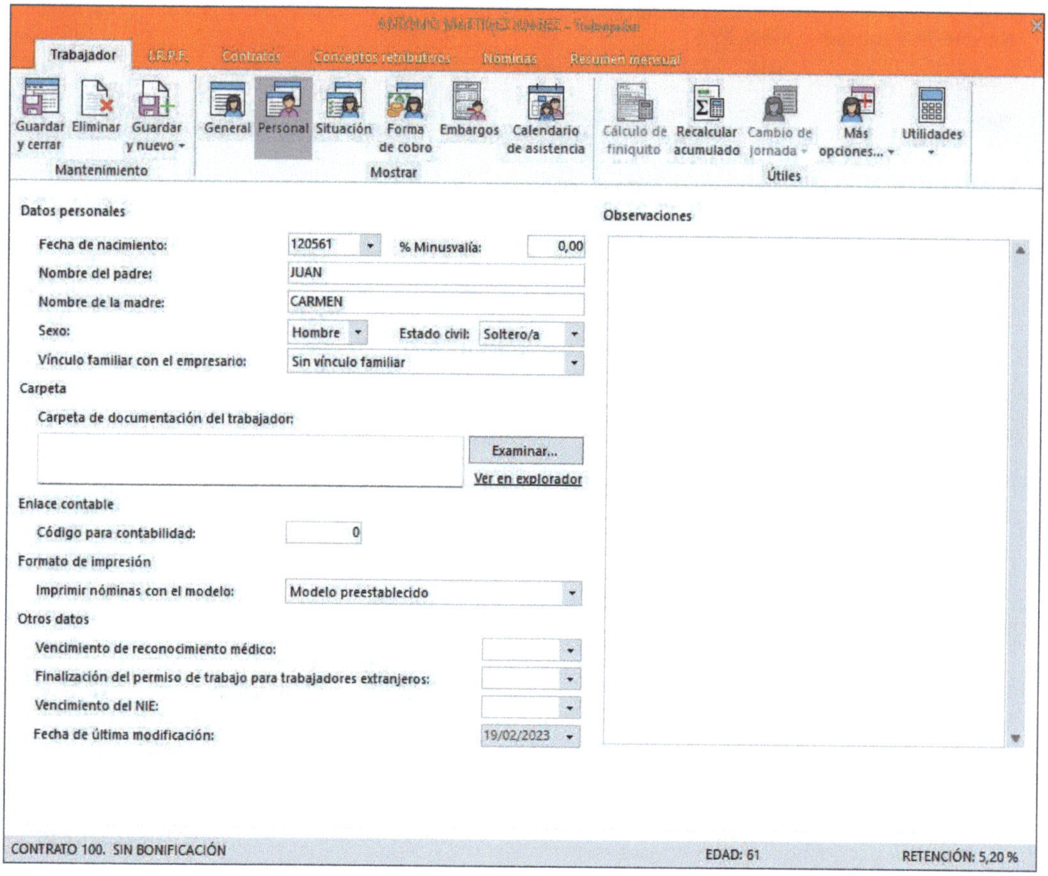

En los datos de la empresa, indicaremos la cuenta contable para las cuentas bancarias a través de la solapa "Empresa/Grupos Datos Generales/Icono Empresa/Bancos". Si el Banco ya está creado, pulsaremos en el icono "modificar" y en la solapa "Técnica" indicar la cuenta contable.

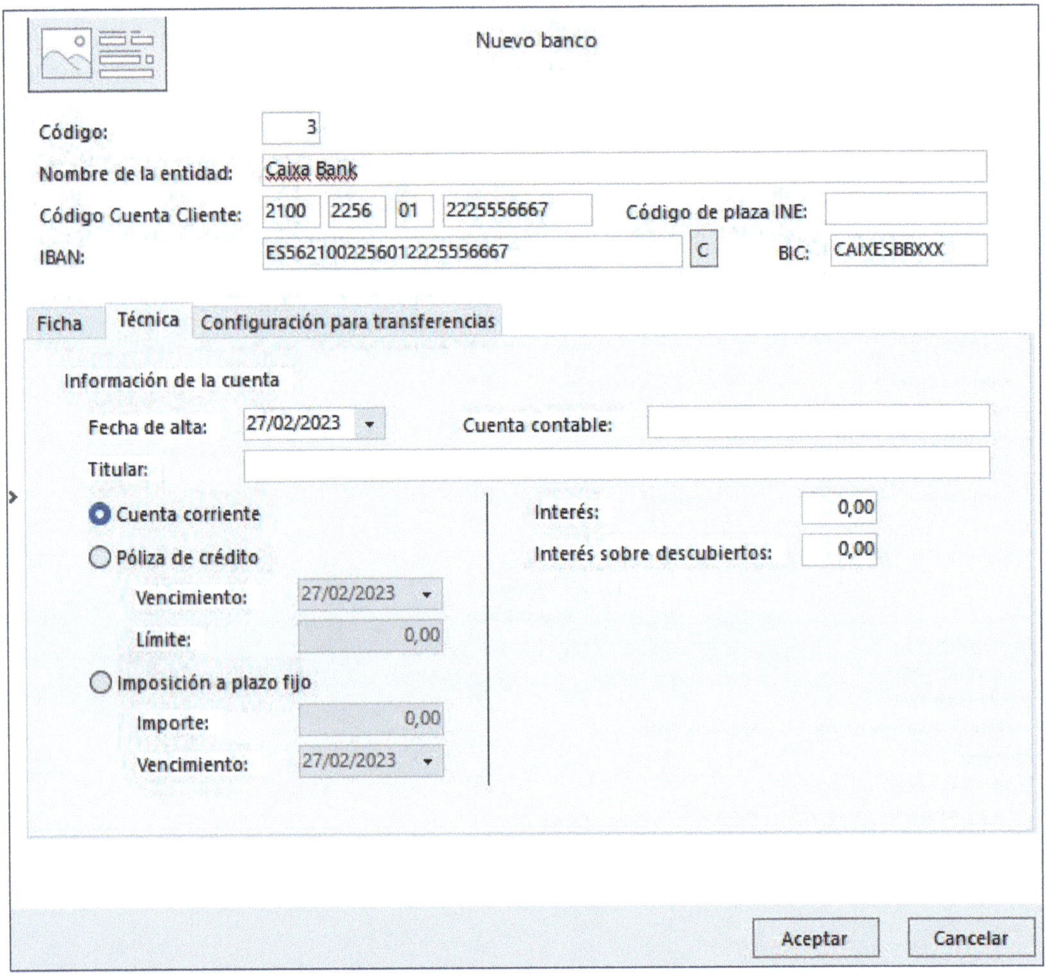

Nuevo banco

Código: 3

Nombre de la entidad: Caixa Bank

Código Cuenta Cliente: 2100   2256   01   2225556667   Código de plaza INE:

IBAN: ES5621002256012225556667   C   BIC: CAIXESBBXXX

Ficha   **Técnica**   Configuración para transferencias

Información de la cuenta

Fecha de alta: 27/02/2023 ▾   Cuenta contable:

Titular:

◉ Cuenta corriente   Interés: 0,00

◯ Póliza de crédito   Interés sobre descubiertos: 0,00

   Vencimiento: 27/02/2023 ▾

   Límite: 0,00

◯ Imposición a plazo fijo

   Importe: 0,00

   Vencimiento: 27/02/2023 ▾

Aceptar   Cancelar

 **Ej.** *Si asignamos a un trabajador el código 5, al crear cuentas independientes para contabilizar el salario bruto de cada trabajador, la aplicación creará para este trabajador una cuenta de "Sueldos y Salarios". Si en la aplicación contable la cuenta que hemos establecido para contabilizar el salario bruto es la cuenta 64001 y tenemos un desglose de 10 dígitos en las cuentas contables, la cuenta que se creará para este trabajador será la cuenta 6400100005.*

2.7.2. Configuración

En la aplicación CONTASOL deberemos definir la configuración para realizar el enlace. Para ello, acceder a la aplicación CONTASOL, y en la cinta de opciones, seleccionar la solapa "Diario/Grupo Diario/Icono Enlace con .../DELSOL - Laboral/NOMINASOL/Configuración".

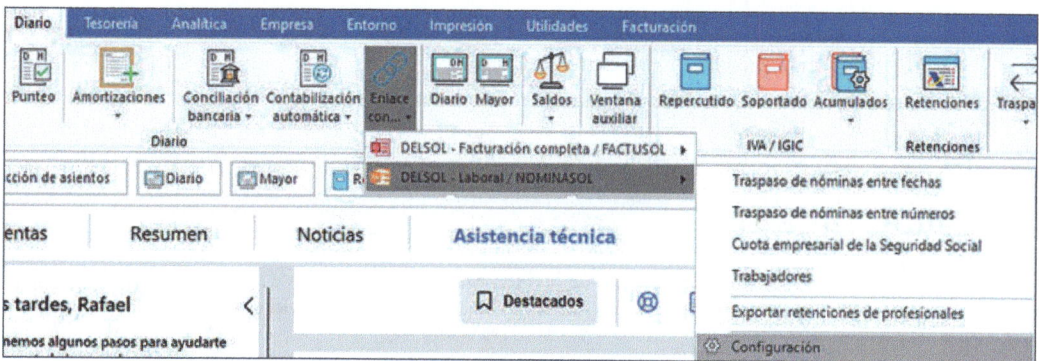

En la ventana de "Configuración", encontramos dos apartados en la parte izquierda. "General" y "Cuentas/Conceptos".

En "**General**", se indica:

❑ La ubicación de la base de datos de NOMINASOL y el código de empresa de NOMINASOL, así como el ejercicio económico.

❑ El nº de dígitos máximo para las cuentas contables, que deberá de coincidir con lo indicado en la aplicación de NOMINASOL en "Configuración de empresa".

❑ La forma en la que se realizará el asiento contable de la nómina; se puede hacer un solo asiento con el importe total de todas las nóminas o hacer un asiento independiente para cada nómina. En este último caso se tendrá que activar la casilla "Asentar cada nómina en asiento independiente".

❑ También se puede seleccionar la forma en la que se contabilizará el líquido de la nómina; se puede seleccionar entre contabilizarlos en la cuenta contable remuneraciones pendientes de pago, en la cuenta de caja, de banco o según la forma de cobro establecida en la ficha del trabajador.

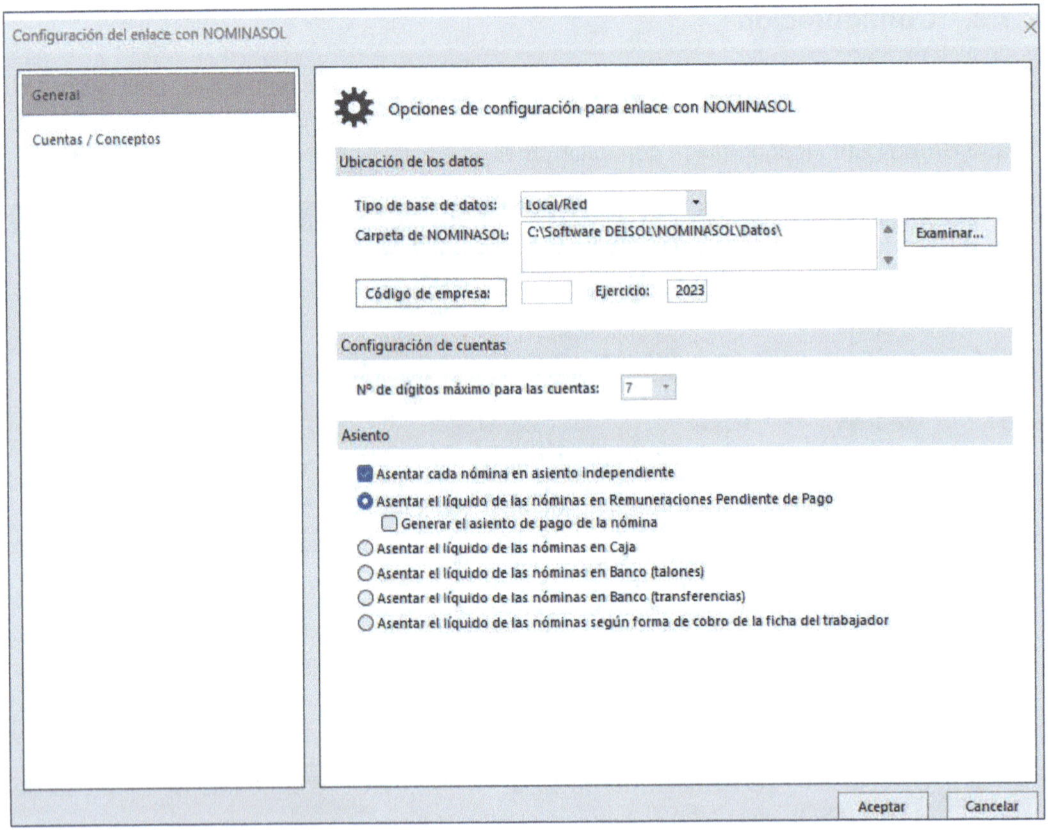

Configuración del enlace con NOMINASOL

General

Cuentas / Conceptos

⚙ Opciones de configuración para enlace con NOMINASOL

Ubicación de los datos

Tipo de base de datos: Local/Red ▾

Carpeta de NOMINASOL: C:\Software DELSOL\NOMINASOL\Datos\   Examinar...

Código de empresa: ____   Ejercicio: 2023

Configuración de cuentas

Nº de dígitos máximo para las cuentas: 7 ▾

Asiento

☑ Asentar cada nómina en asiento independiente
◉ Asentar el líquido de las nóminas en Remuneraciones Pendiente de Pago
  ☐ Generar el asiento de pago de la nómina
○ Asentar el líquido de las nóminas en Caja
○ Asentar el líquido de las nóminas en Banco (talones)
○ Asentar el líquido de las nóminas en Banco (transferencias)
○ Asentar el líquido de las nóminas según forma de cobro de la ficha del trabajador

Aceptar   Cancelar

En **"Cuentas/Conceptos"** se indican las **cuentas contables**: podemos seleccionar entre usar una única cuenta para la contabilización de sueldos y salarios, dietas y desplazamientos y retribución en especies. En este caso, se visualizan por defecto las cuentas contables en las que se contabilizarán cada uno de estos conceptos y que serán las mismas para todos los trabajadores.

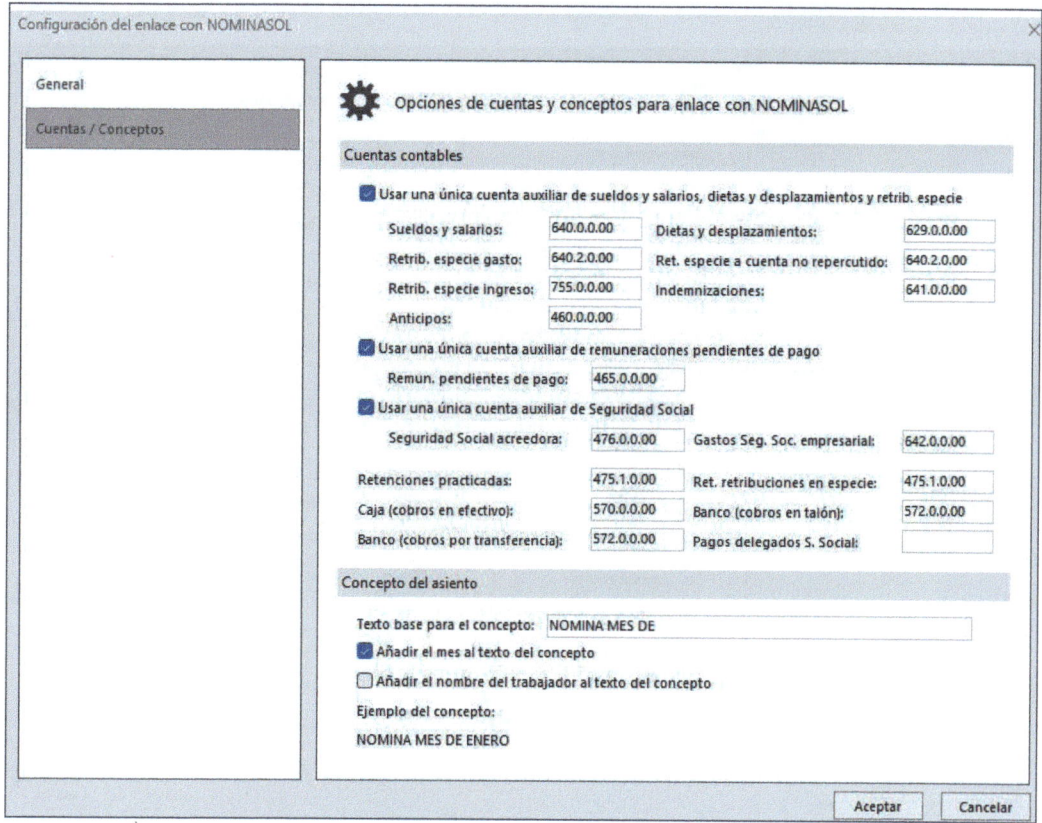

Si deseamos utilizar cuentas distintas para contabilizar cada uno de estos conceptos, debemos desactivar la casilla "Usar una única cuenta auxiliar de sueldos y salarios, dietas y desplazamientos y retrib. especie". Al desactivar la casilla, las cuentas contables que se visualizan con 3 dígitos que luego se completarán a la hora de realizar el asiento, con el código contable indicado en la ficha de cada uno de los trabajadores.

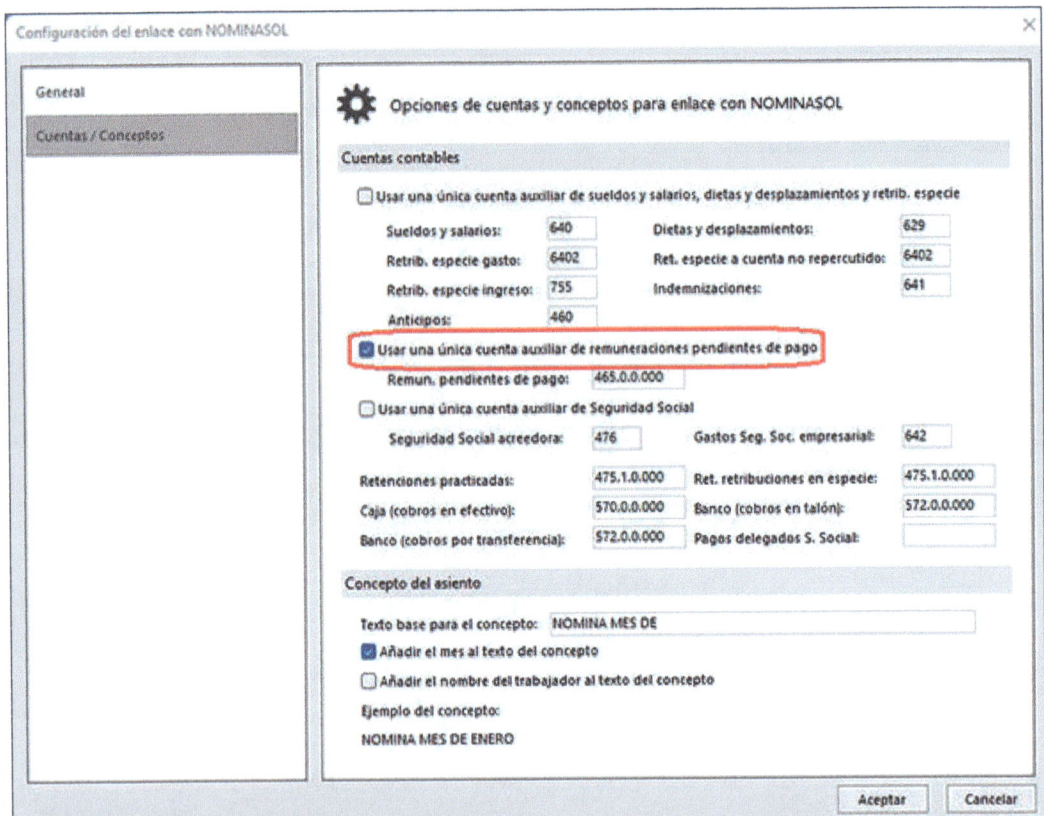

General

Cuentas / Conceptos

⚙ Opciones de cuentas y conceptos para enlace con NOMINASOL

Cuentas contables

☐ Usar una única cuenta auxiliar de sueldos y salarios, dietas y desplazamientos y retrib. especie

Sueldos y salarios:	640	Dietas y desplazamientos:	629
Retrib. especie gasto:	6402	Ret. especie a cuenta no repercutido:	6402
Retrib. especie ingreso:	755	Indemnizaciones:	641
Anticipos:	460		

☑ Usar una única cuenta auxiliar de remuneraciones pendientes de pago

Remun. pendientes de pago: 465.0.0.000

☐ Usar una única cuenta auxiliar de Seguridad Social

Seguridad Social acreedora:	476	Gastos Seg. Soc. empresarial:	642
Retenciones practicadas:	475.1.0.000	Ret. retribuciones en especie:	475.1.0.000
Caja (cobros en efectivo):	570.0.0.000	Banco (cobros en talón):	572.0.0.000
Banco (cobros por transferencia):	572.0.0.000	Pagos delegados S. Social:	

Concepto del asiento

Texto base para el concepto: NOMINA MES DE

☑ Añadir el mes al texto del concepto

☐ Añadir el nombre del trabajador al texto del concepto

Ejemplo del concepto:

NOMINA MES DE ENERO

Aceptar   Cancelar

Ej. *El trabajador Manuel García tiene definido para el enlace el código de contabilidad 8. En el supuesto de traspasar una nómina que tenga los conceptos Sueldo base y dietas, si tenemos definido que deseamos un desglose de cuentas para cada uno de los conceptos, en el asiento contable de la nómina aparecerá la cuenta 6400000008 para contabilizar el sueldo bruto, y en la cuenta 62900008 se contabilizarán las dietas.*

En el supuesto de que el líquido de las nóminas se desee contabilizar en la cuenta de "Remuneraciones Pendientes de Pago", podemos optar por usar una única cuenta o usar una cuenta para cada uno de los trabajadores, según tengamos la casilla activada o desactivada respectivamente.

1. **Ret. Retribuciones en especie:** indicaremos la cuenta contable que recoge el importe que se le retiene al trabajador en concepto de IRPF correspondiente a las retribuciones en especie.

2. **Caja (cobros en efectivo):** indicaremos la cuenta contable en la que se contabilizan los pagos en efectivo de las nóminas.

3. **Banco (cobros en talón):** indicaremos la cuenta contable en la que se contabilizan los pagos mediante talón de las nóminas.

4. **Banco (cobros por transferencia):** indicaremos la cuenta contable en la que se contabilizan los pagos mediante transferencias de las nóminas.

El último apartado de esta opción corresponde al concepto que se incluirá en los asientos de las nóminas.

1. **Texto base para el concepto:** se incluirá la descripción que será común para todos los asientos de las nóminas.

2. **Añadir el mes al texto del concepto:** activando esta casilla, se añadirá al texto base, el mes al que corresponde la nómina.

3. **Añadir el nombre del trabajador al texto del concepto:** activando esta casilla se añadirá al texto base el nombre del trabajador.

2.7.3. Traspaso de datos

A) Traspaso de trabajadores

Una vez tenemos definida la configuración para efectuar el enlace, se procede al traspaso de datos. Para ello disponemos de varias opciones, empezaremos con el traspaso de trabajadores: permite crear cuentas contables para cada uno de los trabajadores.

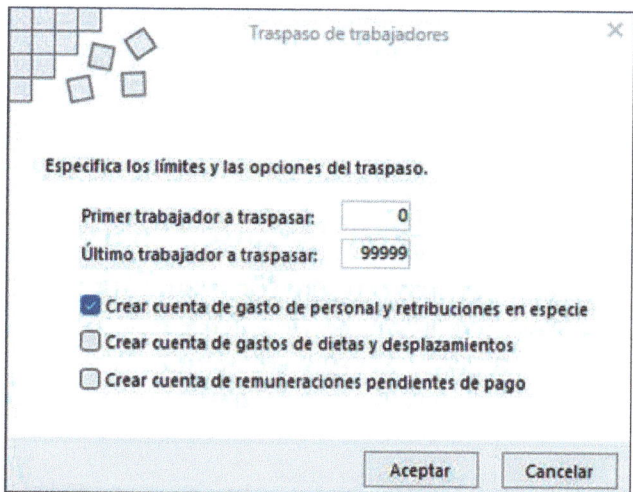

Los datos que se solicitan en este proceso son los siguientes:

1. Primer trabajador a traspasar: indicaremos el código del trabajador, desde el que deseamos empezar el traspaso.

2. Último trabajador a traspasar: indicaremos el código del trabajador, hasta el que deseamos realizar el traspaso.

3. Crear cuenta de gasto de personal y retribuciones en especie. Se creará un desglose de la cuenta que hayamos definido en la opción de la configuración del enlace con NOMINASOL, para contabilizar los sueldos y salarios, y las retribuciones en especie, por defecto la cuenta 640.

4. Crear cuenta de gastos de dietas y desplazamientos. Se creará un desglose de las cuenta que hayamos definido en la opción de la configuración del enlace con NOMINASOL, para contabilizar las dietas y desplazamiento, por defecto la cuenta 629.

5. Crear cuenta de remuneraciones pendientes de pago. Se creará un desglose de las cuentas que hayamos definido en la opción de la configuración del enlace con NOMINASOL, para contabilizar las remuneraciones pendientes de pago, por defecto la cuenta 465.

B) Traspaso de nóminas entre fechas

Esta opción nos permite realizar los asientos contables de las nóminas de los trabajadores, entre unas fechas indicadas.

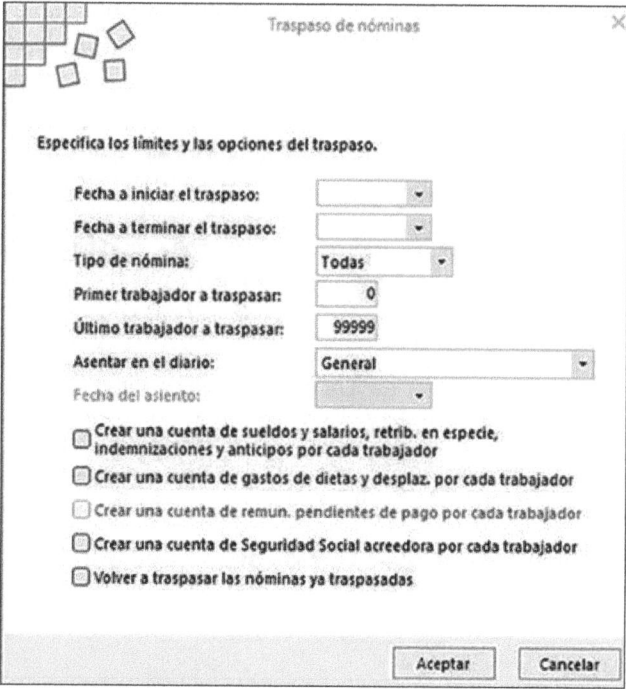

Los datos para el traspaso, así como las opciones de límite que podemos indicar son los siguientes:

1. Fecha a iniciar el traspaso: fecha a partir de la cual se va a realizar el traspaso de las nóminas.

2. Fecha a terminar el traspaso: fecha hasta la que se va a realizar el traspaso de las nóminas.

3. Tipo de nómina: indicaremos el tipo de nómina que vamos a traspasar (normal, paga extra, finiquito o atrasos). Si dejamos la opción por defecto (Todas), se realizará el traspaso de todas las nóminas dentro del intervalo de fechas indicado.

4. Primer trabajador a traspasar: introduciremos el código del trabajador a partir del cual deseamos realizar el traspaso de nóminas.

5. Último trabajador a traspasar: introduciremos el código del trabajador hasta el que deseamos realizar el traspaso de nóminas.

6. Asentar en el diario: si en la aplicación de CONTASOL tenemos creados distintos diarios para la contabilización de los asientos, al desplegar la lista nos aparecerán los diarios creados y seleccionaremos el que deseamos utilizar para registrar los asientos contables de las nóminas. Aparecerá seleccionado el diario "General", que es el que tiene creado la aplicación CONTASOL por defecto.

7. Fecha del asiento: si en la configuración del enlace hemos seleccionado "Asentar cada nómina en asiento independiente", esta casilla aparecerá desactivada, por lo que se realizará el asiento contable con la fecha de la confección de la nómina. Si la casilla está desactivada, se podrá indicar la fecha en la que deseamos realizar el asiento contable de las nóminas.

8. Las siguientes 3 casillas nos permiten crear cuentas distintas para cada uno de los trabajadores, para poder contabilizar los sueldos y salarios, las retribuciones en especie, los gastos de dietas y desplazamiento y para las remuneraciones pendientes de pago. Estas casillas aparecerán desactivadas si en la configuración del enlace tenemos activadas las casillas "Usar una única cuenta auxiliar de sueldos y salarios, dietas y desplazamientos y retrib. especie" y "Usar una única cuenta auxiliar de remuneraciones pendientes de pago".

9. Volver a traspasar las nóminas ya traspasadas: esta casilla permite volver a realizar los asientos contables de nóminas ya contabilizadas cuando se hayan producido cambios o modificaciones en las nóminas, después de tenerlas traspasadas a la contabilidad.

 *Si el proceso se realiza correctamente, nos aparece una ventana en la que se indica que el proceso ha concluido. En caso contrario, nos aparece una ventana de aviso, indicando el motivo por el que no se puede realizar el enlace.*

C) Traspaso de nóminas entre números

Al generar las nóminas en NOMINASOL, a cada una de ellas se le asigna un número que podemos utilizar en esta opción para realizar los asientos contables de las nóminas de los trabajadores, entre unos números de nóminas indicados.

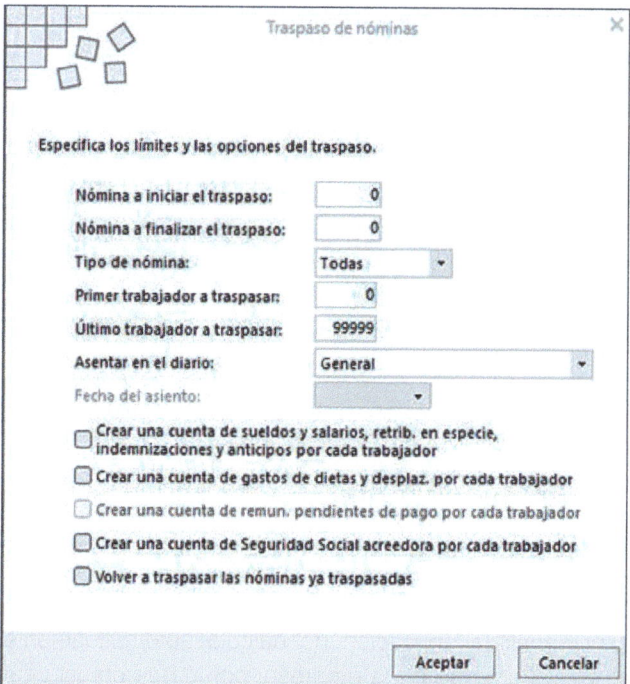

 *Los datos para el traspaso, así como las opciones de límite que podemos indicar, son casi los mismos que en la opción anterior, solo que en este caso se solicita " Nómina a iniciar el traspaso" y "Nómina a finalizar el traspaso", en la que le indicaremos el nº de nómina desde la que deseamos realizar el traspaso y el nº de la nómina hasta la que deseamos realizarlo.*

D) Cuota empresarial S.S.

Esta opción permite realizar el asiento contable de la cuota empresarial de la Seguridad Social, ya que la cuota obrera se contabiliza al realizar el traspaso de las nóminas.

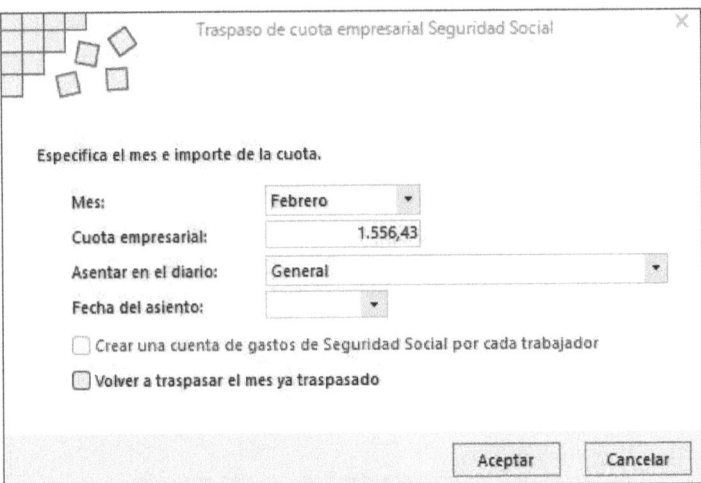

Los datos para el traspaso, que se piden al acceder a esta opción, son los siguientes:

1. Mes: indicaremos el mes a que corresponde la cuota empresarial que vamos a traspasar.

2. Cuota empresarial: la aplicación no calcula automáticamente el importe de la Seguridad Social a cargo de la empresa, por lo que en esta casilla deberemos introducir dicho importe.

3. Asentar en el diario: desplegaremos la lista para seleccionar el diario, de los que tengamos creados en CONTASOL, en el que se desea realizar el asiento.

4. Fecha del asiento: indicaremos la fecha para el asiento contable.

5. Crear una cuenta de gastos de Seguridad Social por trabajador: al marcar este punto, dividirá la cuota empresarial por el importe calculado en el recibo de salarios de cada trabajador que tengamos dado de alta.

6. Volver a traspasar el mes ya traspasado: esta casilla permite volver a realizar los asientos contables de la cuota empresarial de la Seguridad Social, cuando se hayan producido cambios o modificaciones en la misma, después de tenerlas traspasadas a la contabilidad.

E) Exportar retenciones de profesionales

Este proceso realiza la exportación al fichero de acumulados de NOMINASOL de los registros de IVA soportado creados en CONTASOL con tipo de retención Actividad profesional, Actividad agrícola o Actividad empresarial.

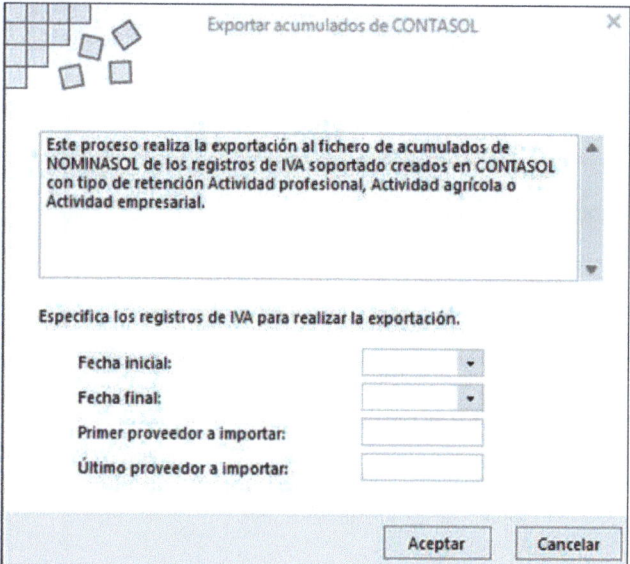

 *Para realizar la importación deberemos indicar entre qué fechas y entre qué proveedores deseamos realizar la exportación.*

2.8. Botones comunes de la aplicación

Existen una serie de botones que habitualmente aparecen en todas las ventanas, por lo que es necesario conocer su función específica:

Icono	Función	Tecla de método abreviado
Nuevo	Crear nuevos registros	ALT+Insert
Duplicar	Copiar el registro registro activo	ALT+D
Modificar	Cambiar los datos del registro activo	ALT+M
Eliminar	Borrar el registro activo	ALT+Supr
Emisión	Accede al listado del registro activo	ALT+I
Buscar	Buscar	CTRL+B
A Z↓	Ordena los registro en orden ascendente	
Z A↓	Ordena los registro en orden descendente	
Elegir columnas	Permite seleccionar las columnas que se muestran en la hoja de datos	
Utilidades	Muestra diferentes utilidades de la aplicación (calculadora, tareas, calendario, agenda diaria, agenda y alarma)	
Configuración	Permite configurar el fichero activo	

2.9. Actualizaciones

Para actualizar la aplicación hay que tener "registro de usuario". Se recomienda realizar una copia de seguridad previamente para evitar una posible pérdida de información.

Al entrar en la aplicación, por defecto, se visualizará una ventana que nos avisará de si existen actualizaciones de la aplicación.

En el caso de que no tengamos configurada la aplicación para que efectúe la comprobación al iniciar el programa, podemos configurarlo, en "Archivo/Registro", activando la casilla "Comprobar, al iniciar el programa, si existen en Internet actualizaciones pendientes de instalación".

Otra posibilidad, si no tenemos la casilla anterior activada, es comprobar de forma manual si existen actualizaciones pulsando en el icono "Asistente de actualizaciones" y si las hay nos aparece la ventana anterior.

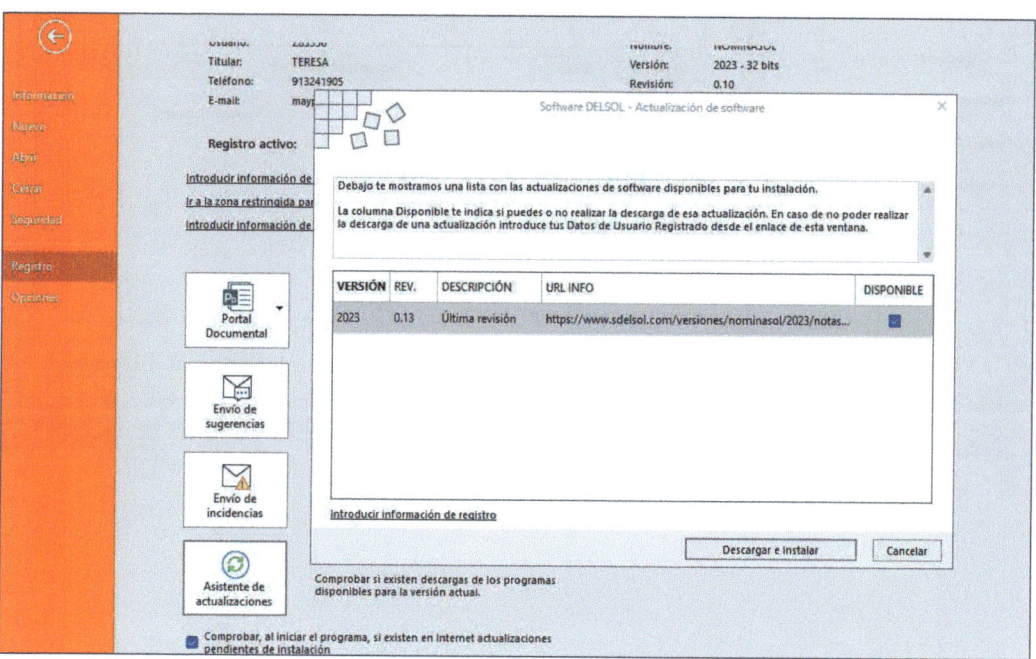

Al pulsar en el icono "Descargar e instalar" se procede a la actualización. Será necesario cerrar la aplicación una vez finalice la instalación.

También podemos comprobar la existencia de actualizaciones a través de la pantalla de inicio de sesión "Comprobar actualizaciones".

2.10. Usuarios

La aplicación permite trabajar con un número ilimitado de usuarios.

Se pueden visualizar todos los usuarios existentes en el momento de la identificación de usuario al acceder al sistema o a través de "Archivo/Opciones/Usuarios".

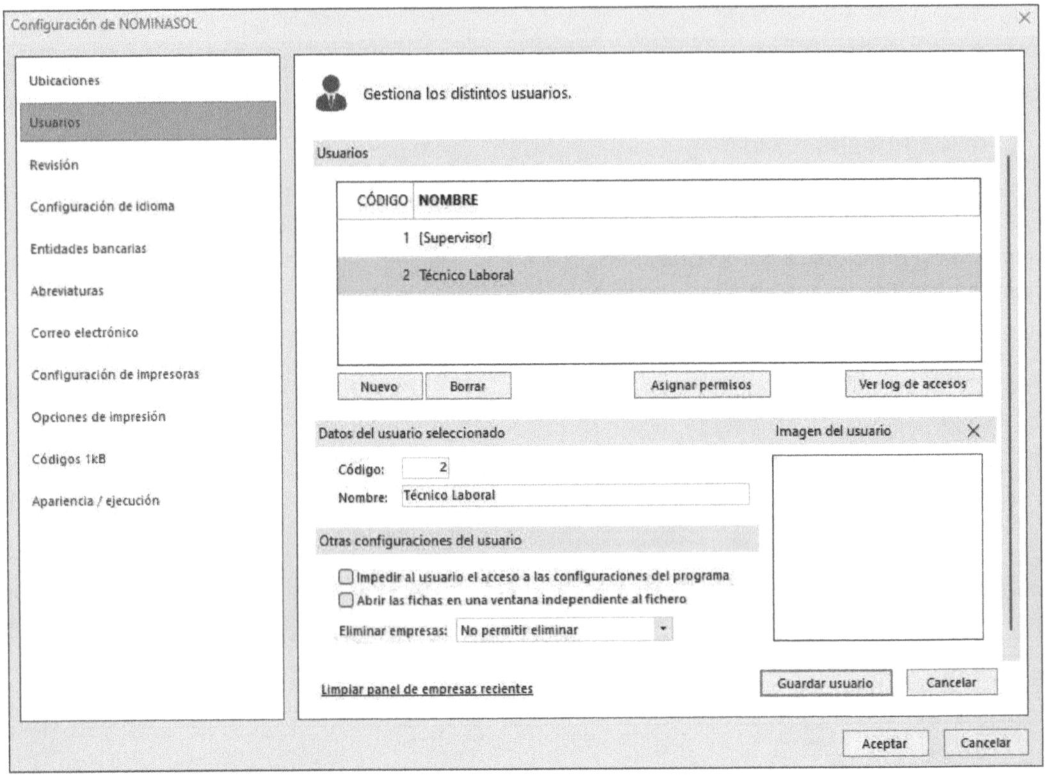

Configuración de NOMINASOL

Ubicaciones

Usuarios

Revisión

Configuración de idioma

Entidades bancarias

Abreviaturas

Correo electrónico

Configuración de impresoras

Opciones de impresión

Códigos 1kB

Apariencia / ejecución

Gestiona los distintos usuarios.

Usuarios

CÓDIGO	NOMBRE
1	[Supervisor]
2	Técnico Laboral

Nuevo Borrar Asignar permisos Ver log de accesos

Datos del usuario seleccionado   Imagen del usuario ✕

Código: 2

Nombre: Técnico Laboral

Otras configuraciones del usuario

☐ Impedir al usuario el acceso a las configuraciones del programa
☐ Abrir las fichas en una ventana independiente al fichero

Eliminar empresas: No permitir eliminar ▾

Limpiar panel de empresas recientes   Guardar usuario   Cancelar

Aceptar   Cancelar

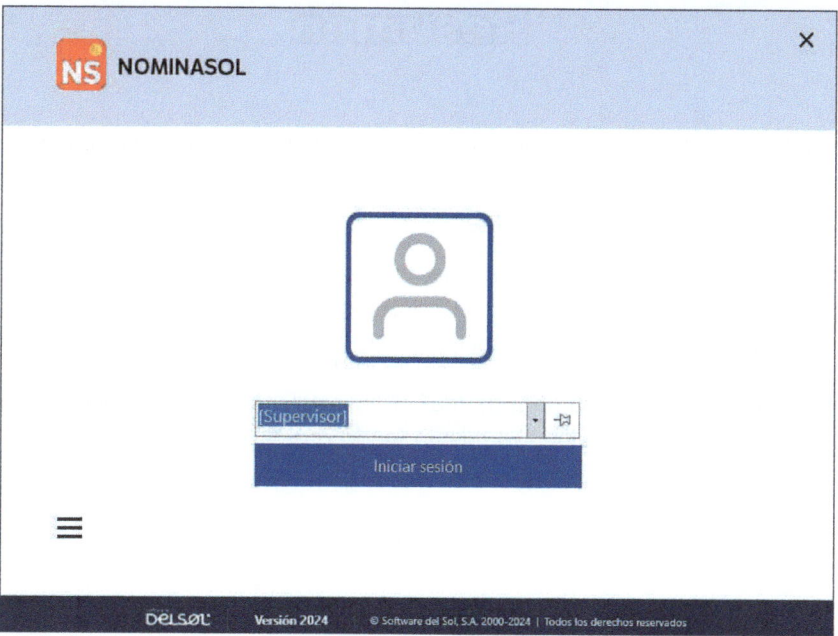

 *Más adelante veremos cómo gestionar dichos usuarios.*

Resumen

Todas las aplicaciones informáticas de recursos humanos, al igual que las de contabilidad, deben cumplir en su diseño con los requisitos legales vigentes. Por tanto, son básicamente similares entre sí con oferta de versiones escalonadas de estándar a avanzadas.

Para facilitar las explicaciones y hacerlas más sencillas y comprensibles, vamos a utilizar un único programa (NOMINASOL) de muy frecuente uso en el ámbito de gestión de las relaciones laborales de los recursos humanos.

NOMINASOL nos guía a la hora de realizar la instalación-actualización de la aplicación informática en nuestro ordenador. Del mismo modo que la instalación, la desinstalación se realiza mediante un asistente de forma sencilla.

UNIDAD DIDÁCTICA 2

Tablas del sistema.

Objetivos

- ☒ Cargar los datos necesarios para su consideración en el recibo de salarios y para llevar a cabo el control y la gestión de los recursos humanos (relativos a la entidad, convenios, categorías profesionales, trabajadores, condiciones pactadas, ausencias, incidencias, otros), con exactitud y precisión.

- ☒ Comprobar que las tablas y tipos de cotización a la Seguridad Social y de retención del IRPF, están actualizadas y de acuerdo con la normativa vigente.

Contenido

Introducción

1. Tablas

    1.1. Vías públicas

    1.2. Municipios

    1.3. Códigos postales

    1.4. Provincias

    1.5. Comunidades Autónomas

    1.6. Países

2. Calendarios laborales

    2.1. Introducción

    2.2. Causas de ausencia

3. Tablas de la Seguridad Social y retenciones

    3.1. Introducción

    3.2. Tipos de cotización en el régimen general

    3.3. Bases de cotización en el régimen general

    3.4. Cotización AT/EP

4. Tablas IRPF

5. Tablas auxiliares de administración y gestión de recursos humanos

    5.1. Introducción

    5.2. Niveles formativos

    5.3. Titulaciones académicas

6. Obtención de listados

Resumen

Introducción

En esta segunda unidad vamos a estudiar las tablas que encontraremos en la aplicación NOMINASOL para la utilización del programa, así como las que el propio sistema utiliza para realizar los cálculos.

Las principales funciones y grupos de tablas que encontramos en la aplicación NOMINASOL son:

❑   Tablas generales.

❑   Calendario.

❑   Tablas de Seguridad Social y retenciones.

❑   Tablas del IRPF.

❑   Tablas auxiliares de administración y gestión de recursos humanos.

❑   Obtención de listados.

Las analizaremos detenidamente a continuación.

1. Tablas

1.1. Vías públicas

Accederemos a través de la solapa Modificar con "Entorno/Tablas Auxiliares/IconoTablas.

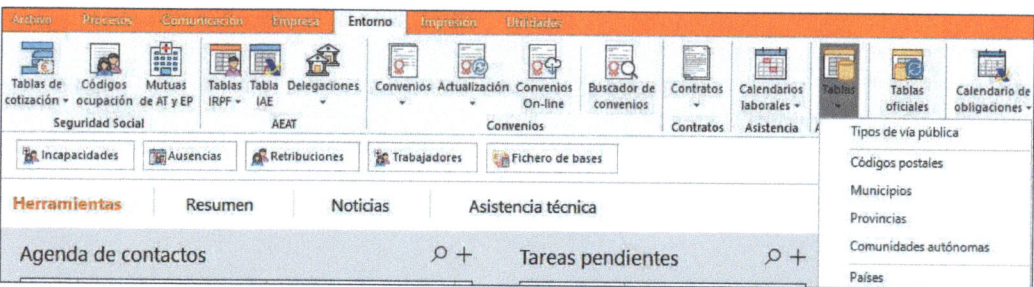

La opción "Tablas" en NOMINASOL permite una personalización óptima de la aplicación a nuestras necesidades de una manera sencilla y clara. Bastará seleccionar dicha opción.

Mediante la opción "Vías públicas" se realiza el mantenimiento de estas. Nos muestra las abreviaturas de las calles, avenidas, plazas, paseos, etc., y permite añadir, duplicar, modificar, eliminar o buscar el tipo de vía pública.

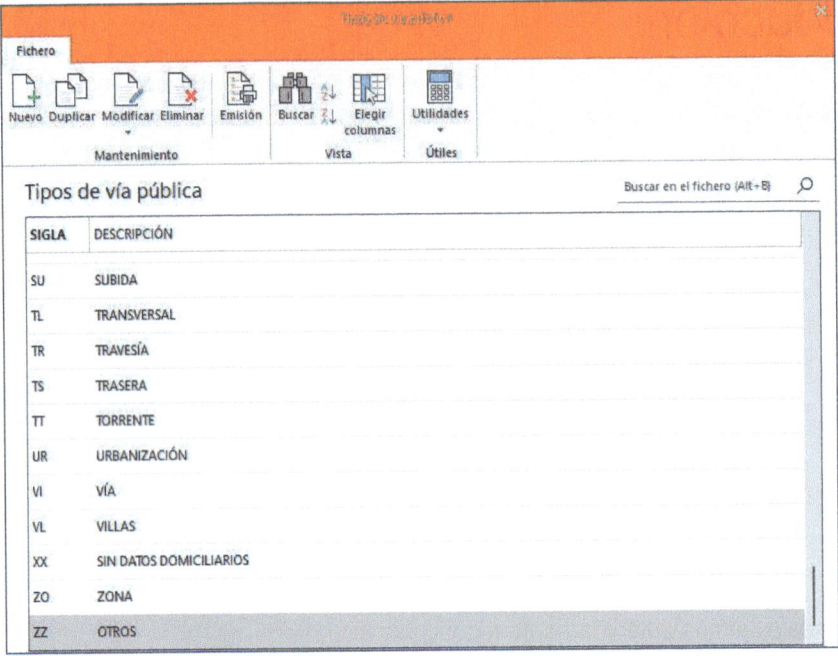

1.1.1. Buscar una vía pública

Mediante el botón "Buscar" podremos localizar cualquier tipo de vía pública:

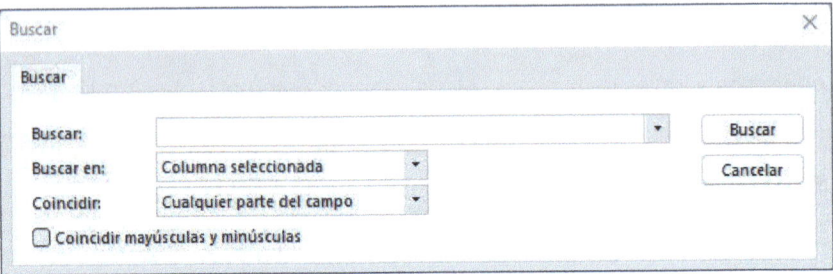

En "Buscar" introducimos las siglas o la descripción de la vía pública que deseamos localizar.

En "Buscar en" indicamos si deseamos buscar en por la columna de la "Sigla" o de la "Descripción", dependiendo de lo que se haya escrito en el cuadro "Buscar".

En "Coincidir", podremos seleccionar 3 opciones:

❑ **Cualquier parte del campo.** El texto insertado en el cuadro "Buscar", puede estar en cualquier posición dentro del campo.

❑ **Hacer coincidir todo el campo.** El texto insertado en el cuadro "Buscar" tiene que coincidir exactamente con el campo.

❑ **Comienzo del campo.** El texto insertado en el cuadro "Buscar" tiene que estar al principio del campo.

1.1.2. Añadir una nueva vía pública

Para añadir un tipo de vía pública que no existe, pulsaremos el icono "Nuevo" y cumplimentamos los campos:

❑ **Sigla:** campo alfanumérico de 2 posiciones.

❑ **Descripción:** denominación de la vía pública.

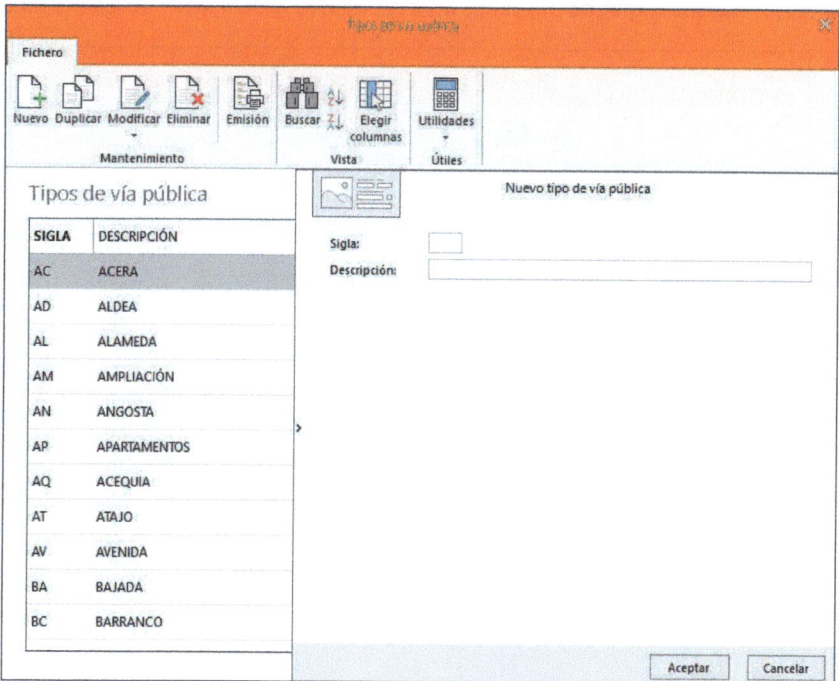

1.1.3. Modificar o eliminar un tipo de vía pública

Para modificar un tipo de vía pública, pulsaremos el icono de "Modificar", teniendo en cuenta que solo se puede modificar la descripción.

Para eliminar un tipo de vía pública, pulsar el icono "Eliminar" y se mostrará un cuadro de dialogo solicitando la confirmación o no para eliminar el registro.

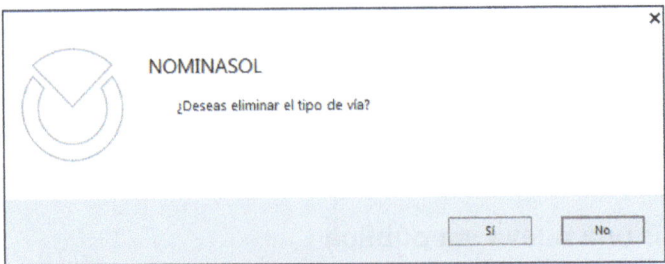

1.2. Municipios

Mediante esta opción se realiza el mantenimiento de los municipios, que nos serán necesarios para posteriormente cumplimentar la tabla de códigos postales. Podemos añadir, duplicar, modificar, eliminar o buscar municipios.

Para añadir **nuevos registros** pulsamos el icono "Nuevo" y cumplimentar los siguientes campos:

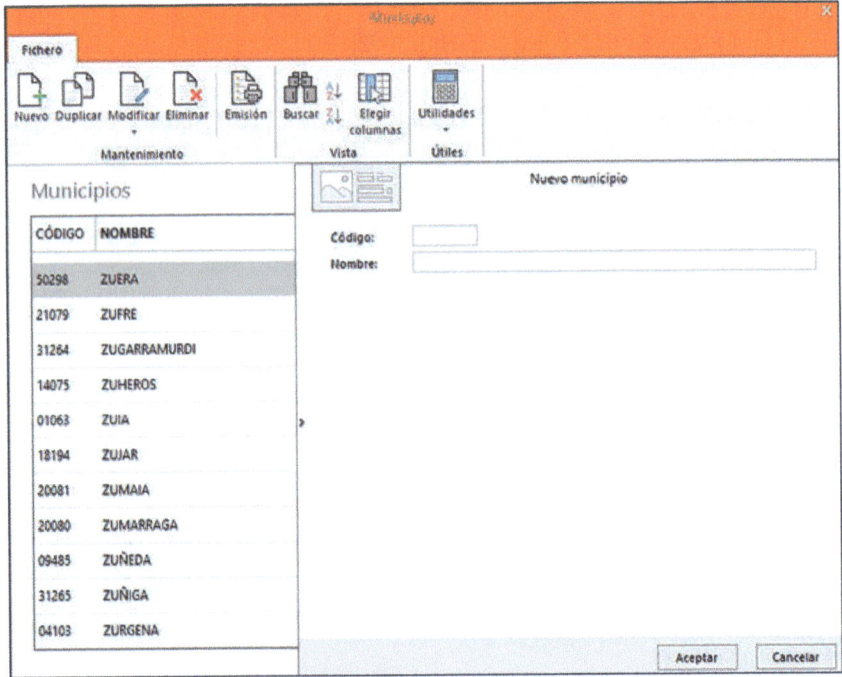

La aplicación, por defecto, ya tiene insertados los códigos municipales, pero si deseamos insertar un municipio que no está dado de alta, deberemos darlo de alta con el código oficial. Los códigos de municipio se pueden consultar en la página del Instituto Nacional de Estadística.

1.3. Códigos postales

Mediante esta opción se realiza el mantenimiento de los códigos postales y permite añadir, duplicar, modificar, eliminar o buscar códigos postales.

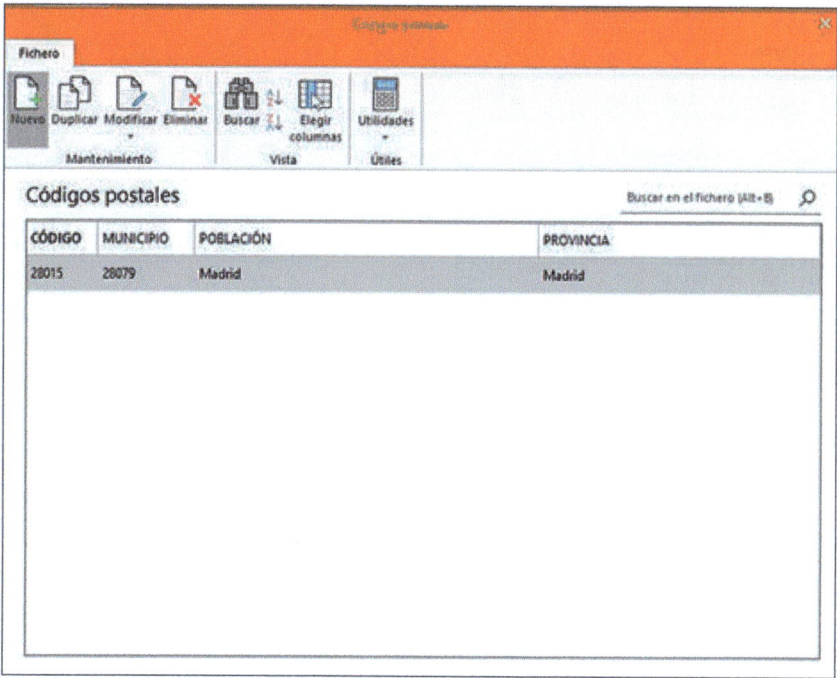

Para añadir nuevos registros pulsamos el icono "Nuevo" y cumplimentar los siguientes campos:

❑ Código: campo alfanumérico de 10 posiciones. Introduciremos el código postal.

❑ Municipio: introduciremos el código del municipio, que previamente tendremos que tener dado de alta en la tabla de municipios. En caso de no estar dado de alta el código del municipio, lo podemos dar de alta desde esta ventana.

Para ello, pulsaremos en el icono "Municipio" y en la ventana que se muestra, luego pulsaremos en el icono "Nuevo" que hay en la parte inferior de la ventana y cumplimentaremos el código del municipio y la descripción, y guardaremos el registro. Una vez lo tenemos dado de alta, podemos seleccionarlo haciendo un doble clic con el botón derecho del ratón sobre el registro.

❑ Población y provincia: estos dos campos aparecerán cubiertos, una vez hemos insertado el código del municipio, por lo que, si son correctos, pulsaremos el botón de "Aceptar" o, en caso de no ser correctos, se pueden modificar.

1.4. Provincias

Esta opción refleja todas las provincias que, por defecto, vienen dadas de alta en la aplicación. Consta de los siguientes campos:

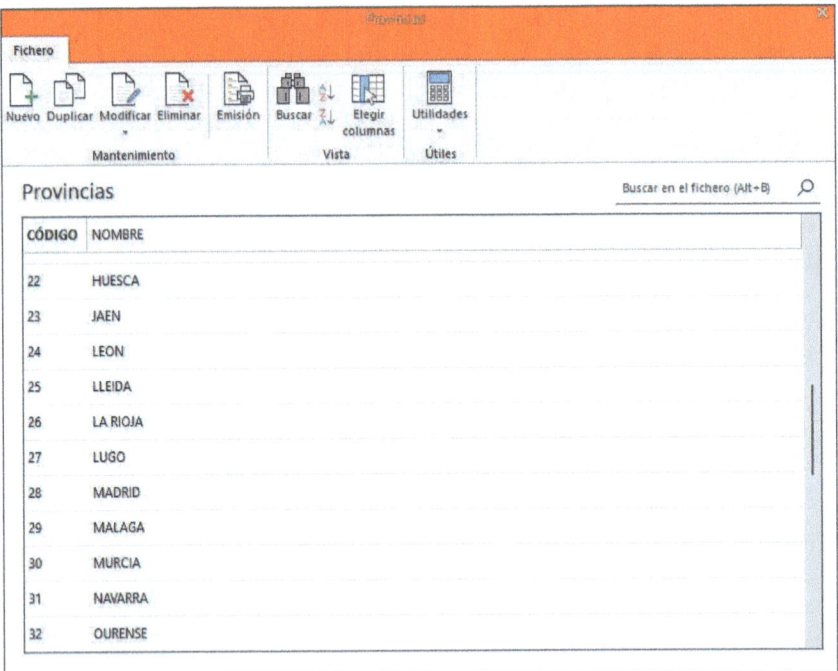

❑   Código: campo alfanumérico de 2 posiciones. Las provincias que ya vienen dadas de alta en la aplicación y están codificadas con el código oficial de cada provincia.

❑   Nombre: denominación de la provincia.

 *Los códigos de cada provincia se pueden consultar en la página del Instituto Nacional de Estadística: https://www.ine.es/daco/daco42/codmun/cod_provincia.htm*

1.5. Comunidades Autónomas

En esta opción se encuentran las 17 Comunidades Autónomas, más Ceuta y Melilla. Consta de los siguientes campos:

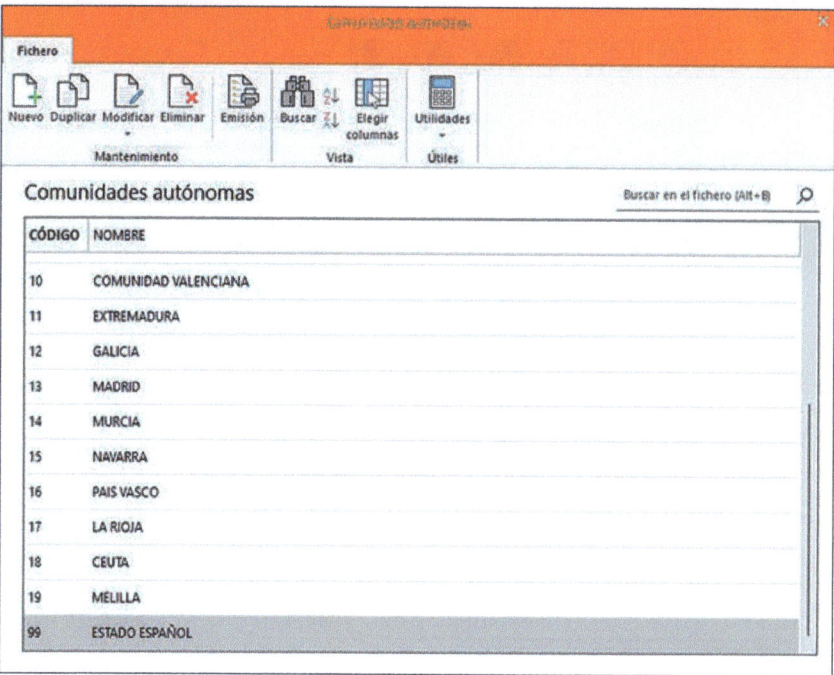

□ Código: campo alfanumérico de 2 posiciones. Las comunidades que ya vienen dadas de alta en la aplicación y están codificadas con el código oficial de cada Comunidad.

□ Nombre: denominación de la Comunidad.

 *Los códigos de cada Comunidad se pueden consultar en la página del Instituto Nacional de Estadística: https://www.ine.es/daco/daco42/codmun/ cod_ccaa.htm*

1.6. Países

Esta opción permite el mantenimiento de la tabla de países:

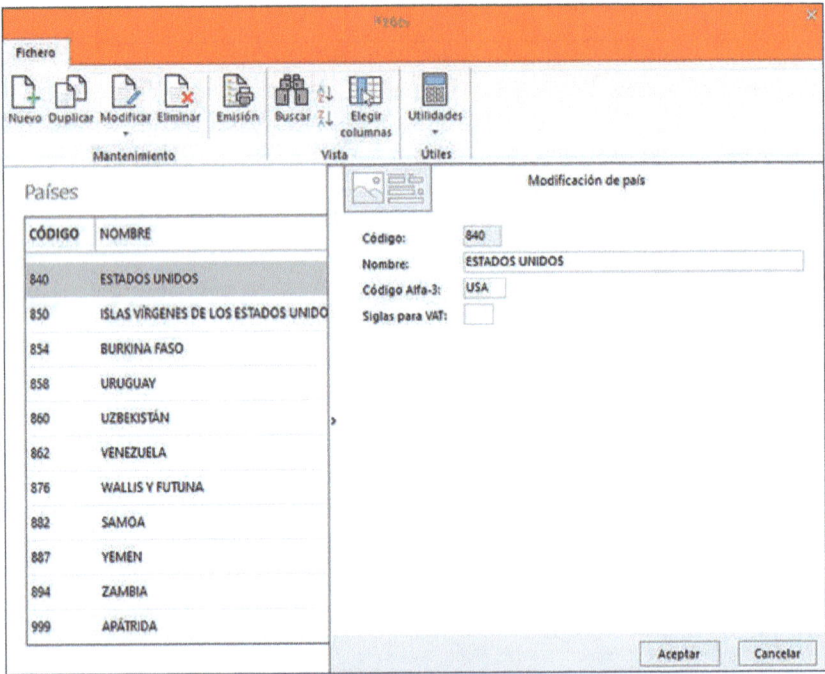

❑ Código: campo alfanumérico de 3 posiciones.

❑ Nombre: identifica al país por su denominación.

❑ Código Alfa-3: códigos de país de tres letras Es uno de los tipos de códigos para la representación de nombres de países y sus subdivisiones, según la norma ISO 3166-1:2013.

❑ Siglas para VAT: campo alfanumérico de 2 posiciones. Identificador que indica el país que emitió el número VAT.

 *El número de VAT es un número utilizado para identificar a la empresa que realiza negocios en áreas donde la Unión Europea tiene autoridad tributaria.*

2. Calendarios laborales

2.1. Introducción

Esta opción permite la creación de diferentes calendarios laborales en función de las festividades determinadas por cada Comunidad Autónoma y los municipios.

Para el cálculo de las nóminas, debemos tener creado el calendario y tenerlo asignado a la empresa. En él se refleja la distribución de los días de trabajo y la causa de ausencia utilizando un sistema de colores.

Accedemos a la opción A través de la solapa "Entorno/Grupo Asistencia/Icono Calendarios Laborales".

Para la elaboración del calendario, bastará pulsar "Nuevo", introducir el código de 3 caracteres, el año y la descripción para el que queremos realizar el calendario.

En el nuevo calendario solo aparecen marcados en color rosa los domingos, por lo que, si los sábados no fueran días laborales, habrá que marcarlos, al igual que el resto de las festividades nacionales, autonómicas y locales.

Para marcar la causa de ausencia (sábado, domingo, fiesta nacional, fiesta Comunidad Autónoma y fiesta local) realizaremos los siguientes pasos:

❑   Seleccionar el color correspondiente a la festividad que se va a definir.

❑   Seleccionar la fecha a la que se le aplica esa festividad.

❑   Pulsar en el botón "Aplicar la causa seleccionada a la selección de fechas actuales".

Cuando ya estén definidas todas las festividades pulsamos el botón "Aceptar".

 *Hay diferentes sitios donde obtener el calendario oficial de cada Comunidad y municipio, y uno de ellos es la página oficial de la Seguridad Social: https://www.seg-social.es/wps/portal/wss/internet/CalendarioLaboral/*

2.2. Causas de ausencia

Esta opción permite llevar el mantenimiento de las causas de ausencia, que se podrán utilizar para el calendario laboral y para el control de dichas ausencias.

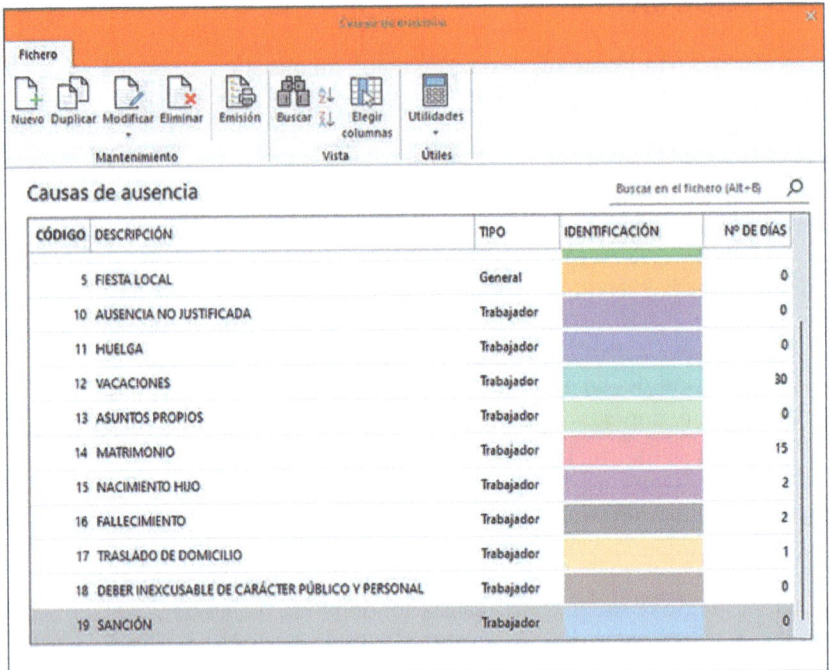

• Crear una nueva ausencia

Para crear una nueva ausencia pulsaremos en el botón "Nuevo".

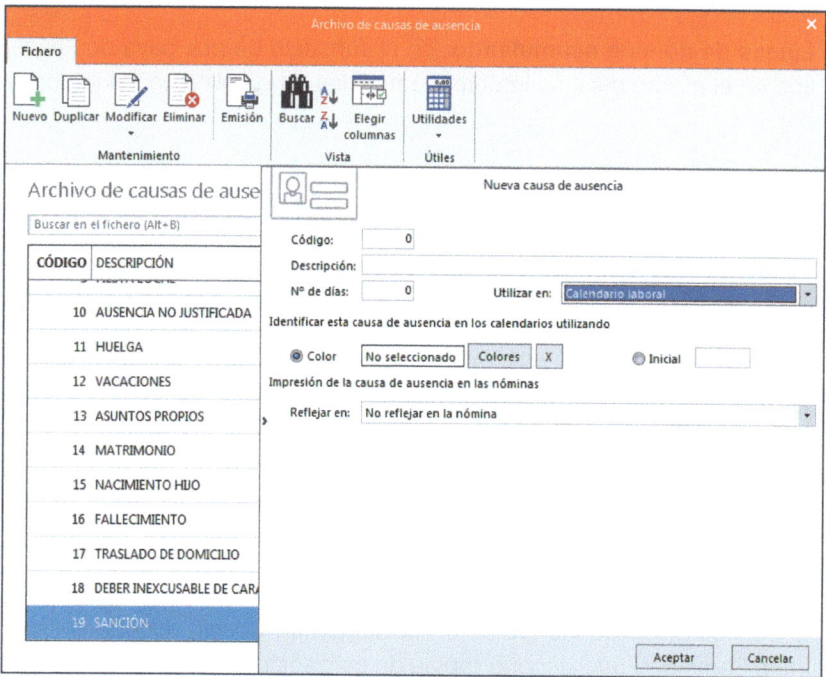

1. **Código:** introduciremos el código de la causa de ausencia. Si se deja a cero, NOMINASOL asignará una automáticamente.

2. **Descripción:** descripción a la causa de ausencia.

3. **Número de días:** indicaremos los días establecidos para esta ausencia. Este dato es a título informativo.

4. **Utilizar en:** seleccionaremos si la ausencia se va a utilizar en el calendario laboral o en el control de ausencias del trabajador.

5. **Color:** pulsaremos el botón que se encuentra a la derecha para seleccionar el color que identifique a esta ausencia en el calendario laboral.

6. **Inicial:** se puede indicar dos iniciales para reconocer esta ausencia, estas iniciales saldrán impresas en el calendario laboral.

7. **Reflejar en:** NOMINASOL te permite varias opciones para reflejar esta causa en la nómina a la hora de imprimirla.

8. **No reflejar en la nómina:** esta causa no se imprimirá en la nómina.

9. **Líneas de nómina:** se imprimirá una línea en el detalle de la nómina por cada causa de este tipo.

10. **Líneas de nómina acumulando:** en el supuesto de que haya dos causas de este tipo en el mismo mes, se imprimirá una línea de detalle con los importes acumulados.

11. **Pie de nómina:** se imprimirá una línea por cada causa de este tipo en el pie de la nómina.

12. **Pie de nómina acumulado:** en el supuesto de que haya dos causas de este tipo en el mismo mes, se imprimirá una línea al pie de nómina con los importes acumulados.

3. Tablas de la Seguridad Social y retenciones

3.1. Introducción

Para la configuración de las tablas de la Seguridad Social, accederemos a la solapa "Entorno/Grupo Seguridad Social/Icono Tablas de cotización".

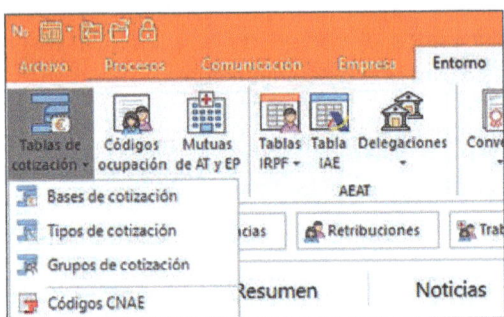

Esta opción recoge las tablas oficiales de cotización a la Seguridad Social, que han sido publicadas en el BOE y que DELSOL mantiene al día en su servicio de mantenimiento y actualización.

La empresa está obligada, respecto a la Seguridad Social, a afiliar, dar de alta, cotizar e ingresar las aportaciones patronales y las de sus trabajadores retenidas en las nóminas.

Se aplica un tipo sobre la base de cotización para obtener la cuota a pagar por el trabajador y por parte del empresario. Es fundamental conocer los datos oficiales publicados en el

BOE para confirmar que el programa los esté utilizando en el momento de realizar las nóminas y calcular los seguros sociales.

Dichos datos oficiales pueden obtenerse en la web oficial de la Tesorería General de la Seguridad Social (TGSS, en adelante) para chequearlos con los que la aplicación refleja.

3.2. Tipos de cotización en el régimen general

Para los relativos al régimen general, se obtienen siguiendo la ruta "Entorno/Grupo Seguridad Social/Icono Tablas de cotización/Tipos de cotización".

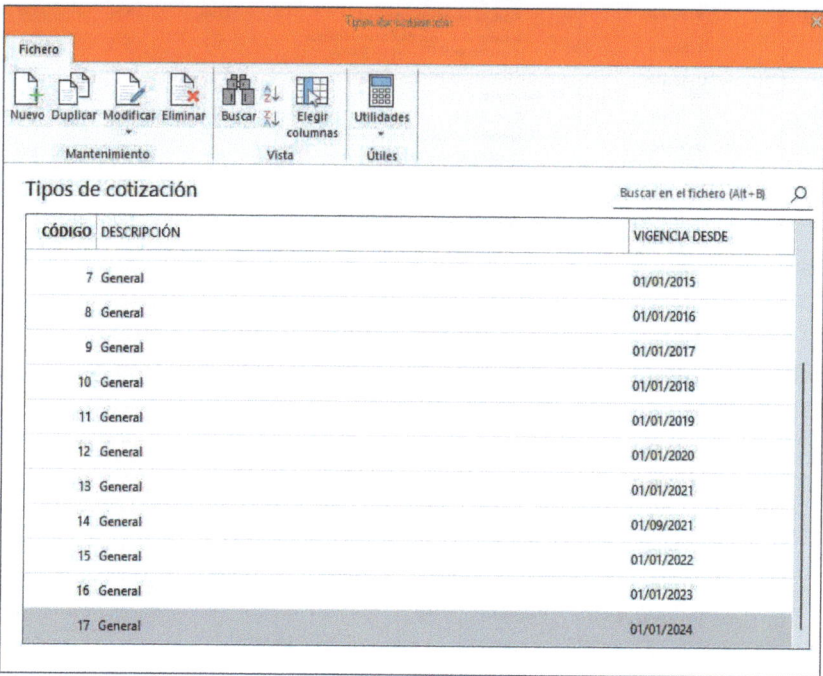

El tipo de cotización es un porcentaje que se aplica sobre la base de cotización para determinar la cuota líquida que debe ser ingresada en la Seguridad Social. El tipo de cotización, que es único para todo el ámbito de cobertura del régimen general, así como su distribución entre las distintas contingencias, y la aportación de empresas y trabajadores, es fijado anualmente por el Gobierno.

Las tablas de los tipos y bases de cotización podrán ser modificadas siempre que sea necesario por ley. En el régimen general, el tipo de cotización se distribuye entre empresario y trabajador.

La **pestaña "Cotización general"** contiene todos los tipos de cotización aplicables a contratos que deban cotizar al régimen general de la Seguridad Social.

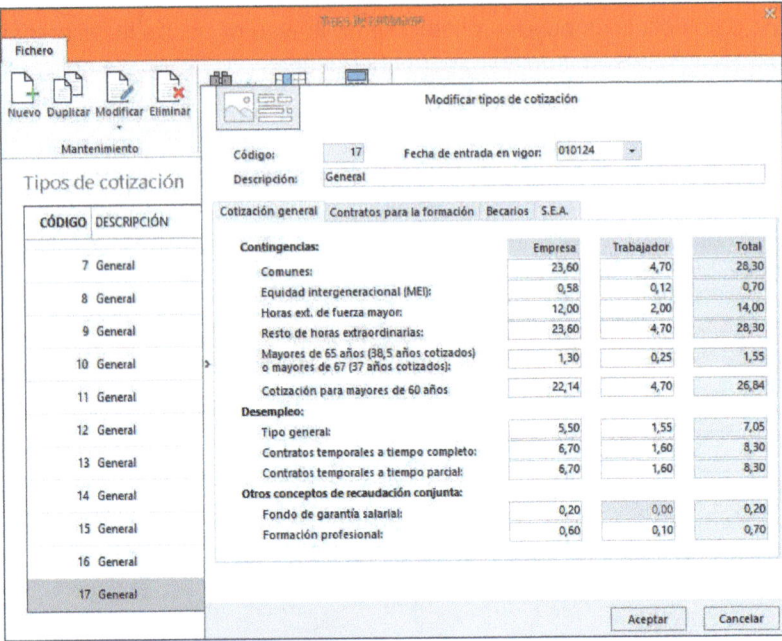

La **pestaña "Contratos para la formación"** ofrece los importes fijos por los que cotizan este tipo de contratos.

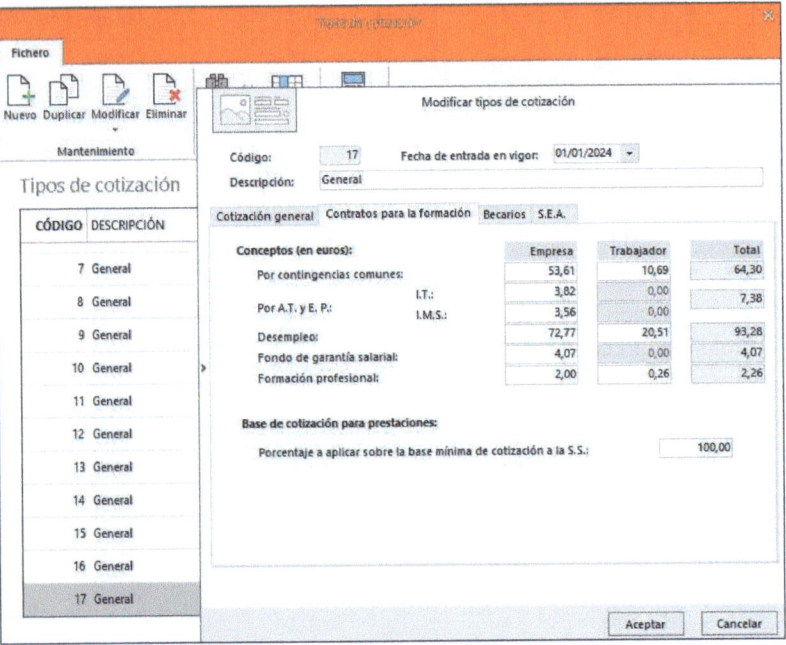

La **pestaña "Becarios"** ofrece los importes fijos por los que cotizan este tipo de contratos.

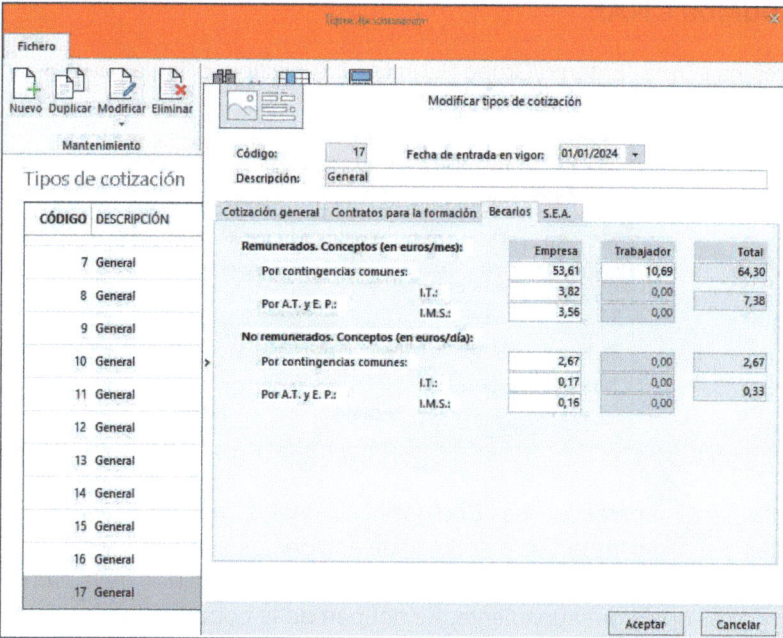

3.3. Bases de cotización en el régimen general

En este apartado aparecen las bases mínimas y máximas de cotización para contingencias comunes y profesionales, según el grupo de cotización publicadas en el BOE y ofrece diferentes pestañas según el contrato de que se trate:

1. General.

2. Contratos a tiempo parcial.

3. Artistas/Prof. taurinos.

4. SEA (Sistema Especial Agrario).

5. Empleados del Hogar.

En un mismo año podremos tener dos bases de cotización diferentes si se publican nuevas bases. Para ello, bastará con añadir una nueva base de cotización determinada e introducir, en la opción "Fecha de entrada en vigor", el mes en el que esta segunda base de cotización comenzará a tener su vigencia.

3.4. Cotización AT/EP

3.4.1. Códigos CNAE

Seguiremos la ruta "Entorno/Grupo Seguridad Social/Icono Tablas de cotización/Códigos CNAE":

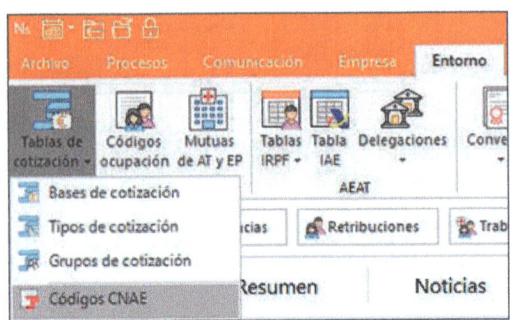

En esta tabla aparecen los Códigos Nacionales de Actividades Económicas y Empresariales, así como las tarifas de primas de accidentes de trabajo y enfermedades profesionales que corresponde a cada uno de los trabajos que se realizan en la empresa dentro de la actividad profesional correspondiente. Se ocupan de la cobertura de las contingencias por accidentes de trabajo y enfermedades profesionales a partir del 1 de enero del 2007.

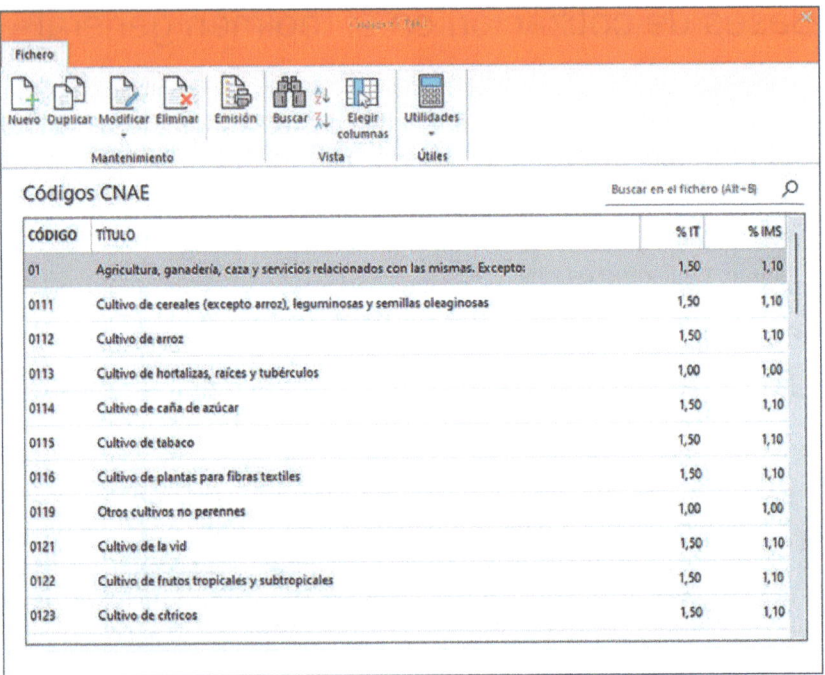

CÓDIGO	TÍTULO	% IT	% IMS
01	Agricultura, ganadería, caza y servicios relacionados con las mismas. Excepto:	1,50	1,10
0111	Cultivo de cereales (excepto arroz), leguminosas y semillas oleaginosas	1,50	1,10
0112	Cultivo de arroz	1,50	1,10
0113	Cultivo de hortalizas, raíces y tubérculos	1,00	1,00
0114	Cultivo de caña de azúcar	1,50	1,10
0115	Cultivo de tabaco	1,50	1,10
0116	Cultivo de plantas para fibras textiles	1,50	1,10
0119	Otros cultivos no perennes	1,00	1,00
0121	Cultivo de la vid	1,50	1,10
0122	Cultivo de frutos tropicales y subtropicales	1,50	1,10
0123	Cultivo de cítricos	1,50	1,10

Se trata de una tabla fija solo modificable por ley. Indica los tipos de cotización a satisfacer por Incapacidad Temporal (IT) y por Invalidez, Muerte y Supervivencia (IMS).

Estos porcentajes se aplicarán sobre la base de cotización de accidentes de trabajo y enfermedad profesional, para obtener la cuota a cargo exclusivo del empresario.

3.4.2. Códigos de ocupación

En esta tabla aparecen los códigos de ocupación que se ocupan de la cobertura de las contingencias por accidentes de trabajo y enfermedades profesionales para determinados trabajadores a partir del 1 de enero del 2007.

Para acceder a la opción seguimos la ruta "Entorno/Grupo Seguridad Social/Icono Códigos de ocupación".

Códigos de ocupación

CÓDIGO	TÍTULO	% IT	% IMS
a	Personal en trabajos exclusivos de oficina	0,80	0,70
b	Representantes de Comercio	1,00	1,00
d	Personal de oficios en instalaciones y reparaciones en edificios, obras y trabajos de construcción en general	3,35	3,35
f	Conductores de vehículo automóvil de transporte de mercancías que tenga una capacidad de carga útil superior a 3,5 Tm.	3,35	3,35
g	Personal de limpieza en general. Limpieza de edificios y de todo tipos de establecimientos. Limpieza de calles	2,10	1,50
h	Vigilantes, guardas, guardas jurados y personal de seguridad	1,40	2,20
u	Espectáculos taurinos	2,85	3,35
v	Grupo segundo de cotización del Régimen especial del Mar	2,10	2,00
w	Grupo tercero de cotización del Régimen especial del Mar	1,65	1,70
x	Carga y descarga; estiba y desestiba	3,35	3,35
y	Trabajos habituales en interior de minas	3,45	3,70

3.4.3. Entidades de accidentes

Recoge el listado de todas las entidades de accidentes que se ocupan de la cobertura de los accidentes de trabajo y enfermedades profesionales.

Para acceder a la opción, seguimos la ruta "Entorno/Grupo Seguridad Social/Icono Mutuas de AT/EP".

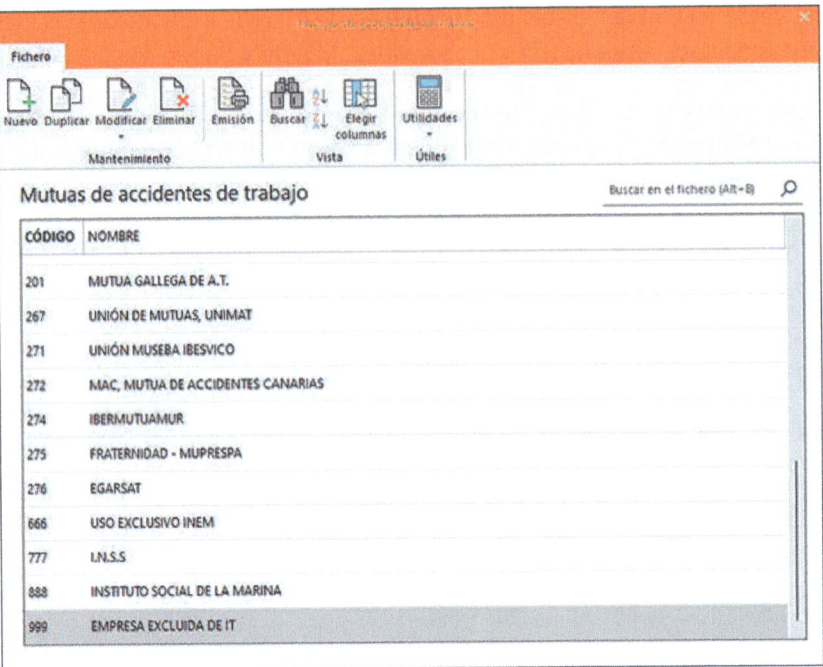

También podemos obtener un listado mediante el botón "Emisión".

4. Tablas IRPF

Esta opción permite configurar los mínimos exentos de retención según la situación personal del trabajador, así como la escala de retención a aplicar, en función de las retribuciones obtenidas, y las cantidades a deducir, según establece la Ley de IRPF.

Para acceder a las tablas de IRPF, iremos a la solapa "Entorno/Grupo AEAT/Icono Tablas IRPF".

Para acceder a la opción pulsamos en la opción "Tablas de IRPF".

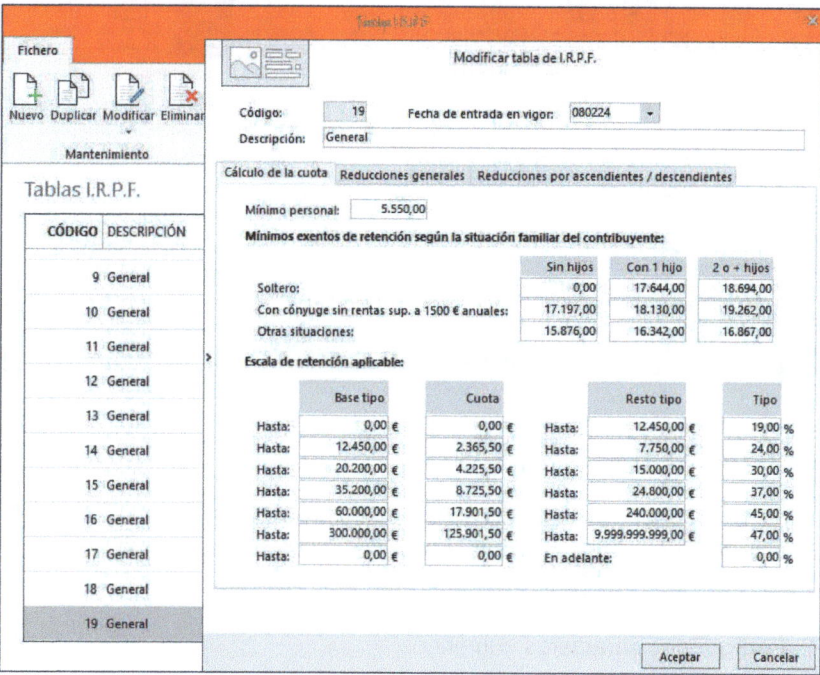

Frente a la Agencia Tributaria, la empresa está obligada a retener al trabajador e ingresar la cuota. La aplicación ofrece información, tanto general como sobre las Haciendas Forales. Esta última se configura en la solapa "Entorno/Grupo AEAT/Icono Tablas de IRPF/Tablas IRPF de comunidades forales".

5. Tablas auxiliares de administración y gestión de recursos humanos

5.1. Introducción

Para acceder y completar las tablas de RR. HH. seguimos la ruta "Entorno/Contratos".

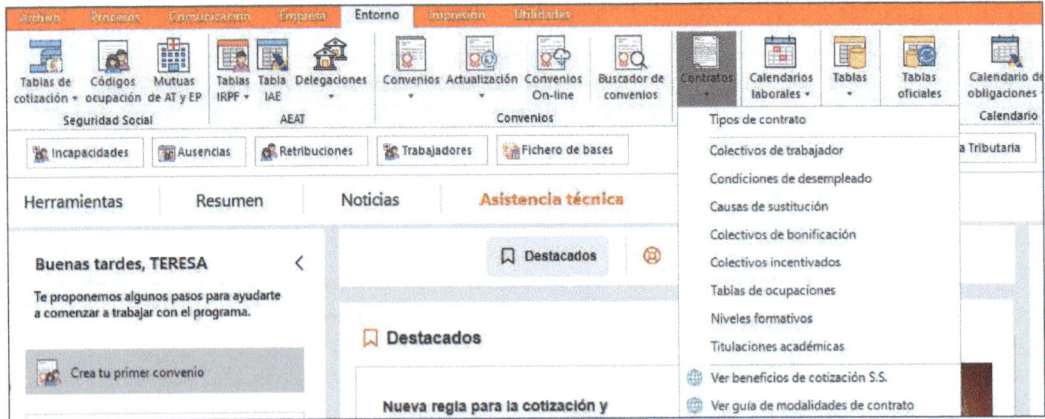

5.2. Niveles formativos

A través de esta opción se realiza el mantenimiento de las tablas de niveles formativos de los trabajadores. Al añadir o modificar un concepto a la tabla aparecerán los siguientes campos:

❑ **Código:** dos caracteres numéricos.

❑ **Descripción:** identifica el nivel por su propia descripción.

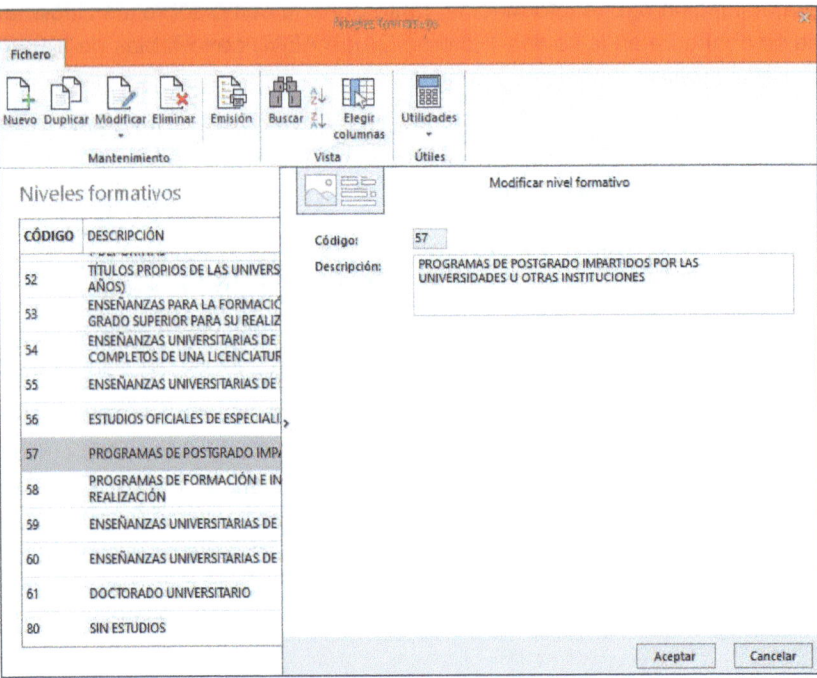

5.3. Titulaciones académicas

Esta opción permite el mantenimiento de la tabla de estudios académicos de cada empleado.

Al añadir o modificar un registro a la tabla aparecerá la siguiente pantalla:

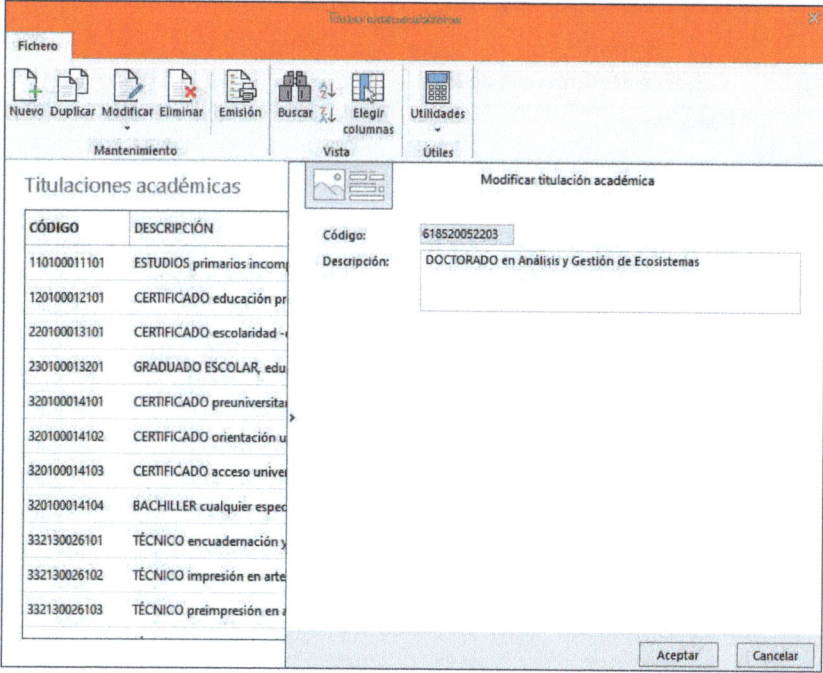

❑ **Código:** está formado por once caracteres numéricos.

❑ **Descripción:** describe los estudios realizados.

6. Obtención de listados

Para obtener los listados de algunas de estas tablas, el usuario tendrá dos opciones:

1. A través de la pestaña "Entorno" de la cinta de opciones. Seleccionar la opción según la tabla que se desea imprimir.

2. Utilizar la ruta solapa "Impresión/Grupo Auxiliares/IconoTablas".

En ambos casos, la forma de presentación del listado es la misma.

Veamos un ejemplo de listado de las entidades de accidentes.

Mediante la opción "Entorno/Mutuas de AT y EP":

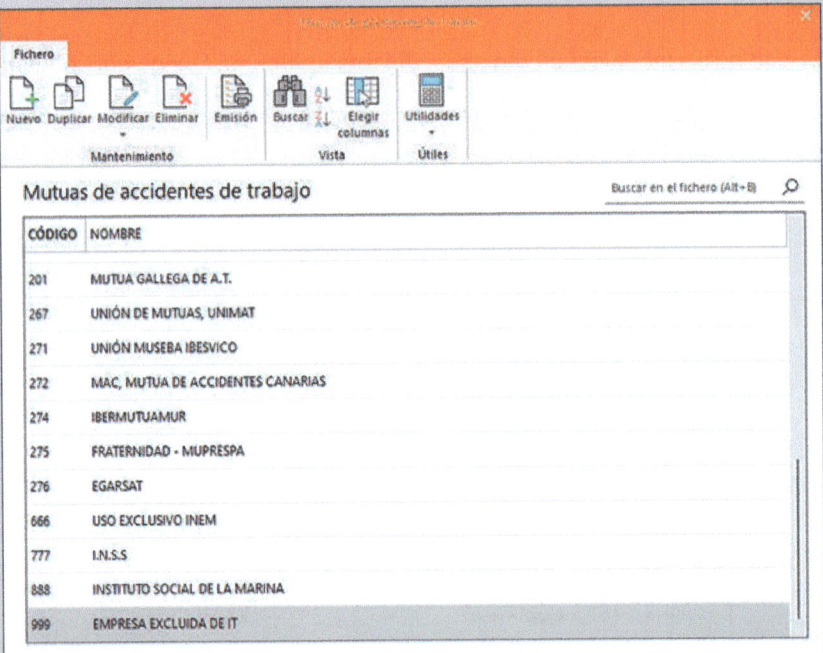

Pulsaremos el icono "Emisión", y se muestra la siguiente pantalla en la que tenemos unas opciones para la configuración del listado:

❑ *Seleccionar la impresora para la impresión y su configuración a través del enlace "Configurar Impresora".*

❑ *"Intervalos" - Indica entre qué códigos o descripciones de las mutuas de AT y EP deseamos el listado.*

❑ *"Opciones" - Si la casilla "Imprimir en orden inverso" está activada, imprime el listado en orden inverso.*

❑ *"Encabezado" - Permite seleccionar si vamos a imprimir o no el listado con un encabezado.*

❑ *En el cuadro la aplicación establece uno por defecto, que el usuario puede modificar.*

.../...

...../....

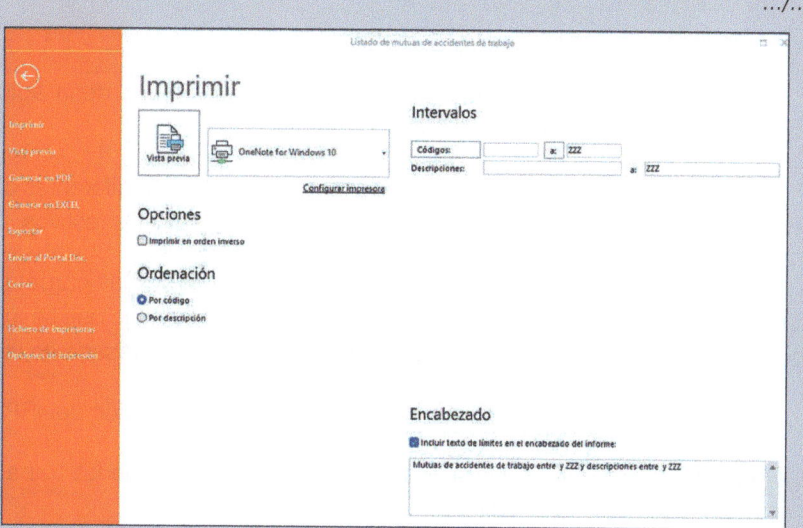

Para ver el listado por pantalla, pulsar en el botón "Vista Previa" y obtenemos el siguiente listado:

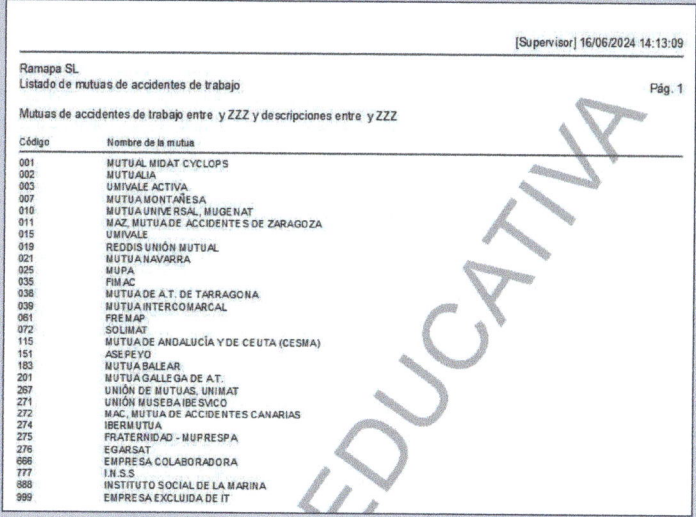

En la parte izquierda se podrá seleccionar si deseamos imprimir el listado en papel, generar un pdf, enviar por correo electrónico, exportar el listado en formato RTF (formato de texto enriquecido) o documento de Word.

La otra opción para obtener el listado es siguiendo la ruta "Impresión/Grupo Auxiliares/IconoTablas/Seguridad Social/Mutuas de AT y EP", y obtendremos las mismas ventanas comentadas anteriormente.

Resumen

La tablas de sistema permiten una personalización óptima de la aplicación a nuestras necesidades de una manera sencilla y clara.

Por ejemplo, la opción "Calendario" permite la creación de diferentes calendarios laborales en los que se refleja la distribución de los días de trabajo y los festivos.

En la opción "Tablas de la Seguridad Social" aparecen varias carpetas que recogen los distintos tipos de cotización. El tipo de cotización es un porcentaje que se aplica sobre la base de cotización para determinar la cuota líquida que debe ser ingresada en la Seguridad Social.

Hemos visto, además, cómo acceder a las tablas de retención del IRPF y completarlas.

Finalmente hemos visto cómo añadir niveles de estudios de los trabajadores, sus titulaciones académicas y obtener diferentes listados.

Carga de datos relativos a la empresa.

Objetivos

- ⊡ Identificar en NOMINASOL los diferentes menús relacionados con la carga de datos de la empresa como son datos generales de la misma, datos fiscales y datos del responsable de la gestión al frente de los organismos públicos.

- ⊡ Utilizar la aplicación NOMINASOL para cargar conceptos salariales y datos del convenio específico de aplicación.

Contenido

Introducción

1. Carga de datos relativos a la empresa

2. Crear la empresa

    2.1. Nueva empresa

    2.2. Configuración

    2.3. Departamentos/Bancos/Centros de Trabajo

    2.4. Convenio

    2.5. Eliminar empresa

3. Carga de datos del convenio

    3.1. Opciones que ofrece NOMINASOL

    3.2. Datos de convenio y categorías profesionales

    3.3. Actualización de datos en empresas y trabajadores

    3.4. Convenios online

    3.5. Buscador de convenios

Resumen

Introducción

En esta tercera unidad estudiaremos cómo cargar datos relativos a la empresa, como son datos generales, fiscales, de cotización, relativos a conceptos, etc. mediante la aplicación NOMINASOL.

Además, veremos el modo de cargar los datos del convenio específico de aplicación, categorías profesionales y actualización de tablas salariales, entre otros.

1. Carga de datos relativos a la empresa

NOMINASOL ofrece diferentes opciones para la carga de datos referentes a la empresa:

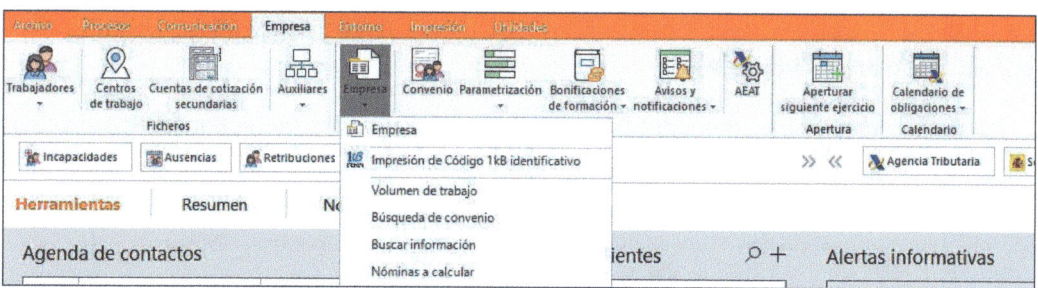

2. Crear la empresa

2.1. Nueva empresa

Para crear las empresas en NOMINASOL podemos hacerlo desde:

❑ La pantalla de recientes que aparece al seleccionar el usuario, siempre y cuando no tengamos ninguna empresa seleccionada. Esta opción se suele utilizar la primera vez que accedemos a NOMINASOL.

❑ Desde **"Archivo/Nuevo/Crear nueva empresa"**, si ya tenemos una empresa abierta.

Si la gestión laboral se ha llevado a través de la aplicación de la empresa SAGE, NominaPlus, podemos crear nuevas empresas en NOMINASOL a partir de los ficheros de la aplicación NominaPlus, utilizando las opciones "Crear una nueva empresa desde Sage" o "Crear varias empresas desde Sage".

2.2. Configuración

2.2.1. Bloqueos

Permite establecer si deseamos bloquear el cálculo de las nóminas anterior a un mes indicado o las de todo el año, y definir si se permite la modificación o no de las nóminas.

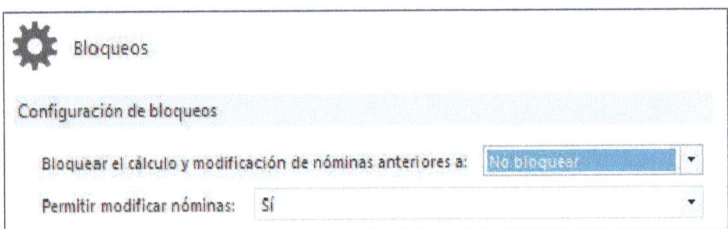

2.2.2. Seguridad Social

Son los datos necesarios para llevar a cabo la cotización a la Seguridad Social por la empresa. La pantalla está dividida en varios apartados.

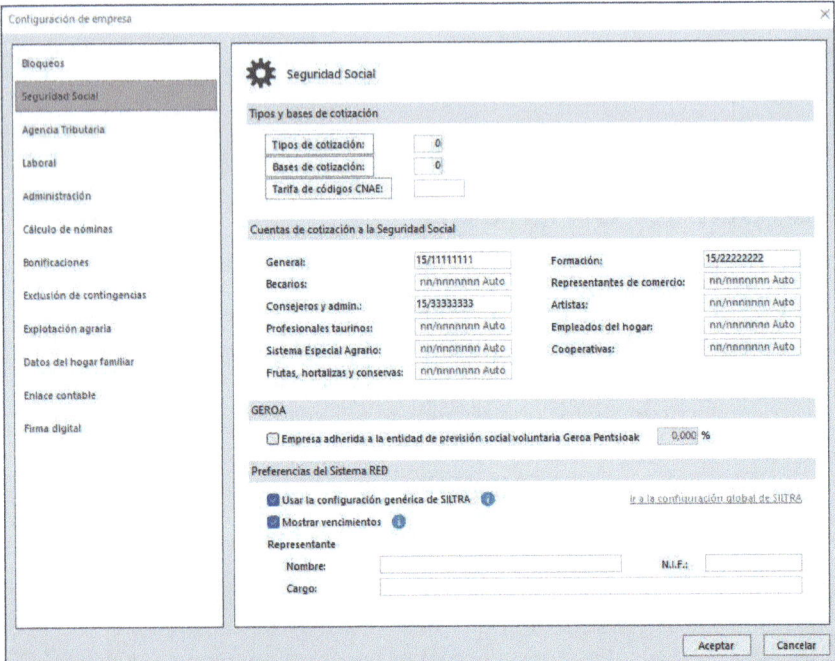

❑ **Tipos y bases de cotización:** en este apartado podemos indicar los tipos de cotización, bases de cotización y tarifas de códigos CNAE para el cálculo de nóminas, liquidación de seguros sociales y envío de ficheros a la Seguridad Social.

❑ **Cuentas de cotización a la Seguridad Social:** en este espacio podemos consignar el código numérico (CCC – Código Cuenta Cotización) que la TGSS asigna a la empresa al iniciar su actividad profesional; aquellos asignados por el hecho de contratar a trabajadores en formación, becarios; los correspondientes a los consejeros y administradores de sociedades mercantiles capitalistas que desempeñen funciones de dirección o gerencia dentro de la empresa.

Las empresas incluidas dentro de los Regímenes Especiales Integrados en el Régimen General, artistas y profesionales taurinos, así como las incluidas en los Sistemas Especiales Integrados en el Régimen General, empleados del hogar, deberán indicar el CCC asignado.

❑ **Sistema Especial Agrario:** las empresas incluidas dentro del régimen especial agrario deberán indicar el CCC que identifica a la explotación agraria.

❑ **Cooperativas:** indicaremos el CCC que identifica a la cooperativa.

❑ **GEROA:** si la empresa está adherida a GEROA (entidad de previsión social voluntaria), activaremos la casilla e indicaremos el porcentaje de aportación.

❑ **Preferencias del Sistema RED:** en este apartado deberemos definir las configuraciones para el Sistema Red, como las carpetas y contadores para el envío de los ficheros, así como su configuración (versión instalada, clave de autorización, etc.).

Si la casilla "Mostrar vencimientos" está activada, al iniciar sesión con esta empresa se mostrarán los vencimientos de los contratos a 20 días.

❑ **Representante:** se pueden añadir el nombre, CIF y cargo del representante de la empresa, de cara al Sistema RED.

2.2.3. Agencia Tributaria

Nos permite definir la información necesaria para modelos oficiales, el módulo de AEAT y para el cálculo del tipo de retención y la tabla de IRPF:

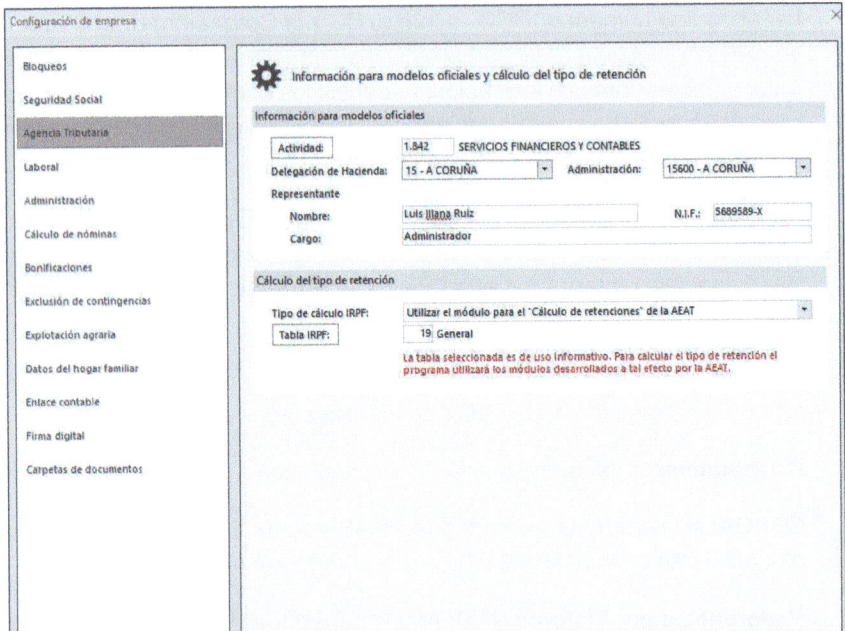

2.2.4. Laboral

Indica el convenio al que está sujeta la empresa (utilizaremos el convenio que ya trae creado por defecto la aplicación, el de Oficinas y Despachos).

Si se le asigna un convenio a la empresa, cuando se procede a dar de alta un trabajador los conceptos retributivos del convenio pasan al trabajador. Si no se le asigna ningún convenio a la empresa en esta pantalla, podemos crear un convenio de empresa a través de la ruta "Empresa/Grupo Configuración/Empresa/Botón Configuración".

Se definen en esta pantalla, además, el calendario laboral correspondiente y la información horario de la empresa, así como el inicio de semana para la jornada laboral.

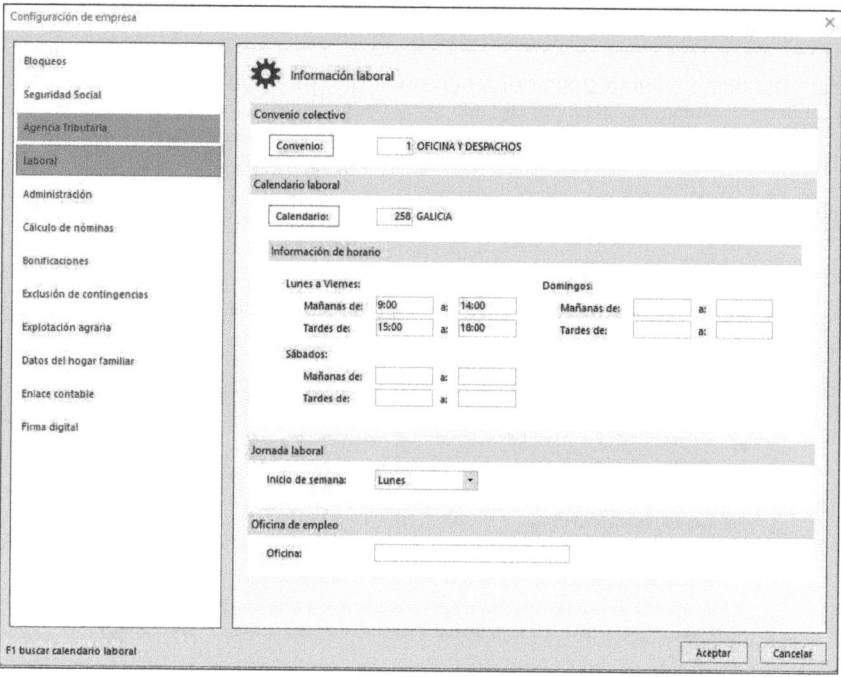

2.2.5. Administración

En esta pantalla se introducirán las cuentas corrientes bancarias para los pagos de los seguros sociales y su forma de pago, Hacienda y nóminas. La mutua de AT y EP a la que está acogida la empresa, la entidad gestora, en caso de que la empresa tenga un plan de pensiones contratado para sus trabajadores y el nombre del director/gerente.

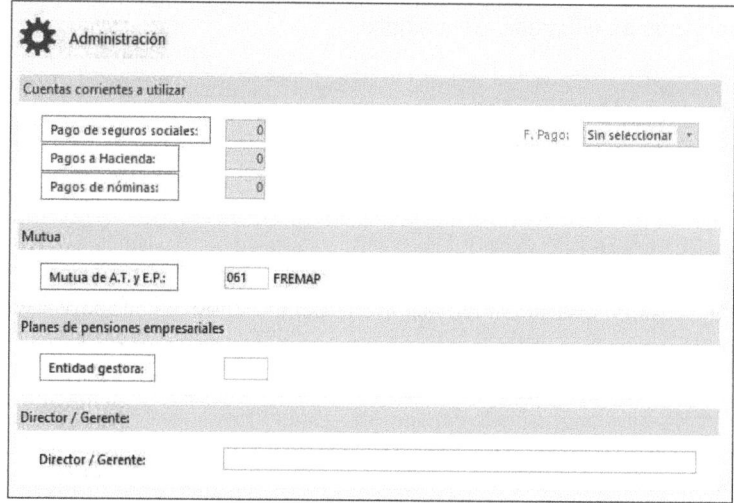

2.2.6. Cálculo de nóminas

En esta pantalla se van a definir una serie de configuraciones que afectarán al cálculo de las nóminas.

A) Paga extra

Tenemos la posibilidad de descontar de las pagas extras los días que el trabajador ha estado en algunas de las situaciones, que se relacionan en este apartado y algunas opciones de prorrateo.

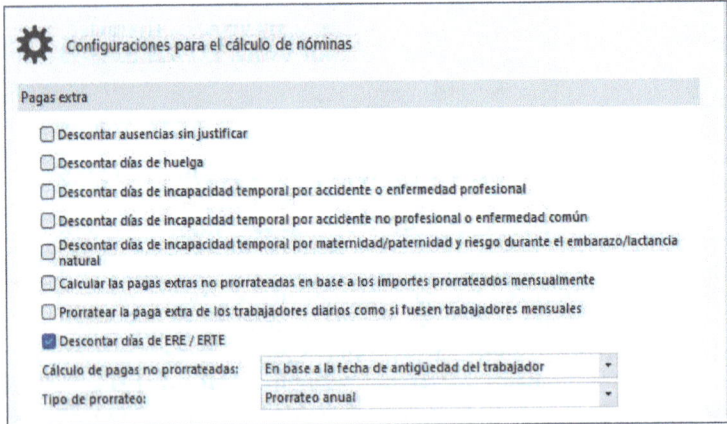

B) Vacaciones

Indicaremos el nº de días, laborales o naturales, de vacaciones; se puede descontar el exceso de vacaciones en el cálculo del finiquito.

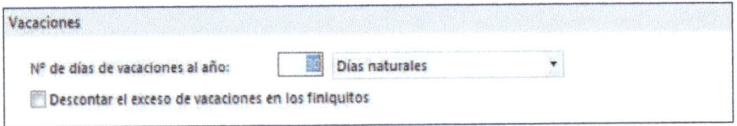

C) Atrasos

Podemos agrupar en una sola línea el importe completo de los atrasos, sin desglosarlo por conceptos. En este caso, se puede definir el texto que deseamos que aparezca en la nómina.

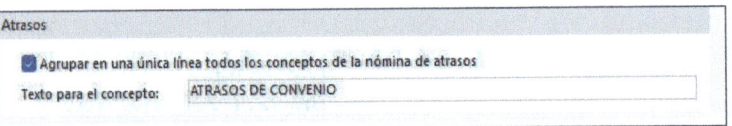

D) Ausencias

En el caso de tener que descontar algún importe al trabajador por una ausencia, podemos incluir o no el concepto de la misma, así como en el caso de ausencia por vacaciones.

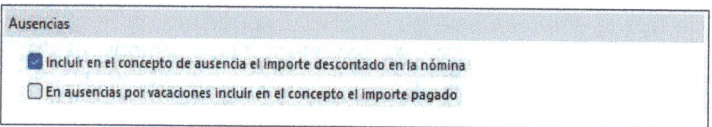

E) Cálculos

Se puede configurar cómo tiene que hacer el programa los cálculos de las jornadas a tiempo parcial y los días de IT.

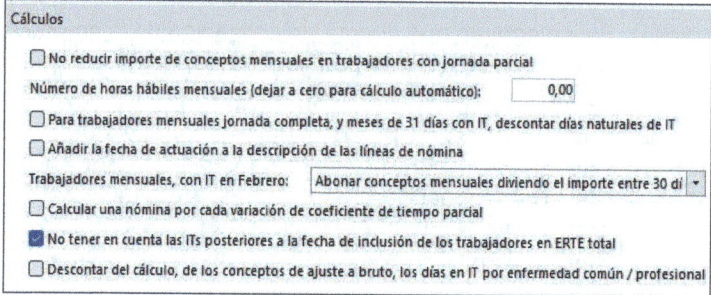

F) Indemnización

A la hora de calcular la indemnización calcula los períodos inferiores a un año por meses completos.

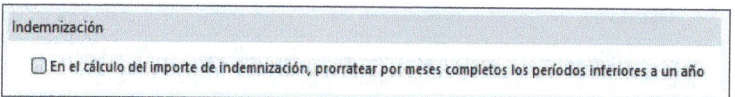

G) Ajuste a líquido

Podemos ajustar el importe líquido en función de los cambios que se produzcan en los importes brutos de la nómina.

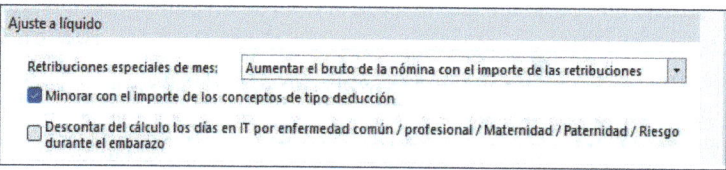

2.2.7. Bonificaciones

Podemos definir si se van a aplicar o no las bonificaciones en los boletines de cotización a la Seguridad Social.

En el caso de que la empresa esté en un ERE (Expediente de Regulación de Empleo), indicaremos el porcentaje de bonificación de las cuotas empresariales a la Seguridad Social por contingencias comunes de los trabajadores que estén en esta situación, así como si se tiene que aplicar bonificación por pertenecer a un sector específico.

Si la empresa pertenece a algún sector específico (comercio, hostelería), puede aplicarse una bonificación.

En el apartado "Bonificaciones para la formación profesional" se da de alta el importe anual de la bonificación que la empresa dispone para cursos de formación profesional y la distribución por meses. Se indicará en qué cuenta de cotización de la empresa, en el caso de disponer de varias, se va a aplicar la bonificación, y la forma de cotización de la cuenta indicada.

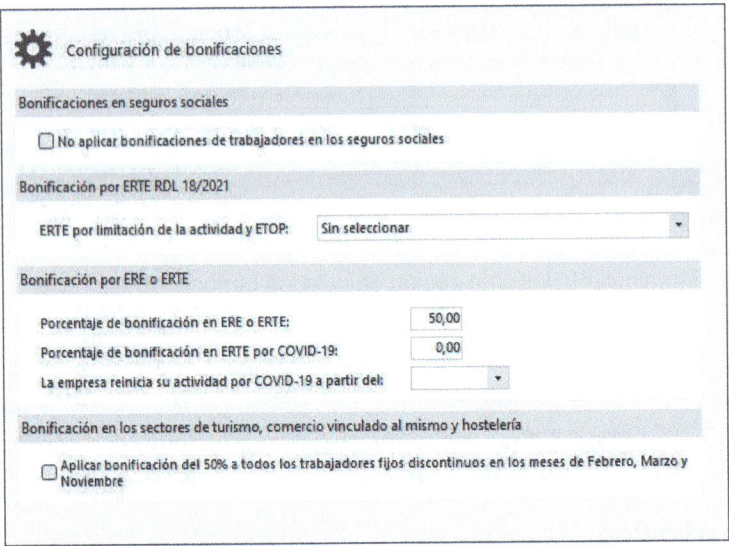

2.2.8. Exclusión de contingencias

Existen empresas con personal excluido de la cotización por alguna o algunas contingencias (o inclusión únicamente respecto de algunas de ellas). Para ello, deberá aplicarse a las cuotas devengadas el coeficiente reductor establecido anualmente en la Orden de cotización (artículo 19 de la Orden ESS/106/2017, de 9 de febrero y artículos 32 y 62 del Real Decreto 2064/1995, de 22 de diciembre).

Dichos coeficientes reductores se indicarán en el apartado "Coeficientes reductores por exclusión de contingencias".

Las empresas pueden voluntariamente aportar su colaboración a la gestión de la Seguridad Social, previa autorización, como puede ser en el caso de baja por enfermedad común o accidente no laboral, por lo que en estos casos la empresa tiene derecho a aplicarse un coeficiente reductor.

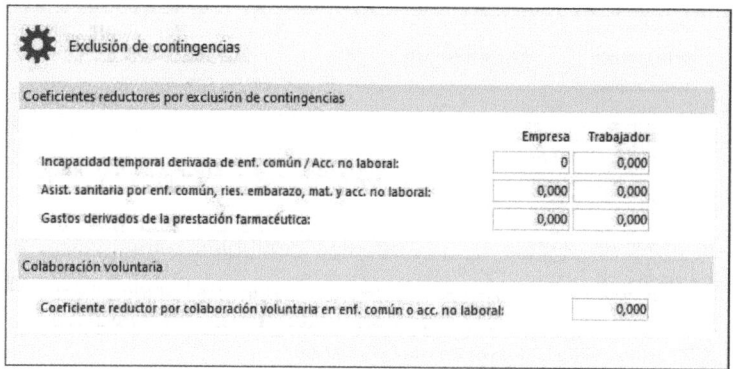

2.2.9. Explotación agraria

Añadiremos la dirección de la explotación agrícola en el caso de tener que llevar la gestión laboral de una explotación de este tipo:

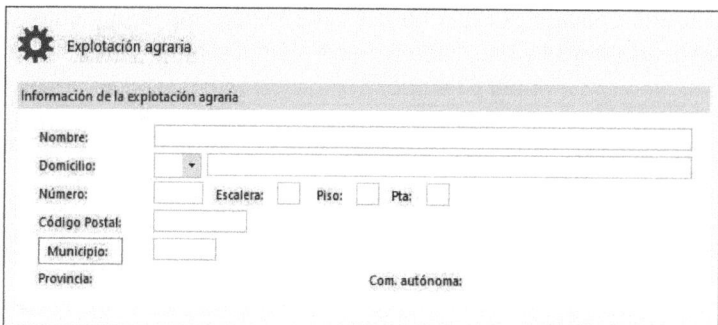

2.2.10. Datos del hogar familiar

Esta opción solo la utilizaremos en el caso de tener que llevar el control laboral de alguna persona que esté en el convenio de empleados del hogar:

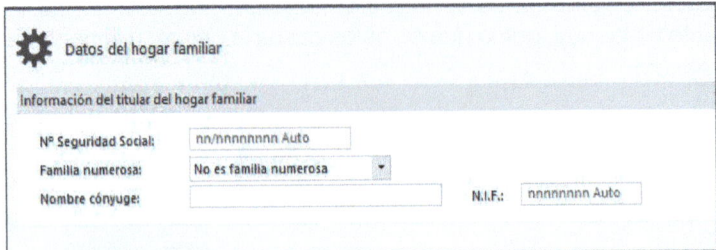

2.2.11. Enlace contable

Indicaremos el n° de dígitos de las cuentas contables para realizar el enlace entre CONTASOL y NOMINASOL. Dicho desglose tendrá que ser el mismo en las dos aplicaciones.

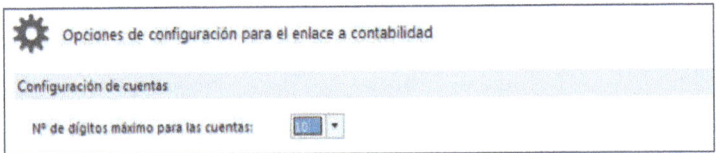

2.2.12. Firma digital

Desde esta última opción el programa permitirá marcar los documentos que queremos firmar con un certificado digital y mandarlo firmado a las distintas Administraciones Públicas, con el consiguiente ahorro de papel y tiempo.

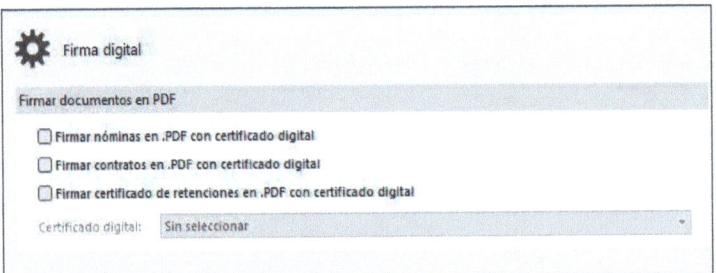

Para modificar los datos de la empresa, una vez creada, accederemos a la solapa "Empresa/Grupo Datos Generales/Icono Datos", si lo que deseamos es modificar la configuración de la empresa, accederemos a la solapa "Empresa/ Grupo Parametrización/Icono Parametrización".

2.2.13. Carpetas de documentos

En esta opción se pueden configurar las rutas donde se van a guardar cada uno de los documentos que generemos en pdf. De esta manera se pueden localizar de una forma más rápida.

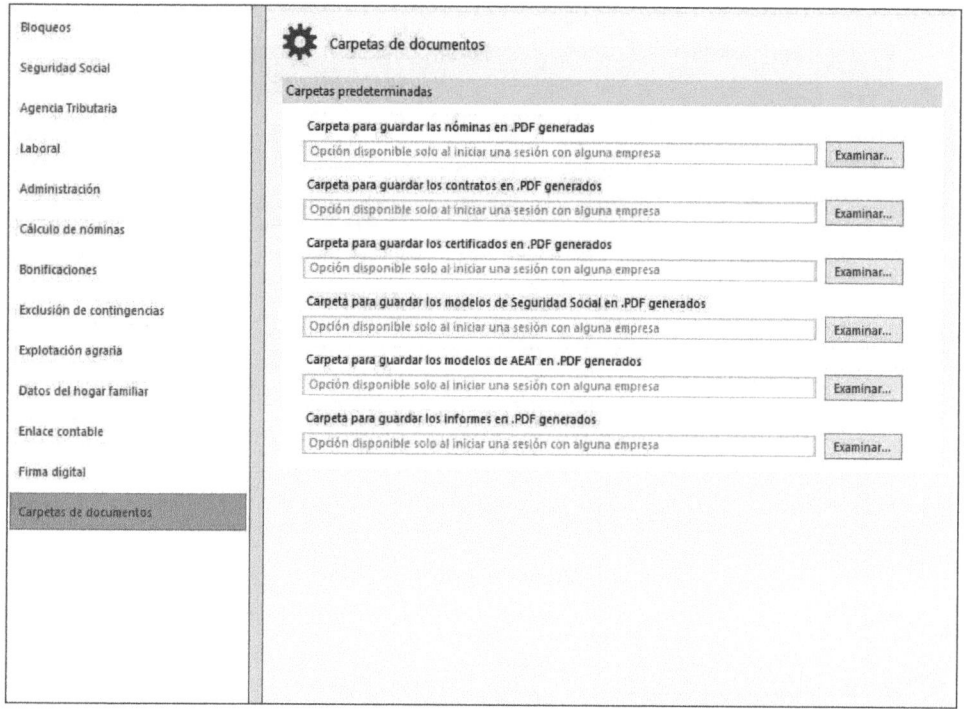

2.3. Departamentos/Bancos/Centros de Trabajo

Una vez creada la empresa, podemos definir los departamentos en los que la empresa está dividida. Para ello, accedemos a la solapa "Empresa/Auxiliares/Departamentos", pulsaremos el icono "Nuevo", e introduciremos el código del departamento y la descripción del mismo.

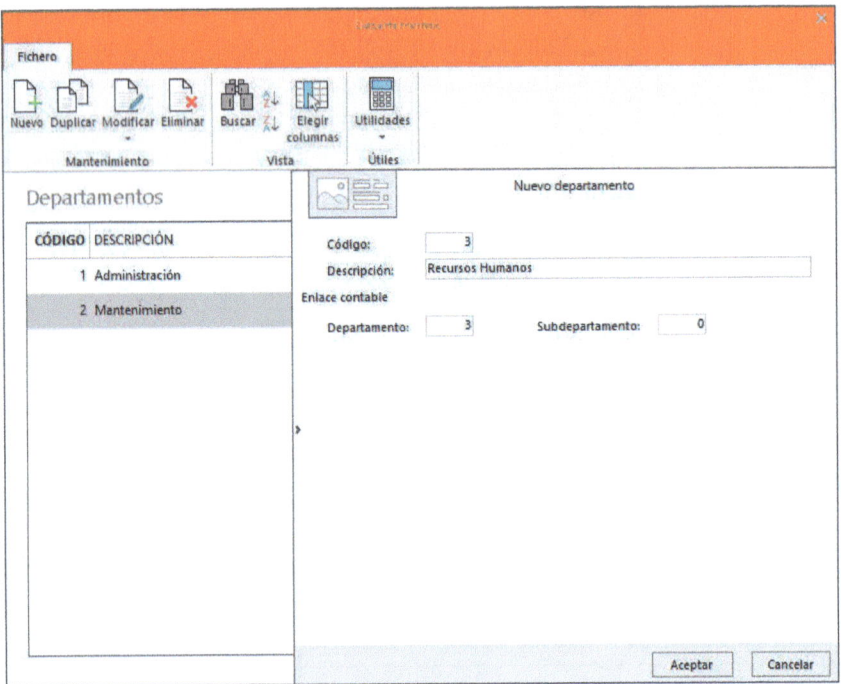

Para añadir los bancos con los que la empresa trabaja, accederemos a la solapa "Empresa/Auxiliares/Bancos" y pulsamos el icono "Nuevo". Introduciremos los datos del código del banco, el nombre de la entidad y los datos del código de la cuenta.

En la pestaña "Ficha", introduciremos los datos de la dirección y personas de contacto del banco.

También podemos añadir un código de departamento interno y los subdepartamentos que dependerán de este. Estos códigos solo tienen una utilidad a nivel informativo y de organización interna de la empresa.

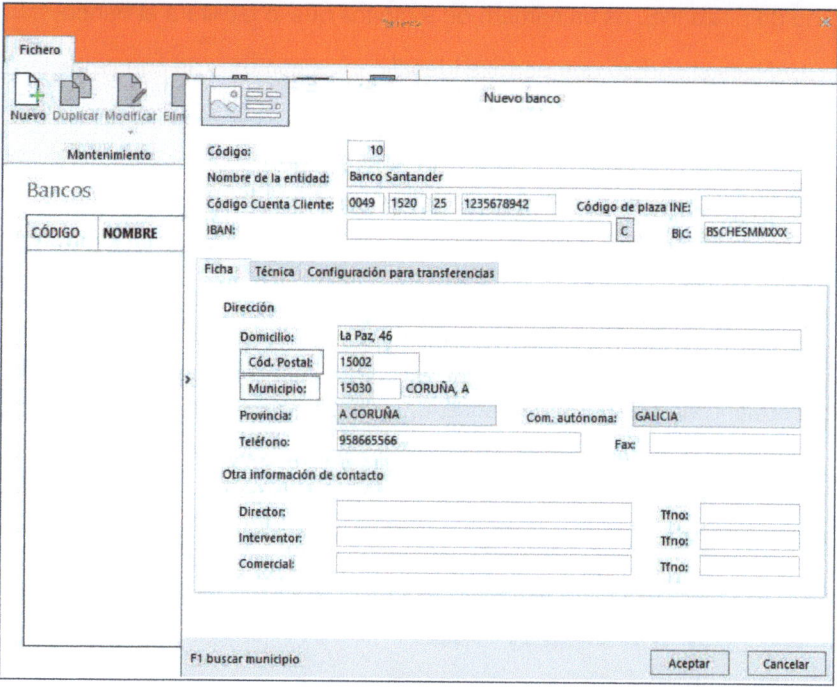

En la pestaña "Técnica" se introduce la información de la cuenta, como la fecha de alta, la cuenta contable que recoge los movimientos del banco, el titular de la cuenta, el tipo de cuenta y los tipos de interés de la cuenta y de los descubiertos.

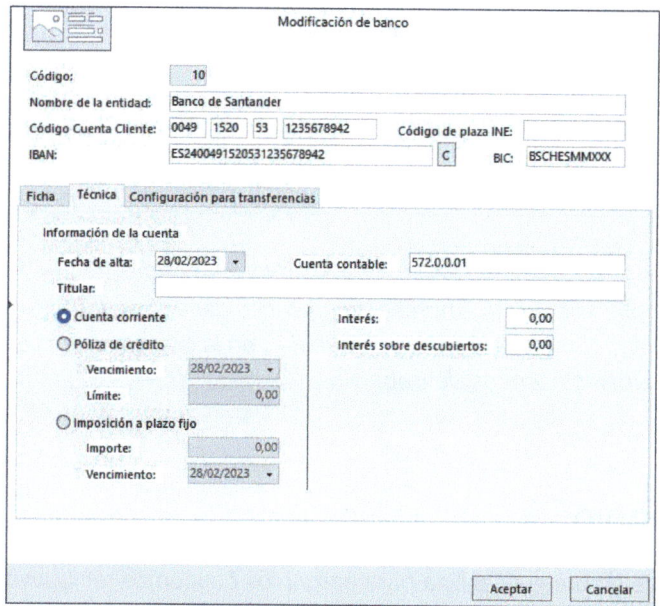

Código de plaza INE: es un número de 9 dígitos que lo facilitará el banco.

❑   IBAN: es el código que permite identificar los números de cuenta de las sucursales de los estados miembros de la Unión Europea.

❑   BIC: es una serie alfanumérica de 8 u 11 dígitos que sirve para identificar al banco receptor cuando se realiza una transferencia internacional.

Es necesario tenerlas en esta pantalla para luego poder asociarlas al pago de nóminas, seguros sociales o IRPF.

En la pestaña "Configuración para transferencias" podremos añadir los datos de la empresa, para que el programa pueda realizar el fichero con las órdenes de pago de los recibos de salario y enviarlo vía telemática al banco.

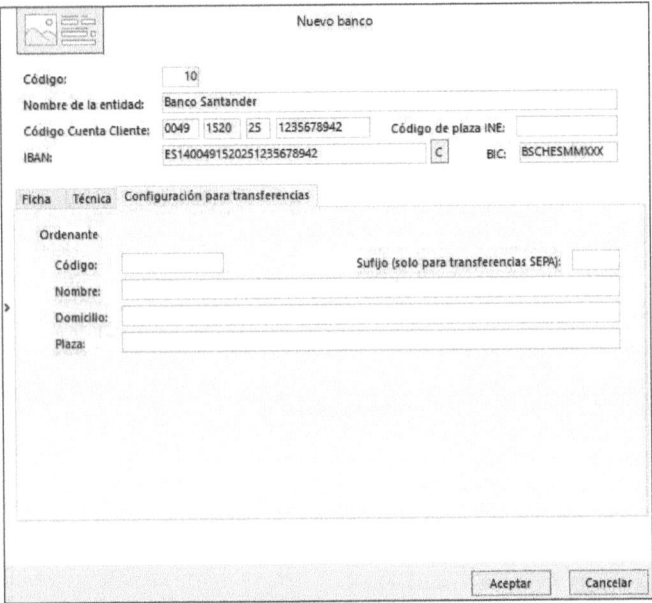

 *En el caso de que la empresa tenga varios centros de trabajo, accederemos a la solapa "Empresa/Centros de trabajo", en la que se podrán añadir, modificar o eliminar los centros de trabajo.*

2.4. Convenio

El convenio de empresa se utiliza para cargar los conceptos retributivos en la solapa de aquellos trabajadores que no tienen aplicado ningún convenio, calcular la antigüedad y para regular el subsidio (prestación económica) a pagar al trabajador en caso de incapacidad temporal, debido a una enfermedad o accidente.

En el supuesto de que el trabajador tenga un convenio diferente al de la empresa, la escala de incapacidades que prevalecerá será la del convenio del trabajador.

Las modificaciones realizadas en el convenio de empresa no serán tenidas en cuenta en el convenio genérico del programa.

Si cuando se creó la empresa no se le asignó ningún convenio, al pulsar el icono "Convenio" en la solapa "Empresa" se mostrará la siguiente pantalla:

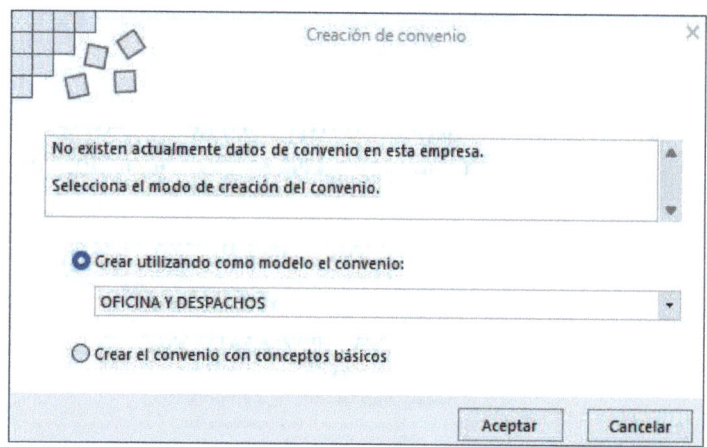

Esta pantalla nos da dos opciones:

❑ Crear utilizando como modelo el convenio: utilizará un convenio ya creado en el programa para definir los conceptos retributivos para el convenio de la empresa.

❑ Crear el convenio con conceptos básicos: crea los conceptos retributivos, salario base, antigüedad, paga extra de julio y paga extra de navidad, y se crean los tipos de IT para el cálculo del subsidio.

 *Veremos más adelante cómo crear los convenios modelos a través de la solapa "Entorno/Grupo Convenios/Icono Convenio", y explicaremos con más detalle cómo definir los conceptos retributivos, antigüedad y los tipos de IT.*

2.5. Eliminar empresa

Podemos eliminar una empresa eliminando un ejercicio o varios. Para ello, accedemos a "Archivo" y pulsamos en la parte izquierda en "Información". En la parte derecha de la ventana, seleccionamos "Eliminar empresa".

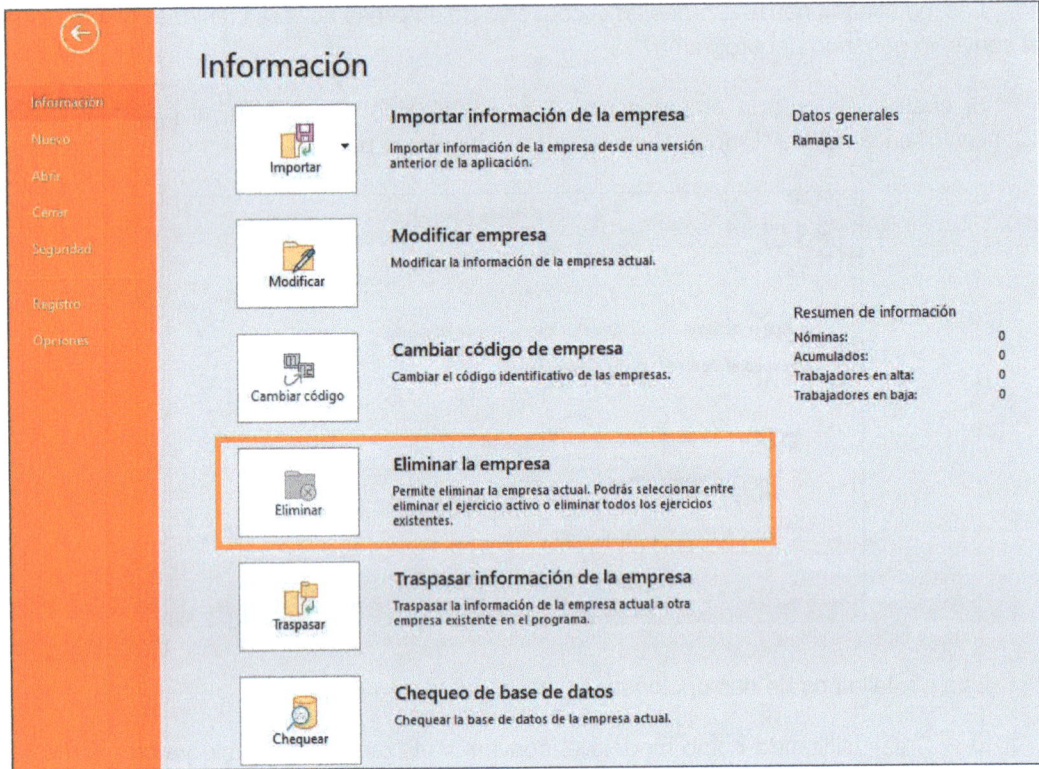

Para eliminar la empresa, introduciremos el código e indicaremos si se desean eliminar todos los ejercicios o uno solo. En este caso, hay que indicar qué ejercicio se desea eliminar e introducir el código de validación (KLDKJH LDF987F9ASDF98 987FDSFA) para poder eliminarla. Si no se introduce el código de validación no se eliminará.

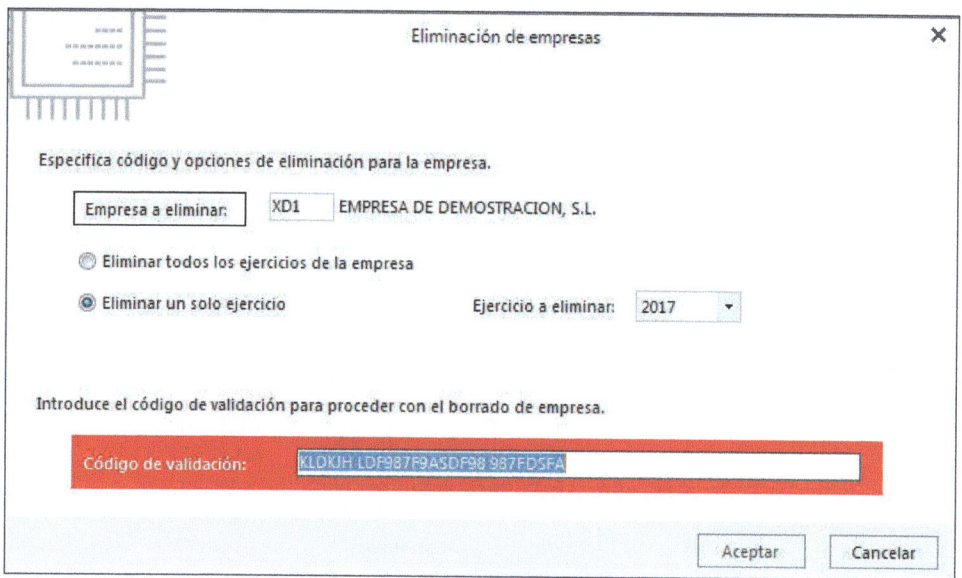

3. Carga de datos del convenio

3.1. Opciones que ofrece NOMINASOL

El artículo 3 del Estatuto de los Trabajadores dice en su primer punto que:

Los derechos y obligaciones concernientes a la relación laboral se regulan:

❏ *Por las disposiciones legales y reglamentarias del Estado.*

❏ *Por los convenios colectivos.*

❏ *Por la voluntad de las partes manifestada en el contrato de trabajo, siendo su objeto lícito y sin que en ningún caso puedan establecerse en perjuicio del trabajador condiciones menos favorables o contrarias a las disposiciones legales y convenios colectivos antes expresados.*

❏ *Por los usos y costumbres locales y profesionales.*

NOMINASOL permite al usuario optar:

❏ Por trabajar a partir de convenios colectivos, utilizando estos y sus categorías profesionales como base para la gestión laboral de la empresa. Para ello, al crear la empresa se la asociará en el apartado "Laboral" de la configuración de empresa, con un convenio. Los datos del convenio pasarán automáticamente a las empresas acogidas a este, y de estas a sus trabajadores.

❑ Por trabajar directamente a través de la empresa seleccionada, prescindiendo de convenios, pero teniendo en cuenta que por ley no se deberán poner condiciones ni conceptos retributivos inferiores a los fijados en convenio colectivo. En este caso, para definir los conceptos retributivos de la empresa, cuando no se le asocia un convenio, lo haremos a través de la solapa "Empresa/Grupo Parametrización/Icono Convenio".

❑ La solapa "Entorno/Grupo Convenios" nos ofrece la posibilidad de almacenar los convenios que necesitemos. Se puede crear uno nuevo o modificar uno existente, actualizar los datos en empresas y trabajadores, actualizar las tablas salariales e incluso importar convenios.

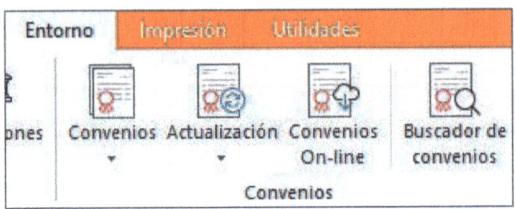

3.2. Datos de convenio y categorías profesionales

3.2.1. Introducción

Desde el grupo de opciones "Convenios" en la pestaña "Entorno" podremos llevar el mantenimiento de los mismos, desde la creación del convenio, categorías conceptos retributivos y actualización del mismo, así como bajarnos el convenio vía online con todos los datos actualizados con la última modificación realizada.

En el icono "Convenios" disponemos de las opciones para:

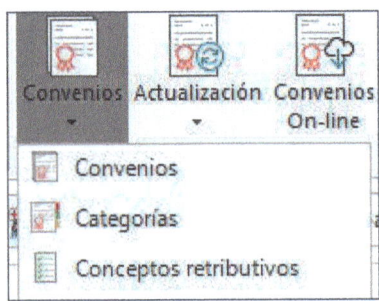

❑ Crear los convenios.

❑ Crear las categorías.

❑ Crear los conceptos retributivos.

3.2.2. Convenios

A) Crear un nuevo convenio

Desde la opción "Convenios" se accederá al fichero de convenios. La pantalla que nos aparece es la encargada de llevar el mantenimiento de los mismos.

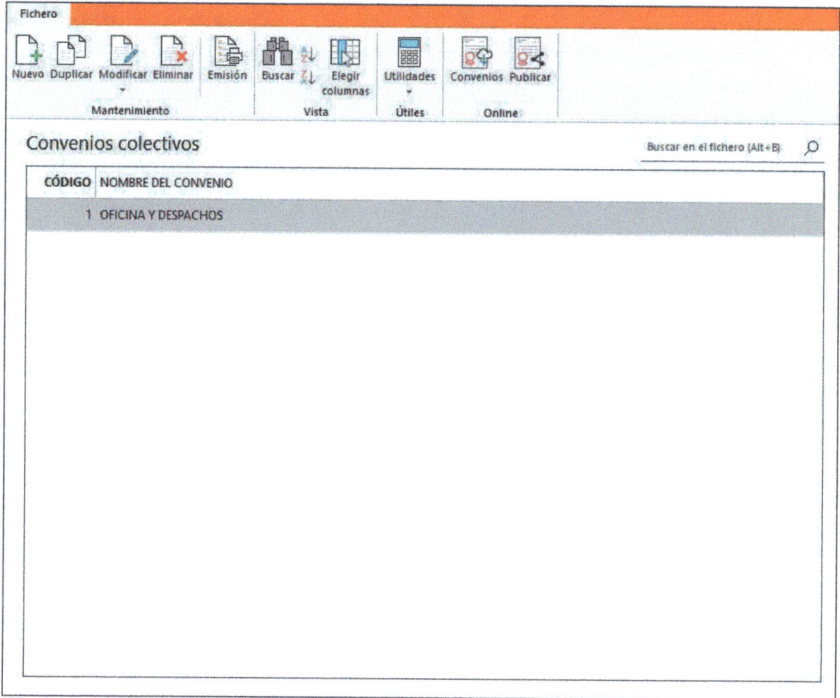

Para crear un nuevo convenio, pulsaremos en el icono "Nuevo".

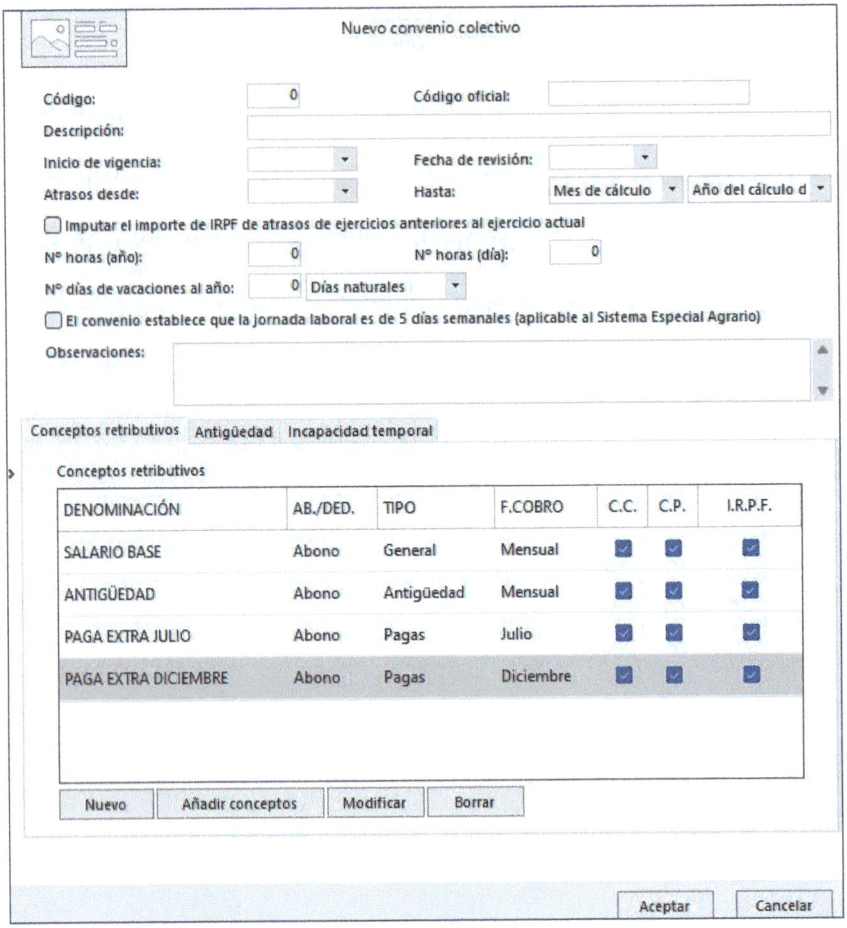

		Nuevo convenio colectivo		
Código:	0	Código oficial:		
Descripción:				
Inicio de vigencia:	▼	Fecha de revisión:	▼	
Atrasos desde:	▼	Hasta:	Mes de cálculo ▼	Año del cálculo d ▼

☐ Imputar el importe de IRPF de atrasos de ejercicios anteriores al ejercicio actual

Nº horas (año): 0   Nº horas (día): 0

Nº días de vacaciones al año: 0 Días naturales ▼

☐ El convenio establece que la jornada laboral es de 5 días semanales (aplicable al Sistema Especial Agrario)

Observaciones:

Conceptos retributivos Antigüedad Incapacidad temporal

Conceptos retributivos

DENOMINACIÓN	AB./DED.	TIPO	F.COBRO	C.C.	C.P.	I.R.P.F.
SALARIO BASE	Abono	General	Mensual	☑	☑	☑
ANTIGÜEDAD	Abono	Antigüedad	Mensual	☑	☑	☑
PAGA EXTRA JULIO	Abono	Pagas	Julio	☑	☑	☑
PAGA EXTRA DICIEMBRE	Abono	Pagas	Diciembre	☑	☑	☑

[Nuevo] [Añadir conceptos] [Modificar] [Borrar]

[Aceptar] [Cancelar]

En la parte superior de la ventana tenemos información sobre el convenio:

❑ Código: campo numérico de 3 dígitos, que nos permitirá identificar al convenio.

❑ Código oficial: código numérico de 14 dígitos, que se puede localizar en el propio convenio.

❑ Descripción: sector profesional comprendido en ese convenio.

❑ Inicio vigencia: fecha en la que entra en vigor el convenio.

❑ Fecha de revisión: fecha en la que se produce una nueva actualización del convenio.

❑ Atrasos desde: fecha a partir de la cual se tienen que calcular los atrasos.

❑ Hasta: introduciremos el mes y el año hasta el que se tienen que calcular los atrasos.

❑ Observaciones: texto libre donde podemos introducir cualquier comentario sobre el convenio.

• Cálculo de nóminas

Al calcular las nóminas, en la pantalla del cálculo aparece la opción de indicar otra fecha diferente a la que existe en el convenio para calcular los atrasos.

Si se decide por indicar una fecha diferente, los atrasos se calcularán en base a la fecha que indique en esta pantalla; la fecha final será la del mes anterior al cálculo de la nómina.

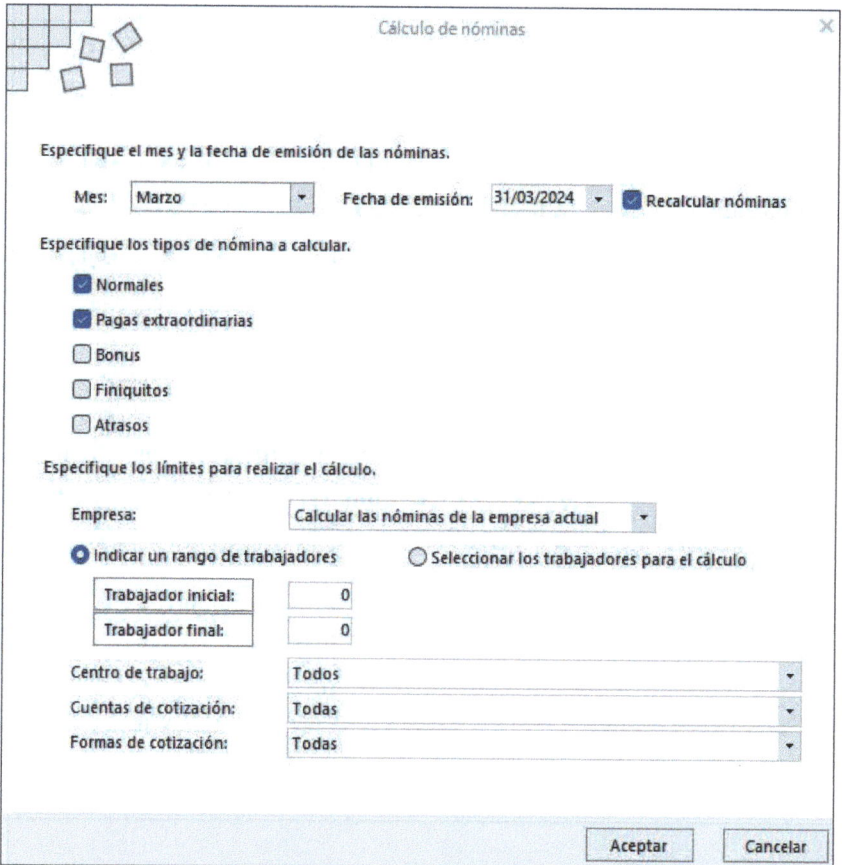

- **Imputar el importe de IRPF de atrasos de ejercicios anteriores al ejercicio actual**

  Al marcar esta casilla, los importes de los atrasos correspondientes a ejercicios anteriores serán reflejados en el certificado de retenciones del trabajador y modelo 190 como más importe de retribuciones dinerarias del ejercicio actual y el porcentaje de retención para los atrasos será el que tenga estipulado el trabajador en su solapa. Si se deja la casilla desactivada, los atrasos se calcularán con un porcentaje de IRPF del 15% y se reflejarán en el certificado de retenciones y modelo 190 en el apartado de atrasos de ejercicios anteriores.

- **Número horas (año)**

  Número de horas laborales anuales. Normalmente están establecidas por convenio colectivo para cada sector.

- **Número horas (día)**

  Número de horas de la jornada laboral.

- **Número días de vacaciones**

  Días de vacaciones anuales que tienen los trabajadores de este convenio. Este dato es necesario para el cálculo de los finiquitos.

  El convenio establece que la jornada laboral es de cinco días semanales: esta casilla se activará cuando el convenio del Sistema Especial Agrario indique que la jornada laboral es de cinco días semanales.

B) Ficha "Conceptos retributivos"

Al crear un nuevo convenio, se crean cuatro conceptos retributivos básicos, pero se pueden incorporar nuevos conceptos retributivos de dos formas diferentes:

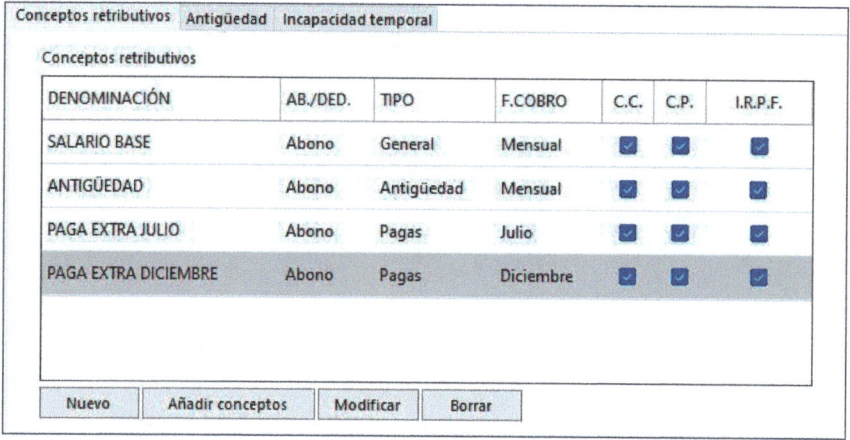

❑ **Botón "Añadir conceptos":** la primera de ellas es a través del botón "Añadir conceptos". Mediante esta opción se accede al fichero de conceptos retributivos genéricos, seleccionamos los que interese incorporar al convenio y pulsamos el botón "Seleccionar".

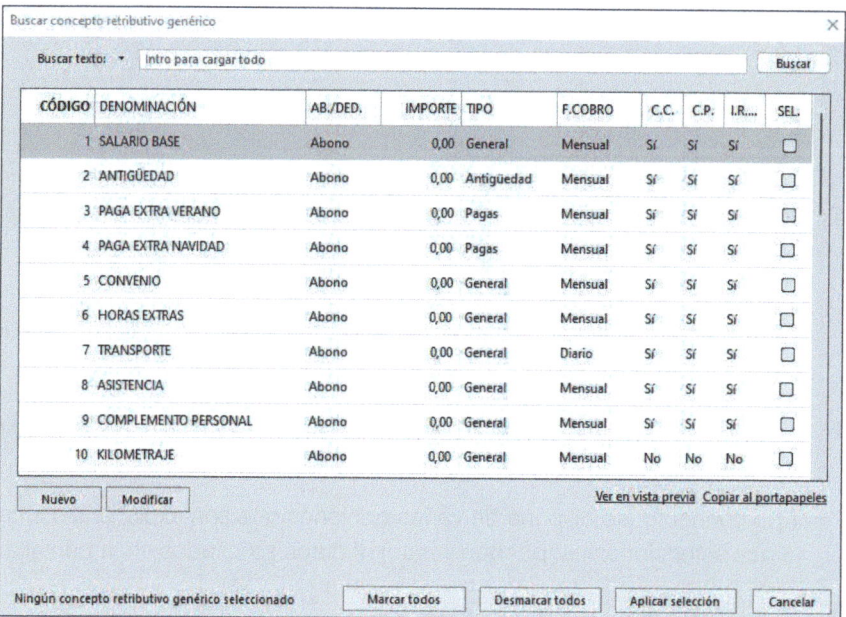

❑ **Icono "Nuevo":** la otra opción es pulsando el icono "Nuevo". El concepto retributivo creado mediante esta opción solamente será creado en este convenio y no estará disponible en el archivo de conceptos retributivos genéricos.

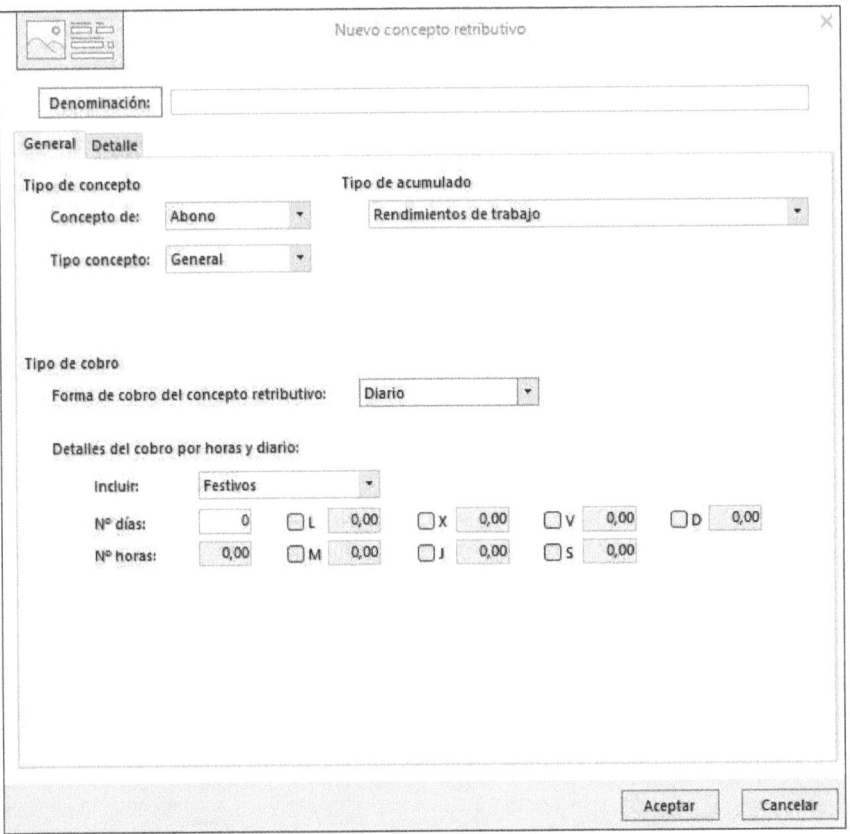

Veamos a continuación qué datos tenemos que definir al crear un nuevo concepto:

❑ Denominación: introducir la descripción del concepto.

❑ En la pestaña "General" se indicará el tipo de concepto, de acumulado y tipo de cobro.

❑ Concepto de: en función de si se suma (abono) o se resta (deducción) al devengo en el cálculo de la nómina.

❑ Tipo concepto: se dispone de varias opciones que son excluyentes entre sí. Según la que seleccionemos, pueden variar los datos solicitados en la pantalla.

❑ Tipo de cobro:

♦ Mensual: se renumerará como cantidad mensual ajustada a treinta días.

♦ Diario: el importe se refiere a un solo día, multiplicándose posteriormente en el cálculo por el número de días correspondientes, bien sean días naturales o bien días trabajados, según el caso.

♦ Por horas: se abonará por horas efectivamente trabajadas.

♦ Fijo: se pagará todos los meses mediante una cantidad fija.

❑ Detalles del cobro por hora y diario: este apartado solo estará activo si en el tipo de cobro hemos seleccionado diario o por horas, ya que en este caso deberemos indicar los días de la semana y las horas en las que el trabajador presta sus servicios.

♦ Festivo: deberá indicar si desea que se paguen los días festivos, excluirlos del pago o pagar solo festivos.

♦ N° de días: el número de días aquí indicado será multiplicado por el importe de este concepto retributivo.

♦ N° horas: el número de horas aquí indicado será multiplicado por el importe de este concepto retributivo. Al indicar aquí las horas, quedan sin efecto los días que tenga marcados en la semana.

♦ Días de la semana: indicando los días de la semana y horas NOMINASOL multiplicará las horas que haya establecidas en cada día marcado por el importe del concepto retributivo.

Importe del concepto retributivo 6 €, marca el lunes 2 horas, miércoles 1 hora, y viernes 2 horas. El salario a pagar sería de 12 € el lunes, 6 € el miércoles y 12 € el viernes.

Veamos a continuación qué nuevos datos nos pueden aparecer en esta pantalla, dependiendo del tipo concepto seleccionado.

❑ **En especie:** aparece un nuevo dato para indicar si incluimos o no el ingreso a cuenta. Si activamos la casilla, este importe será asumido por el empresario, y si no se activa la casilla, se le practicará al trabajador una retención en nómina con el mismo porcentaje de retención que tenga establecido.

❑ **Antigüedad:** aparece una nueva solapa, "Conceptos incluidos en el cálculo", para marcar los conceptos retributivos que deseamos que se incluyan en el cálculo de la antigüedad.

❑ **Pagas:** aparecen varios campos en los que tendremos que definir el devengo y la forma de cobro de la paga y la solapa "Conceptos incluidos en el cálculo".

❑ **Porcentaje:** indica qué porcentaje se aplicará en los conceptos retributivos que incluye esta paga. Para seleccionar los conceptos retributivos que se tendrán en cuenta para el importe de la paga, tendremos que seleccionarlos en la solapa "Conceptos incluidos en el cálculo".

❑ **Información del devengo:** hay que establecer la información del devengo debiendo indicar el día y mes por el cual empezará a devengarse esta paga, (si esta fecha hace mención al año anterior, hay que marcar la opción "Año anterior"). Después se indicará el día y mes en el que finaliza el devengo.

❑ **Información de cobro:** si cada mes se va a incluir en la nómina la parte proporcional de la paga, seleccionaremos "Prorratear en nóminas mensuales". Para el abono completo de la paga en una sola vez, indicar el mes en que se desea pagar, indicando si se desea emitir en una nómina independiente de la nómina mensual o no, en la casilla "Emitir en una nómina independiente", o desactivándola. Si el convenio especifica que la paga debe abonarse en un número de días distintos de 30, deberemos activar la casilla "Calcular conceptos incluidos sobre el siguiente n° de días" e indicar el número de días sobre los que se va a calcular la nómina.

❑ **Tipo de acumulado:** nos permite seleccionar qué tipo de pagas extras son, si rendimientos del trabajo o si son rentas exentas por trabajos realizados en el extranjero.

❑ **Calculado:** permite la creación de un concepto calculado introduciendo los conceptos retributivos que se hayan seleccionado en la solapa "Conceptos incluidos en el cálculo".

• Solapa "Detalle"

Veamos a continuación la solapa "Detalle" del concepto retributivo.

Los datos definidos en esta solapa serán tenidos en cuenta a la hora de realizar los cálculos para las nóminas y los seguros sociales.

❑ **Atrasos:** en este apartado se indicará si el concepto se tendrá en cuenta o no a la hora de calcularlos atrasos de convenio o si, por el contrario, este concepto se descontará del cálculo de los atrasos.

❑ **A abonar en:** en este apartado se indicará si el concepto retributivo se le abonará o no al trabajador cuando se encuentre en periodo de vacaciones ("Periodo de vacaciones") o si será un concepto retributivo que solo se abonará o no cuando el trabajador esté de vacaciones ("Solo en periodos vacacionales"). Si el concepto se va a incluir o no cuando se calcule el complemento por incapacidad temporal ("Afecta a complemento de I.T.") o en el caso de baja por maternidad/paternidad parcial ("No variar en maternidad/paternidad parcial") le será abonado al 100% o no.

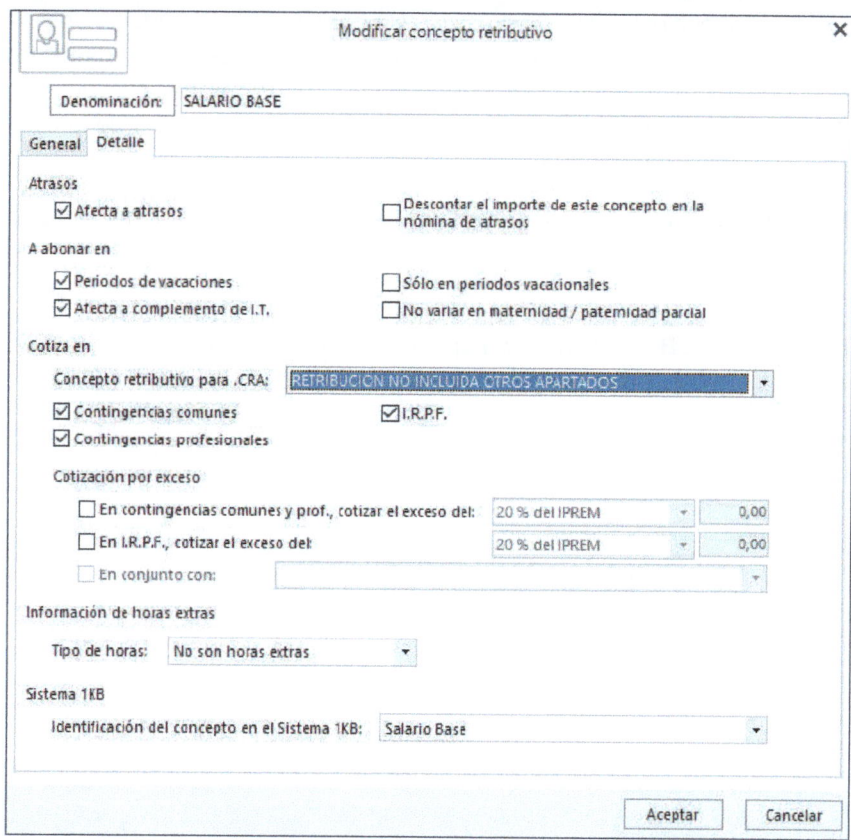

- ❑ **Cotiza en:** indicaremos la identificación del concepto retributivo abonado (CRA), necesario para poder enviar el fichero oportuno a la TGSS; si cotiza o no a las contingencias comunes, profesionales e IRPF.

  Si el concepto cotiza a contingencias e IRPF, a partir de unas cantidades, lo indicaremos en el apartado "Cotización por exceso", seleccionando una de las siguientes opciones:

  ◆ 20% del IPREM: se cotizará en contingencias comunes y profesionales la cantidad que exceda del 20% del IPREM.

  ◆ Importe diario: se cotizará a la Seguridad Social el importe diario que exceda de la cantidad aquí indicada.

  ◆ Máximo por unidad: se cotizará a la Seguridad Social sobre importe máximo por unidad, por ejemplo, para gastos de locomoción indicar el importe máximo por kilómetro.

♦ En conjunto con: si se activa esta casilla serán sumados todos los conceptos retributivos calculados en una nómina y que estén agrupados por la opción que seleccionemos de la lista desplegable, el importe total de esta agrupación será el que se tenga en cuenta para realizar el cálculo de la parte exenta de cotización por el 20% del IPREM.

❑ **Información de horas extraordinarias:** si el concepto retributivo que estamos dando de alta son horas extras, deberá indicar el tipo de horas extras que son (complementarias, de fuerza mayor o resto de horas extraordinarias).

❑ **Sistema 1kB:** mediante esta opción se podrá indicar de qué tipo de concepto se trata a la hora de incluirlo en la huella del Código 1kB que se imprimirá en la nómina.

• Solapa "Conceptos incluidos en el cálculo"

En la solapa "Conceptos incluidos en el cálculo" podremos seleccionar cualquier concepto retributivo que tengamos añadido en el convenio y a partir de uno de ellos o la suma de varios, realizar una fórmula para que nos da un importe a un concepto retributivo de tipo "formulado".

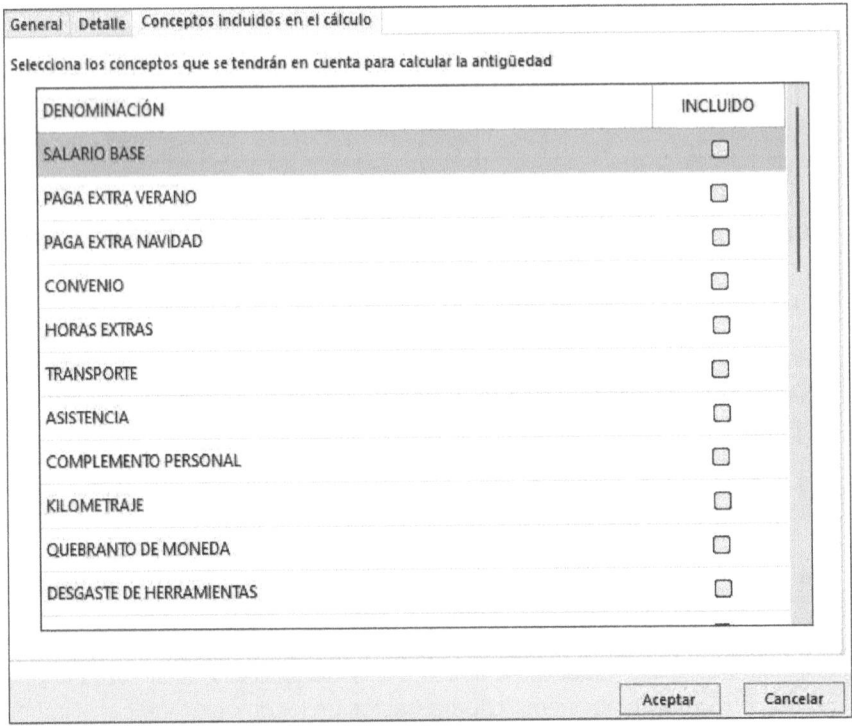

C) Ficha "Antigüedad"

En esta solapa definiremos los periodos de tiempo de permanencia del trabajador en la empresa, para el cálculo de la antigüedad.

Algunos convenios establecen aumentos periódicos, indicando el periodo en años y el porcentaje a aplicar de aumento del salario por cada periodo (trienios, quinquenios…), o bien el importe a abonar por cada periodo de años.

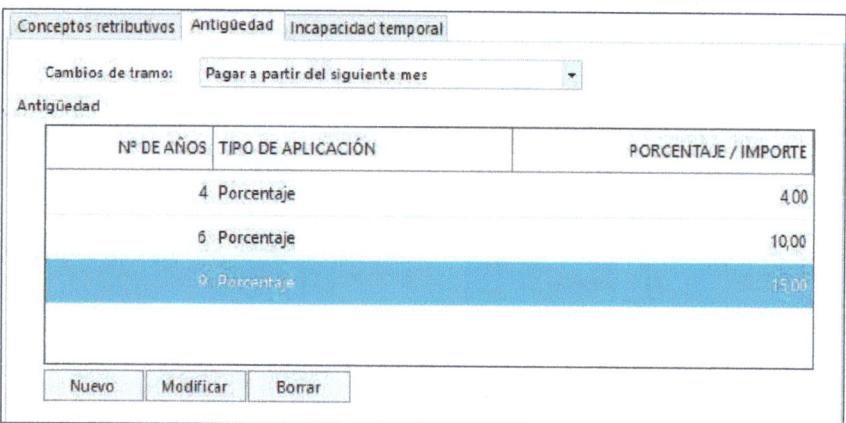

El primer dato que se pide en esta pantalla es el "Cambio de tramo", en el que tendremos que indicar cuándo se va a pagar la antigüedad. Las opciones disponibles son las siguientes:

❑ **Pagar a partir del siguiente mes:** se pagará el importe de la antigüedad a partir del siguiente mes en que se cumple.

❑ **Pagar desde principio de año:** se pagará la antigüedad desde principio de año.

❑ **Pagar desde el principio de mes:** se pagará desde el día 1 del mes en que se cumple.

❑ **Pagar desde el mismo día:** la antigüedad se empieza a pagar desde el mismo día en que se cumple.

A continuación, deberemos definir los años que el trabajador debe permanecer en la empresa para tener derecho a la antigüedad. Al pulsar el icono "Nuevo", en la solapa "Antigüedad" nos aparece la siguiente ventana:

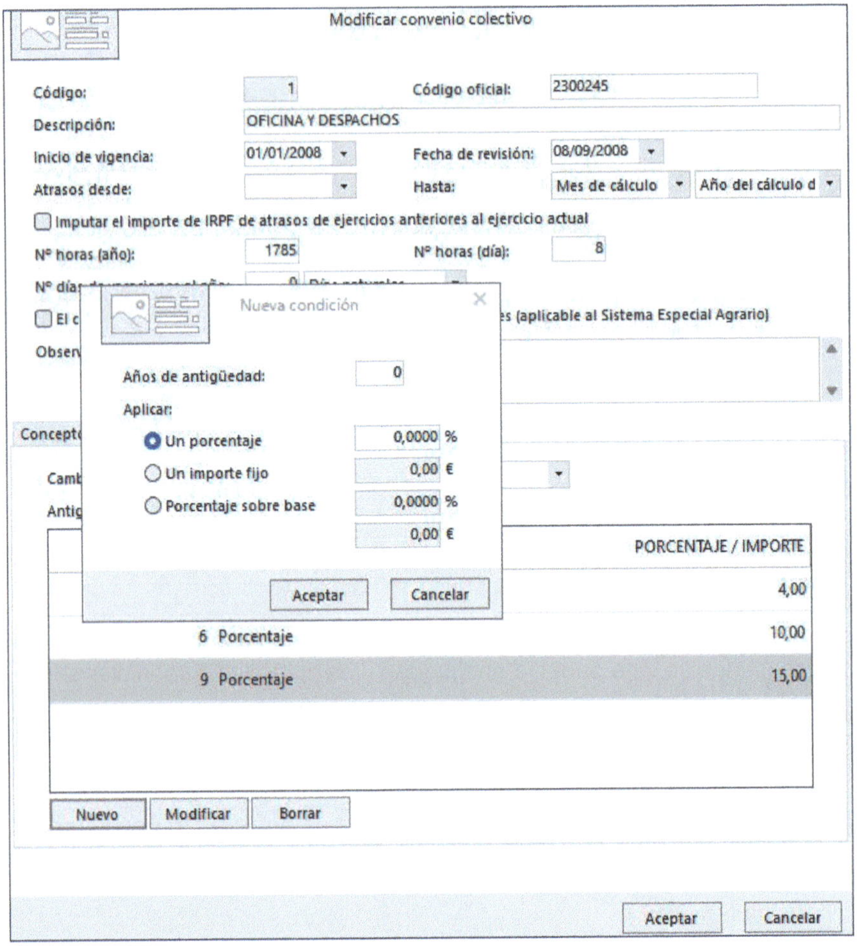

- ❑ **Años de antigüedad:** introduciremos el primer periodo de años que tiene que cumplir el trabajador.

- ❑ **Aplicar:** seleccionaremos "Porcentaje" si la antigüedad va a ser un porcentaje de los conceptos que hayamos incluido para el cálculo de este concepto. Si el importe va a ser fijo, por lo que no depende de los conceptos retributivos del trabajador, seleccionaremos "Fijo" e indicaremos el importe que le corresponde a ese periodo.

Una vez cubiertos los datos pulsar "Aceptar" y volver a repetir el proceso para añadir el segundo tramo para la antigüedad.

D) Ficha "Incapacidad temporal"

En esta solapa se regula el subsidio (prestación económica) a pagar al trabajador en caso de Incapacidad Temporal, debido a una enfermedad o accidente que imposibilita con carácter temporal para el trabajo. También se contempla el supuesto de maternidad, aunque se trate de una prestación de pago íntegro por la Seguridad Social.

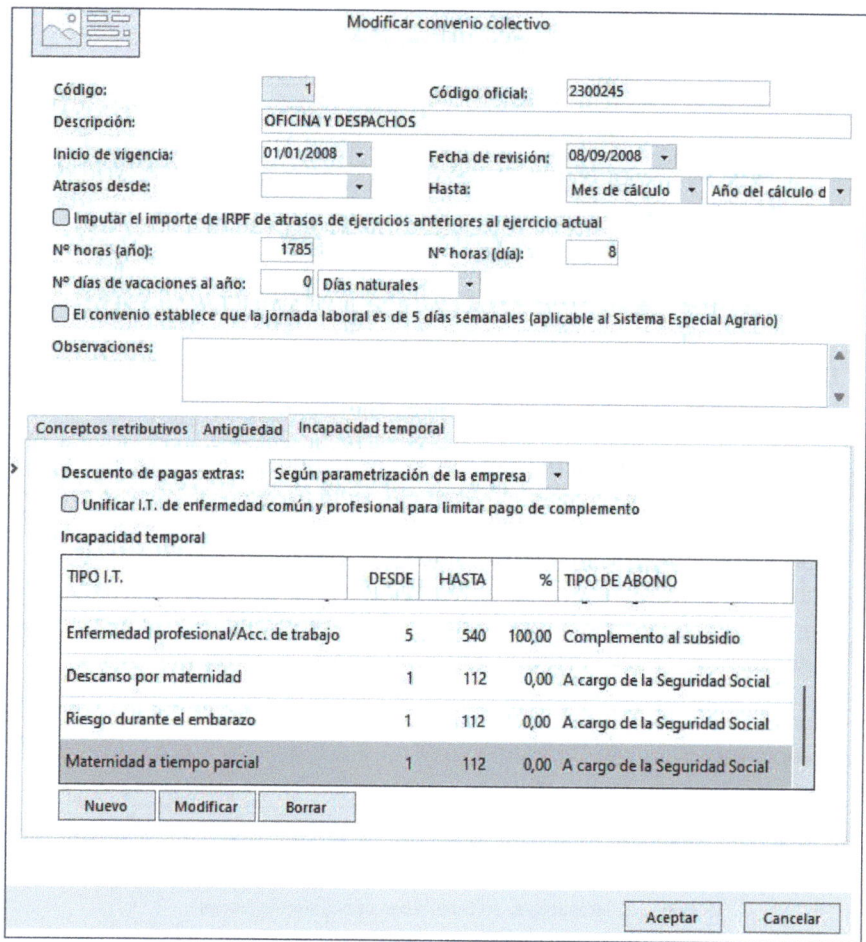

Al crear un convenio, NOMINASOL crea automáticamente la escala de incapacidades vigente. Si el convenio tiene un complemento, se creará través de esta solapa.

Para crear un nuevo tipo de incapacidad temporal, pulsaremos el icono "Nuevo".

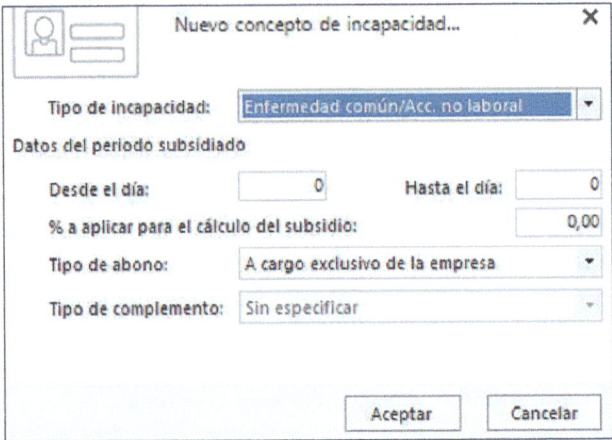

❑   **Tipo de incapacidad:** seleccionaremos el tipo de incapacidad que vamos a crear.

❑   **Desde el día - Hasta el día:** indicaremos la fecha de inicio del periodo subsidiado y fin del periodo subsidiado, al que le aplicaremos estos datos.

❑   **% a aplicar para el cálculo del subsidio:** introduciremos el porcentaje que le corresponde para el cálculo del subsidio, para el periodo subsidiado.

❑   **Tipo de abono:** indicaremos si el abono del subsidio si es a cargo de la empresa exclusivamente, si se trata de un pago delegado de la empresa, si es un complemento al subsidio, si es a cargo de la seguridad social, si es un complemento por hospitalización o si es un complemento en pago directo.

❑   **Tipo de complemento:** esta casilla solo se activará si en el "Tipo de abono" es de complemento.

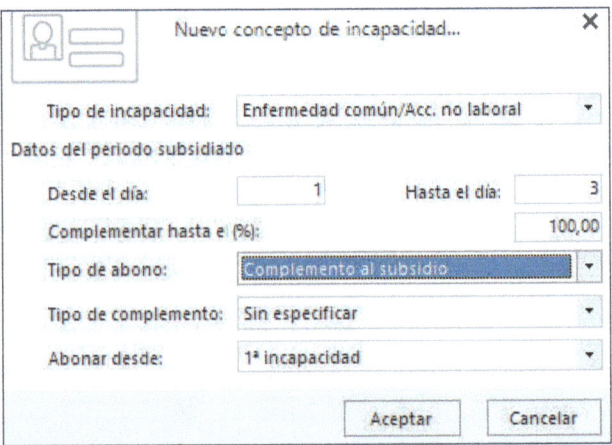

Indicaremos el tipo de complemento debe de complementarse hasta el 100% del salario bruto o de la base reguladora y en "Abonar desde:" indicamos desde qué incapacidad se percibe el complemento.

3.2.3. Categorías

Los convenios colectivos establecen distintas categorías según el puesto de trabajo que ocupa el trabajador en plantilla tras la negociación realizada. Esta categoría por convenio determinará cuál va a ser su retribución salarial.

Al referirnos a categorías de convenio, no debemos confundirlas con las categorías profesionales fijadas en los grupos de cotización de la Seguridad Social que determinarán las bases de cotización, pues pueden existir varias categorías de convenio que formen parte de un mismo grupo de cotización.

1. Para acceder al manteniendo de las categorías profesionales lo haremos a través de la solapa "Entorno/Grupo Convenidos/Icono Convenios/Categorías".

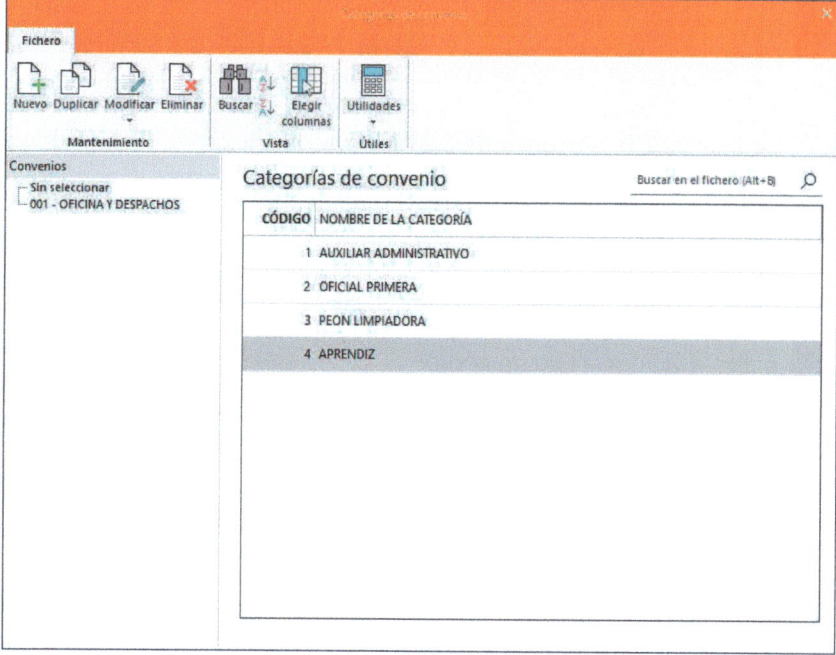

En la parte izquierda de la ventana aparecen los distintos convenios colectivos creados, y si pulsamos encima de uno de ellos, en la parte derecha aparecen las categorías de ese convenio. Al hacer doble clic sobre cualquiera de los conceptos podemos ver las características del mismo y, sobre todo, el importe.

2. Para añadir una nueva categoría, pulsar en el icono "Nuevo".

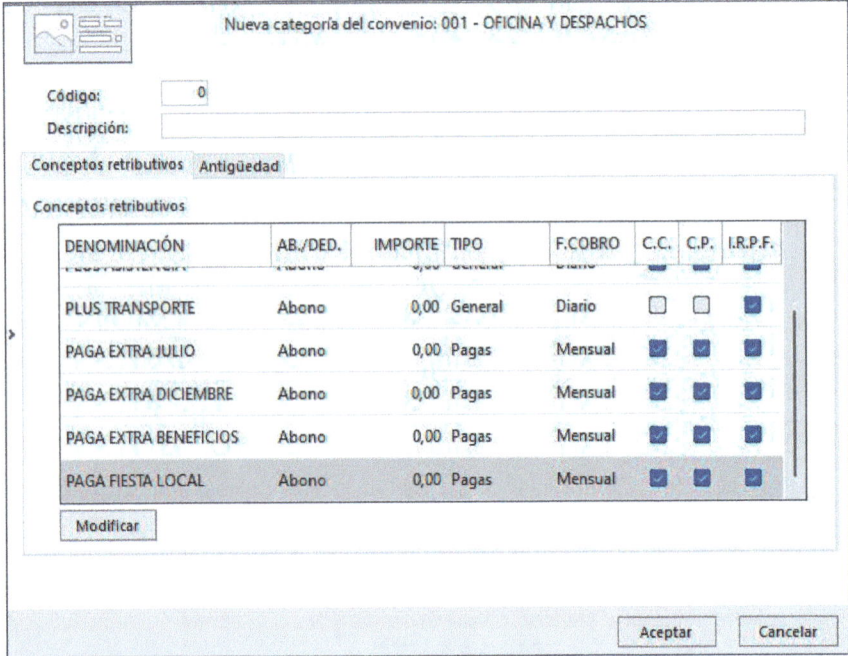

Código: código numérico de 3 dígitos que identifica a la categoría.

Descripción: nombre de la categoría.

3. Como podemos observar, esta pantalla contiene las solapas "Conceptos retributivos", y "Antigüedad", que contienen los datos definidos en el convenio. Aquí solo tendremos que indicar los importes o porcentajes a pagar por cada concepto retributivo e indicar el tipo de cobro.

En la solapa antigüedad podremos modificar los datos cargados del convenio y en este caso prevalecerán las modificaciones realizadas en la categoría.

3.2.4. Conceptos retributivos

Contiene los conceptos retributivos genéricos que podemos utilizar para distintos convenios.

Recordemos que estos conceptos genéricos se pueden crear en la solapa "Conceptos retributivos" del convenio, pulsando en el botón "Añadir conceptos".

3.3. Actualización de datos en empresas y trabajadores

3.3.1. Actualizar tablas salariales

Se utiliza esta opción para pasar los datos que hayamos modificado en el convenio a las empresas y trabajadores afectados. Disponemos de varias opciones que analizamos a continuación.

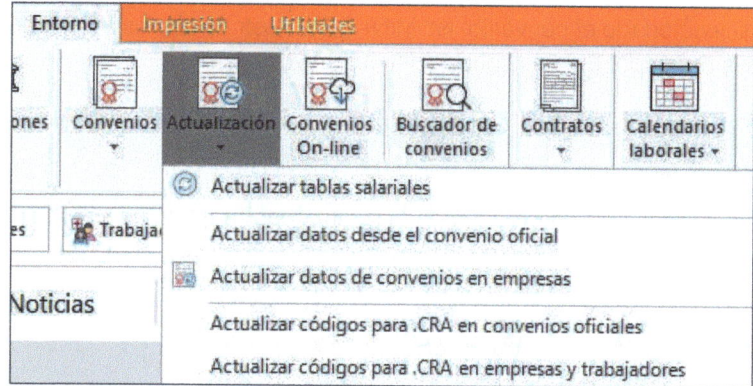

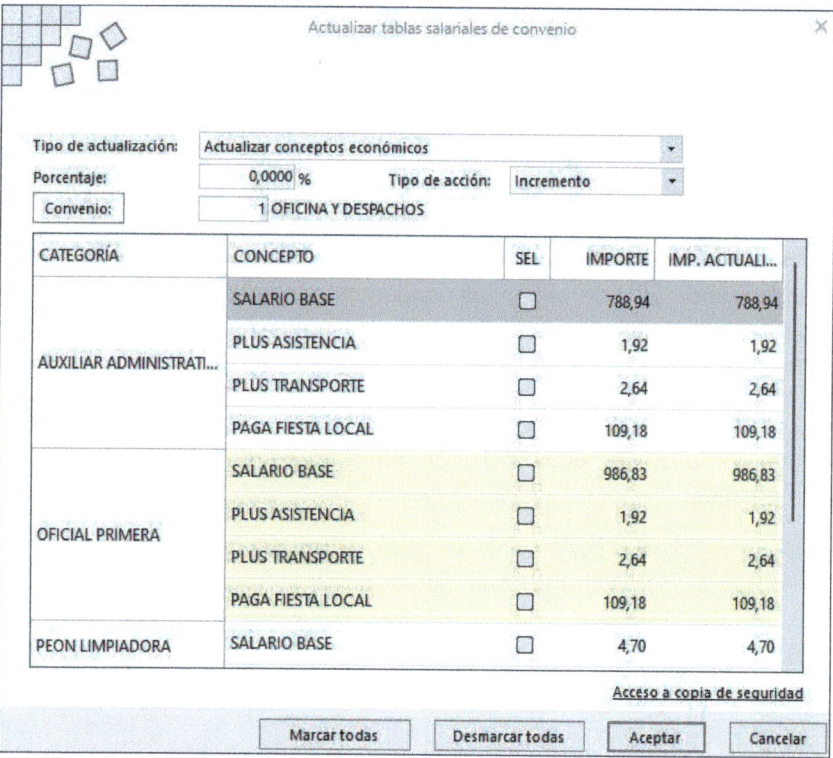

❑   **Porcentaje:** indicaremos el porcentaje en el que van a variar los conceptos seleccionados.

❑   **Tipo de actualización:** se aumentará o reducirá el importe de cada concepto en el porcentaje indicado.

❑   **Convenio:** indicaremos el código de convenio al cual se le aplicará la revisión salarial.

Una vez seleccionado el convenio, NOMINASOL mostrará las distintas categorías profesionales con sus correspondientes conceptos retributivos.

Pulsando en el botón "Marcar todos", se marcarán automáticamente todos los conceptos retributivos.

Pulsando el botón "Desmarcar todos", se desmarcarán automáticamente todos los conceptos retributivos que en ese momento estén marcados.

Una vez tengamos seleccionados todos los conceptos retributivos que deseamos actualizar, pulsamos el botón "Aceptar" y se procede a la actualización.

3.3.2. Actualizar datos desde el convenio oficial

Este proceso actualiza la información para el cálculo de la nómina de los trabajadores, tomando como datos de origen la información del convenio al que la empresa está acogida. En el supuesto de que exista algún trabajador que no esté acogido al convenio de empresa, sino que su convenio sea otro diferente, tiene la posibilidad de actualizar solamente ese convenio.

También puede actualizar la información de los conceptos retributivos de los trabajadores, tomando como datos de origen los conceptos retributivos de la categoría profesional del trabajador, puede elegir entre actualizar todos los conceptos retributivos o solamente los seleccionados.

Debe tener en cuenta que la información importada sustituirá a la información existente en la empresa, por lo que le recomendamos que realice una copia de seguridad antes de ejecutar este proceso.

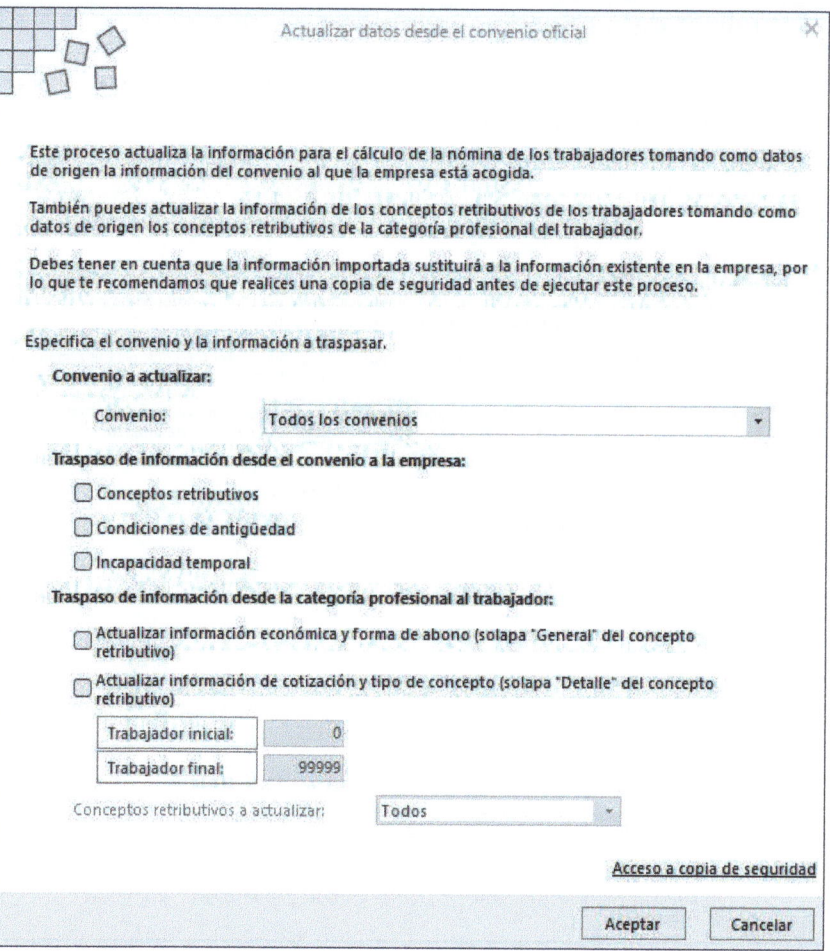

Actualizar datos desde el convenio oficial   ✕

Este proceso actualiza la información para el cálculo de la nómina de los trabajadores tomando como datos de origen la información del convenio al que la empresa está acogida.

También puedes actualizar la información de los conceptos retributivos de los trabajadores tomando como datos de origen los conceptos retributivos de la categoría profesional del trabajador.

Debes tener en cuenta que la información importada sustituirá a la información existente en la empresa, por lo que te recomendamos que realices una copia de seguridad antes de ejecutar este proceso.

Especifica el convenio y la información a traspasar.

Convenio a actualizar:

Convenio: Todos los convenios   ▾

Traspaso de información desde el convenio a la empresa:

☐ Conceptos retributivos

☐ Condiciones de antigüedad

☐ Incapacidad temporal

Traspaso de información desde la categoría profesional al trabajador:

☐ Actualizar información económica y forma de abono (solapa "General" del concepto retributivo)

☐ Actualizar información de cotización y tipo de concepto (solapa "Detalle" del concepto retributivo)

Trabajador inicial: 0
Trabajador final: 99999

Conceptos retributivos a actualizar: Todos   ▾

Acceso a copia de seguridad

Aceptar   Cancelar

3.3.3. Actualizar datos desde convenios en empresas

Esta opción realiza el mismo proceso que el del punto anterior, con la diferencia de que se puede seleccionar un rango de empresas.

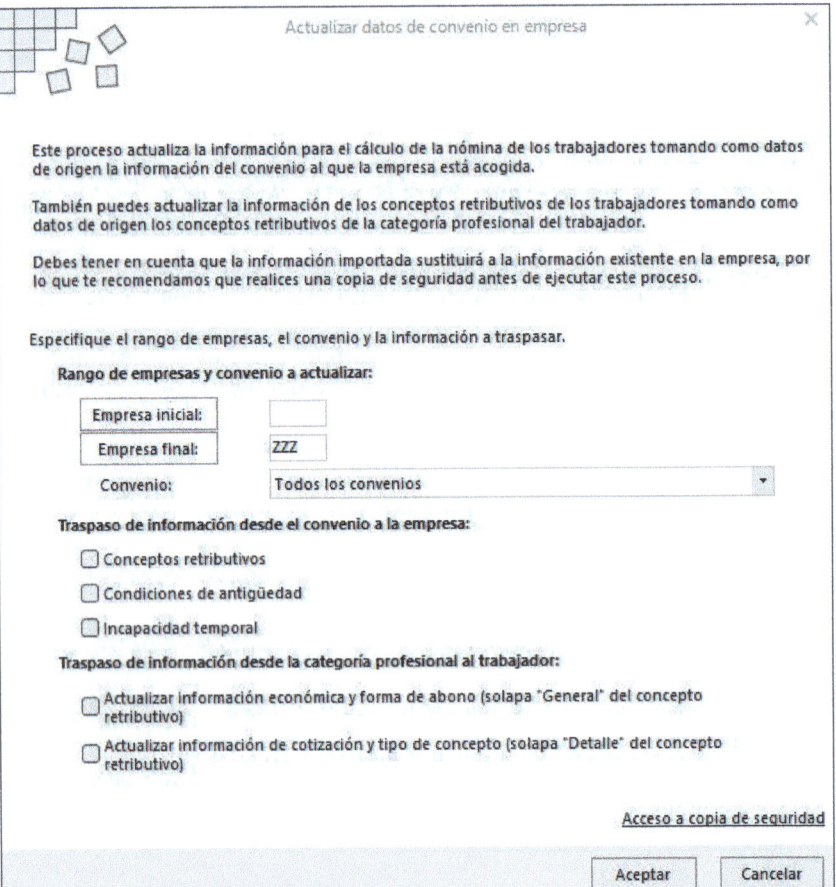

3.3.4. Actualizar códigos para .CRA en convenios oficiales

Esta opción actualiza los conceptos retributivos abonados en los convenios oficiales para el fichero .CRA que se tendrán que generar para su posterior envío a la TGSS.

3.3.5. Actualizar códigos para .CRA en empresas y trabajadores

Esta opción realiza el mismo proceso que la del punto anterior, con la salvedad de que afectará a los conceptos del convenio de empresa o de los trabajadores. Se puede seleccionar si se desean actualizar los conceptos retributivos de la empresa actual o de todas las empresas.

3.4. Convenios online

Desde la opción "Convenios online" podremos bajar de la nube cualquier convenio que NOMINASOL dispone, fruto de una política de colaboración entre usuarios del programa, de tal manera que, a partir de los filtros que nos presenta, podremos bajar cualquier convenio que necesitemos.

 *Una vez bajado el convenio, se deben realizar las comprobaciones oportunas para verificar que estén todos los datos que necesitemos correctamente introducidos.*

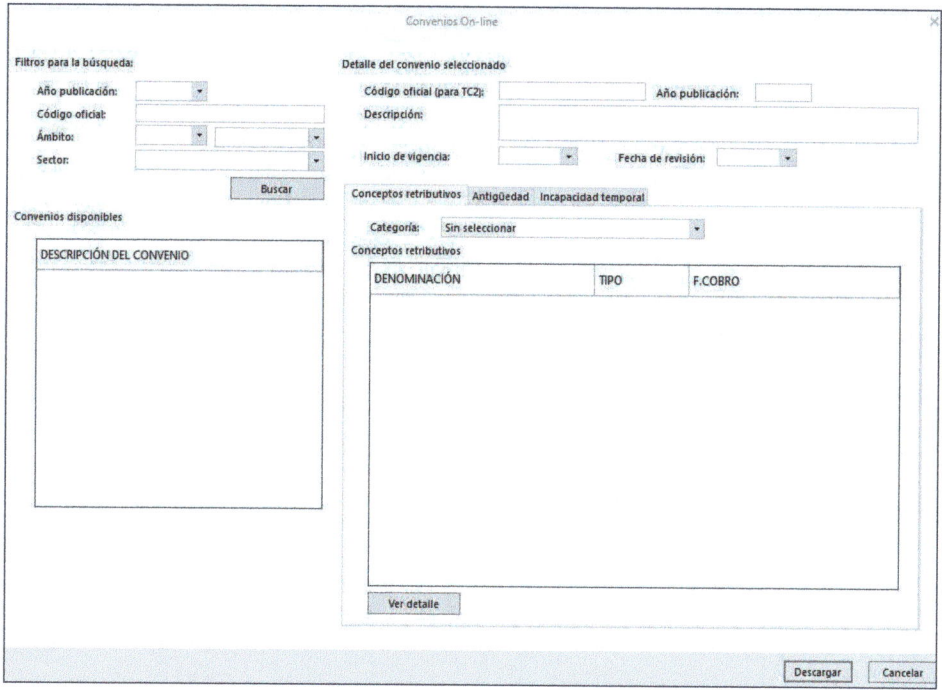

3.5. Buscador de convenios

Software DELSOL ha añadido una nueva opción en la que se puede buscar y localizar cualquier convenio en activo:

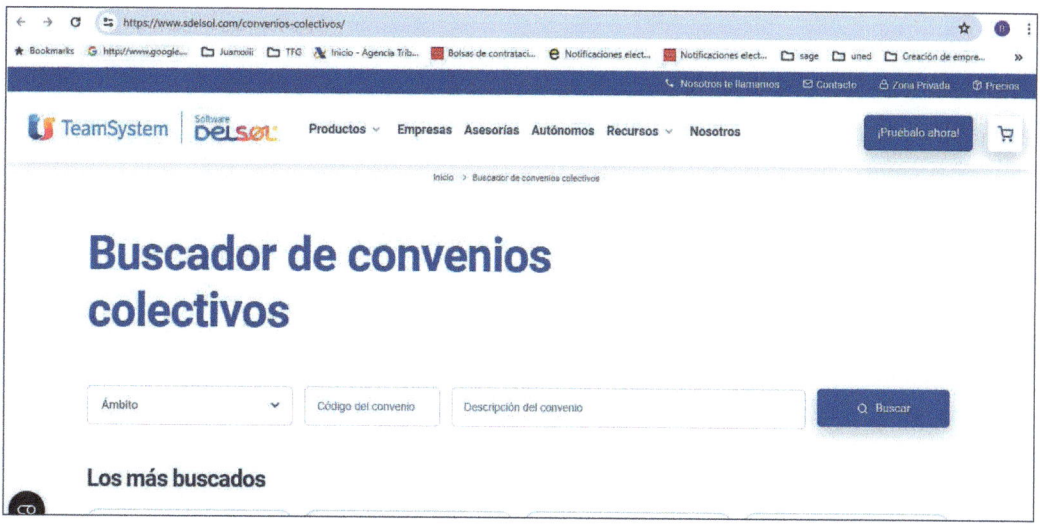

Resumen

NOMINASOL ofrece la posibilidad de trabajar con diferentes empresas, que se podrán crear manualmente o mediante la utilización de un asistente. Se puede incluir en ellas, entre otras cosas:

❑ Datos generales, datos fiscales, domicilio social, etc.

❑ Cuentas de cotización.

❑ Cuentas bancarias.

❑ Conceptos a abonar, la antigüedad y forma de pagas extraordinarias.

❑ Resto de datos relativos a la generación de las nóminas y pagas de los trabajadores.

Carga de datos de los trabajadores.

☑ Identificar los diferentes campos disponibles en NOMINASOL para cargar datos de los trabajadores de una empresa, como pueden ser datos identificativos, profesionales o relativos al contrato.

☑ Calcular el tipo de retención de cada trabajador en función del número de hijos, la previsión de ingresos brutos anuales, modalidad contractual y la situación familiar según los datos que se hayan incluido en la opción de IRPF.

Contenido

Introducción

1. Gestión de los trabajadores

2. Ficha del trabajador

    2.1. Datos del trabajador: solapa "Trabajador"

    2.2. Datos del trabajador: solapa "Contactos"

    2.3. Datos del trabajador: solapa "Conceptos retributivos"

    2.4. Datos del trabajador: "Nóminas"

3. Cálculo del tipo de retención IRPF

    3.1. Tipos de deducciones

    3.2. Datos económicos

    3.3. Opciones de cálculo de IRPF

    3.4. Grupo de opciones "Útiles"

4. Vencimientos

    4.1. Seleccionar contratos

    4.2. Obtener un listado de vencimientos de contratos

Resumen

Introducción

En esta cuarta unidad estudiaremos el modo de cargar datos de los trabajadores con NOMINASOL. Dichos datos pueden ser identificativos, profesionales o relativos al contrato.

Respecto a los salarios, veremos cómo cargar conceptos salariales específicos del puesto o aquellas condiciones ya sean estas particulares o pactadas por contrato o acuerdo.

Realizaremos el cálculo del tipo de retención del IRPF y la elección de la forma de pago (talón, transferencia o efectivo).

1. Gestión de los trabajadores

Para acceder a la información sobre trabajadores, seleccionamos la solapa "Empresa/ Grupos Trabajadores/Icono Trabajadores", en función de la configuración que haya establecida en la barra lateral izquierda.

Junto al código de trabajador, dispone de un icono para visualizar un resumen con los datos más significativos contenidos en su ficha.

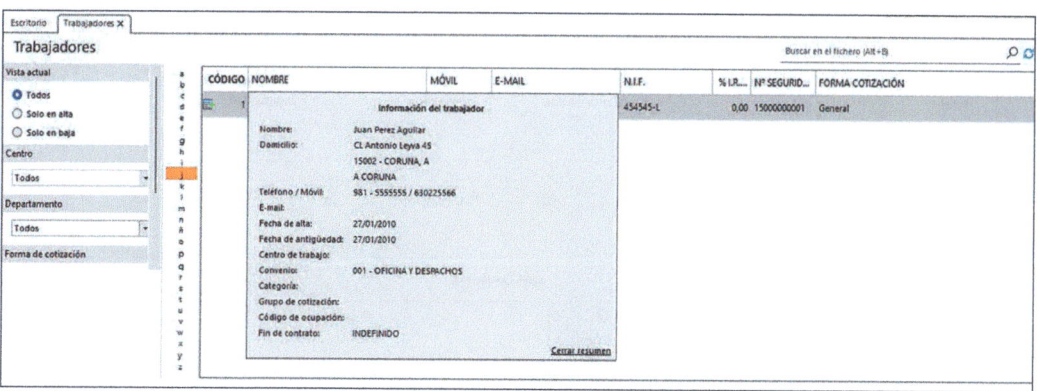

1. En el panel lateral izquierdo disponemos, como ya se ha comentado, de varias opciones para filtrar los trabajadores que se visualizan en la ventana.

2. En el apartado "Vista actual", podemos seleccionar si deseamos visualizar a todos los trabajadores, solo los que estén de alta o solo los que estén de baja.

3. En el apartado "Centro" podemos seleccionar si deseamos ver los trabajadores de todos los centros o de uno determinado.

4. Si deseamos filtrar los trabajadores por la "Forma de cotización" podemos seleccionar todas la formas de cotización o solo la de tipo "General", "Formación", "Consejeros y Administradores", "Autónomos", etc.

5. Para localizar a un trabajador determinado disponemos del apartado "Buscar", que permite buscar por el NIF o por el nombre del trabajador.

6. En la solapa "Trabajadores" disponemos de varias opciones para el mantenimiento de este fichero, además de otras utilidades.

2. Ficha del trabajador

2.1. Datos del trabajador: solapa "Trabajador"

2.1.1. General

Al pulsar el icono "Añadir" o "Modificar" se accede a una ficha del trabajador con 5 solapas.

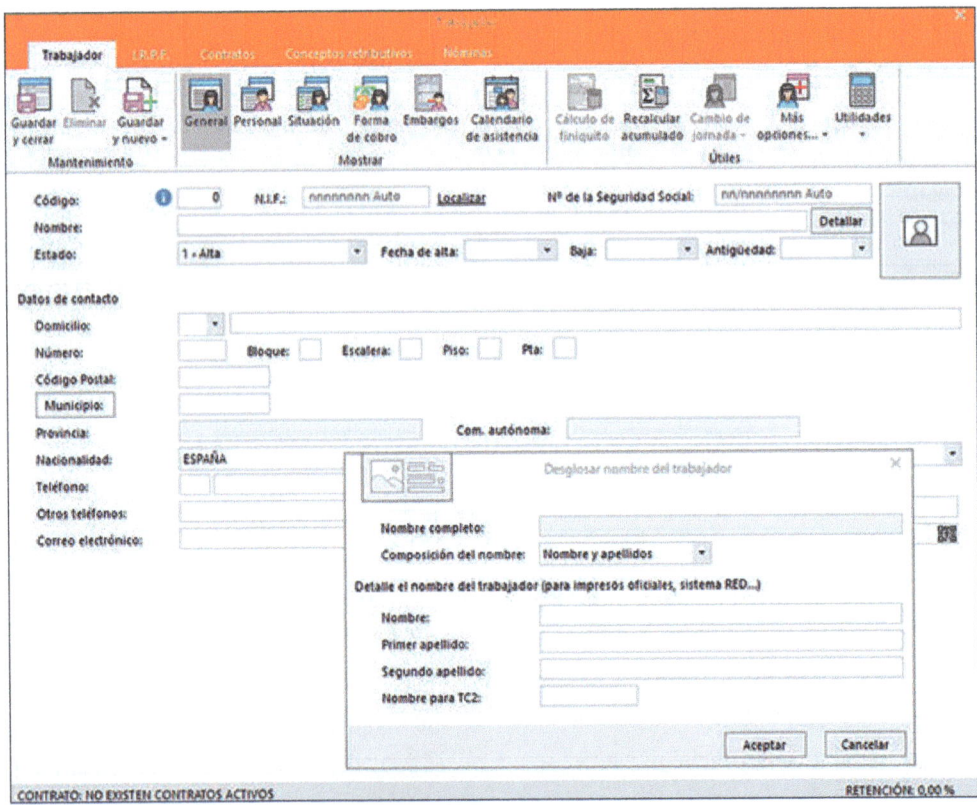

En la solapa "Trabajador" se van a introducir los datos generales del trabajador, datos personales, situación del trabajador en la empresa, la forma de cobro de la nómina y si sobre la nómina existe algún embargo. En el grupo de opciones de "Útiles" disponemos de otras funciones que se pueden realizar con el trabajador seleccionado, como, por ejemplo, calcular el finiquito o recalcular el acumulado.

En la opción "General" de la solapa "Trabajador" introduciremos algunos datos del trabajador, código, nombre, la situación laboral, la fecha de alta, baja y antigüedad en la empresa y los datos de contacto.

Al colocar el cursor en el campo "Nombre", se muestra una ventana en la que tendremos que cumplimentar el nombre y los apellidos del trabajador y la aplicación completa el nombre y la clave para el TC.

2.1.2. Personal

El resto de los datos personales del trabajador se introducirán a través de la opción "Personal".

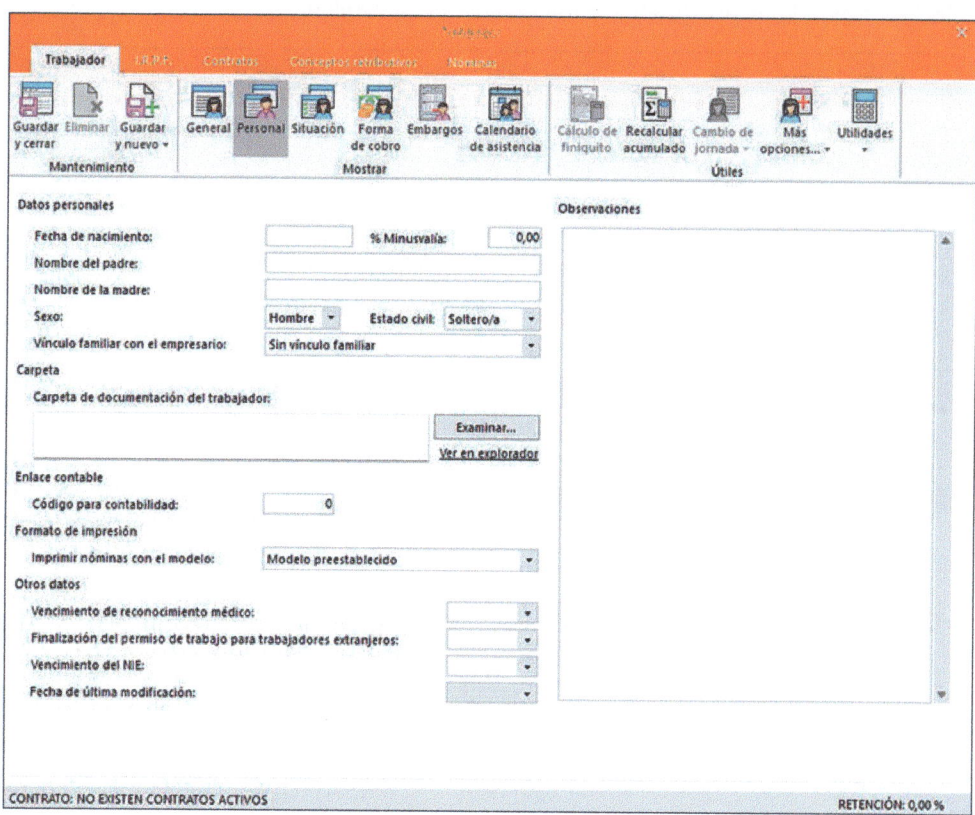

La condición de familiar de los trabajadores por cuenta ajena respecto al empresario da acceso a determinadas particularidades en la cotización a la Seguridad Social y esta información tiene que ser trasmitida a la Seguridad Social.

Si estamos utilizando la aplicación de CONTASOL a la vez que la de NOMINASOL, en la casilla de "Código para contabilidad" se introducirá el código que este empleado tendrá en la aplicación de contabilidad.

Si seleccionamos la opción de "Modelo preestablecido", la nómina se imprimirá en el formato que se haya definido en la configuración de la nómina, en caso de querer utilizar otro modelo para un trabajador en concreto lo seleccionaremos de la lista.

A continuación, aparecen una serie de fechas que podemos ir utilizando para controlar distintos aspectos como si el empleado ha pasado la revisión médica, la caducidad de documentos de extranjería, etc.

2.1.3. Situación

En esta pantalla se introducen los datos de la situación del trabajador en la empresa, y algunos de estos datos afectarán a la confección de la nómina.

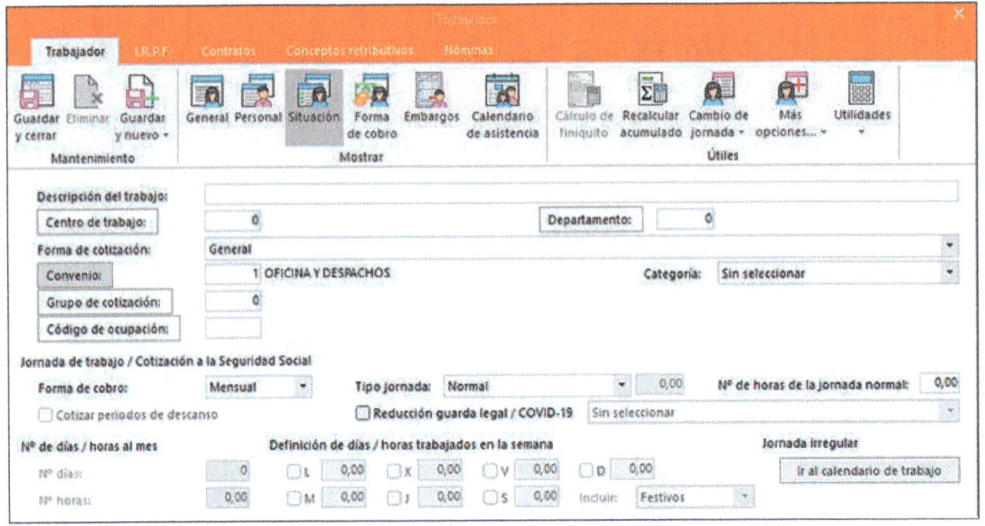

❑ **Descripción del trabajo:** en estas casillas se introducirán los datos relativos al puesto de trabajo: puesto de trabajo, centro y departamento.

❑ Al pulsar en "**Centro de trabajo**" o "**Departamento**" podremos localizar los centros de trabajo y departamentos dados de alta en la opción "Empresas de trabajo y Empresa/Datos/Departamento".

❑ **Forma de cotización:** seleccionaremos si se trata de un trabajador del régimen general, formación, becarios, representantes de comercio, consejeros y/o administradores (sociedad limitada, anónima, etc.), autónomos, artistas (teatro, música, etc.).

❑ **Categorías:** categorías del convenio al que está sujeto el trabajador.

❑ **Convenio:** por defecto aparece el convenio que tenga aplicado en la empresa. Si al trabajador le corresponde aplicar otro convenio, introduciremos el código o lo seleccionaremos pulsando en el botón "Convenio".

❑ **Grupo de cotización:** introduciremos el grupo de cotización del trabajador.

❑ **Grupo de ocupación:** la cotización por accidentes de trabajo y enfermedad profesional se realiza según la actividad económica de la empresa (CNAE), indicada en "Empresa/Parametrización" apartado "Administración".

❑ **Forma de cobro:**

◆ Mensual: el total de días del mes son siempre 30 días.

◆ Diaria: indicaremos el número de días trabajados al mes o marcaremos los días de la semana que trabaja en el apartado "N° de días/horas al mes".

◆ Por horas: indicaremos el número de horas que trabaja o marcaremos los días de la semana con las horas correspondientes a cada día. Se activa el apartado "N° de días/horas al mes".

❑ **Tipo de jornada:**

◆ Normal: el trabajador está dado de alta a jornada completa.

◆ Parcial-porcentaje: el trabajador está dado de alta a jornada parcial, pero trabaja todos los días. En este caso, se debe indicar el porcentaje de la jornada realizada.

◆ Parcial-marcar días/horas: cuando el trabajador está dado de alta a jornada parcial pero no trabaja todos los días de la semana.

❑ **Cotizar periodos de descanso:** para los trabajadores con contrato a tiempo parcial, podrás indicar aquí al programa si en los boletines de cotización si se debe o no cotizar la parte proporcional de los periodos de descanso (fines de semana y festivos) que le correspondan.

❑ **Reducción de guarda legal:** si la reducción de jornada es por guarda legal, activaremos esta casilla e indicaremos el tipo de reducción de guarda legal.

❑ **Jornada irregular:** si la jornada de trabajo es irregular podemos indicar a través de este botón la jornada de trabajo o de IT del trabajador, indicando el día y las horas trabajadas o de IT.

2.1.4. Forma de pago

En esta opción indicaremos la forma de cobro del trabajador, efectivo, transferencia o cheque, así como los datos bancarios del trabajador, el caso del pago a través de transferencia para poder generar el fichero del cuaderno C-34 (fichero en formato .XML para transferencias SEPA).

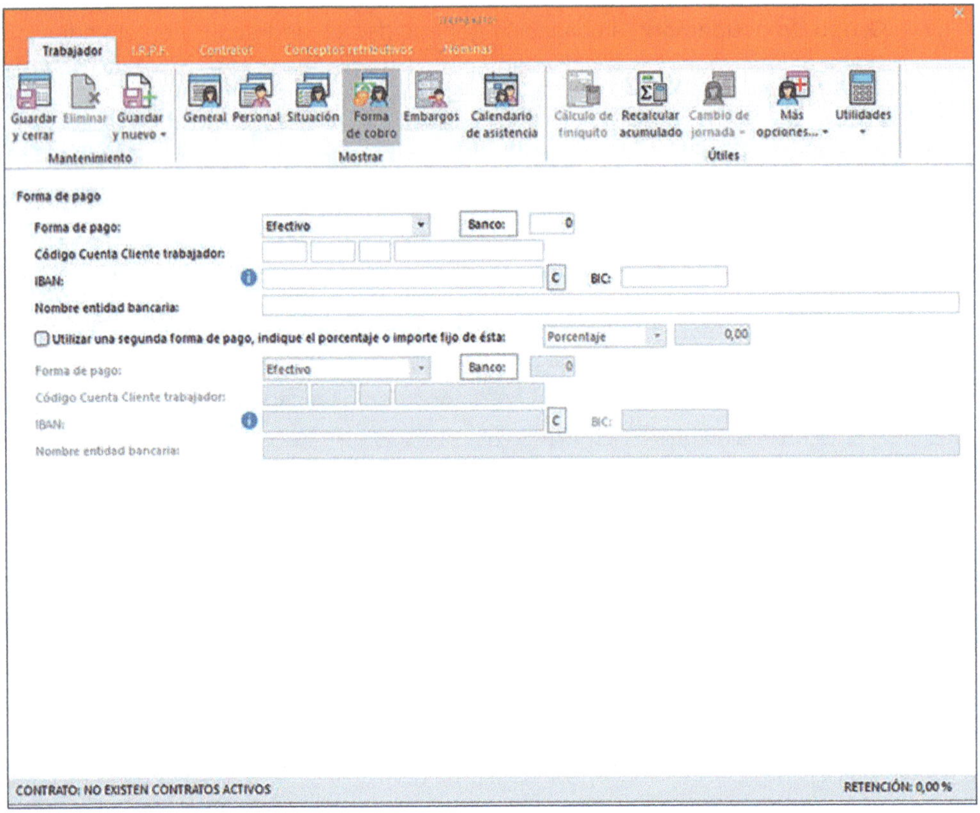

2.1.5. Embargos

Cuando el trabajador tenga un embargo sobre el salario, se indica el importe del mismo. La aplicación le practicará la retención correspondiente en el cálculo de nómina, en el campo "Importe embargado".

Para calcular el importe a embargar, se deben seleccionar los conceptos sobre los cuales se quiere embargar. Si hay alguna paga extra prorrateada, deberá indicarse el número de pagas prorrateadas.

También se puede seleccionar si se va a incluir el importe de IT en la base embargable, marcando la casilla correspondiente.

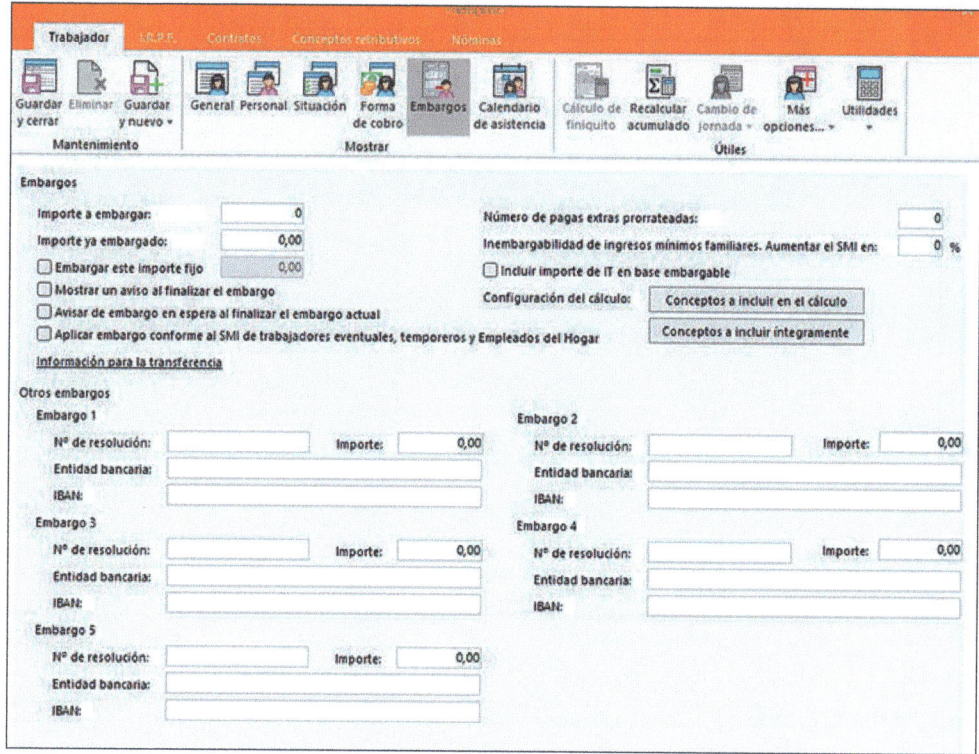

2.2. Datos del trabajador: solapa "Contactos"

2.2.1. Contrato-General

En esta solapa damos de alta o podemos consultar los datos correspondientes al contrato de trabajo, así como a bonificaciones a las que se puede acoger el trabajador.

Se podrán crear, modificar y borrar los contratos de un trabajador, así como visualizarlo, enviarlo por correo electrónico o imprimirlo.

Si el trabajador ya está dado de alta, al acceder a esta solapa se visualizan los contratos que se le han realizado.

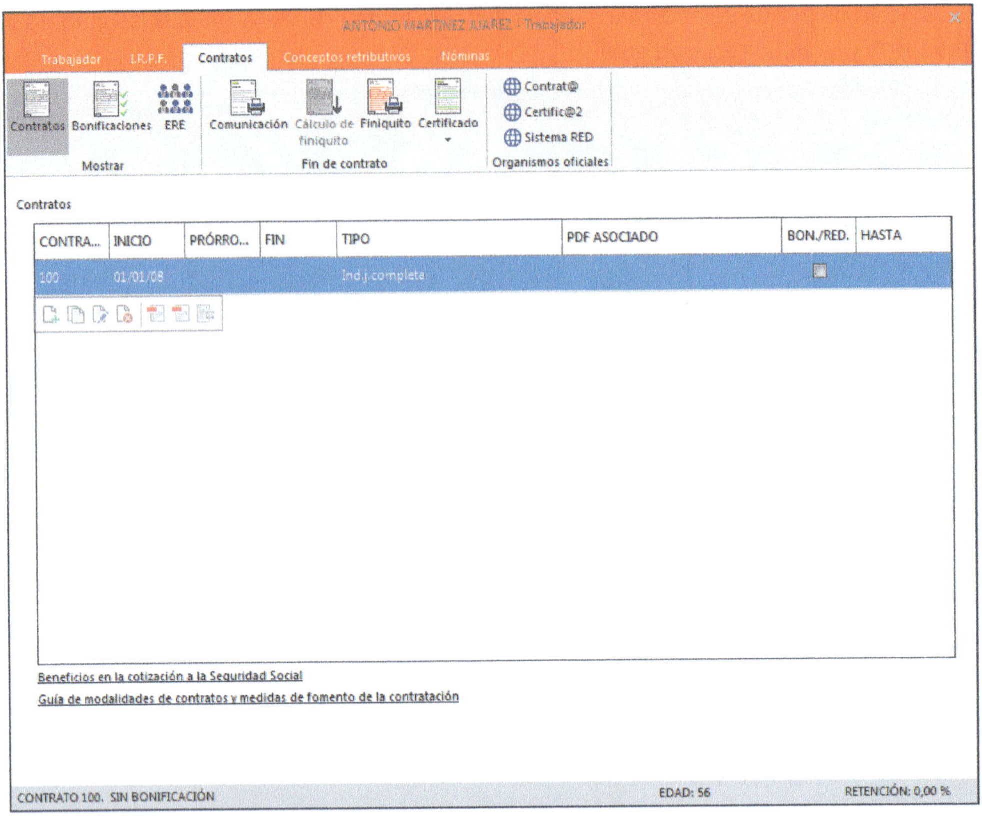

En caso de estar dando de alta a un nuevo trabajador o querer asignar un nuevo contrato al trabajador, pulsamos en el icono "Nuevo" de la barra de herramientas.

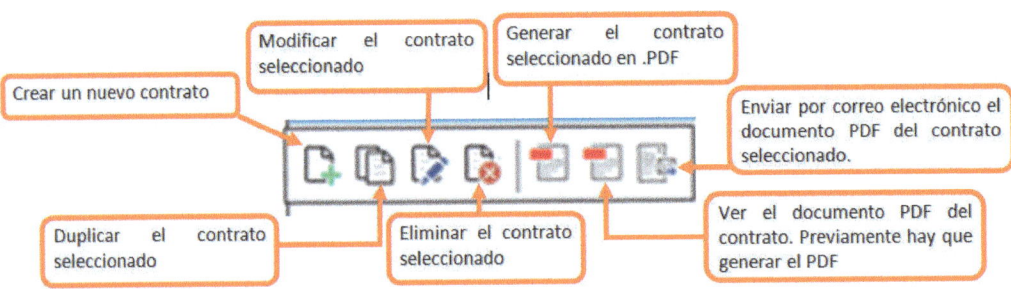

Al pulsar el icono "Nuevo" o el icono "Modificar", se muestra una pantalla para introducir o visualizar los datos del contrato.

NOMINASOL tiene creados los distintos tipos de contrato, que podemos consultar o crear unos nuevos a través de la solapa "Entorno/Grupo Contratos/Icono Contratos/Tipos de contratos".

A través de la solapa "Procesos/Grupos Contratos/Icono Contratos" podemos visualizar todo el histórico de los contratos realizados a los trabajadores de la empresa activa, así como dar de alta los nuevos contratos. Las pantallas para consultar o dar de alta un contrato son las mismas en ambas opciones.

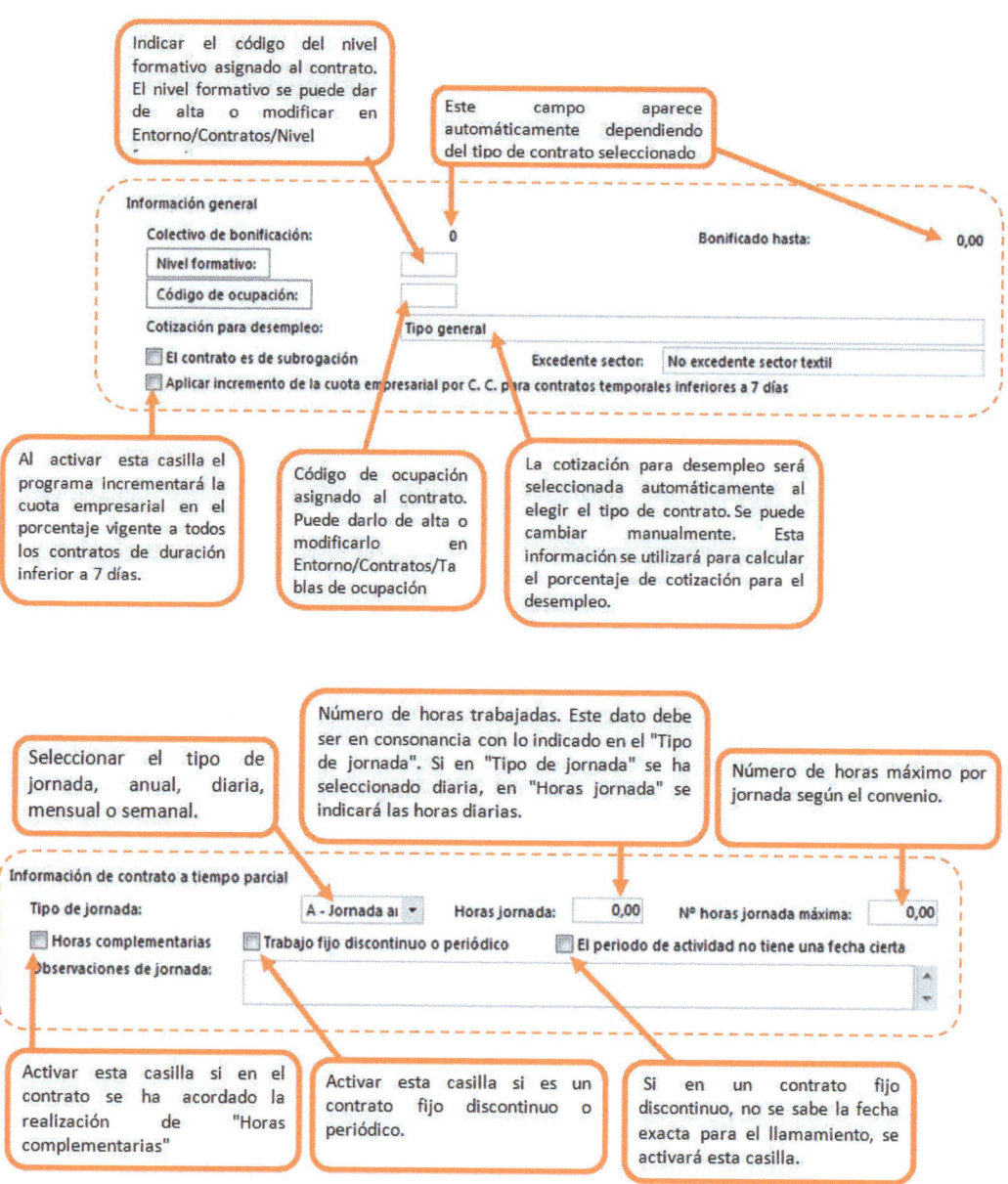

2.2.2. Contrato-Otros datos

En esta pantalla cumplimentaremos una serie de información no contenida en las anteriores pantallas, relacionada con ciertos tipos de contratos, como los de interinidad, investigación, etc.

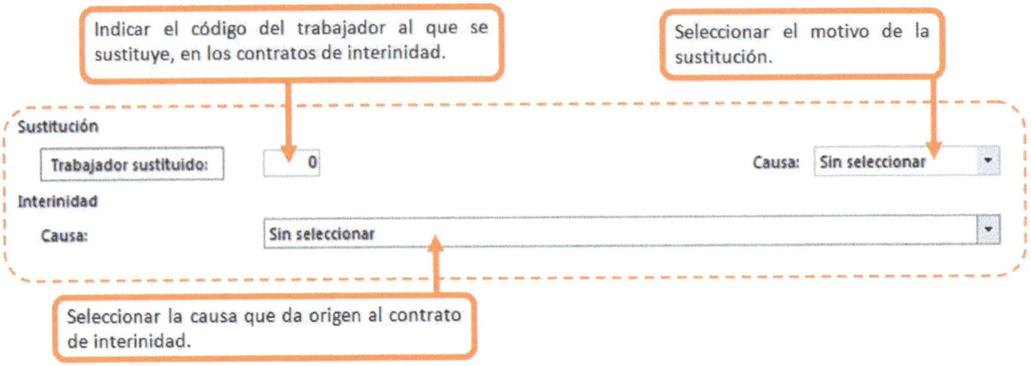

> Indicar el código del trabajador al que se sustituye, en los contratos de interinidad.

> Seleccionar el motivo de la sustitución.

Sustitución

Trabajador sustituido: 0   Causa: Sin seleccionar   ▾

Interinidad

Causa: Sin seleccionar   ▾

> Seleccionar la causa que da origen al contrato de interinidad.

> Seleccionar el tipo de entidad que realiza el contrato de investigación (organismo público, institución sin ánimo de lucro, Universidad pública, etc.)

> Indicar si el trabajador es un investigador, científico o técnico

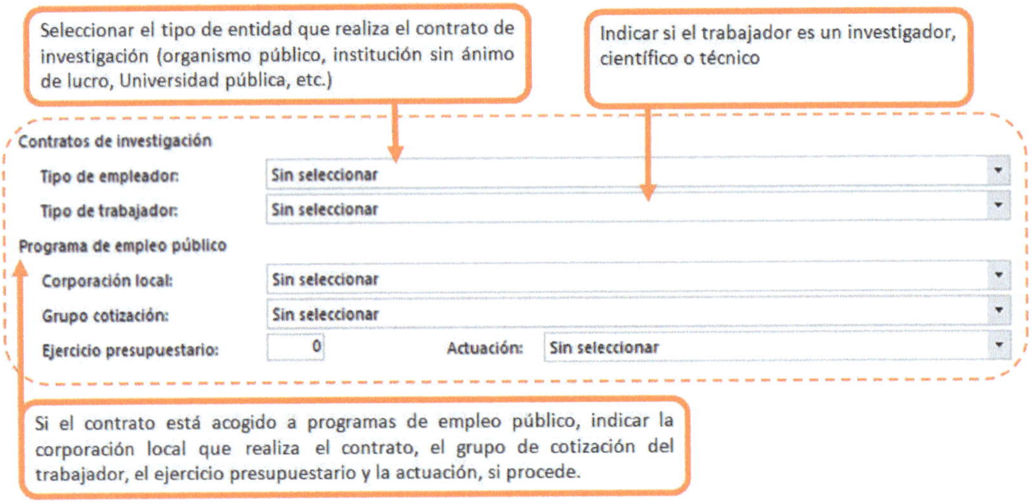

Contratos de investigación

Tipo de empleador: Sin seleccionar   ▾

Tipo de trabajador: Sin seleccionar   ▾

Programa de empleo público

Corporación local: Sin seleccionar   ▾

Grupo cotización: Sin seleccionar   ▾

Ejercicio presupuestario: 0   Actuación: Sin seleccionar   ▾

> Si el contrato está acogido a programas de empleo público, indicar la corporación local que realiza el contrato, el grupo de cotización del trabajador, el ejercicio presupuestario y la actuación, si procede.

Si el contrato corresponde a una relación laboral de carácter especial, indicar el código que la Seguridad Social le tiene asignado. Por ejemplo 0100 para "Personal de alta dirección".

La Garantía Juvenil es una iniciativa europea que pretende facilitar el acceso de los jóvenes al mercado de trabajo, en este campo habrá que indicar si está o no acogido o solicitado.

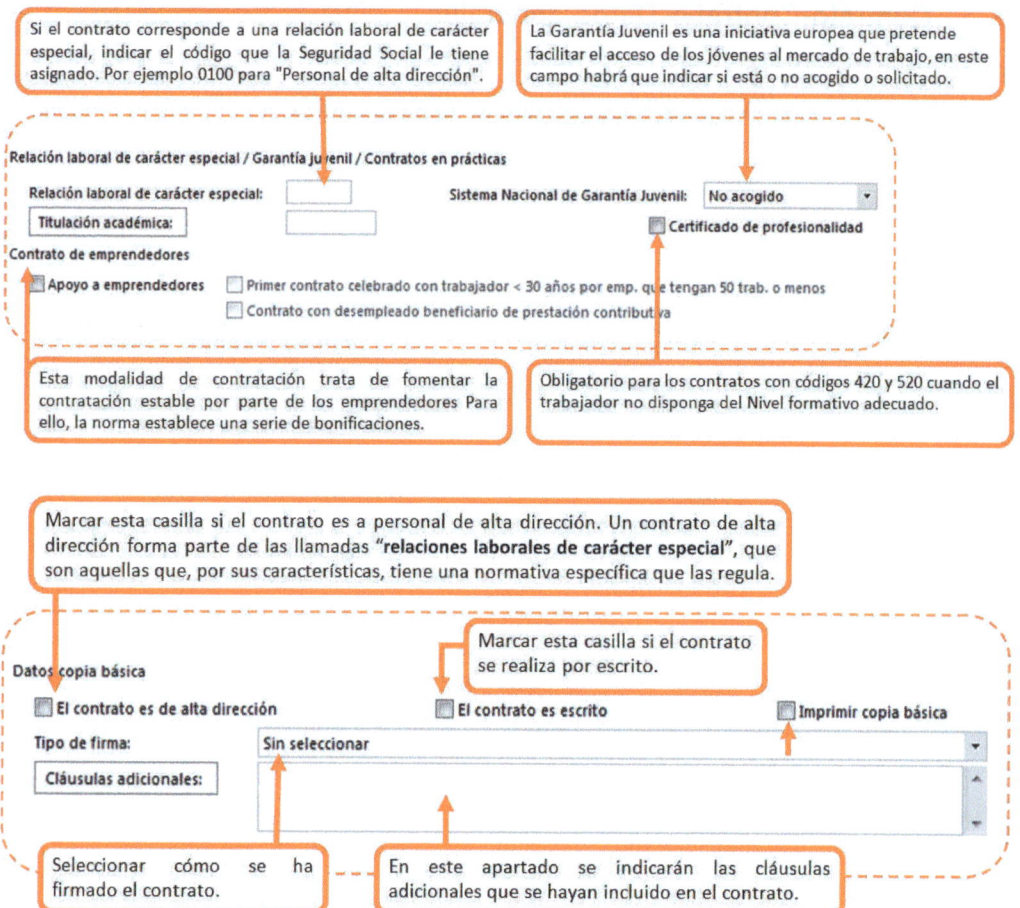

Relación laboral de carácter especial / Garantía juvenil / Contratos en prácticas

Relación laboral de carácter especial: [ ]   Sistema Nacional de Garantía Juvenil: [No acogido ▼]

Titulación académica: [ ]   ☑ Certificado de profesionalidad

Contrato de emprendedores

☐ Apoyo a emprendedores   ☐ Primer contrato celebrado con trabajador < 30 años por emp. que tengan 50 trab. o menos
☐ Contrato con desempleado beneficiario de prestación contributiva

Esta modalidad de contratación trata de fomentar la contratación estable por parte de los emprendedores Para ello, la norma establece una serie de bonificaciones.

Obligatorio para los contratos con códigos 420 y 520 cuando el trabajador no disponga del Nivel formativo adecuado.

Marcar esta casilla si el contrato es a personal de alta dirección. Un contrato de alta dirección forma parte de las llamadas **"relaciones laborales de carácter especial"**, que son aquellas que, por sus características, tiene una normativa específica que las regula.

Marcar esta casilla si el contrato se realiza por escrito.

Datos copia básica

☐ El contrato es de alta dirección   ☑ El contrato es escrito   ☐ Imprimir copia básica

Tipo de firma: [Sin seleccionar ▼]

Cláusulas adicionales: [ ]

Seleccionar cómo se ha firmado el contrato.

En este apartado se indicarán las cláusulas adicionales que se hayan incluido en el contrato.

2.2.3. Contrato-Contrat@ Datos generales

A través de este icono tendrá acceso a la pantalla "Información general del contrato". En esta pantalla deberá introducir los datos relativos al contrato para poder generar correctamente el fichero, que será tramitado a través del sistema Contrat@ (se verá en la unidad 7).

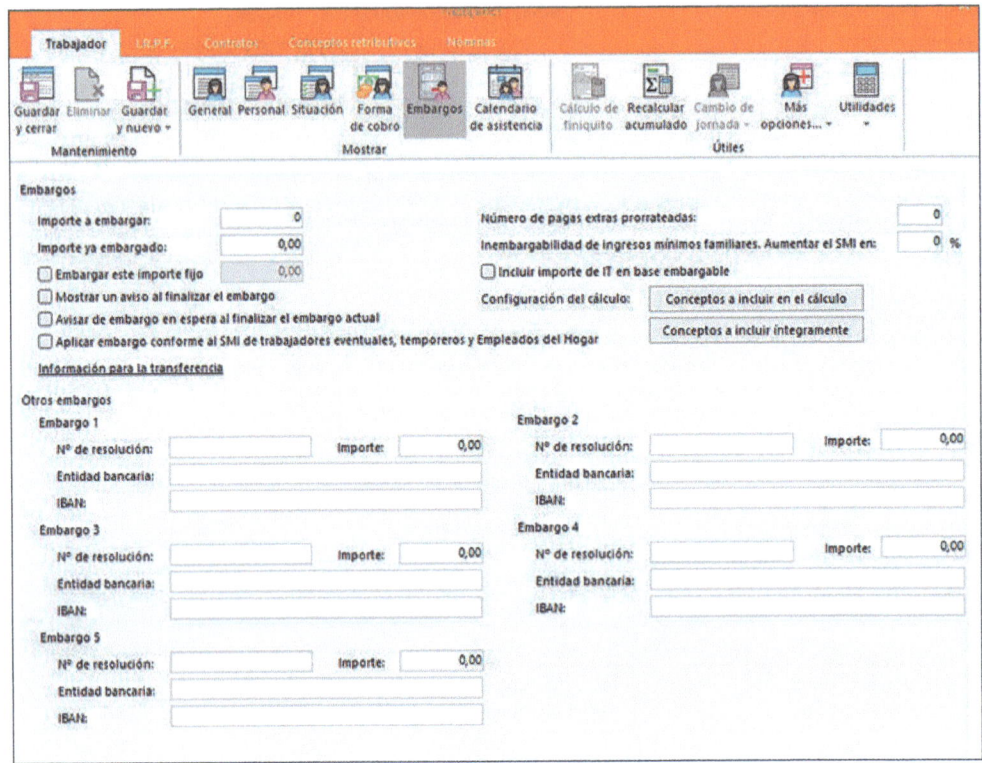

2.2.4. Contrat@- Jornada parcial/Bonificación

En la solapa Contratos de la ficha del trabajador tenemos el icono "Bonificaciones", el que indicaremos si el contrato tiene o no algún tipo de bonificación. En este último caso habrá que indicar la información relativa a dicha bonificación.

Si el contrato es de formación podremos indicar el número de horas de formación que tiene el trabajador y si ha recibido formación teórica, o no.

Si el contrato es de tiempo parcial podremos indicar las condiciones por las que este contrato es parcial.

Contrato

Guardar y cerrar | General | Otros datos | Contrat@ - Datos generales | Contrat@ - Jornada parcial / Bonificación | Certific@2 | Empleados del Hogar | Trabajo concentrado | Utilidades

Mantenimiento | Mostrar | Útiles

Información de contrato a tiempo parcial / formación

Nº de horas por convenio: `0`　　　　Nº de horas de formación: `0,00`

☐ El trabajador ha recibido formación teórica

Col. edad en formación: `Sin seleccionar` ▾

Esc.taller, c.oficio, t.empleo: `Sin seleccionar` ▾

Por. jubilación parcial: `0,00`

Proyecto de empleo-formación: `Sin seleccionar` ▾

Bonificación

Colectivo bonificación: `0`

☐ El empleador es autónomo

☐ Acogido a la ley de fomento de la contratación indefinida (D.A. 1ª Ley 12/2001-24/2001)

☐ Contrato a tiempo parcial bonificado con el programa de fomento de empleo (R.D.L. 5/2006 de 9 de junio)

Colectivo de fomento: `No acogidos a la ley` ▾　Colectivo de reducción: `Sin seleccionar` ▾

☐ Aplicar exención de cuotas (R.D.L. 1/2015) en el tercer año ☐ Aplicar bonificación 50% C. Com. desde el tercer año (Ley 3/2014)

☐ Acogido a la medida de primer contrato para menores de 30 años

Contratos de investigación

☐ Contrato de investigador formación para los acogidos al R.D. 63/2006　☐ Aplicar bonificación R.D. 475/2014

Contratos de extranjero

Indicador carácter de la oferta: `Sin selecciona` ▾　　　Año contingente: `0`

Otros datos

Uso libre:

2.3. Datos del trabajador: solapa "Conceptos retributivos"

En esta pantalla se podrá llevar el mantenimiento de los conceptos retributivos del trabajador y acceder a las ausencias o retribuciones del trabajador a lo largo del año.

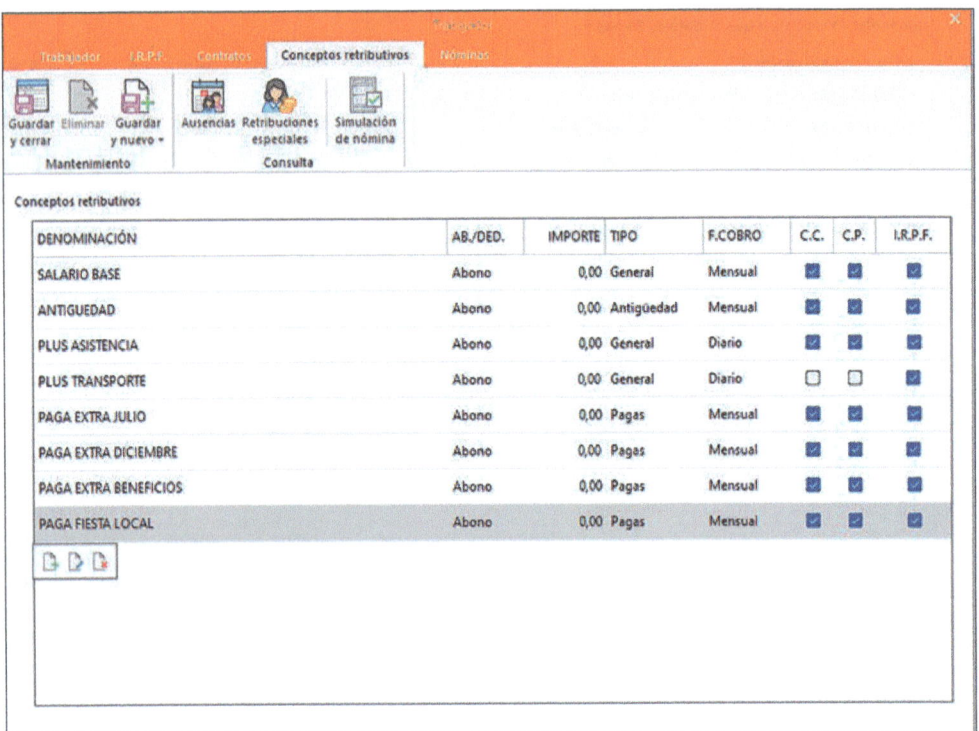

Al crear un nuevo trabajador por defecto ya se traspasan los conceptos retributivos de la empresa o del convenio que tenga asignada la empresa.

Al crear un nuevo trabajador, automáticamente asume los conceptos salariales introducidos en cada una de las categorías del convenio (hay que asignarle al trabajador la categoría) y los incluidos en la empresa. Sin embargo, se pueden añadir otros nuevos a nivel de trabajador, de la misma forma que se ha explicado en la empresa y en el convenio.

En la unidad anterior vimos detalladamente cómo se definen los conceptos, por lo que aquí solo se explicarán los campos que solo están disponibles desde la ficha del trabajador por ser de conceptos únicos y diferentes para cada trabajador.

1. **Nº de unidades:** el valor introducido en este campo será multiplicado por el importe que tenga definido en el concepto retributivo. También se tendrá en cuenta si en

la solapa detalle está marcado en cotización por exceso alguno de los casilleros, indicando máximo por unidad.

2. **Porcentaje:** si el campo unidad se deja a cero, el importe del concepto retributivo se pagará en función al porcentaje de jornada. El 100% indicará que se pagará el importe completo, si el trabajador trabaja media jornada e introducimos en este campo el 50% (media jornada), la aplicación reducirá el importe del concepto en un 50%.

3. **No reducir en proporción a la jornada del trabajador:** al marcar esta casilla no se tendrá en cuenta la jornada del trabajador para retribuirle el concepto.

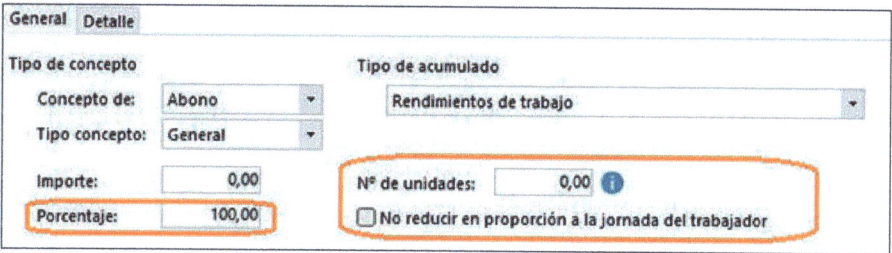

4. **Ajuste a líquido:** este tipo de concepto permite fijar el importe que el trabajador debe percibir. En la casilla "Importe" se introduce el importe que el trabajador debe percibir y el programa, en el momento de calcular la nómina y en función del resto de conceptos retributivos del trabajador y de las deducciones que se le apliquen, obtiene el importe indicado.

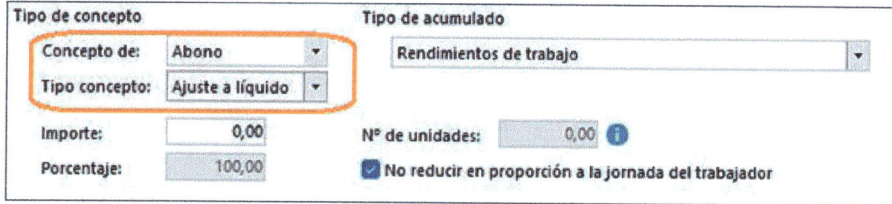

5. **Ajuste a bruto:** este tipo de concepto permite fijar el importe bruto que debe percibir el trabajador. En la casilla "Importe", introduciremos el importe bruto que el trabajador debe percibir y el programa, en el momento de calcular la nómina y, en función del resto de conceptos retributivos del trabajador, obtiene el importe indicado.

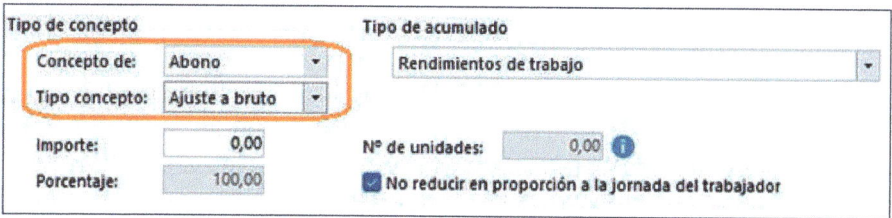

6. En la ficha del trabajador también se pueden realizar modificaciones o crear nuevos conceptos retributivos para un trabajador en concreto. Para ello debemos utilizar la barra de herramientas que se muestra en la ventana de los "Conceptos Retributivos".

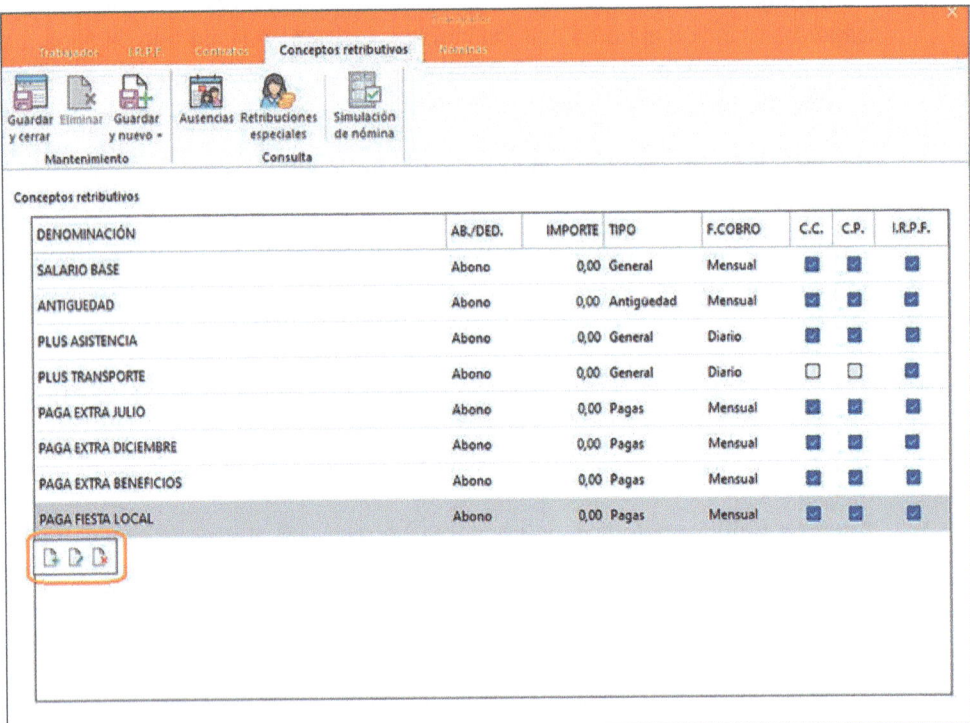

2.4. Datos del trabajador: "Nóminas"

En esta pantalla podremos visualizar todas las nóminas generadas para el trabajador seleccionado.

❑   Se puede visualizar la nómina con el icono "Ver nómina".

❑   Se puede imprimir la nómina pulsando en el icono" Emitir".

3. Cálculo del tipo de retención IRPF

NOMINASOL calculará automáticamente el porcentaje de IRPF a todo tipo de trabajadores, en función del número de hijos, la previsión de ingresos brutos anuales, modalidad contractual y la situación familiar, según los datos que se hayan indicado en la solapa de IRPF, que se encuentra en la ficha del trabajador (solapa "Empresa/Grupo Trabajadores/Icono Trabajadores").

Recordemos que NOMINASOL tiene definida la tabla de IRPF (Solapa "Entorno/Grupo AEAT/Icono Tablas IRPF"). Mediante esta opción, los cálculos del porcentaje de retención de IRPF de los trabajadores se realizan en el programa de forma automática, utilizando para ello herramientas internas proporcionadas por la AEAT.

Se han incluido en el programa estas tablas a nivel meramente informativo para que el usuario pueda consultar sus valores.

Cuando los ingresos previsibles del trabajador sean inferiores a las cuantías que se indican en la tabla, en función de la situación familiar del contribuyente y el total del número de hijos o descendientes a su cargo, no se practicará ninguna retención, salvo que el trabajador esté dentro de los supuestos en los que haya que aplicar con un tipo de retención mínimo.

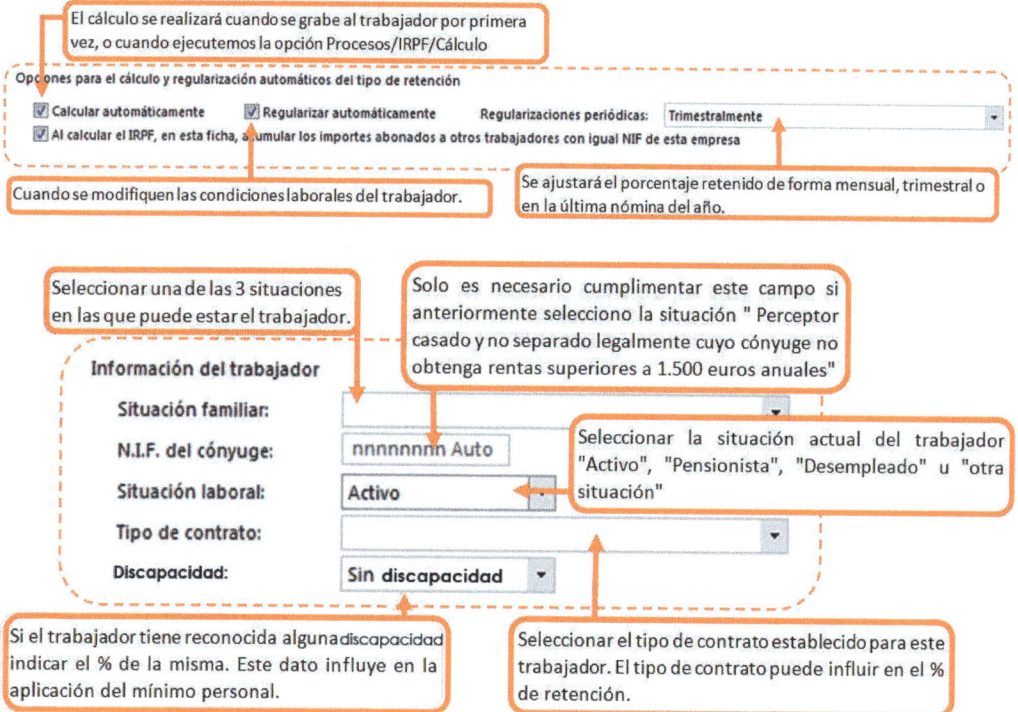

3.1. Tipos de deducciones

En la parte derecha del apartado anterior tenemos una serie de casillas, en las que tenemos otra serie de información del trabajador, que le dará derecho a una serie de deducciones en el caso de estar en alguna o varias de las situaciones indicadas.

- ☐ Necesita ayuda de terceras personas o tiene movilidad reducida
- ☐ Residecia habitual y efectiva en Ceuta o Melilla o Isla de la Palma
- ☐ Movilidad geográfica
- ☐ Trabajador mayor de 65 años que ha prolongado su actividad laboral
- ☐ Ha realizado durante el año pagos por rehabilitación o adquisición de su vivienda

❑ **Necesita ayuda de terceras personas o tiene movilidad reducida:** se marcará esta casilla si el trabajador es minusválido y necesita ayuda de terceras personas para trabajar o desplazarse al trabajo o tenga su movilidad reducida.

❑ **Residente en Ceuta y Melilla o Isla de Palma:** se marcará esta casilla en el caso de que el trabajador sea residente y obtenga sus rendimientos económicos en Ceuta, Melilla o Isla de Palma.

❑ **Movilidad geográfica:** se marcará esta casilla cuando el trabajador hubiese aceptado un trabajo, estando inscrito en la oficina de empleo, en un municipio distinto al de su residencia habitual, debiendo trasladar su residencia al mismo.

❑ **Trabajador mayor de 65 años que ha prolongado su actividad laboral:** se marcará esta casilla si el trabajador después de cumplir la edad de 65 años sigue trabajando.

❑ **Ha realizado durante el año pagos por rehabilitación o adquisición de su vivienda habitual:** se marcará esta casilla cuando el trabajador efectúe pagos por préstamos destinados a la adquisición o rehabilitación de su vivienda habitual por los que vaya a tener derecho a deducción por inversión en vivienda habitual en el IRPF.

❑ **Comunicación de pagos por la adquisición o rehabilitación** de la vivienda habitual utilizando financiación ajena. En esta opción nos encontramos dos opciones, pudiendo elegir una u otra:

- ♦ No realiza pago por la adquisición o rehabilitación de la vivienda.

- ♦ Tiene derecho a deducción en caso de haber invertido en la vivienda habitual.

❑ **No incluir trabajador en el 190:** activar esta casilla si este trabajador no se desea incluir en el resumen anual de IRPF (Modelo 190).

En el caso de que se produzca algún cambio en la situación personal del trabajador o en las retribuciones tenidas en cuenta para el cálculo inicial del porcentaje de retención, se deberá de proceder a la regularización del mismo. Para ello se indicará cuál es el motivo que provoca esa regularización.

Regularizar el tipo de retención		
Causa:	Selecciona la causa de la regularización ▼	☐ Residencia inicial en Ceuta y Melilla

3.2. Datos económicos

En el apartado "Datos económicos", se indican las retribuciones que va a recibir el trabajador en el año y los costes de Seguridad Social en dicho año, en función de esas retribuciones y las deducciones aplicables, una vez definida la situación del trabajador.

Estas retribuciones anuales se podrán obtener a través de dos vías:

❑ Automáticamente aparecerá el total de las retribuciones que va a percibir el trabajador, y que habrán sido definidas previamente en la solapa "Conceptos retributivos".

❑ Tecleando un importe fijo estimativo introducido por el usuario, sin tener en cuenta las retribuciones definidas en la solapa "Conceptos retributivos".

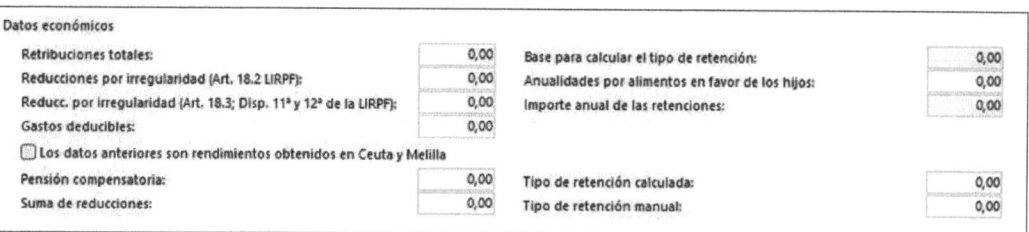

Datos económicos			
Retribuciones totales:	0,00	Base para calcular el tipo de retención:	0,00
Reducciones por irregularidad (Art. 18.2 LIRPF):	0,00	Anualidades por alimentos en favor de los hijos:	0,00
Reducc. por irregularidad (Art. 18.3; Disp. 11ª y 12ª de la LIRPF):	0,00	Importe anual de las retenciones:	0,00
Gastos deducibles:	0,00		
☐ Los datos anteriores son rendimientos obtenidos en Ceuta y Melilla			
Pensión compensatoria:	0,00	Tipo de retención calculada:	0,00
Suma de reducciones:	0,00	Tipo de retención manual:	0,00

 *Si en la ventana del IRPF hemos seleccionado, por ejemplo, "Regularización trimestral", en el caso de que haya variaciones en los datos económicos del trabajador, al confeccionar la nómina del último trimestre se recalcularán las retribuciones del trabajador y, por lo tanto, el porcentaje de IRPF.*

3.3. Opciones de cálculo de IRPF

En el grupo de opciones de "Cálculo de IRPF", tenemos:

❑ **Calcular el tipo de retención:** calculará el porcentaje de retención que le corresponde al trabajador en función de conceptos retributivos que tiene el trabajador y de los datos facilitados para el cálculo del IRPF, siempre y cuando no hayamos introducido manualmente los datos económicos.

❑ **Regularizar:** en este apartado se visualizan los datos de retribuciones, bases y tipo de retención que hay establecidos antes de realizar la regularización.

Para completar la información personal del trabajador falta indicar los descendientes y ascendientes que conviven con él y que les da derecho a aplicarse las deducciones correspondientes, para lo cual debemos pulsar en el icono "Más información".

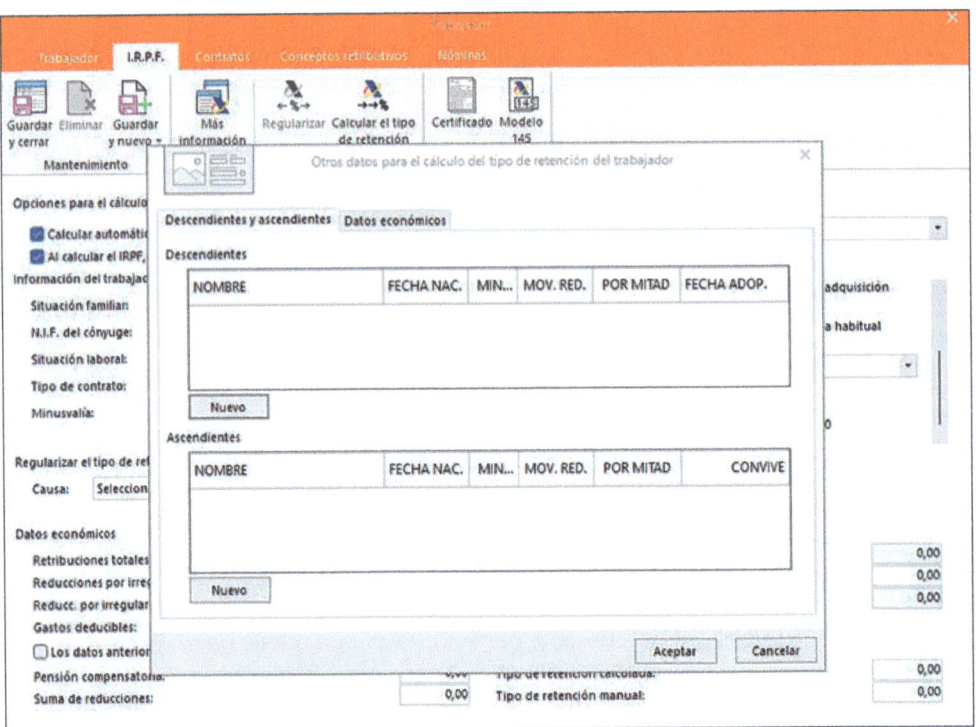

La ventana que se muestra tiene dos fichas:

❑ **Descendientes y ascendientes**

Se introducen los descendientes, por ejemplo, los hijos, y los ascendientes, por ejemplo, el padre, que convivan con el trabajador y que le den derecho a la deducción por descendientes.

Al pulsar el icono "Nuevo" en el apartado de "Descendientes" aparece la siguiente pantalla:

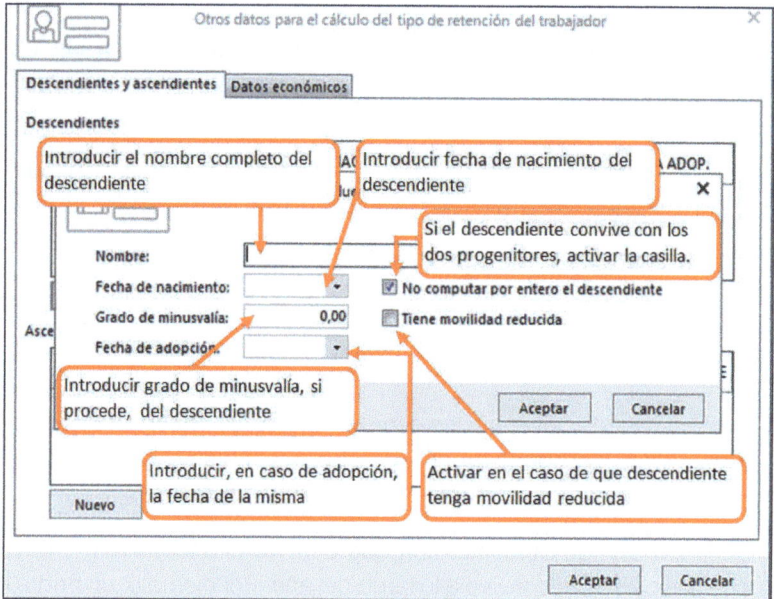

En el supuesto de dar de alta algún ascendiente, la pantalla que se visualiza es la siguiente:

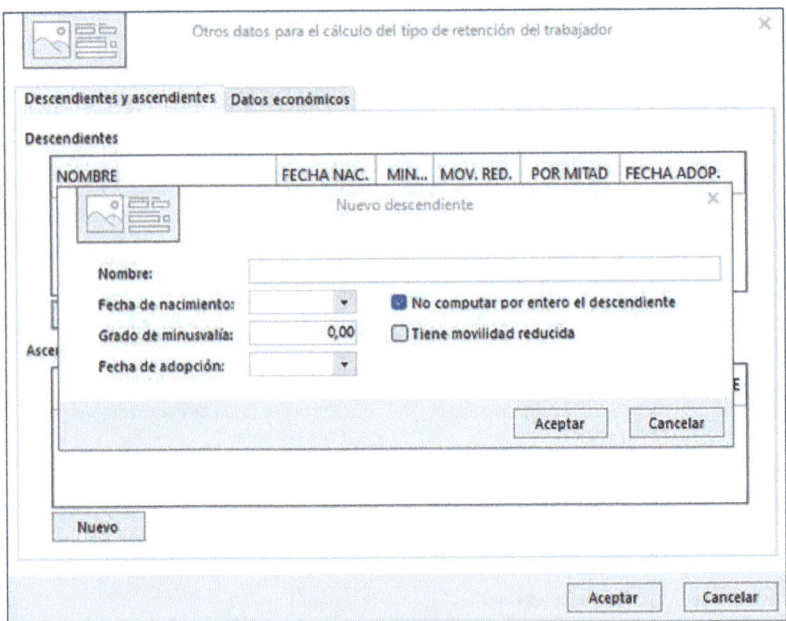

Como se puede observar, los campos "Nombre", "Fecha de nacimiento", "Grado de minusvalía", "No computar por entero el ascendiente" y "Tiene movilidad reducida", son los mismos que en el caso de los ascendientes.

El campo "Nº de personas con que convive el ascendiente", hay que indicar con cuántas personas convive a lo largo del año. Por ejemplo, un padre que vive la mitad del año con un hijo y la otra mitad con otro. En ambos hijos habrá que poner 2 en la casilla, para que a cada uno le compute la mitad de la deducción por ascendiente.

❑ **Datos económicos**

En la ficha "Datos económicos", una vez introducidos todos los datos del perceptor y realizado el cálculo del IRPF, podrá visualizarse en esta pantalla un resumen de todos los datos económicos del perceptor.

3.4. Grupo de opciones "Útiles"

En el grupo de opciones "Útiles" disponemos de dos iconos.

❏ **Certificado:** permite imprimir el certificado de retenciones del trabajador.

❏ **Modelo 145:** permite obtener el modelo 145 que deberán cumplimentar los trabajadores para comunicar a la empresa su situación personal y familiar, ya que esta situación influye en el tipo de retención que le han de aplicar en su nómina, según vimos anteriormente. La empresa está obligada a conservar este documento firmado por el trabajador y la empresa como justificante, para ser presentado ante la AEAT en caso de requerimiento. Si el trabajador no comunica a la empresa su situación personal y familiar o la variación de la misma, la empresa determinará el tipo de retención que corresponda de acuerdo con los datos obrantes en su poder.

4. Vencimientos

Esta opción nos abre una ventana que nos permite consultar las fechas de vencimiento de los contratos, cuando los contratos tienen definida "Fecha fin contrato".

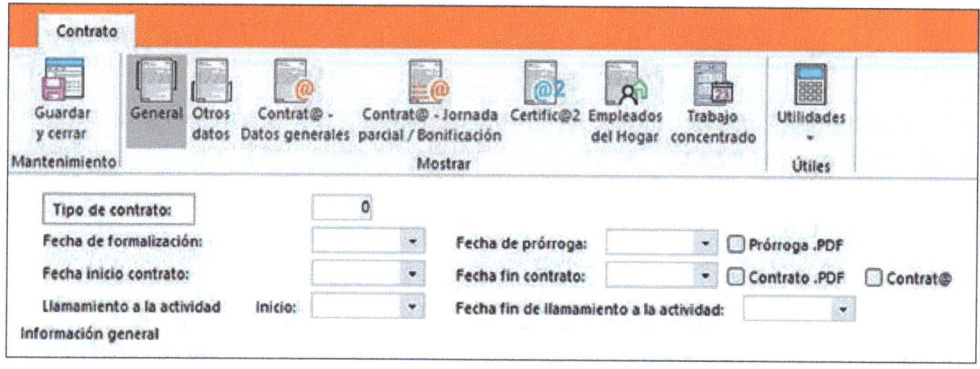

Se accede a la opción a través de la solapa "Procesos/Grupo Contratos/Icono Vencimientos".

4.1. Seleccionar contratos

Al pulsar en "Vencimientos" se visualiza la pantalla de vencimientos, en la que se muestra la fecha de alta, de inicio, fin, fechas de inicio y fin de la bonificación.

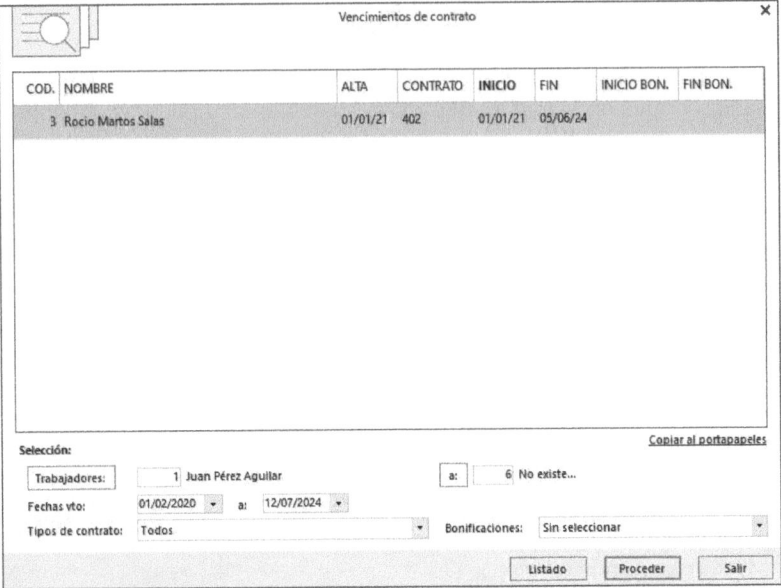

Para seleccionar los contratos que se mostrarán en la pantalla, disponemos de los siguientes campos:

❑ **Trabajadores:** indicaremos entre qué códigos de trabajador se desean ver los contratos.

❑ **Fechas vto:** indicaremos entre qué fechas de vencimientos deseamos filtrar los contratos.

❑ **Tipos de contratos:** se pueden visualizar todos los contratos que cumplan las anteriores condiciones y que sean de un tipo determinado de contrato (duración determinada, formación, interinidad, prácticas o de relevo) del que deseamos ver los vencimientos.

❑ **Bonificaciones:** permite establecer si deseamos ver los contratos bonificados, solo los no bonificados o cualquiera de los dos.

4.2. Obtener un listado de vencimientos de contratos

Para obtener un listado hay que pulsar en el icono "Listado" y se muestra la siguiente pantalla:

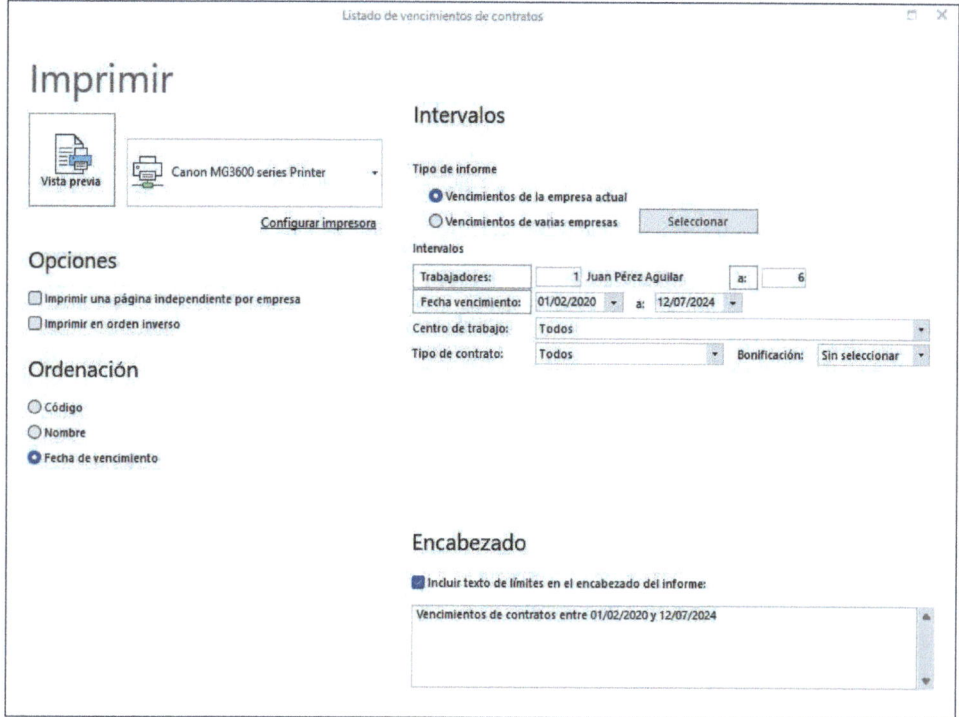

❑ En el apartado "Opciones", se pueden seleccionar e imprimir todos los vencimientos en una sola página o imprimir en páginas diferentes los vencimientos de cada empresa.

❑ En el apartado "Ordenación" se pude indicar por qué campo deseamos ordenar el listado, que puede ser por código, por nombre o por fecha de vencimiento del trabajador.

En el apartado "Intervalos" indicaremos:

❑ "Tipo de informe": podemos indicar si deseamos solo imprimir los vencimientos de la empresa actual o de varias empresas. En este último caso, se activa el botón "Seleccionar" para indicar las empresas.

❑ Intervalos: dispone de los mismos campos explicados en la pantalla de vencimientos.

Para obtener una previsualización del listado se pulsa en el botón "Vista previa"; en el caso de querer enviar el listado a la impresora, hay que seleccionar el dispositivo de salida.

Si deseamos que al entrar en la aplicación se muestre un aviso con los contratos que están a punto de vencer, tenemos que activar la opción "Mostrar vencimientos al iniciar sesión". Para visualizar el aviso solo de los contratos de la empresa activa, o si, por el contrario, deseamos que se muestre el aviso de todas las empresas, activamos la opción "Mostrar vencimientos de todas las empresas al iniciar sesión".

Resumen

NOMINASOL ofrece la posibilidad de trabajar con diferentes empresas, que se podrán crear manualmente o mediante la utilización de un asistente. En ellas se pueden incluir:

❑   Datos generales, datos fiscales, domicilio social, etc.

❑   Cuentas de cotización.

❑   Cuentas bancarias.

❑   Conceptos a abonar, la antigüedad y forma de pagas extraordinarias.

❑   Resto de datos relativos a la generación de las nóminas y pagas de los trabajadores.

Gestión de nóminas.

Objetivos

⊡ Calcular, visualizar e imprimir los recibos de salarios de los trabajadores de la empresa.

⊡ Elaborar liquidaciones y finiquitos.

⊡ Realizar el pago de las nóminas de los trabajadores de la empresa.

Contenido

Introducción

1. Recibo de salarios

    1.1. Introducción

    1.2. Recibo de salario mensual

    1.3. Pagas extraordinarias

    1.4. Liquidación de salarios con efecto retroactivo

2. Liquidaciones y finiquitos

3. Pago de las nóminas

    3.1. Transferencias

    3.2. Cheques

Resumen

Introducción

Con el programa NOMINASOL realizaremos los cálculos de nóminas mensuales, pagas extras y finiquitos. Aprenderemos a visualizar e imprimir las nóminas y los recibos de salarios, así como a obtener informes y resúmenes sobre ellas.

Conoceremos además el procedimiento a seguir en caso de liquidación y finiquito de un trabajador.

1. Recibo de salarios

1.1.   Introducción

Una vez definidos los convenios, categorías, datos para nómina de la empresa y la información de trabajadores, pueden calcularse las nóminas.

1.1.1.   Configuración

Antes de realizar la obtención del recibo de salarios debemos configurar el mantenimiento del fichero de nóminas, a través del icono "Configuración", en la solapa "Nóminas" (solapa "Procesos/Grupo Nóminas/Icono Nóminas").

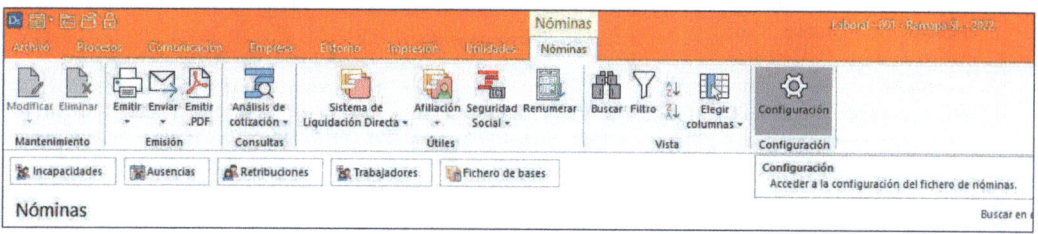

La ventana que se muestra al seleccionar el icono "Configuración" es la siguiente:

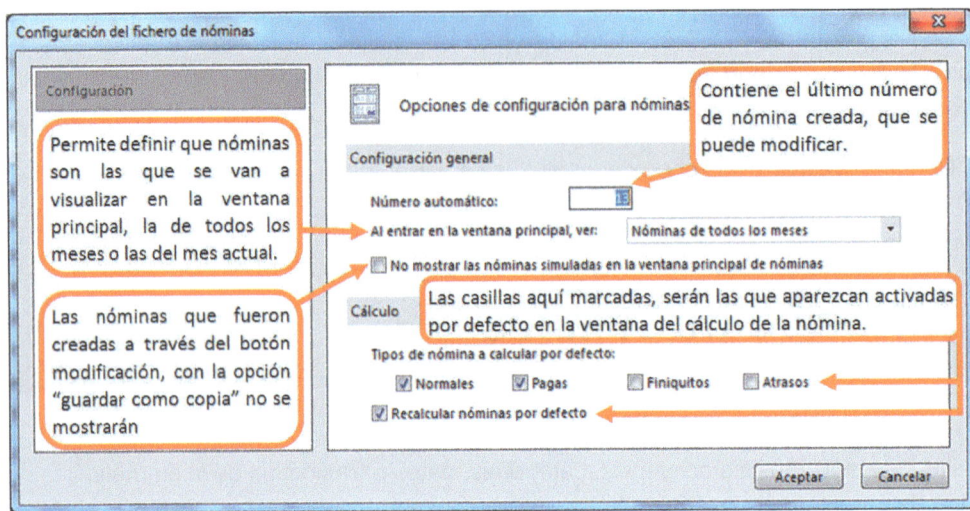

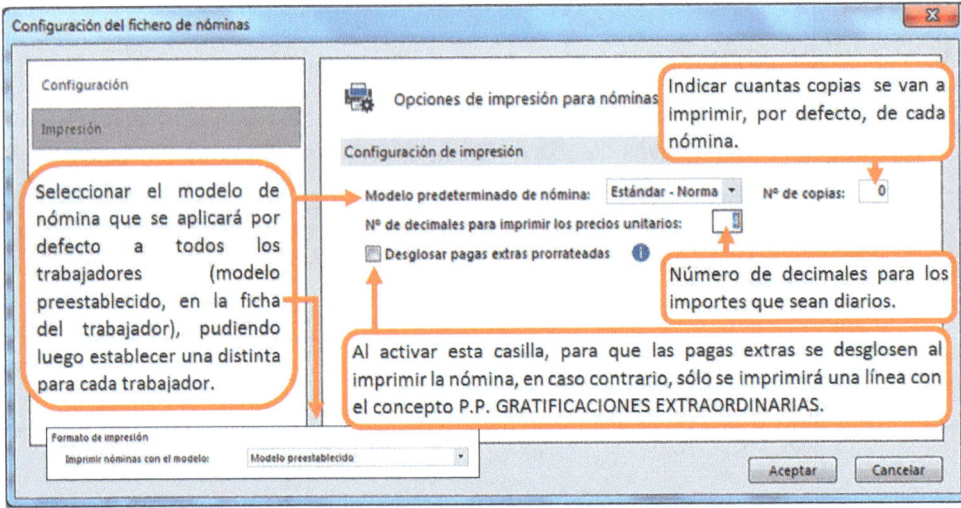

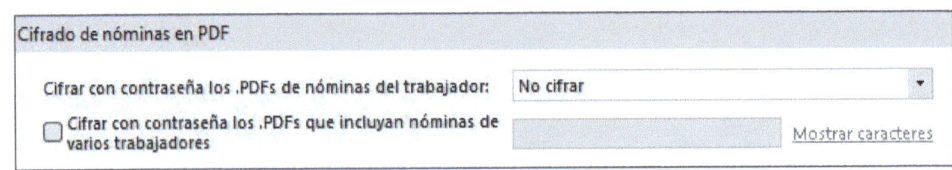

En la segunda parte de la ventana de impresión podremos configurar las nóminas que van a ser enviadas en pdf. Se les puede poner una contraseña: un dato personal de cada empleado que se elija, o elegir que no vayan con contraseña.

1.1.2. Formato de la nómina

Como ya hemos indicado, el formato de nómina puede establecerse por defecto en la pantalla "Configuración del fichero de nóminas" o indicar en la ficha del trabajador el formato de nómina, que utilizaremos para ese trabajador.

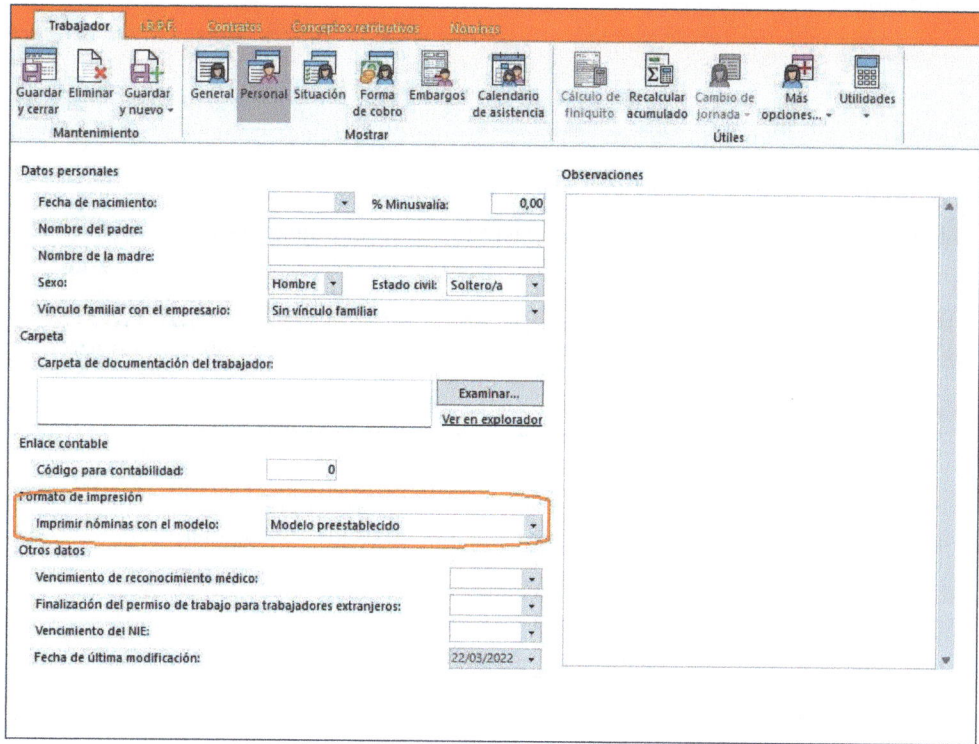

Las opciones disponibles para el formato de impresión, en la ficha del trabajador, son las siguientes (son las mismas que en la configuración del fichero de nóminas):

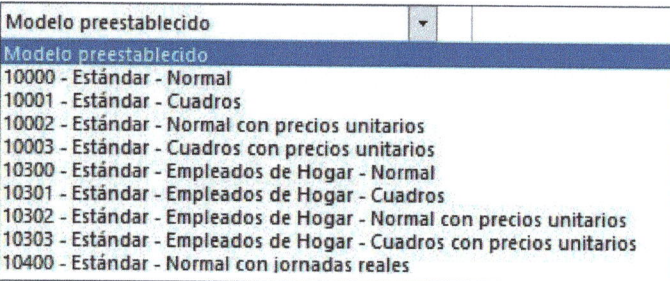

1.2. Recibo de salario mensual

1.2.1. Cálculo de la nómina

Para obtener la nómina es necesario realizar primero el cálculo siguiendo la ruta "Procesos/ Grupo Nóminas/Icono Cálculo".

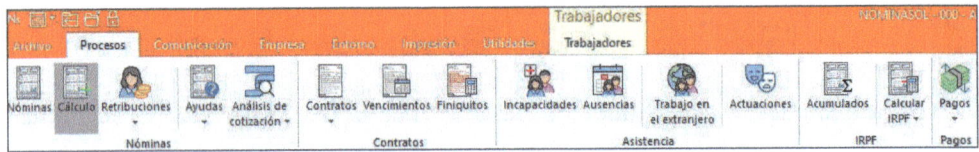

Luego se puede ver el cálculo de la misma en pantalla desde la ruta "Procesos/Grupo Nóminas/Icono Nóminas". Hay que hacer doble clic sobre la nómina que se desea ver.

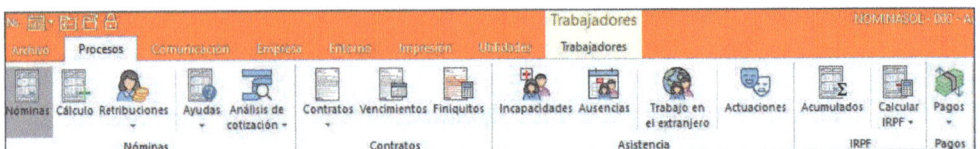

También se puede visualizar o imprimir un resumen de las nóminas de determinado periodo a través de la ruta "Impresión/Grupo Gestión/Icono Nóminas/Nóminas".

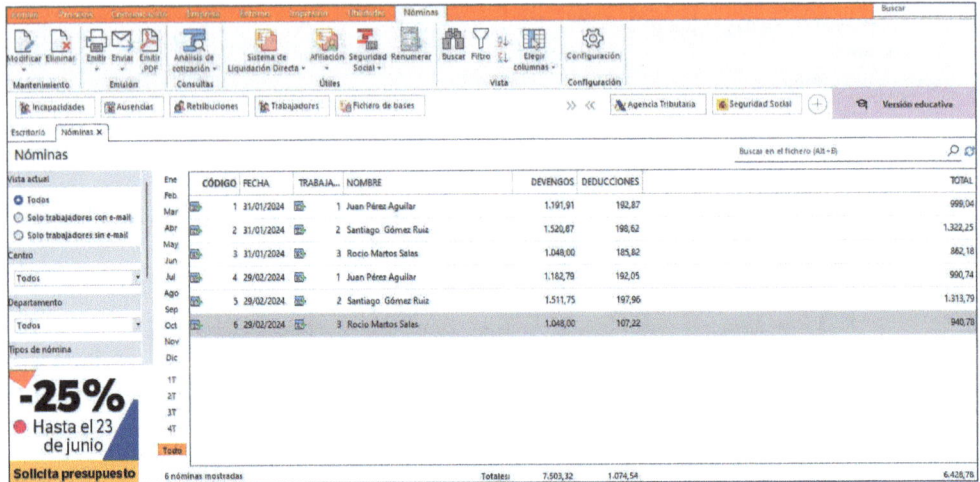

La ruta para imprimir el recibo de salarios es "Procesos/GrupoNóminas/Icono Nómina"; en la solapa "Nómina" pulsamos en el icono "Emitir" (para imprimir, es necesario que haya una impresora configurada).

• Cálculo de la nómina

Accediendo a la solapa "Procesos/Grupo Nóminas/Icono Cálculo" obtendremos la siguiente pantalla:

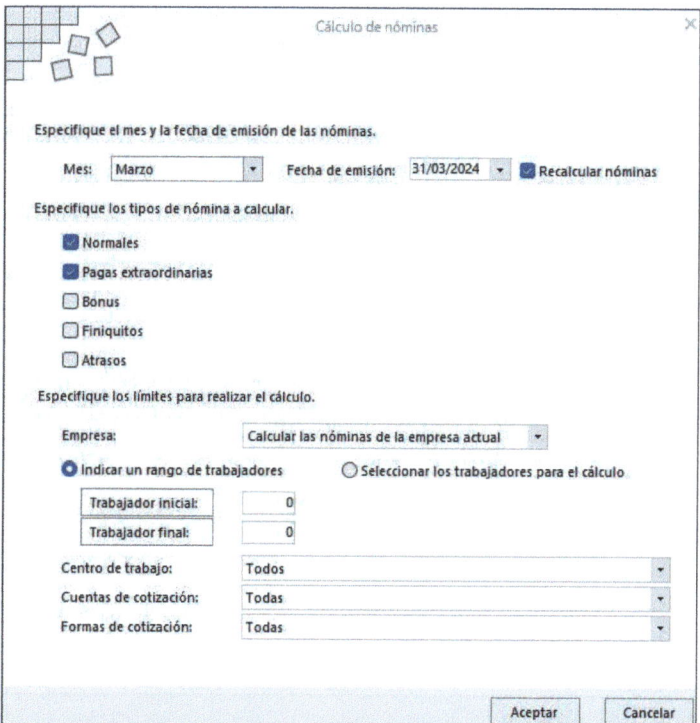

❑ **Mes:** mes del que se desea calcular la nómina.

❑ **Fecha de emisión:** fecha en que se emite la nómina.

❑ **Recalcular nóminas:** marcando esta opción, las nóminas que ya fueron calculadas en su momento, volverán a calcularse.

❑ **Tipos de nóminas a calcular:** existen varias opciones para emitir distintos tipos de nóminas (mensual, atrasos, pagas y finiquitos).

❑ **Empresa:** seleccionaremos si se desea confeccionar la nómina de la empresa activa o de todas las empresas.

❑ **Indicar rango de trabajadores:** introduciremos desde qué código y hasta qué código de trabajador se desean calcular las nóminas. También se pueden seleccionar los trabajadores, activando el botón "Seleccionar trabajadores para el cálculo". Esta opción se suele utilizar cuando los códigos de los trabajadores no son contiguos.

❑ **Centro de trabajo, cuentas de cotización y formas de cotización** de las nóminas que deseamos calcular.

Pulsaremos en el botón "Aceptar" y las nóminas serán calculadas.

1.2.2. Visualización del cálculo de la nómina

Para ver o consultar las nóminas creadas, accedemos a la solapa "Procesos/Grupo Nóminas/Icono Nóminas" y hacemos un doble clic sobre la nómina que deseamos ver.

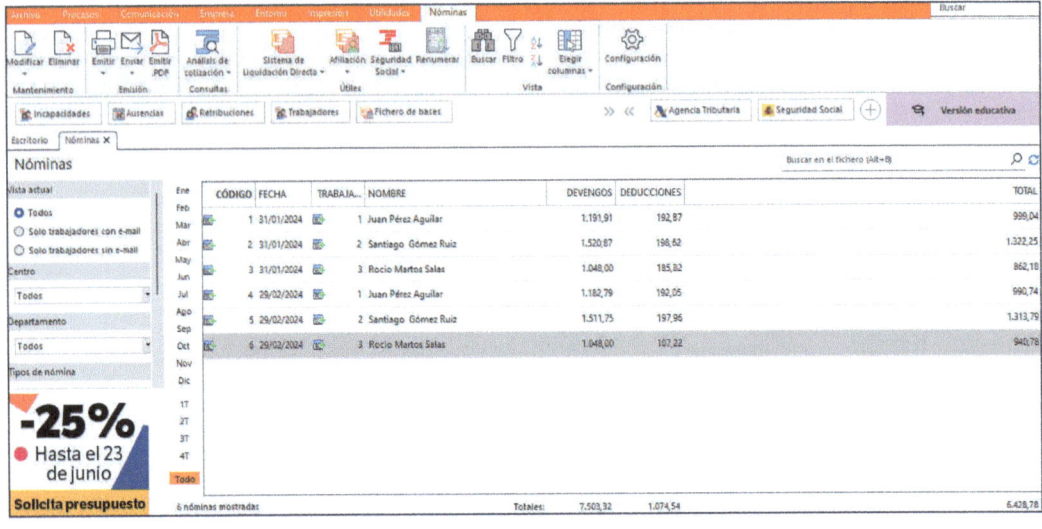

Se nos muestra la siguiente ventana de aviso, y pulsamos "Aceptar".

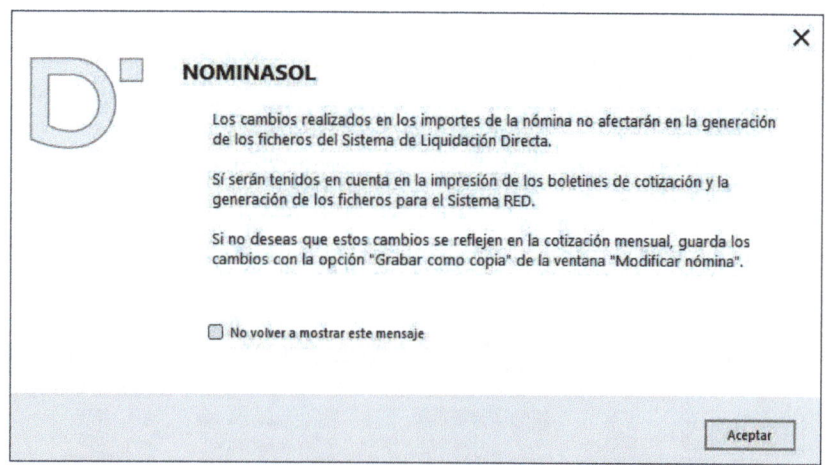

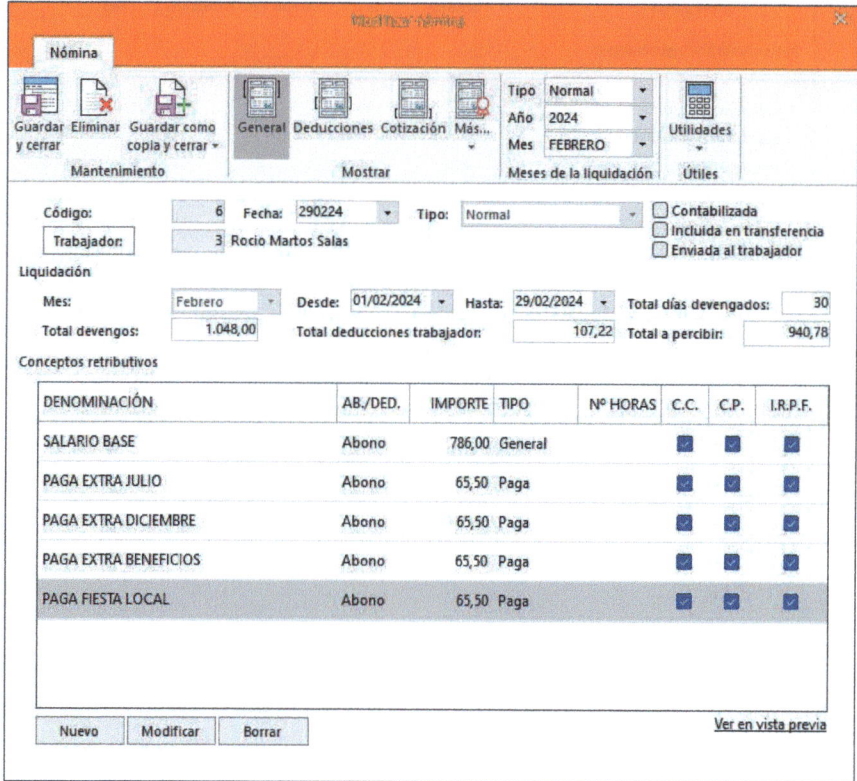

En el grupo de opciones "Mostrar" de esta ventana tenemos varios iconos, que nos permiten ver distinta información de la nómina:

❑ **General:** en esta pantalla se muestra la información de la nómina, destacando entre los datos, la casilla "Contabilizado". Como vimos en la unidad 1, estará activada si la nómina ya ha sido contabilizada en CONTASOL.

❑ **Deducciones:** se mostrarán las aportaciones a la Seguridad Social (porcentajes e importes), tanto de la empresa como del empleado, así como otras deducciones como retención e ingresos a cuenta (en el caso de retribuciones en especie) de IRPF, embargos y anticipos.

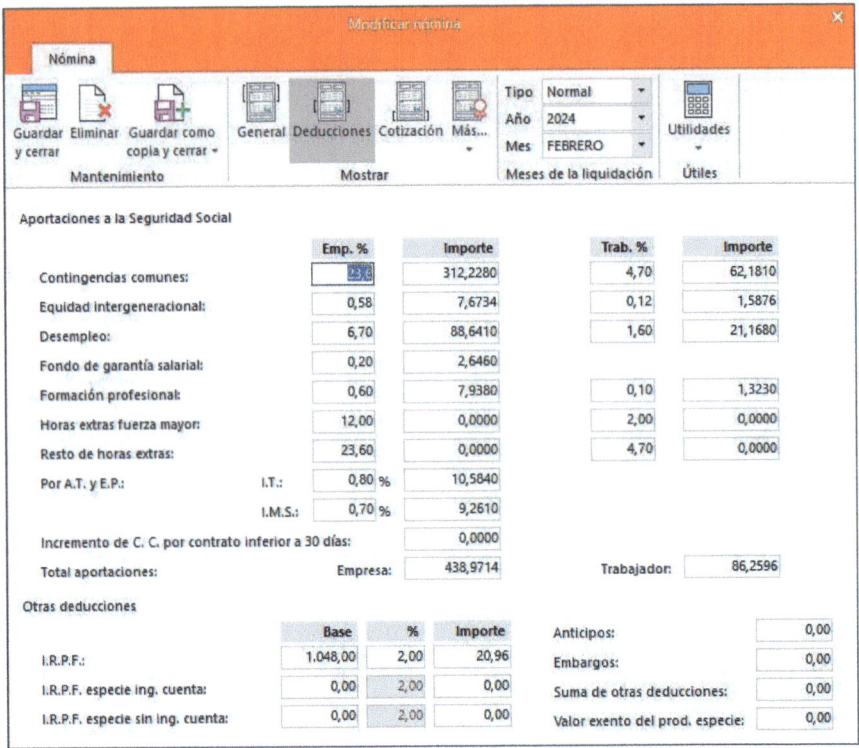

❑ **Cotización:** muestra las bases de cotización a la Seguridad Social, reducciones y los datos para los boletines de cotización.

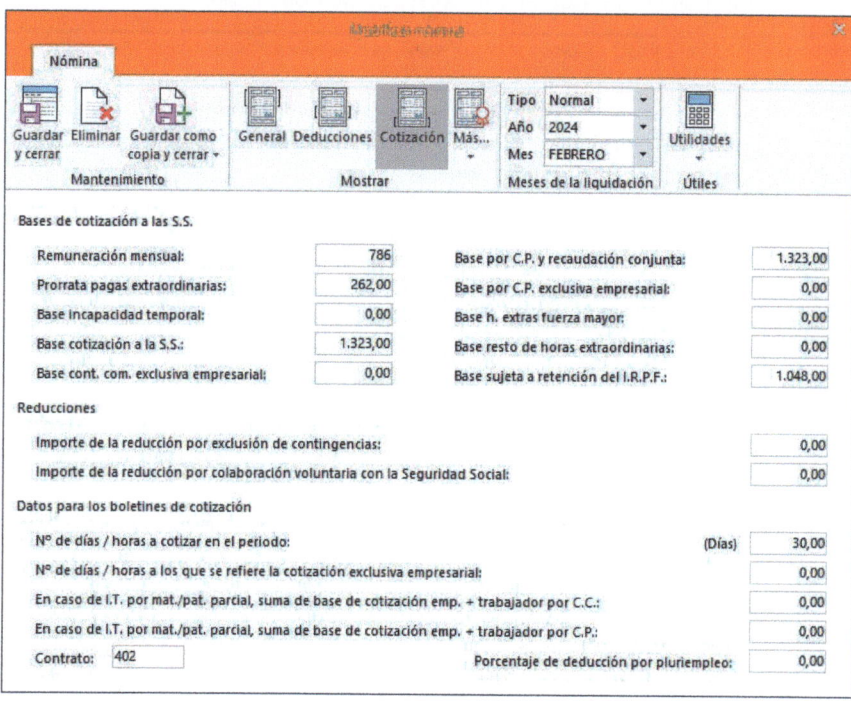

❑ **Más:** este icono nos muestra otra serie de información no contenida en las anteriores pantallas.

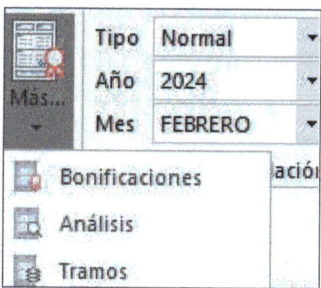

❑ **Bonificaciones:** se mostrarán las bonificaciones aplicadas a la nómina seleccionada, como por ejemplo el importe del subsidio a cargo de la Seguridad Social, y que
la empresa se deduce en los boletines de cotización.

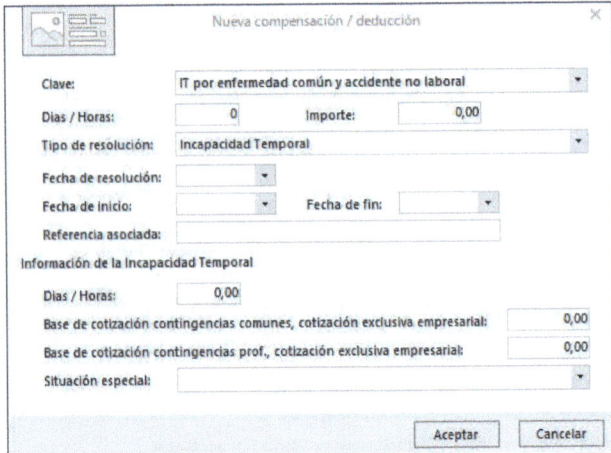

❑ **Análisis:** esta opción permite visualizar las tablas y demás datos que se utilizaron
en el momento de calcular la nómina, así como de un amplio detalle del cálculo de
cada uno de los conceptos retributivos que aparecen en la nómina.

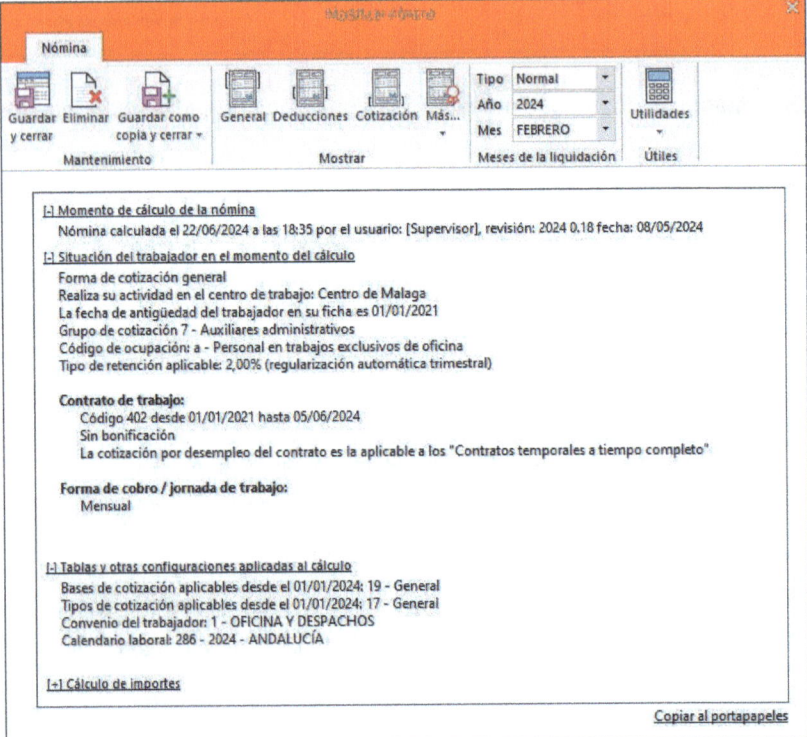

❑ **Tramos:** muestra los diversos tramos de las bases de cotización para la nómina activa.

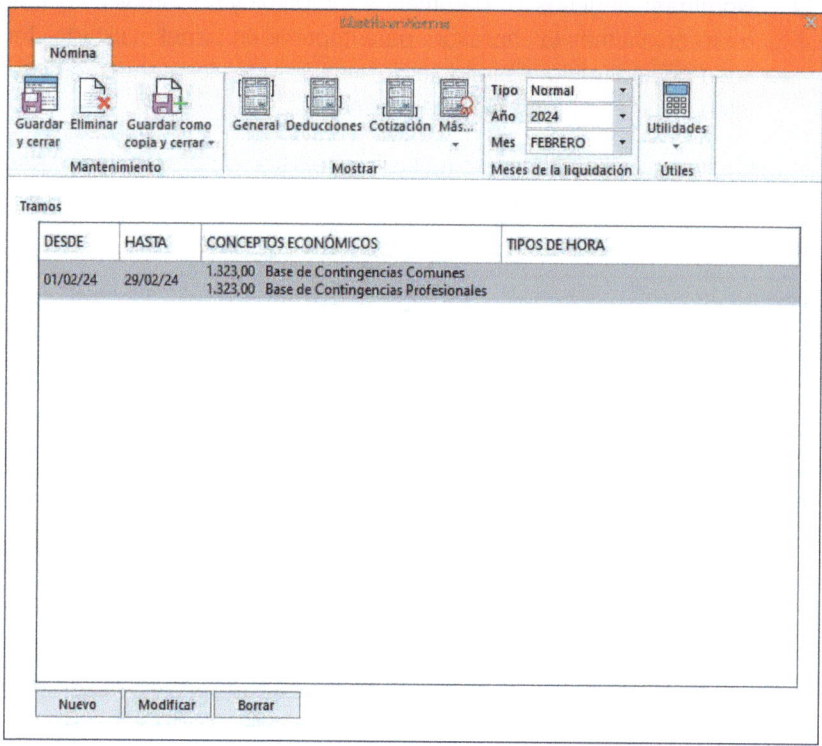

1.2.3. Resúmenes e informes de nóminas y pagos

La aplicación permite realizar un resumen de nóminas y pagos, por meses y/o por trabajadores. Existen varias formas de acceder al citado resumen.

Imaginemos que queremos un resumen de las nóminas calculadas en una empresa durante el primer trimestre del año.

A) Desde el icono "Nóminas"

En la solapa "Impresión", grupo de opciones "Gestión", icono "Nóminas".

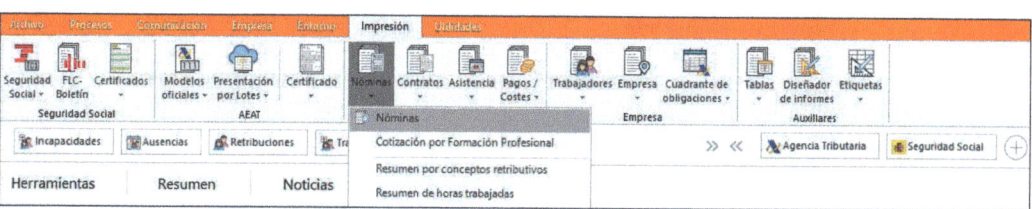

Al pulsar en el botón "Nóminas" podemos seleccionar entre tres tipos de listado:

❏ **Nóminas:** elegimos los parámetros a imprimir y pulsamos en el botón "Vista Previa" o seleccionamos la impresora para imprimir en papel el listado. Tenemos la posibilidad de imprimirlo resumido o detallando todos los conceptos retributivos que han intervenido en el cálculo de la nómina.

En nuestro ejemplo vamos a clasificar el listado por trabajador, para poder obtener el total de cada uno de ellos en el primer trimestre del año, también se puede resumir por mes.

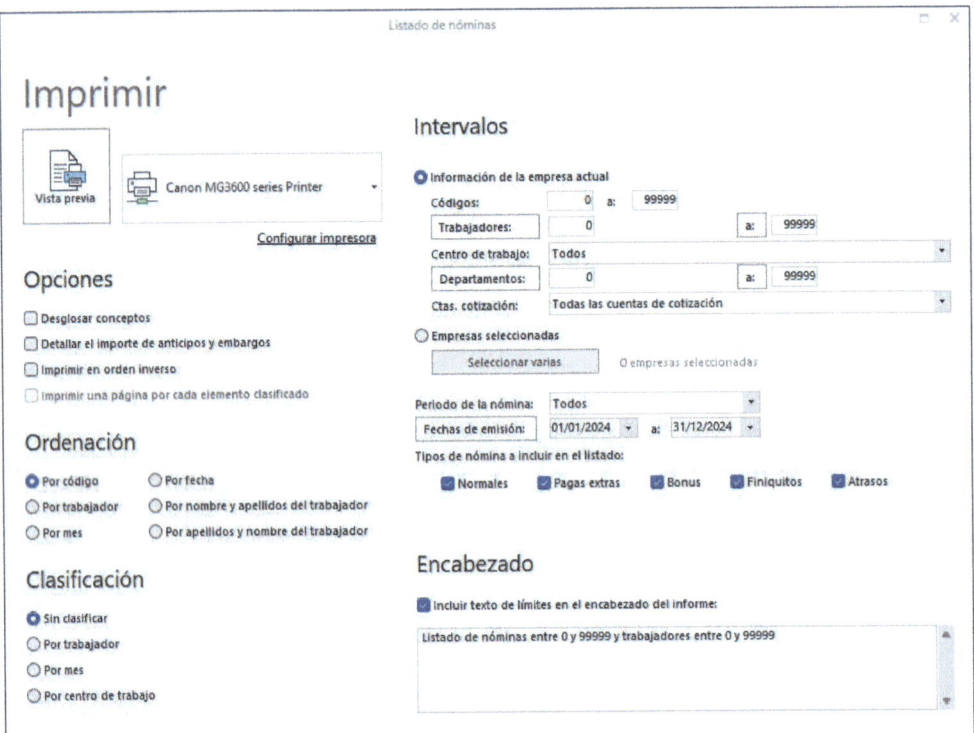

Se puede ver en pantalla el resumen de nóminas:

Cód.	Fecha	Trabajador	Días/Horas	C. Com.	C. Profes.	IRPF	Especie	Devengos	Seg. Soc.	IRPF	IRPF Esp.	Deducciones	Total
				Bases					Deducciones				
1	31/01/2024	00001 - Juan Pérez Aguilar	30	1.323,00	1.323,00	1.191,91	0,00	1.191,91	85,60	107,27	0,00	192,87	999,04
2	31/01/2024	00002 - Santiago Gómez Ruiz	30	1.532,10	1.460,15	1.520,87	0,00	1.520,87	97,94	100,68	0,00	198,62	1.322,25
3	31/01/2024	00003 - Rocío Martos Salas	30	1.323,00	1.323,00	1.048,00	0,00	1.048,00	86,26	99,56	0,00	185,82	862,18
4	29/02/2024	00001 - Juan Pérez Aguilar	30	1.323,00	1.323,00	1.182,79	0,00	1.182,79	85,60	106,45	0,00	192,05	990,74
5	29/02/2024	00002 - Santiago Gómez Ruiz	30	1.532,10	1.456,31	1.511,75	0,00	1.511,75	97,88	100,08	0,00	197,96	1.313,79
6	29/02/2024	00003 - Rocío Martos Salas	30	1.323,00	1.323,00	1.048,00	0,00	1.048,00	86,26	20,96	0,00	107,22	940,78
		Total:		8.356,20	8.208,46	7.503,32	0,00	7.503,32	539,54	535,00	0,00	1.074,54	6.426,78

❑ **Resumen por conceptos retributivos:** muestra un informe agrupado por la descripción de los conceptos retributivos de las nóminas del intervalo indicado.

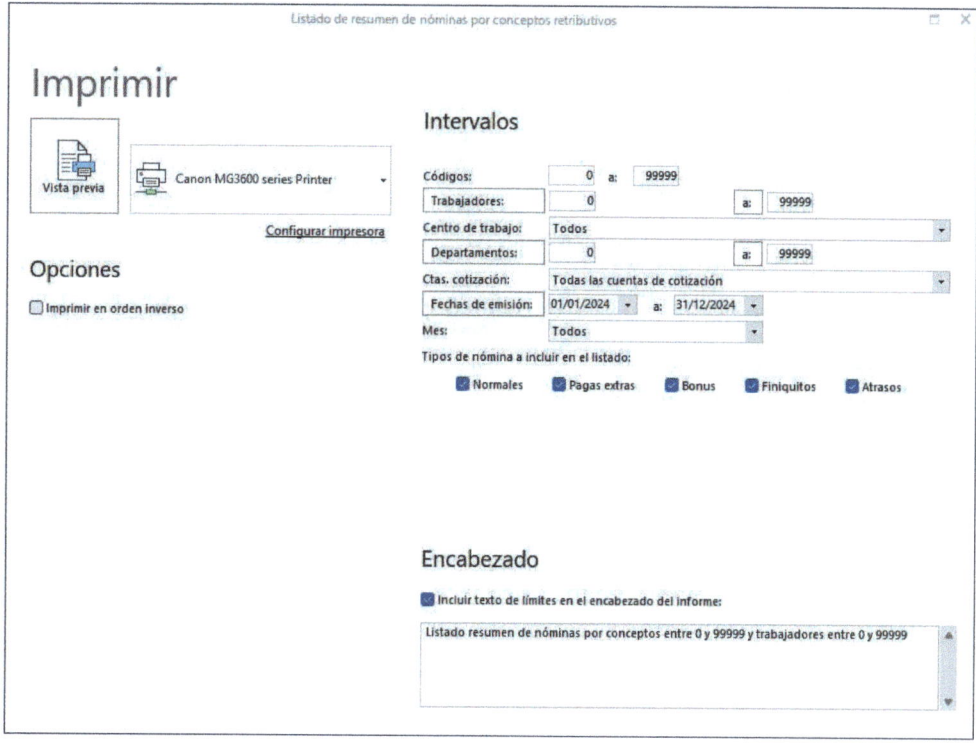

Listado resumen de nóminas por conceptos entre 0 y 99999 y trabajadores entre 0 y 99999

Denominación	Ab./Ded.	Tipo	Importe
1 ACTUACIÓN	Abono	General	1.750,00
1 días de descuento por ausencias no justificadas	Abono	General	0,00
342 días de descuento por IT enfermedad común	Abono	General	0,00
ANTIGUEDAD	Abono	General	661,84
AUSENCIA NO JUSTIFICADA 1 DÍA (54,61 €)	Abono	General	0,00
Complemento enf. común del 1 al 28	Abono	General	0,00
Complemento enf. común del 1 al 31	Abono	General	0,00
Complemento enf. común del 28 al 31	Abono	General	0,00
COMPLEMENTO PERSONAL	Abono	General	250,00
Enfermedad común del 1 al 28	Abono	General	960,00
Enfermedad común del 1 al 31	Abono	General	1.162,50
Enfermedad común del 24 al 31	Abono	General	150,00
PAGA EXTRA BENEFICIOS	Abono	Paga	2.613,48
PAGA EXTRA JULIO	Abono	Paga	1.397,06
PAGA FIESTA LOCAL	Abono	Paga	368,99
PLUS ASISTENCIA	Abono	General	163,20
Plus de mejora	Abono	General	1.483,33
PLUS TRANSPORTE	Abono	General	224,40
SALARIO BASE	Abono	General	7.719,62
SEGURO MÉDICO	Abono	En especie	138,71
		Total:	19.043,13

❑ **Resumen de horas trabajadas:** permite realizar un listado de las nóminas por las horas trabajadas.

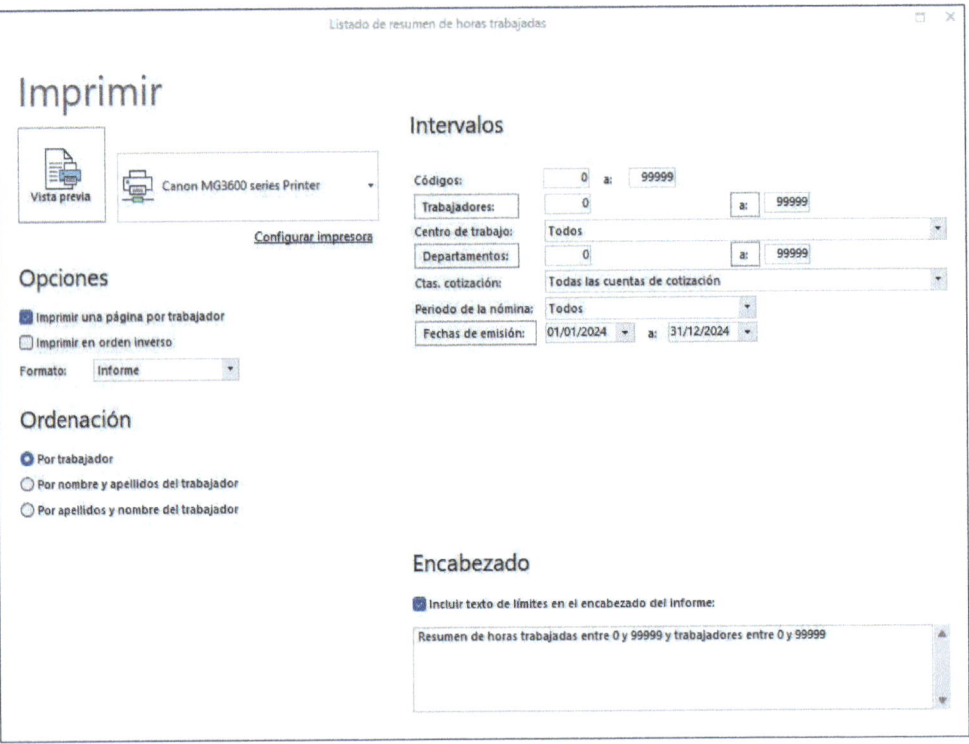

B) Desde el icono "Pagos/Costes"

En la solapa "Impresión", grupo de opciones "Gestión", icono "Pagos/Costes".

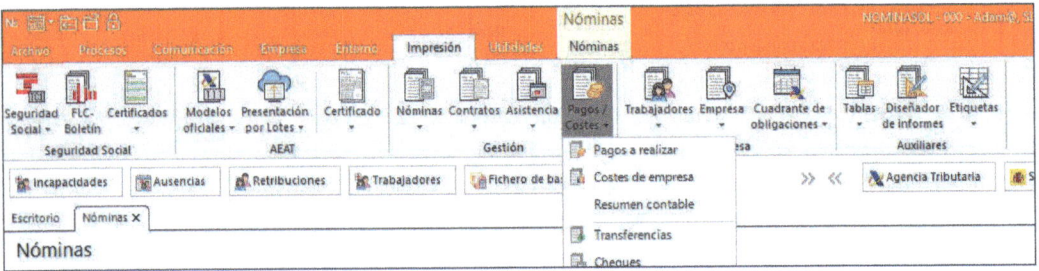

Al pulsar en el botón "Pagos/Costes" podemos seleccionar entre tres tipos de listado:

❑ **Pagos a realizar:** este informe muestra un desglose de los pagos a realizar y detalla las distintas formas de pago e importes correspondientes de las nóminas seleccionadas.

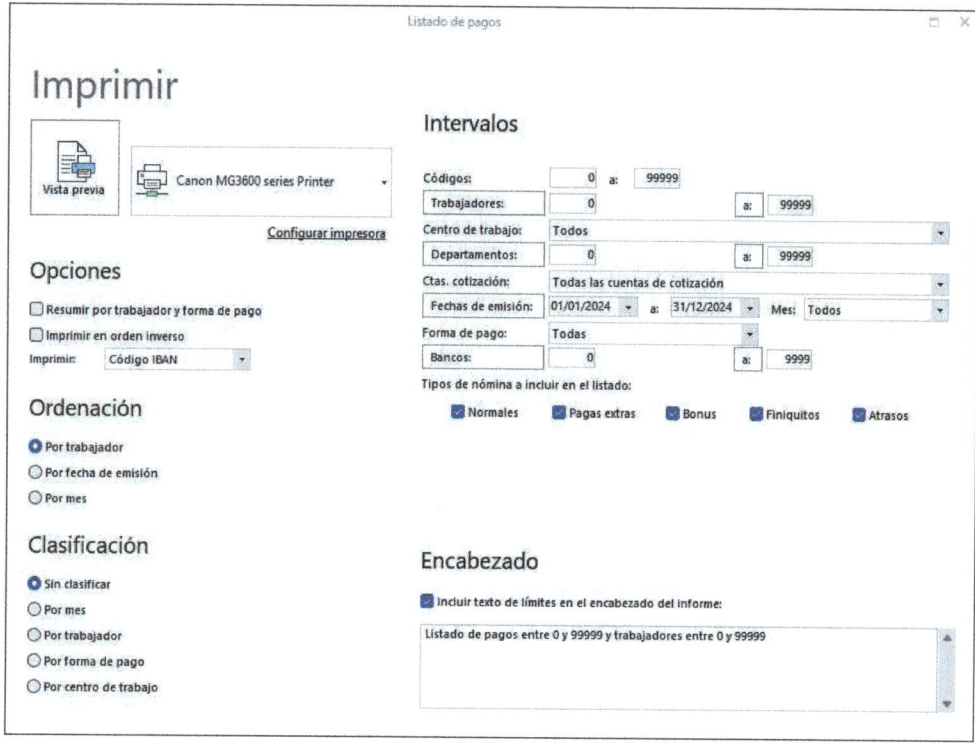

❑ **Costes de empresa:** este informe muestra de la información correspondiente al código de nómina, código de trabajador, nombre del trabajador, total devengado, líquido, base de contingencias comunes, base de contingencias profesionales, aportación a la Seguridad Social, pago delegado, bonificaciones, reducciones y coste total.

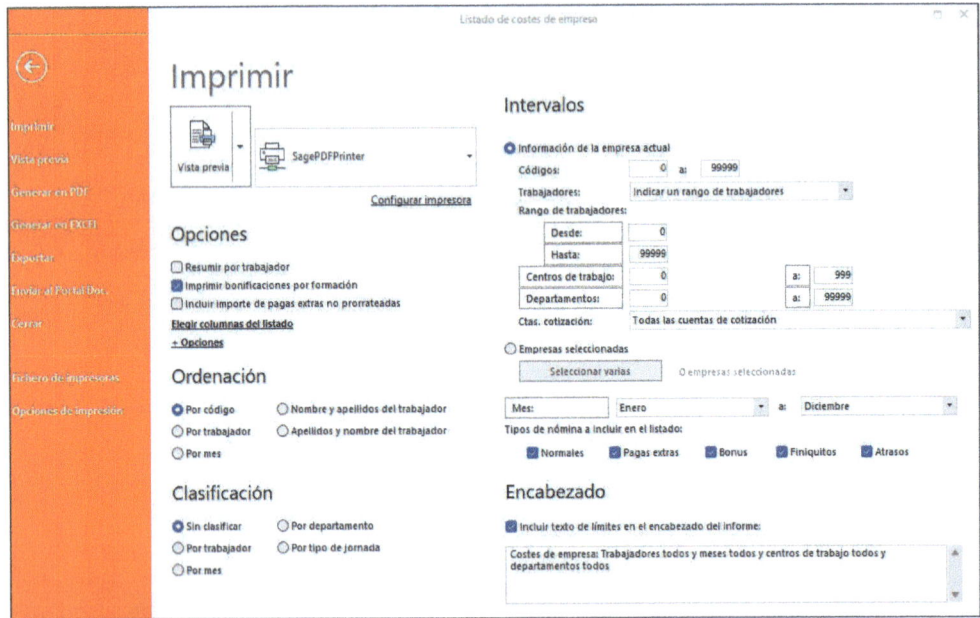

Costes de empresa: Trabajadores todos y meses todos y centros de trabajo todos y departamentos todos

Cod.	Trab. Nombre	Devengado	Líquido	Deducc.	Base Conting. Comunes	Base Conting. Profesion.	Aporta. Seg.Social Empresa	Aporta. Seg.Social Trabajador	IRPF	Pagas Delegadas IT	Bonif.	Reducc.	Coste total
1	1 ANTONIO MARTINEZ JUAREZ	1.842,83	1.566,42	0,00	1.842,83	1.842,83	578,88	117,01	159,40	0,00	0,00	0,00	2.421,49
2	2 ALFONSO FERNANDEZ PEINADO (Autóno	1.527,98	1.298,79	0,00	0,00	0,00	0,00	0,00	229,20	0,00	0,00	0,00	1.527,98
3	3 MARIA FAJARDO JURADO	610,15	548,56	0,00	902,40	902,40	313,74	61,59	0,00	0,00	0,00	0,00	923,89
4	4 ANGEL ILLANA DELGADO	1.750,00	1.452,51	0,00	551,00	551,00	173,00	34,99	262,50	0,00	0,00	0,00	1.923,03
5	5 VIRGINIA RAMIREZ ASENSIO	574,79	477,79	50,00	574,79	574,79	180,46	36,50	10,50	0,00	0,00	0,00	755,27
6	1 ANTONIO MARTINEZ JUAREZ	1.575,74	1.471,12	0,00	1.647,46	1.647,46	517,29	104,62	0,00	0,00	0,00	0,00	2.093,03
7	2 ALFONSO FERNANDEZ PEINADO (Autóno	1.424,29	1.210,65	0,00	0,00	0,00	0,00	0,00	213,64	0,00	0,00	0,00	1.424,29
8	3 MARIA FAJARDO JURADO	960,00	870,40	0,00	1.400,00	1.400,00	456,40	89,60	0,00	750,00	0,00	0,00	666,40
9	4 ANGEL ILLANA DELGADO	1.333,84	1.052,41	0,00	1.281,04	1.281,04	402,26	81,35	200,08	0,00	0,00	0,00	1.736,10
10	5 VIRGINIA RAMIREZ ASENSIO	541,99	445,85	50,00	574,79	574,79	180,46	36,50	9,84	0,00	0,00	0,00	722,47
11	1 ANTONIO MARTINEZ JUAREZ	1.647,46	1.457,17	0,00	1.647,46	1.647,46	517,29	104,62	85,67	0,00	0,00	0,00	2.164,75
12	2 ALFONSO FERNANDEZ PEINADO (Autóno	1.532,54	1.302,66	0,00	0,00	0,00	0,00	0,00	229,88	0,00	0,00	0,00	1.532,54
13	3 MARIA FAJARDO JURADO	1.162,50	1.063,30	0,00	1.550,00	1.550,00	505,30	99,20	0,00	1.162,50	0,00	0,00	505,30
14	4 ANGEL ILLANA DELGADO	0,00	0,00	0,00	0,00	0,00	0,00	0,00	0,00	0,00	0,00	0,00	0,00
15	5 VIRGINIA RAMIREZ ASENSIO	444,99	399,89	38,71	444,99	444,99	139,72	28,28	8,13	0,00	0,00	0,00	584,71
16	1 ANTONIO MARTINEZ JUAREZ	858,23	858,23	0,00	0,00	0,00	0,00	0,00	0,00	0,00	0,00	0,00	858,23
17	2 ALFONSO FERNANDEZ PEINADO (Autóno	1.134,85	964,62	0,00	0,00	0,00	0,00	0,00	170,23	0,00	0,00	0,00	1.134,85
18	3 MARIA FAJARDO JURADO	29,96	29,96	0,00	0,00	0,00	0,00	0,00	0,00	0,00	0,00	0,00	29,96
19	5 VIRGINIA RAMIREZ ASENSIO	90,99	90,99	0,00	0,00	0,00	0,00	0,00	0,00	0,00	0,00	0,00	90,99
									Bonif. por formación:		0,00		
	Total:	19.043,13	16.531,11	138,71	12.476,76	12.476,76	3.364,85	734,24	1.579,07	1.312,50	0,00	0,00	21.095,28

❑ **Resumen contable:** en este informe se reflejan por meses todos los conceptos retributivos que intervienen en la nómina, además de las distintas retenciones practicadas, bonificaciones, etc.

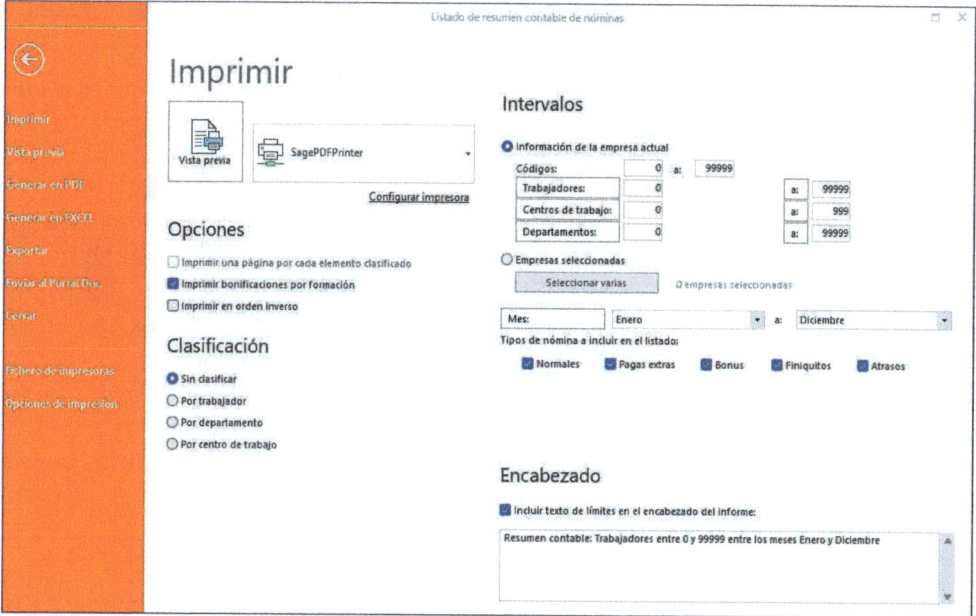

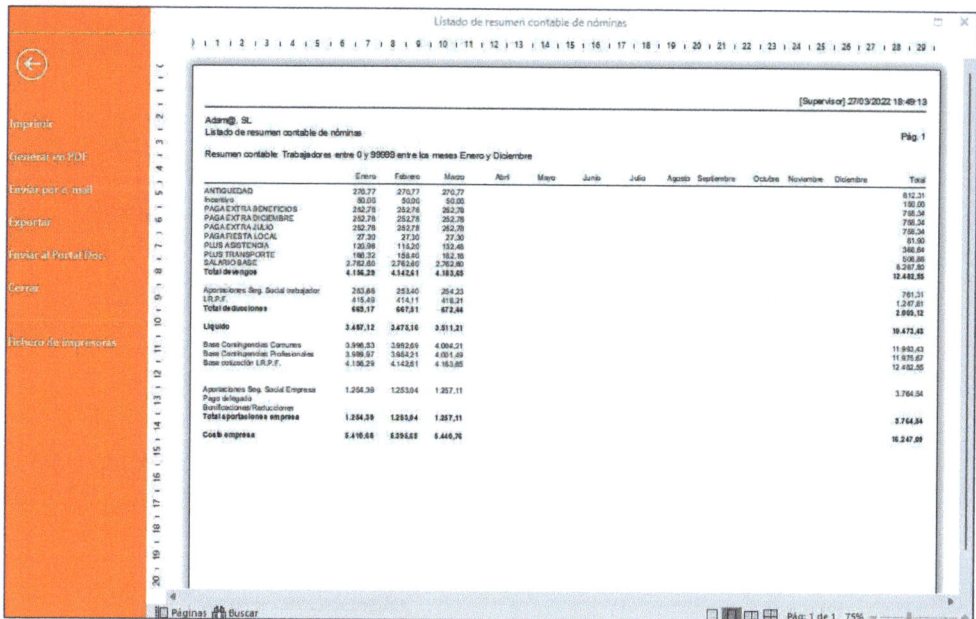

1.2.4. Impresión de nóminas

Para imprimir el recibo de salarios deberemos tener configurada una impresora (solapa "Archivo/Opciones/Opciones de impresión") y acceder a la solapa "Procesos/Grupo Nóminas/ Icono Nóminas".

En el grupo de opciones "Emitir", tenemos opción para enviar las nóminas a través de correo electrónico o generar un archivo en formato pdf.

Al pulsar en el icono "Emitir", se imprimirán las nóminas dependiendo de las preferencias que hayas elegido en la pantalla de impresión.

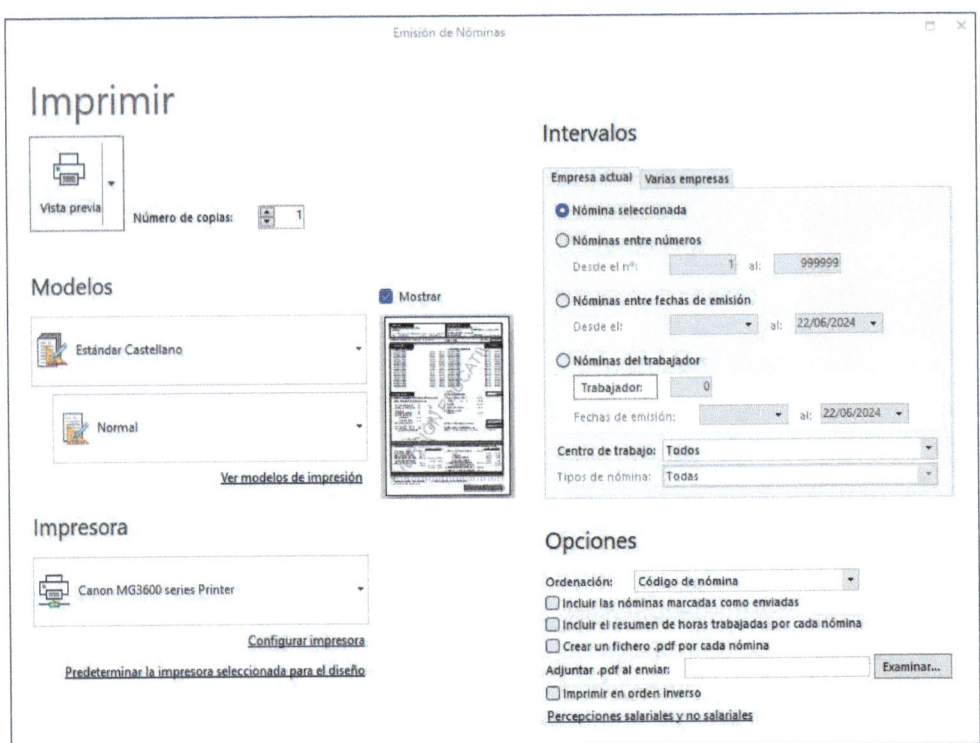

Veamos la nómina que hemos seleccionado para imprimir:

EMPRESA		TRABAJADOR	
Adam@		Rocío Martos Salas	
Domicilio:		NIF: 5652554-M	Nº afiliación S.S.: 28/152221155
CL La Avenida 25		Grupo profesional: Auxiliares administrativos	
C.I.F.: B70130758	C.C.C.: 15/00000001	Grupo cotización: 7	F. Antigüedad: 01/01/2021

Período de Liquidación: del 01/01/2024 al 31/01/2024 — Total días: 30

I. DEVENGOS — **TOTALES**

1. Percepciones salariales

SALARIO BASE	786,00
P.P. GRATIFICACIONES EXTRAORDINARIAS	262,00

2. Percepciones no salariales

A. TOTAL DEVENGADO — 1.048,00

II. DEDUCCIONES

1. Aportación del trabajador a las cotizaciones a la Seguridad Social y conceptos de recaudación conjunta

	%	
Contingencias comunes	4,70	62,18
Equidad intergeneracional	0,12	1,59
Desempleo	1,60	21,17
Formación profesional	0,10	1,32
Horas extraordinarias:		
Fuerza mayor		
Otras horas extras		

1. TOTAL APORTACIONES — 86,26
2. I.R.P.F. 9,50 % — 99,56
3. Anticipos
4. Valor prod. en especie
5. Otras deducciones

B. TOTAL A DEDUCIR (1+2+3+4+5) — 185,82

LIQUIDO TOTAL A PERCIBIR (A - B) — 862,18

Firma y sello de la empresa

MALAGA 31 de enero de 2024 RECIBI

1.3. Pagas extraordinarias

Las pagas extraordinarias tienen las siguientes especialidades a considerar:

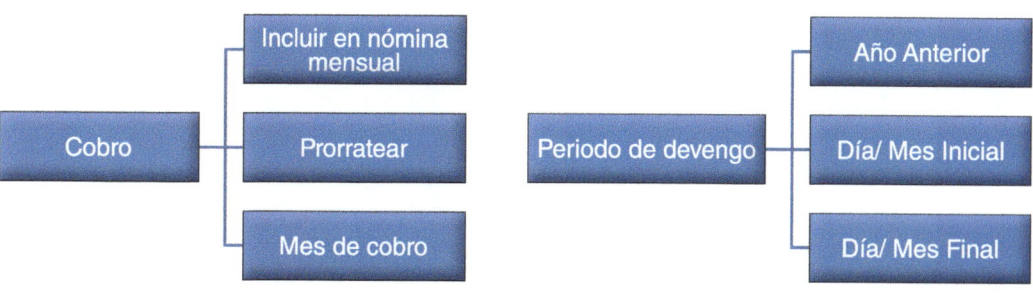

En el caso de que la paga extra no se prorratee en la nómina mensual, debemos seleccionar el mes en que se retribuye la paga completa, en el campo "Cobrar en:" y, en este caso, se activará la casilla "Emitir en una nómina independiente". Si está activada, se emite una nómina con la paga extra; si está desactivada, se incluye la paga en la nómina de ese mes.

En la pestaña "Conceptos incluidos en el cálculo" señalaremos los conceptos que han de tenerse en cuenta a la hora de determinar las cuantías de las pagas extraordinarias.

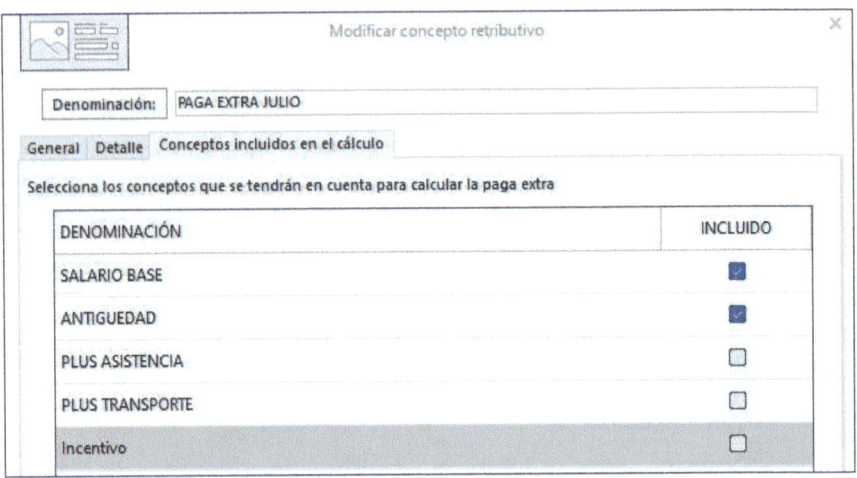

En la opción de cálculo de nómina se indicará, cuando la paga no se prorratee, si se incluye en la nómina mensual o se confecciona una nómina solo con el importe de la paga extra.

Veamos lo que ocurre al calcular la nómina de julio, en la que unos trabajadores tienen la paga extra en la nómina mensual y otros no.

La trabajadora María Fajardo Jurado tiene configurada la paga de julio para que la perciba en el mes de julio y en una nómina independiente. Sus conceptos retributivos son los siguientes:

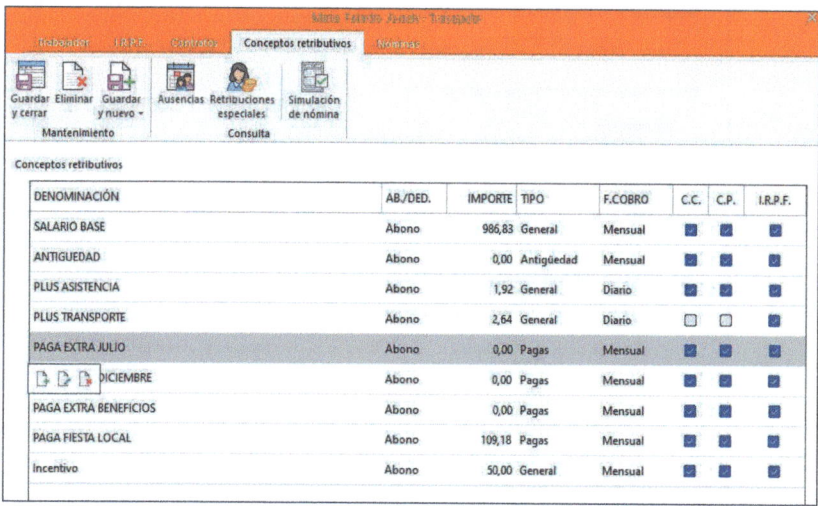

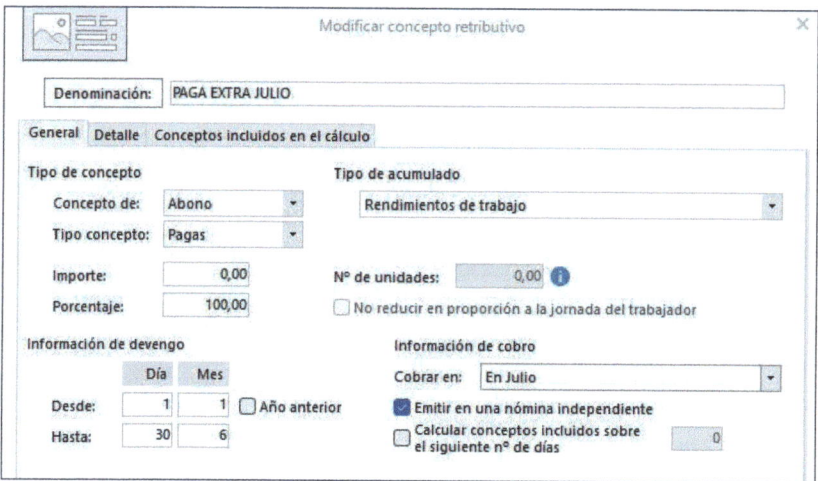

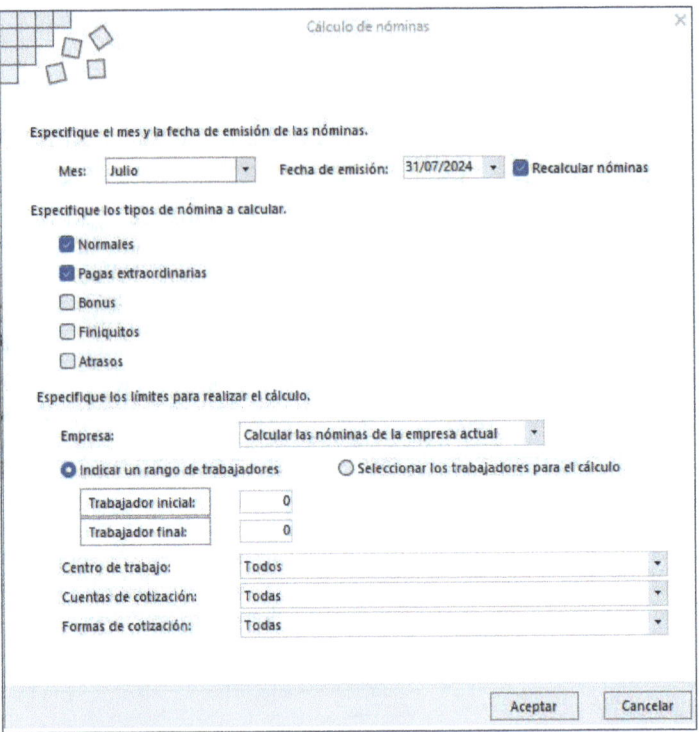

CÓDIGO	FECHA	TRABAJA...	NOMBRE	DEVENGOS	DEDUCCIONES	TOTAL
14	31/07/2024	5	MARIA FAJARDO JURADO	1.380,41	309,76	1.070,65
15	31/07/2024	5	MARIA FAJARDO JURADO	1.085,51	171,84	913,67

Veamos el caso de la misma trabajadora, pero con la paga de julio configurada para percibir-la en el mes de julio y el importe incluido en la nómina mensual:

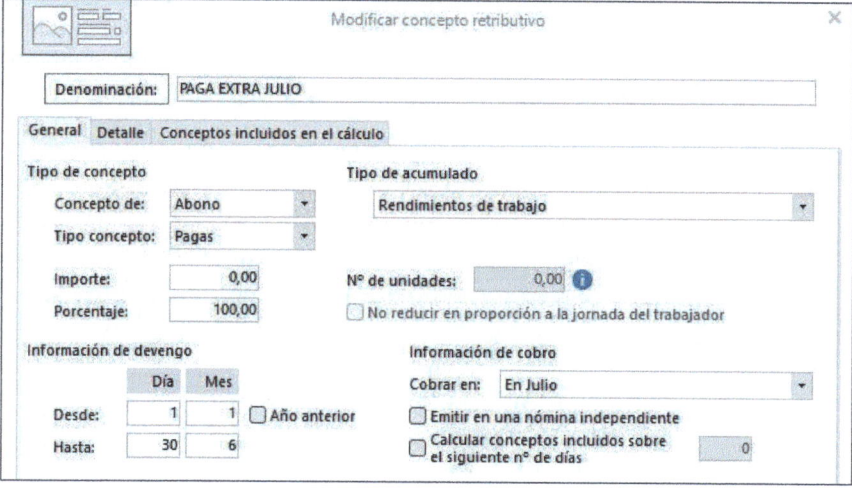

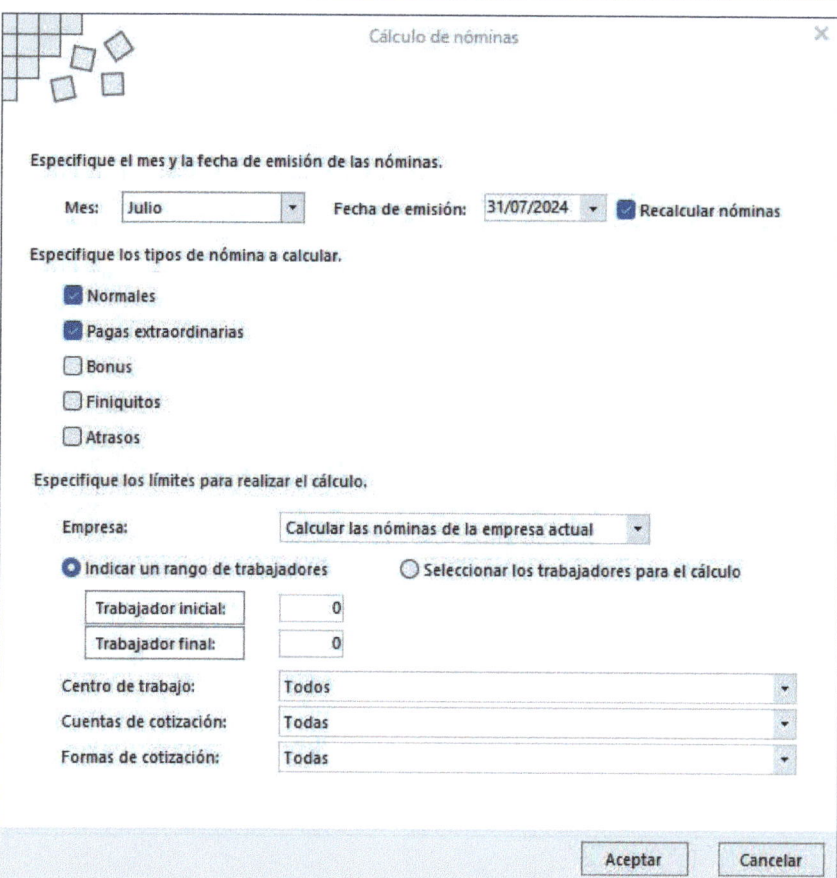

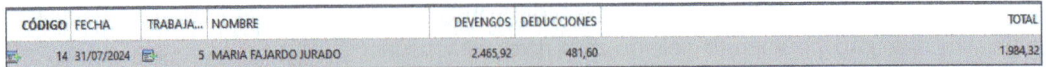

CÓDIGO	FECHA	TRABAJA...	NOMBRE	DEVENGOS	DEDUCCIONES	TOTAL
14	31/07/2024		5 MARIA FAJARDO JURADO	2.465,92	481,60	1.984,32

En el caso de que las pagas extraordinarias no estén prorrateadas, en cada una de las nóminas se cotizará por la prorrata de las pagas extras, por lo que cuando se imprima la nómina de paga extra no aparecerá ninguna cotización a la Seguridad Social (porque ya se ha cotizado), pero sí la retención al IRPF.

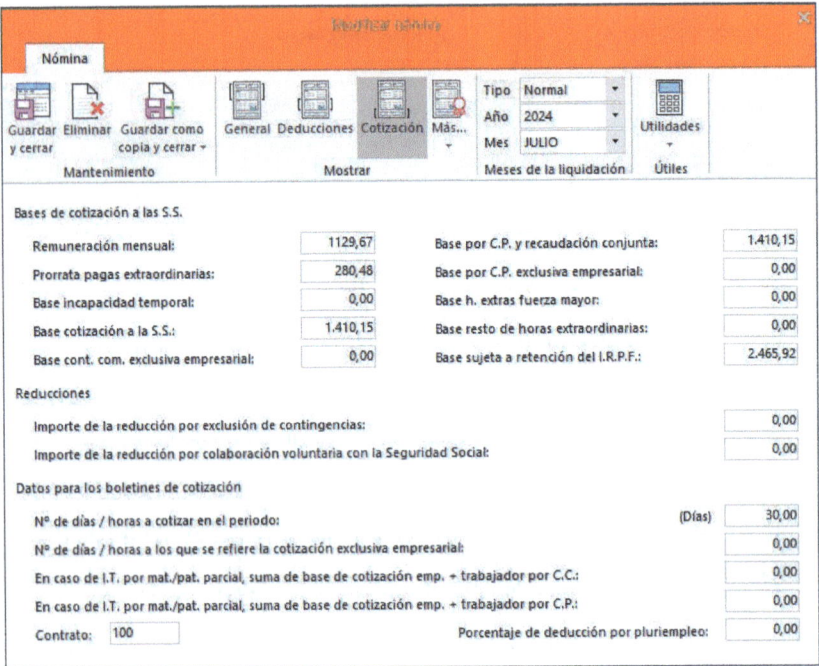

 *En la ventana de "Modificar Nómina" pulsaremos en el grupo de opciones "Mostrar", icono "Más/Análisis" e iremos al apartado "Cálculo Nóminas" para poder consultar información sobre los cálculos para la obtención de la retribución bruta, bases de cotización a la Seguridad Social e IRPF.*

1.4. Liquidación de salarios con efecto retroactivo

En ocasiones se producen aumentos salariales producidos a causa de la revisión del convenio. En estos casos hay que proceder al cálculo de los atrasos.

Antes de proceder al cálculo de la nómina de atrasos se debe proceder a:

❑ **Actualizar las tablas salariales del convenio a través de la opción "Actualizar tablas salariales"**

Para explicar este proceso, hemos realizado una copia del convenio de oficinas y despachos; se han dejado solo los conceptos de salario, paga de julio y Navidad y se ha modificado el importe del salario base en las distintas categorías por las cantidades que aparecen en la columna importe de la imagen, que aparece un poco más abajo de la pantalla de actualizar tablas salariales. Para que el proceso sea más rápido la nómina de atrasos se obtendrá para un solo trabajador, al que se le ha asignado este nuevo convenio.

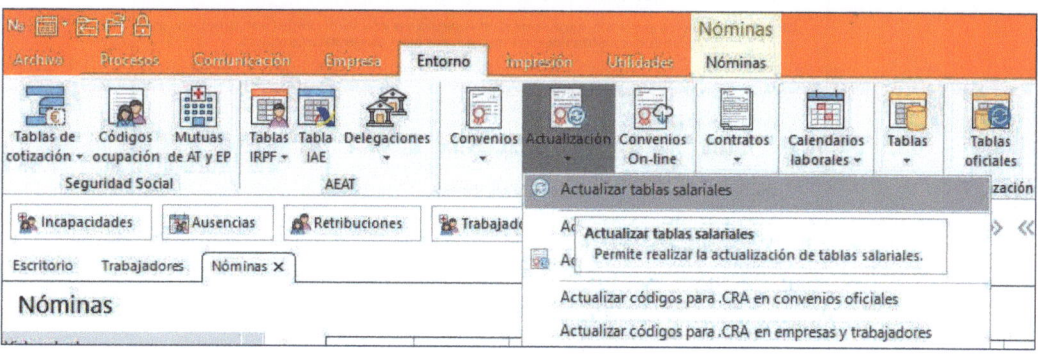

CATEGORÍA	CONCEPTO	SEL	IMPORTE	IMP. ACTUALIZADO
AUXILIAR ADMINISTRATI...	SALARIO BASE	☐	788,94	788,94
OFICIAL PRIMERA	SALARIO BASE	☐	986,83	986,83
PEON LIMPIADORA	SALARIO BASE	☐	4,70	4,70
APRENDIZ	SALARIO BASE	☐	530,40	530,40

❑ **Actualizar los conceptos retributivos de los trabajadores con los nuevos importes**

El siguiente paso es actualizar los conceptos retributivos de los trabajadores con los nuevos importes, a través de la solapa "Entorno/Grupo Convenios/Icono Actualización/Actualizar datos desde el convenio oficial".

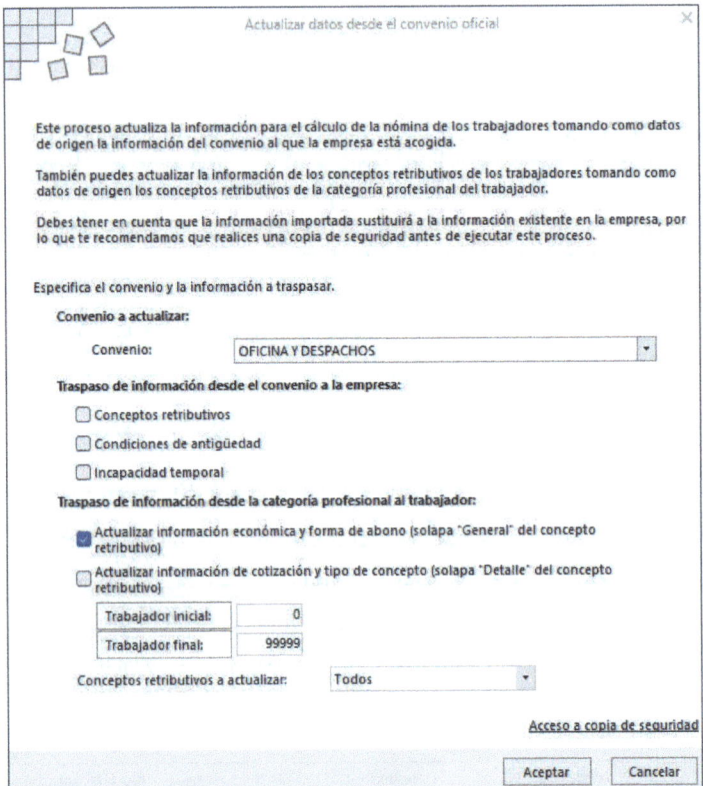

❑ **Indicar fechas**

El último paso antes de calcular la nómina de atrasos es modificar el convenio para indicar entre qué fechas se van a calcular los atrasos. La fecha desde la que se desea calcular los atrasos también se puede indicar en el momento de calcular las nóminas de atrasos, o que tenga en cuenta la que está indicada en el convenio.

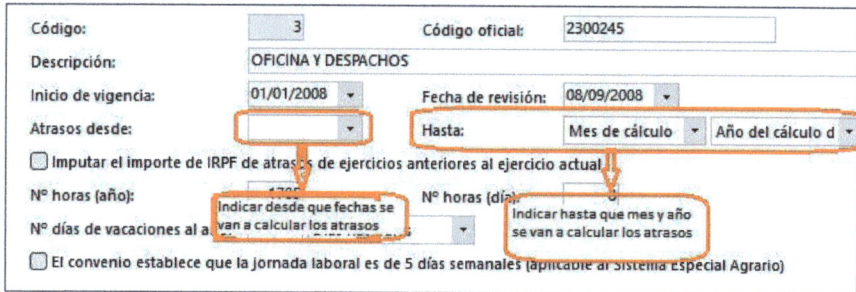

□ **Cálculo de la nómina**

Una vez realizamos los pasos anteriores, queda efectuar el cálculo de la nómina de atrasos, solapa "Procesos/Grupos Nóminas/Icono Cálculo".

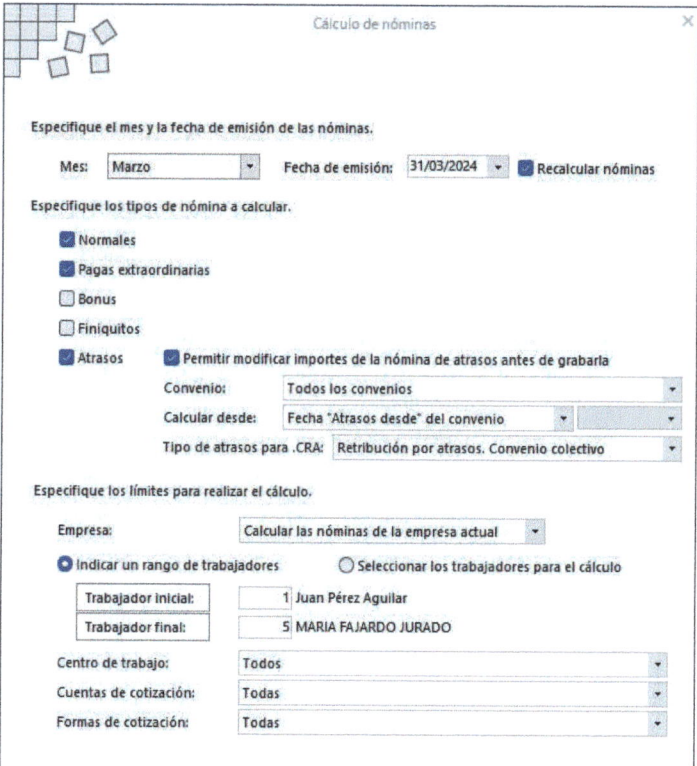

Al pulsar en el botón de "Aceptar" se nos muestra una ventana, en la que en la columna "Imp. cobrado" se refleja lo que el trabajador ha percibido en los meses anteriores; en la columna "Imp. correcto", la cantidad que tendría que haber percibido, y en la columna "Diferencia", la cantidad que tiene que cobrar a mayores, con las nuevas retribuciones.

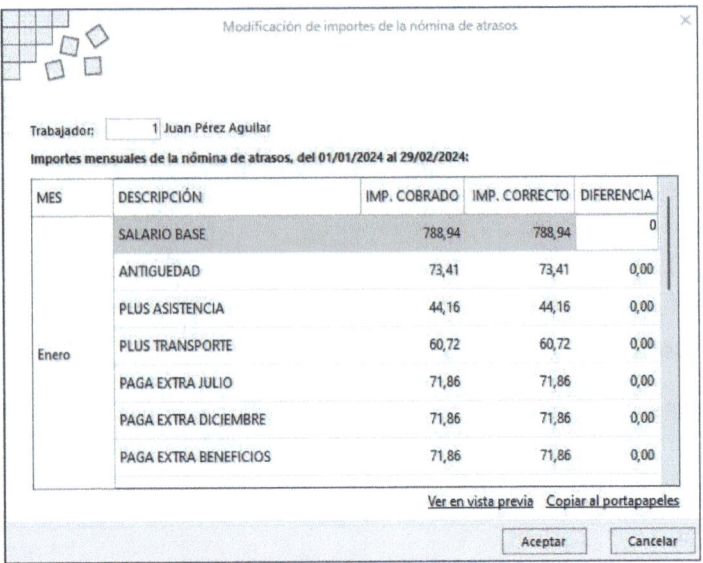

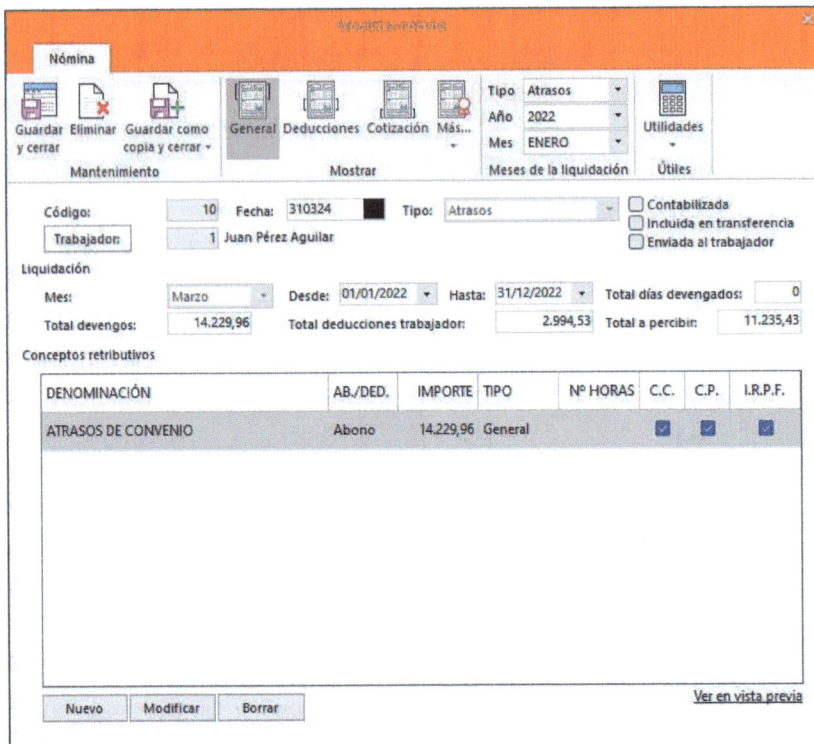

Simultáneamente, NOMINASOL realizará de manera automática los documentos de Seguridad Social correspondientes a los atrasos que estamos ajustando.

2. Liquidaciones y finiquitos

Cuando un trabajador deja la empresa, lo primero que hay que hacer es seleccionar el motivo y la fecha de baja en la ficha del trabajador y en la de contratos cumplimentar la fecha fin de contrato:

Para generar la carta de comunicación de fin de contrato y remitirla al trabajador, podemos obtenerla a través de la solapa "Impresión/Grupo Gestión/Icono Contratos/Comunicación fin de contrato".

Luego será necesario calcular el finiquito. Para ello accedemos al icono "Finiquitos" que encontramos en la ficha del trabajador.

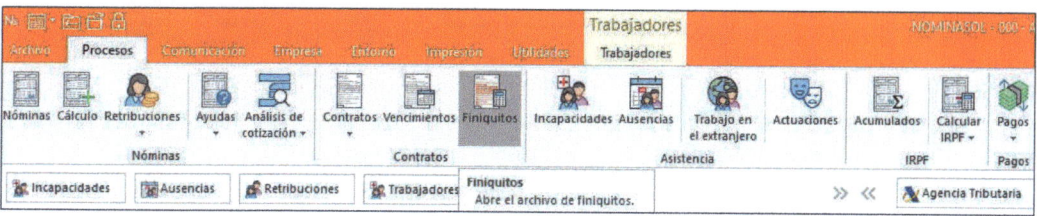

La ventana dispone de dos solapas:

❑ **Cálculo de indemnización:** introduciremos los datos para realizar el cálculo de la indemnización.

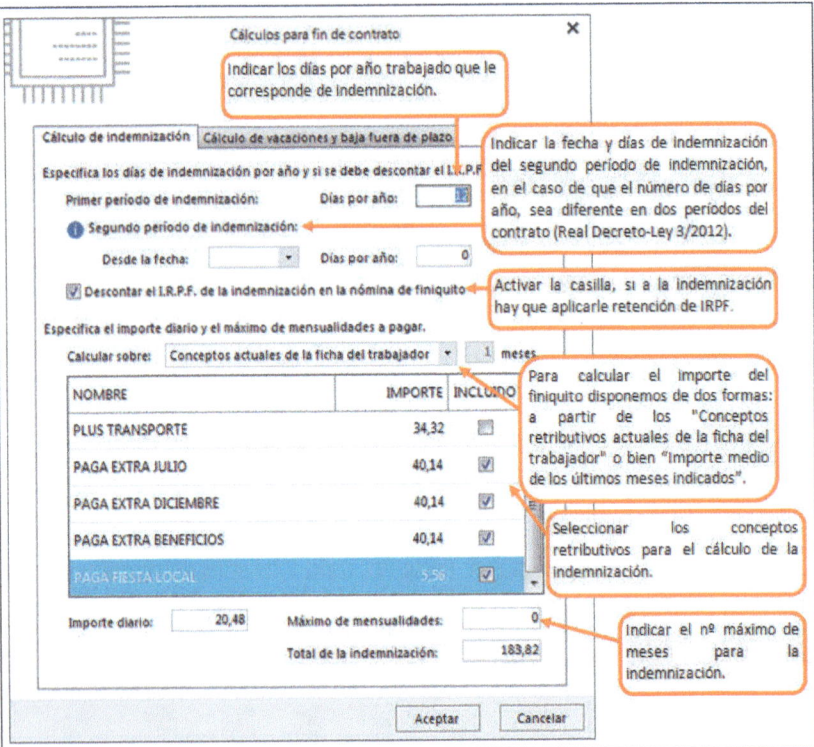

❑ **Cálculo de vacaciones y fuera de plazo:** indicaremos la información relacionada con las vacaciones y la cotización por fuera de plazo.

En la solapa "Contratos" también disponemos del icono "Cálculo del finiquito".

A continuación, obtendremos el finiquito a través de la solapa "Procesos/Grupo Nóminas/ Icono Cálculo".

Al activar la casilla "Finiquito", se visualiza un nuevo campo para seleccionar si el finiquito se incluye en la nómina mensual, o se genera una nómina independiente con el finiquito.

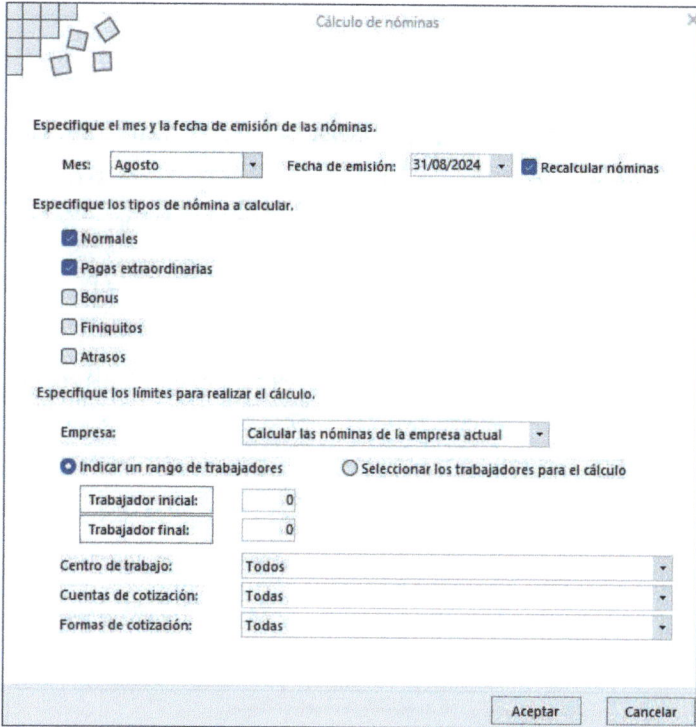

Al acceder a la solapa "Procesos/Grupo Nóminas/Icono Nóminas" se mostrará la generada que contiene el finiquito.

CÓDIGO	FECHA	TRABAJA...	NOMBRE	DEVENGOS	DEDUCCIONES	TOTAL
35	31/08/2024	5	MARIA FAJARDO JURADO	2.191,89	398,06	1.793,83

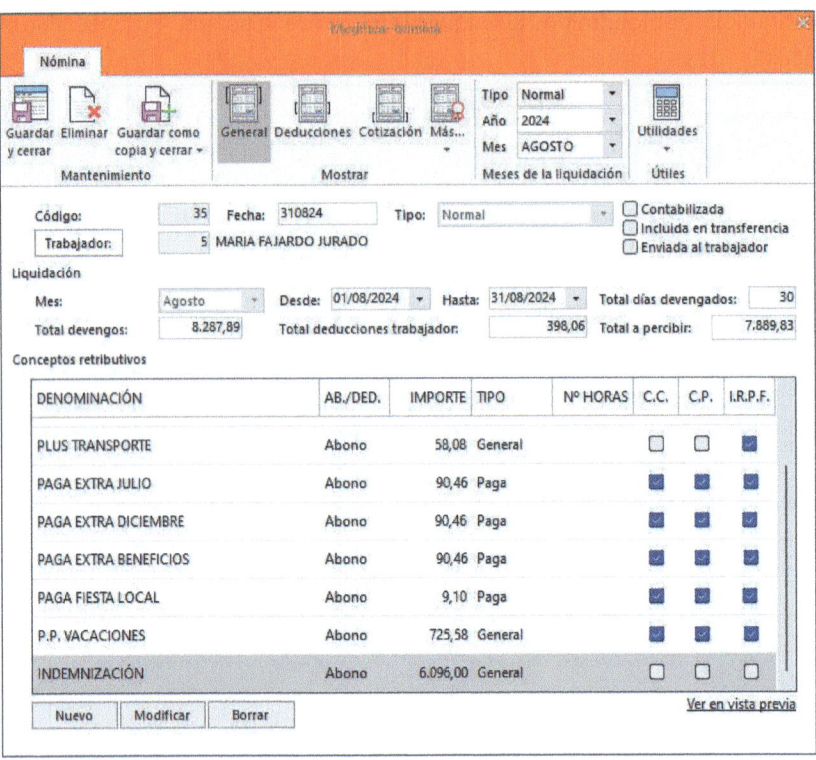

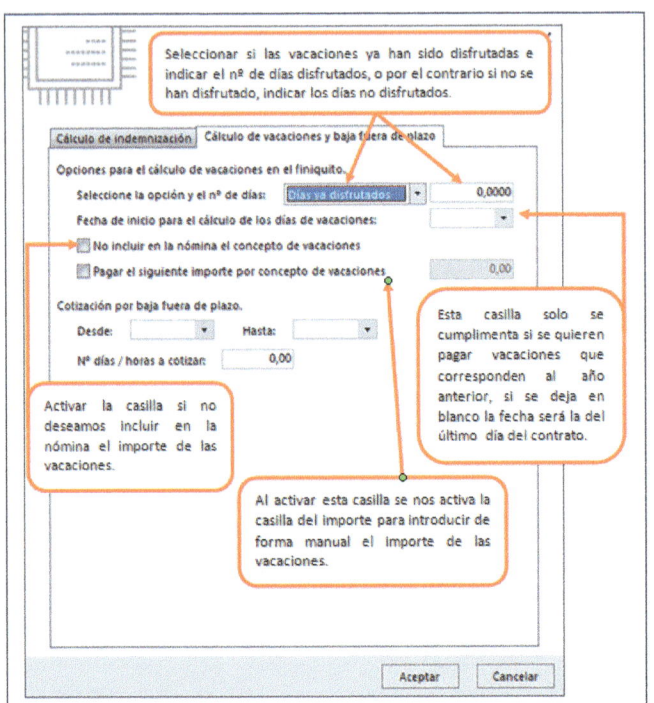

Por último, NOMINASOL permite emitir la carta de finiquito a través de la solapa "Procesos/ Grupo Contratos/Icono Finiquitos".

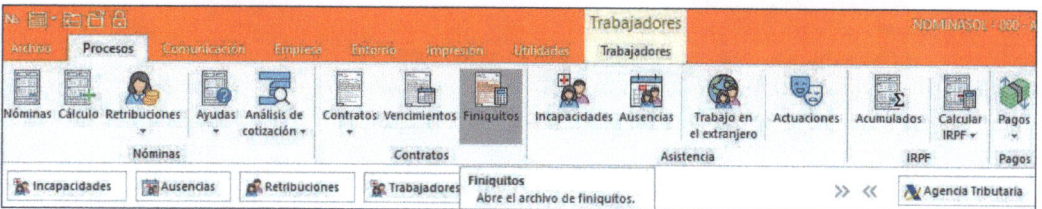

Al pulsar en el icono "Finiquitos", pulsaremos en el botón de "Nuevo", para crear el finiquito. Se deberá cumplimentar la fecha del finiquito y el código del trabajador, y se nos visualizan los conceptos incluidos en el finiquito y pulsaremos el botón de "Aceptar".

Se puede acceder a esta opción también a través de la solapa "Contratos", en la ficha del trabajador.

En la solapa "Contratos" también disponemos del icono "Cálculo del finiquito".

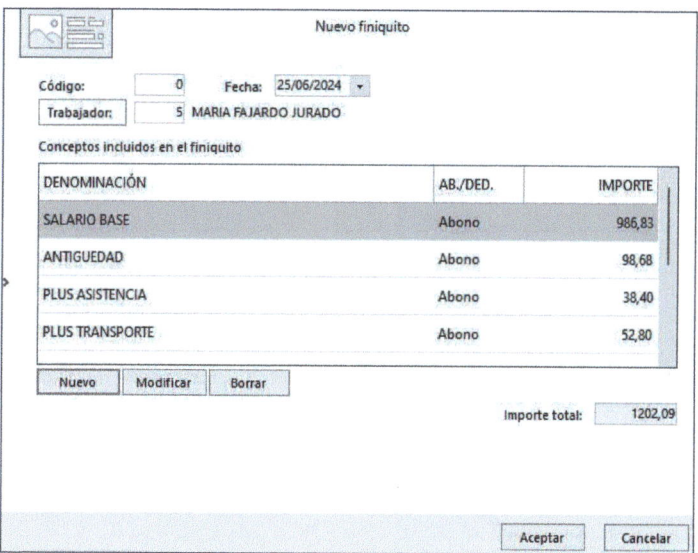

Una vez creado el finiquito ya podemos emitir la carta a través del icono "Imprimir".

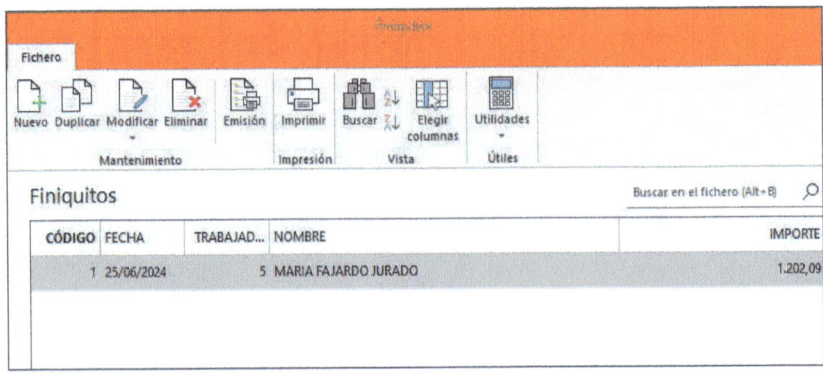

D. MARIA FAJARDO JURADO con NIF 10000001-S, por el presente escrito declara haber extinguido la relación laboral que le unía a la empresa Adam@ , y ello con efectos del pasado día 31 de agosto de 2024 , y así mismo declara que en este momento percibe de dicha empresa la cantidad de 1.202,09 euros, a su favor por los servicios prestados en la misma hasta dicho día, con la categoría de OFICIAL PRIMERA . por los conceptos que a continuación se detallan:

DEVENGOS	Abono	Deducción
SALARIO BASE	986,83	
ANTIGUEDAD	98,68	
PLUS ASISTENCIA	38,40	
PLUS TRANSPORTE	52,80	
PAGA EXTRA JULIO	90,46	
PAGA EXTRA DICIEMBRE	90,46	
PAGA EXTRA BENEFICIOS	90,46	
PAGA FIESTA LOCAL	9,10	
IRPF BASE 1.457,19 AL 11,27 %		164,23
APORTACIONES A LA SEGURIDAD SOCIAL		90,87

LÍQUIDO TOTAL A PERCIBIR: 1.202,09

Con el percibo de dicha cantidad declara hallarse totalmente saldado y finiquitado, por todos y cuantos devengos le pudieran corresponder por razón de trabajo por cuenta de la mencionada Empresa, no teniendo mas que pedir ni reclamar por concepto alguno, quedando totalmente rescindidas sus relaciones laborales que lo unían con la mencionada Empresa.

Se pone en su conocimiento el derecho que le asiste a solicitar la presencia de un representante legal de los trabajadores en el acto de la firma del recibo de finiquito

Y para que conste firma la presente,

En CORUÑA, A , a 25 de Junio del 2024

Firma y sello
Empresa   Trabajador

Firma del Representante
Trabajadores

VERSIÓN EDUCATIVA

3. Pago de las nóminas

3.1. Transferencias

3.1.1. Introducción

Para efectuar el pago de las nóminas, en la ficha del trabajador, al darlo de alta se indica la forma de pago, que puede ser en efectivo, transferencia o cheque. Si el pago es en efectivo, no se realiza ningún proceso en la aplicación, pero en el caso de ser por transferencia o cheque, la aplicación dispone en la solapa "Procesos" el icono "Pagos" que nos permite crear la transferencia o confeccionar el cheque o pagaré.

Podemos acceder a esta opción a través de la tecla de función F4. Esta opción permite crear transferencias y generar el fichero en cuaderno C34 para su posterior envío al banco.

Es imprescindible que las nóminas estén calculadas con anterioridad y que la forma de cobro seleccionada en la ficha del trabajador sea "Transferencia".

Antes de crear la transferencia debemos cumplimentar una serie datos, en el icono de "Configuración". Estos datos son necesarios para generar el fichero, que se remitirá al banco con las órdenes de transferencia.

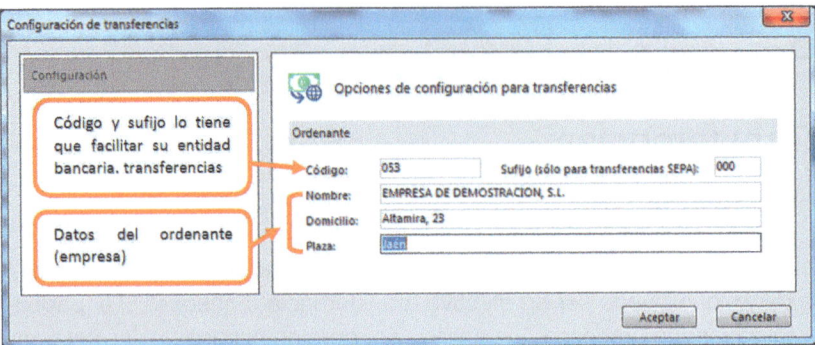

Podemos crear la transferencia de forma manual, a través del icono "Nuevo", o crear automáticamente la transferencia del pago de la nómina de todos los trabajadores o de los que indiquemos a través del icono "Nueva transferencia".

3.1.2. Transferencias automáticas

Para realizar transferencias automáticas pulsaremos en el icono "Generar transferencia":

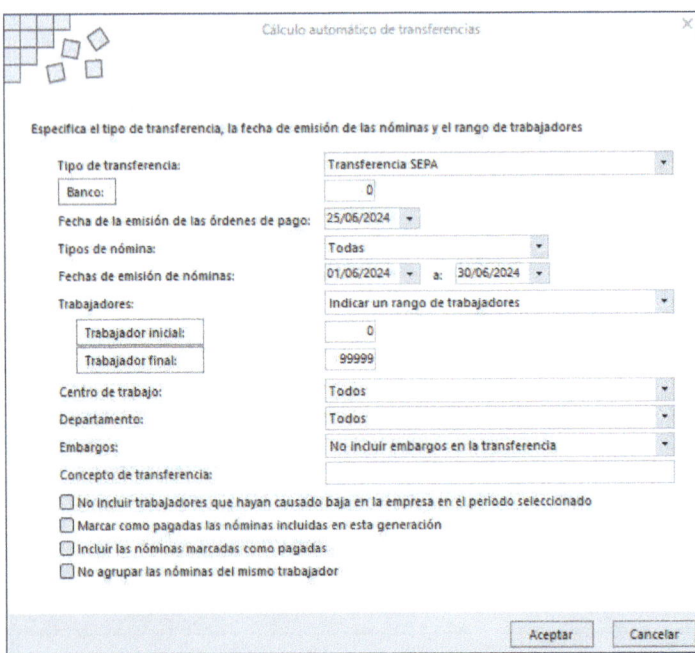

Transferencia SEPA: SEPA (Single Euro Payments Area) es la zona en la que ciudadanos, empresas y otros agentes económicos podrán hacer y recibir pagos en euros, dentro de

Europa con las mismas condiciones básicas, derechos y obligaciones, independientemente de su ubicación y de que esos pagos hayan requerido o no procesos transfronterizos.

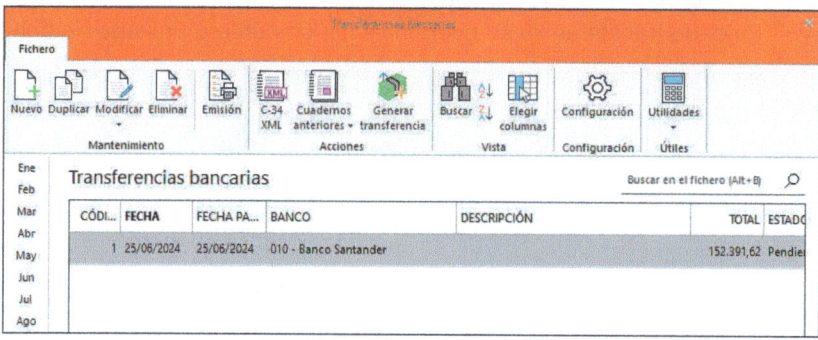

El siguiente paso será generar el fichero que se remite al banco con las órdenes de transferencia. Si el tipo de transferencia es SEPA se genera el fichero a través del icono "C-34 XML", si se seleccionó en tipo de transferencia "Transferencia anterior a la normativa SEPA", el fichero se genera a través del icono "Cuadernos anteriores".

Al pulsar el icono "C-34 XML", se muestra una pantalla en la que se tiene que indicar en qué ubicación se guarda el fichero que se va a generar y pulsar en el botón "Configuración", para comprobar los datos del ordenante (son los introducidos a través del icono "Configuración").

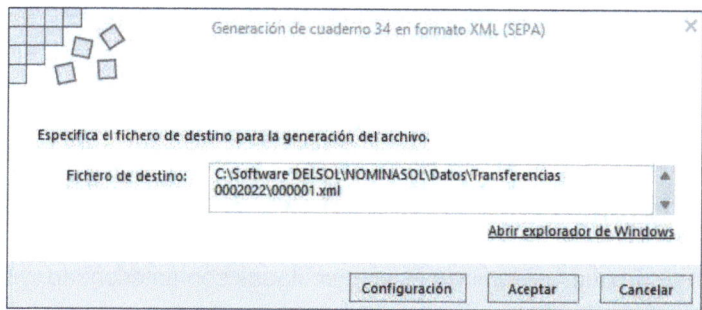

3.1.3. Transferencias manuales

Si se tiene que crear una transferencia bancaria de forma manual, se hará a través del icono "Nuevo". En cada transferencia se pueden incluir un número ilimitado de beneficiarios.

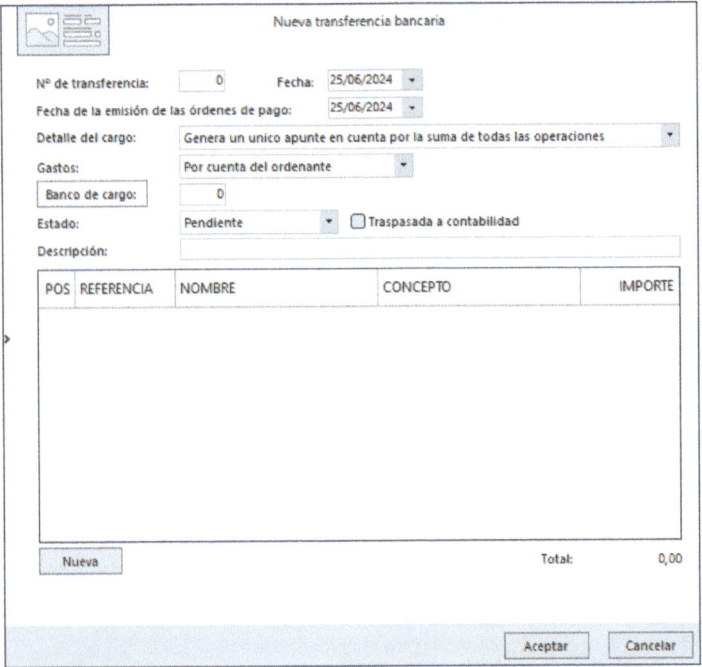

3.2. Cheques

NOMINASOL permite emitir talones mediante los cuales realizar el pago de las nóminas.

Es imprescindible que las nóminas estén calculadas con anterioridad, y que la forma de cobro elegida en la ficha del trabajador sea "Cheque".

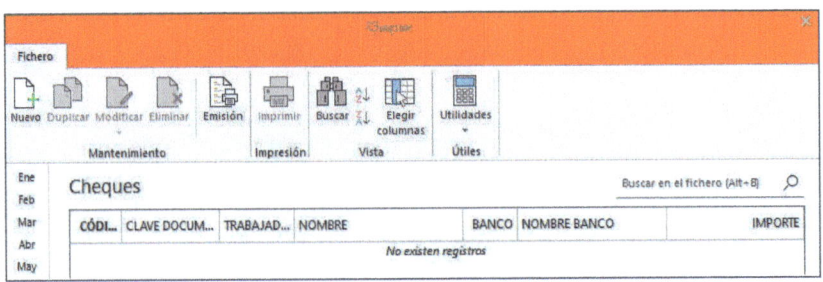

Para crear un cheque pulsamos en el icono "Nuevo" y cumplimentamos los siguientes campos:

- ❑ **Código:** indicaremos el código del cheque, si no introduce ninguno NOMINASOL le asignará uno automáticamente.

- ❑ **Lugar de emisión:** indicaremos el lugar donde fue emitido el cheque o pagaré.

- ❑ **Importe:** introduciremos el importe total del cheque o pagaré.

- ❑ **Fecha de emisión:** fecha en que se ha emitido el cheque/pagaré.

- ❑ **Cláusula:** campos para introducir en la cláusula (sin gastos, con gastos, etc.).

Resumen

Hemos aprendido a realizar los cálculos de nóminas mensuales, pagas extras y finiquitos, así como a visualizar e imprimir las nóminas y los recibos de salarios.

Hemos visto cómo obtener informes y resúmenes de las nóminas y los costes de empresa y qué formas de pago permite el programa (transferencias y cheques).

NOMINASOL permite realiza el procedimiento completo en caso de liquidación y finiquito de un trabajador, siguiendo los siguientes pasos:

❑ Inclusión de fecha de baja.

❑ Simulación de la indemnización.

❑ Incorporación de la cuantía de indemnización.

❑ Cálculo de finiquito.

❑ Emisión de finiquito.

Gestión de incidencias del periodo de liquidación de salarios.

Objetivos

- ▣ Identificar los tipos de incapacidad temporal más comunes configurados en la aplicación NOMINASOL para su posterior cálculo. También las ausencias derivadas de absentismo, vacaciones, sanción o huelga.

- ▣ Diferenciar las características y particularidades de las distintas IT así como los diversos casos de ausencias.

Contenido

Introducción

1. Incidencias

2. Incapacidades

    2.1. Introducción

    2.2. Enfermedad común/Accidente no laboral y accidente de trabajo/Enfermedad profesional

    2.3. Maternidad

    2.4. Maternidad/Paternidad parcial

    2.5. Riesgo durante el embarazo

3. Ausencias

    3.1. Mantenimiento de ausencias

    3.2. Vacaciones

    3.3. Huelga general y cierre patronal

    3.4. Absentismo laboral

4. Expediente de Regulación de Empleo (ERE)

5. Otros conceptos

6. Partes de la Seguridad Social

Resumen

Introducción

En esta unidad analizaremos el modo de calcular, mediante la aplicación NOMINASOL, los importes del subsidio económico y las bases de cotización en los distintos casos de incapacidad temporal, ya sea enfermedad común, accidente de trabajo, etc.

Asimismo, estudiaremos cómo realizar dicho cálculo en el caso de ausencias en el trabajo derivadas del absentismo, vacaciones, sanción o huelga.

1. Incidencias

NOMINASOL permite registrar situaciones consideradas atípicas en la actividad laboral del trabajador, como pueden ser situaciones de incapacidad temporal, vacaciones, horas extras, etc.

Para llevar este control disponemos de dos opciones, en la solapa "Procesos":

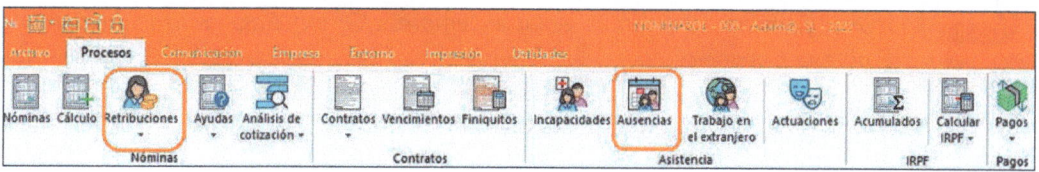

❑ La opción **"Retribuciones"**, en el grupo de opciones "Nóminas", permite registrar aquellas retribuciones que perciba el trabajador, pero que no tengan un carácter mensual, por ejemplo: unas dietas, unas horas extras, etc.

❑ La opción **"Ausencias"**, en el grupo de opciones "Asistencias", podremos reflejar las situaciones de incapacidad temporal en la que se pueda encontrar un trabajador o las ausencias. En el caso de la incapacidad temporal, esta opción nos genera también el parte de baja, para su posterior envío por el sistema RED.

2. Incapacidades

2.1. Introducción

El registro de las situaciones de incapacidad en las que pueda estar un trabajador se hará a través de la solapa "Procesos", en el grupo de opciones "Asistencia" y en el icono "Incapacidades", o bien pulsando la combinación de teclas CTRL+I.

Los diferentes tipos de IT más comunes ya vienen configurados por defecto en la aplicación:

❑ Enfermedad común.

❑ Accidente no laboral.

❑ Accidente de trabajo.

❑ Enfermedad profesional.

❑ Periodos de observación de enfermedad profesional.

❑ Riesgo durante el embarazo/lactancia natural.

❑ Descanso por maternidad/paternidad.

❑ Maternidad/Paternidad a tiempo parcial.

 *Pueden añadirse nuevos códigos según lo indicado en la pestaña "Incapacidad Temporal de Convenio o Empresa", en la solapa "Entorno/Grupos Convenios/ Icono Convenios" o en la solapa "Empresa/Grupo Parametrización/Icono Empresa/Convenio".*

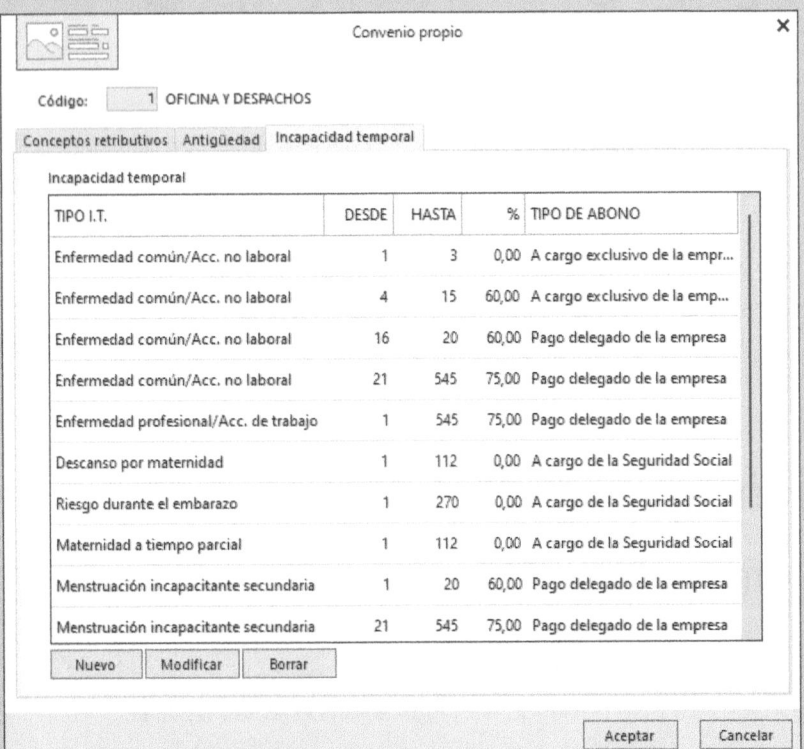

Convenio propio   ✕

Código: [1] OFICINA Y DESPACHOS

Conceptos retributivos   Antigüedad   Incapacidad temporal

Incapacidad temporal

TIPO I.T.	DESDE	HASTA	%	TIPO DE ABONO
Enfermedad común/Acc. no laboral	1	3	0,00	A cargo exclusivo de la empr...
Enfermedad común/Acc. no laboral	4	15	60,00	A cargo exclusivo de la emp...
Enfermedad común/Acc. no laboral	16	20	60,00	Pago delegado de la empresa
Enfermedad común/Acc. no laboral	21	545	75,00	Pago delegado de la empresa
Enfermedad profesional/Acc. de trabajo	1	545	75,00	Pago delegado de la empresa
Descanso por maternidad	1	112	0,00	A cargo de la Seguridad Social
Riesgo durante el embarazo	1	270	0,00	A cargo de la Seguridad Social
Maternidad a tiempo parcial	1	112	0,00	A cargo de la Seguridad Social
Menstruación incapacitante secundaria	1	20	60,00	Pago delegado de la empresa
Menstruación incapacitante secundaria	21	545	75,00	Pago delegado de la empresa

[Nuevo] [Modificar] [Borrar]

[Aceptar] [Cancelar]

2.2. Enfermedad común/Accidente no laboral y accidente de trabajo/Enfermedad profesional

Si se trata de **enfermedad común**, la aplicación aplicará los siguientes porcentajes para el cálculo del subsidio:

❑ Del 4° día al 15° día, el 60% de la base diaria a cargo exclusivo de la empresa.

❑ Del 16° día al 20° día, el 60% de la base diaria en régimen de pago delegado.

❑ Del 21° día en adelante, el 75% de la base diaria en régimen de pago delegado.

Sin embargo, existen convenios que exigen que la empresa complemente al 100%, algunos incluso los tres primeros días de IT.

La prestación económica a partir del primer día es del 75% de la base reguladora por contingencias profesionales. Se percibe a partir del día siguiente al de la baja en el trabajo.

2.3. Maternidad

Desde el día primero al 112° la trabajadora cobra de la Seguridad Social el 100% de la base reguladora.

La obligación de cotizar a la Seguridad Social por parte de la empresa subsiste durante todo el periodo de descanso por maternidad.

María Fajardo Jurado (de anteriores casos prácticos), inicia su periodo de descanso por motivo de maternidad el 1 de agosto. Finaliza este por IT por maternidad el 21 de noviembre.

Para calcular el subsidio y las bases de cotización del mes de agosto es necesario calcular la nómina del mes anterior antes de dar de alta la incidencia para que tome las bases de cotización.

.../...

Quedaría como sigue:

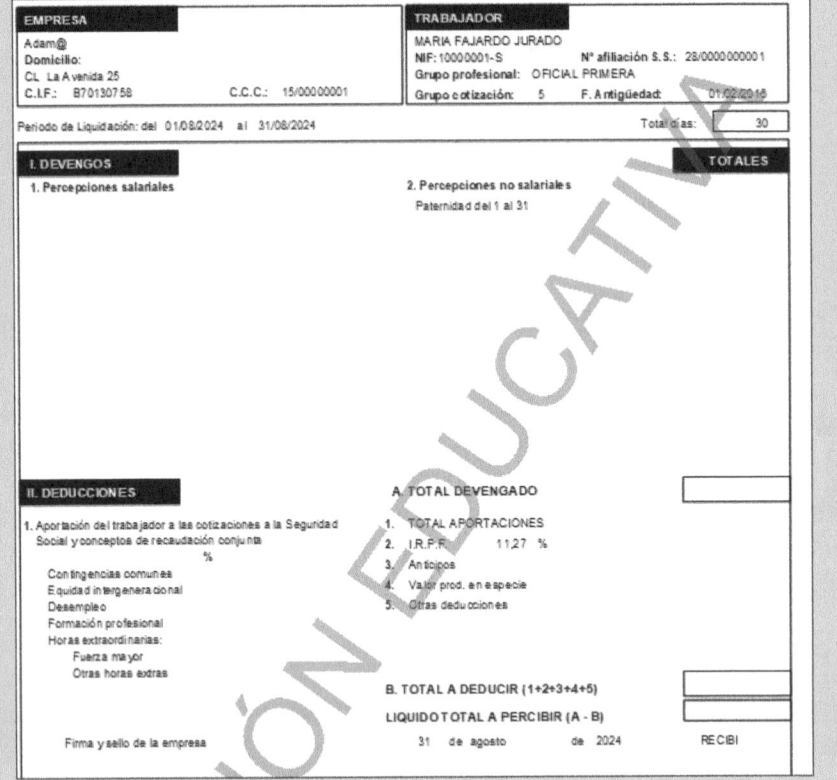

EMPRESA		TRABAJADOR	
Adam@		MARIA FAJARDO JURADO	
Domicilio:		NIF: 10000001-S	Nº afiliación S.S.: 28/0000000001
CL La Avenida 25		Grupo profesional: OFICIAL PRIMERA	
C.I.F.: B70130758	C.C.C.: 15/00000001	Grupo cotización: 5	F. Antigüedad: 01.02.2016

Periodo de Liquidación: del 01/08/2024 al 31/08/2024   Total días: 30

I. DEVENGOS   **TOTALES**

1. Percepciones salariales   2. Percepciones no salariales

Paternidad del 1 al 31

II. DEDUCCIONES   **A. TOTAL DEVENGADO**

1. Aportación del trabajador a las cotizaciones a la Seguridad Social y conceptos de recaudación conjunta
%

   Contingencias comunes
   Equidad intergeneracional
   Desempleo
   Formación profesional
   Horas extraordinarias:
     Fuerza mayor
     Otras horas extras

1. TOTAL APORTACIONES
2. I.R.P.F.   11,27 %
3. Anticipos
4. Valor prod. en especie
5. Otras deducciones

B. TOTAL A DEDUCIR (1+2+3+4+5)

LIQUIDO TOTAL A PERCIBIR (A - B)

Firma y sello de la empresa   31 de agosto de 2024   RECIBI

.../...

Creamos la IT por maternidad:

Incapacidad temporal

Modificar parte de incapacidad temporal ✕

Guardar y cerrar	Eliminar	Guardar y nuevo ▾	General	Partes de confirmación	Utilidades
Mantenimiento			Mostrar		Útiles

Código: 2   Trabajador: 5 MARIA FAJARDO JURADO

Contingencia: Descanso por maternidad / paternidad ▾   % de jornada trabajada: 0,00

Observaciones:

Parte de baja

Fecha: 01/08/2024 ▾   Fecha A.T. y E.P.: ▾   Sistema RED: No enviado ▾

Motivo maternidad / paternidad: Nacimiento de hijo ▾   Siguientes periodos de descanso

Días probables: 0   Meses probables: 0

Nº de colegiado: 0   C.I.A.S.:

Tipo de contrato: Resto de contratos ▾

Días cotizados / mes: 30   Descripción de funciones

Base de cotización C.C.: 1404,39   Base de cotización C.P.: 1404,39

Cot. año anterior horas extras: 0,00   Días año anterior horas extras: 0

Cot. año anterior otros conceptos: 0,00   Días año anterior otros conceptos: 0

Fecha inicio hospitalización: ▾   Fecha fin hospitalización: ▾

☐ El trabajador pasa a pago directo de la entidad gestora desde: ▾

Parte de alta

Nº de colegiado: 0   C.I.A.S.:

Fecha: 21/11/2024 ▾   Causa: ▾   Sistema RED: No enviado ▾

.../...

Cálculo de la nómina del mes de agosto:

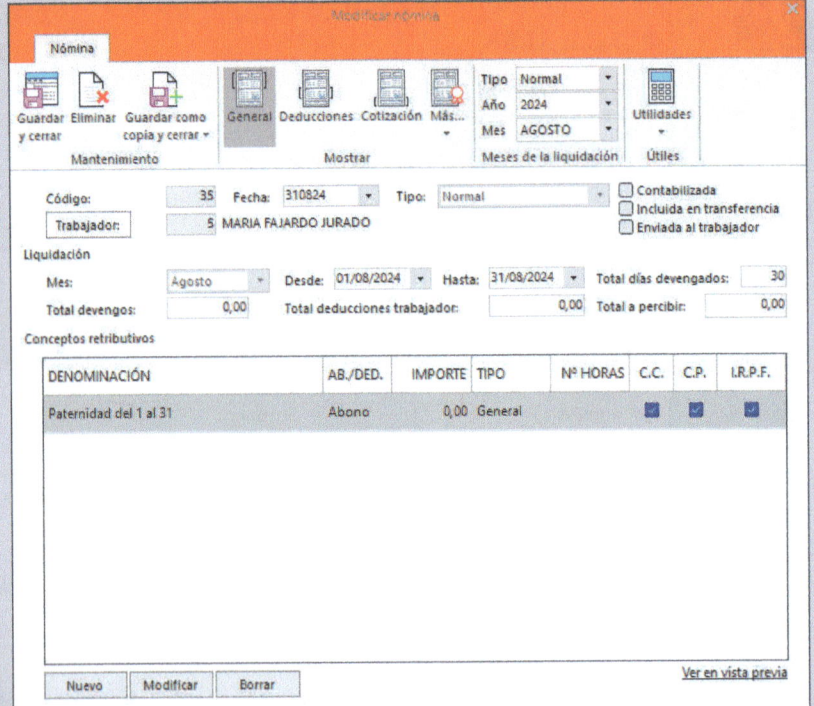

...../...

En el caso de que la trabajadora hubiera comenzado su baja por maternidad el 21 de agosto hasta el 11 de diciembre:

Incidencia por maternidad:

Incapacidad temporal					
Guardar y cerrar	Eliminar	Guardar y nuevo ▾	General	Partes de confirmación	Utilidades ▾
Mantenimiento			Mostrar		Útiles

Código:	2	Trabajador: 5 MARIA FAJARDO JURADO
Contingencia:	Descanso por maternidad / paternidad ▾	% de jornada trabajada: 0,00
Observaciones:		

Parte de baja

Fecha:	21082024	Fecha A.T. y E.P.: ▾ Sistema RED: No enviado ▾
Motivo maternidad / paternidad:	Nacimiento de hijo ▾	Siguientes periodos de descanso
Días probables:	0	Meses probables: 0
Nº de colegiado:	0	C.I.A.S.:
Tipo de contrato:	Resto de contratos	▾
Días cotizados / mes:	30	Descripción de funciones
Base de cotización C.C.:	1404,39	Base de cotización C.P.: 1404,39
Cot. año anterior horas extras:	0,00	Días año anterior horas extras: 0
Cot. año anterior otros conceptos:	0,00	Días año anterior otros conceptos: 0
Fecha inicio hospitalización:	▾	Fecha fin hospitalización: ▾

☐ El trabajador pasa a pago directo de la entidad gestora desde: ▾

Parte de alta

Nº de colegiado:	0	C.I.A.S.:
Fecha:	11/12/2024 ▾	Causa: ▾ Sistema RED: No enviado ▾

.../...

Ej. *Cálculo de la nómina del mes de agosto:*

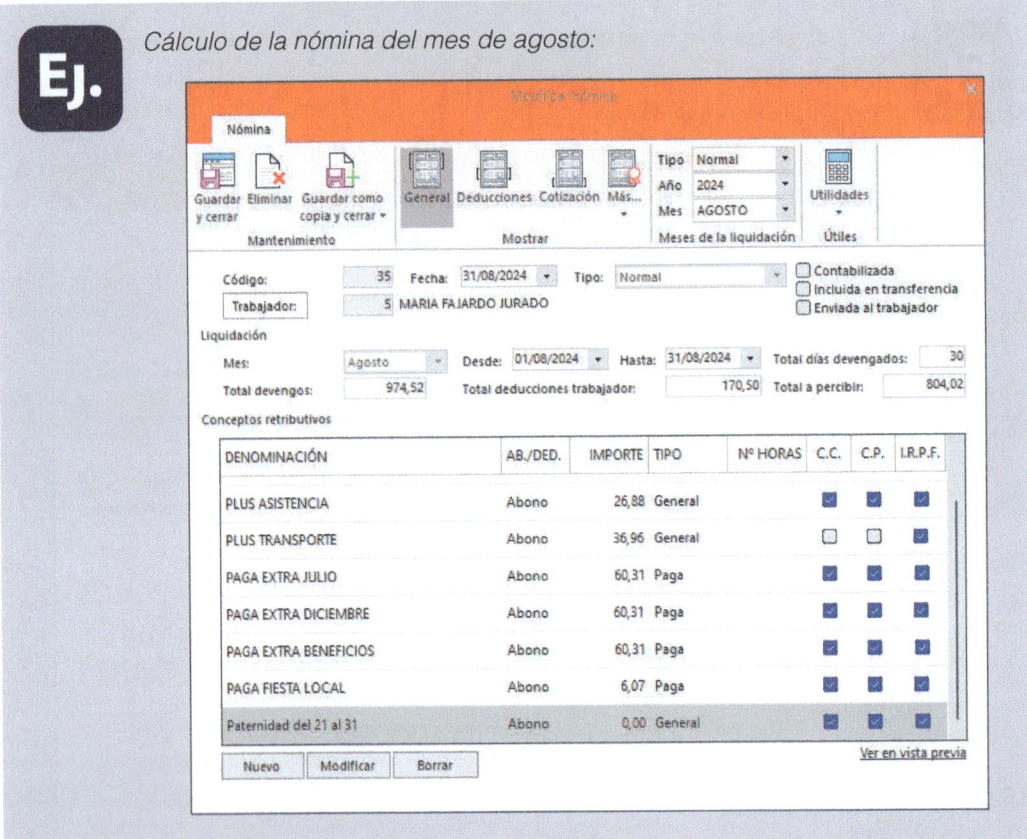

2.4. Maternidad/Paternidad parcial

Para reflejar la maternidad parcial en NOMINASOL, se incluirá una nueva incidencia, pero previamente habrá que haber puesto la fecha de finalización del periodo de maternidad. La fecha de inicio de la maternidad parcial no podrá ser nunca anterior a la fecha de fin de la situación de maternidad.

Seleccionamos MATTP como tipo de IT.

Si, por ejemplo, la trabajadora opta por reincorporarse (después del periodo obligatorio) y realizar una jornada reducida del 60% de la habitual que tuviera pactada, la base reguladora deberá reducirse en proporción inversa a la reducción experimentada en su jornada laboral, es decir, en un 40%.

Al introducir el 40% en el campo %Mat, automáticamente la aplicación pondrá un 60% en el campo "%Jornada". De esta forma, la suma de ambos resultará siempre del 100%.

La trabajadora del ejercicio anterior, que comenzó su maternidad parcial el día 21 de agosto, decide reincorporarse en la empresa a tiempo parcial, una vez agotado el periodo obligatorio de 6 semanas, por lo que pasa a trabajar una jornada del 60%.

El periodo obligatorio de maternidad será del 21 de agosto al 2 de octubre (ambos incluidos), por lo que la maternidad parcial comenzará el 3 de octubre.

En primer lugar, ha de calcularse la nómina del mes de agosto para que calcule las bases al introducir la incidencia (ya calculada anteriormente).

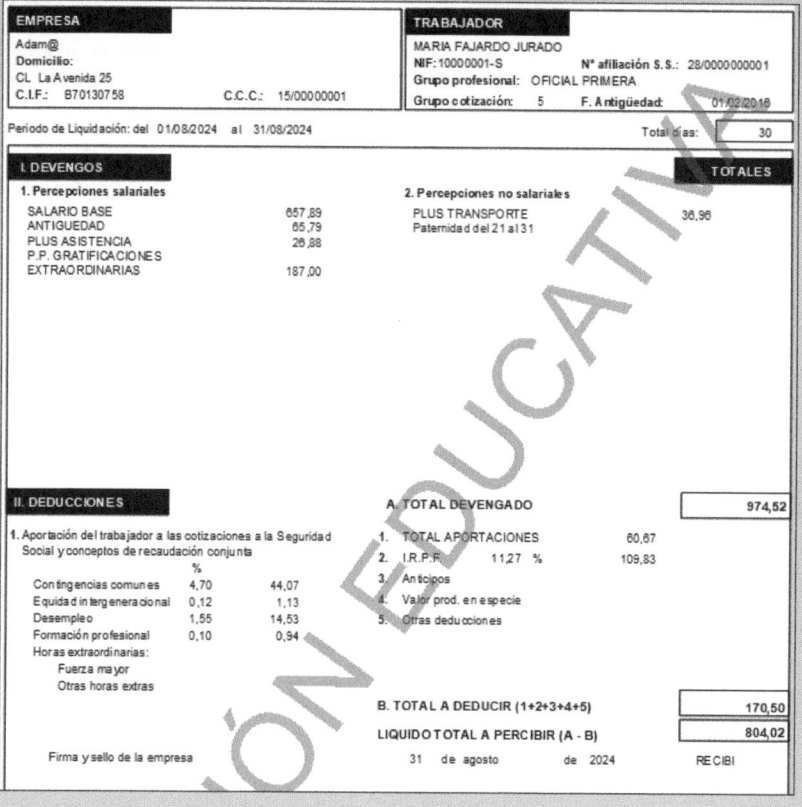

EMPRESA			TRABAJADOR		
Adam@			MARIA FAJARDO JURADO		
Domicilio:			NIF: 10000001-S		N° afiliación S.S.: 28/0000000001
CL La Avenida 25			Grupo profesional: OFICIAL PRIMERA		
C.I.F.: B70130758		C.C.C.: 15/00000001	Grupo cotización: 5		F. Antigüedad: 01/03/2016

Periodo de Liquidación: del 01/08/2024 al 31/08/2024 — Total días: 30

I. DEVENGOS — **TOTALES**

1. Percepciones salariales

SALARIO BASE	657,89
ANTIGÜEDAD	65,79
PLUS ASISTENCIA	26,88
P.P. GRATIFICACIONES	
EXTRAORDINARIAS	187,00

2. Percepciones no salariales

PLUS TRANSPORTE	36,96
Paternidad del 21 al 31	

II. DEDUCCIONES

A. TOTAL DEVENGADO — 974,52

1. Aportación del trabajador a las cotizaciones a la Seguridad Social y conceptos de recaudación conjunta

	%	
Contingencias comunes	4,70	44,07
Equidad intergeneracional	0,12	1,13
Desempleo	1,55	14,53
Formación profesional	0,10	0,94
Horas extraordinarias:		
Fuerza mayor		
Otras horas extras		

1. TOTAL APORTACIONES		60,67
2. I.R.P.F. 11,27 %		109,83
3. Anticipos		
4. Valor prod. en especie		
5. Otras deducciones		

B. TOTAL A DEDUCIR (1+2+3+4+5) — 170,50

LIQUIDO TOTAL A PERCIBIR (A - B) — 804,02

Firma y sello de la empresa — 31 de agosto de 2024 — RECIBÍ

.../...

Ej. *Se calcula la nómina de septiembre para que al introducir la IT por maternidad parcial tenga las bases de cotización.*

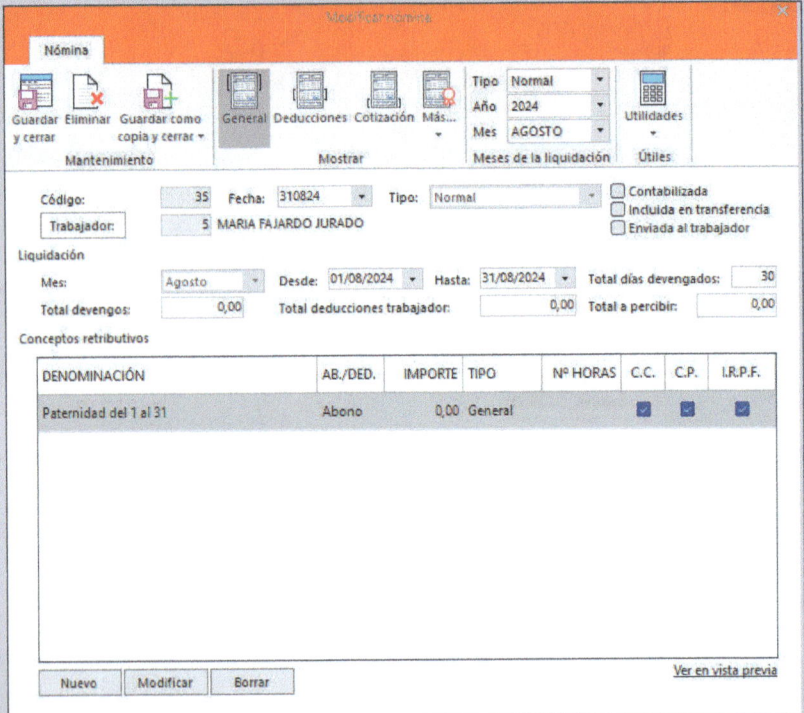

Seguidamente, se modifica la fecha de finalización de la IT por maternidad. Para ello accedemos a la solapa "Procesos/Grupo Asistencia/Icono Incapacidad", seleccionamos el mes de agosto, que es el mes en que se inicia la baja por maternidad, se hace doble clic en el registro de la incapacidad de Maria Fajardo y se modifican los datos de alta. La fecha de alta será el día 2/10, ya que el día 3/10 comienza la IT por maternidad parcial.

.../...

Incapacidad temporal

Guardar y cerrar | Eliminar | Guardar y nuevo ▾ | General | Partes de confirmación | Utilidades ▾

Mantenimiento | Mostrar | Útiles

Código:	2 — Trabajador: 5 MARIA FAJARDO JURADO
Contingencia:	Maternidad / Paternidad a tiempo parcial ▾ — % de jornada trabajada: 0,00
Observaciones:	

Parte de baja

Fecha:	21/08/2024 ▾ — Fecha A.T. y E.P.: ▾ — Sistema RED: No enviado ▾
Motivo maternidad / paternidad:	Nacimiento de hijo ▾ — Siguientes periodos de descanso
Días probables:	0 — Meses probables: 0
Nº de colegiado:	0 — C.I.A.S.:
Tipo de contrato:	Resto de contratos ▾
Días cotizados / mes:	30 — Descripción de funciones
Base de cotización C.C.:	1404,39 — Base de cotización C.P.: 1404,39
Cot. año anterior horas extras:	0,00 — Días año anterior horas extras: 0
Cot. año anterior otros conceptos:	0,00 — Días año anterior otros conceptos: 0
Fecha inicio hospitalización:	▾ — Fecha fin hospitalización: ▾
☐ El trabajador pasa a pago directo de la entidad gestora desde:	▾

Parte de alta

Nº de colegiado:	0 — C.I.A.S.:
Fecha:	02/10/2024 ▾ — Causa: Agotamiento de p ▾ — Sistema RED: No enviado ▾

Damos de alta la nueva IT por maternidad parcial, que comienza el 03/10 y finaliza el 27/03, con una jornada trabajada del 60%. El permiso y la prestación se ampliarán proporcionalmente en función de la jornada de trabajo realizada. En este caso, 175 días.

Los cálculos realizados son los siguientes:

❑ *El coeficiente multiplicador a los días de descanso a tiempo parcial es de 2,5 (100/40).*

❑ *Días totales: 70 días (112 - 42 disfrutados).*

❑ *Días ampliados 70 x 2,5 = 175 días, a contar desde su incorporación el 3 de octubre.*

Procedemos después al cálculo de las nóminas de octubre y noviembre.

…/…

Ej.

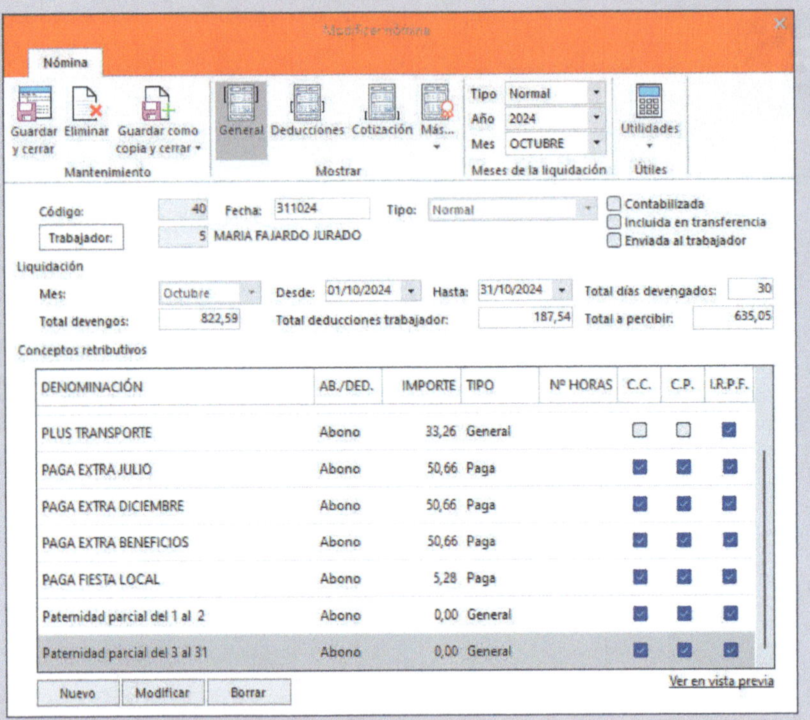

Primera nómina (Octubre)

Modificar nómina

Nómina

Guardar y cerrar	Eliminar	Guardar como copia y cerrar ▾	General	Deducciones	Cotización	Más... ▾	Tipo Normal ▾	Utilidades ▾
Mantenimiento			Mostrar				Año 2024 ▾ Mes OCTUBRE ▾	Útiles
							Meses de la liquidación	

Código: 40 Fecha: 311024 Tipo: Normal
☐ Contabilizada
☐ Incluida en transferencia
☐ Enviada al trabajador

Trabajador: 5 MARIA FAJARDO JURADO

Liquidación

Mes: Octubre Desde: 01/10/2024 Hasta: 31/10/2024 Total días devengados: 30

Total devengos: 822,59 Total deducciones trabajador: 187,54 Total a percibir: 635,05

Conceptos retributivos

DENOMINACIÓN	AB./DED.	IMPORTE	TIPO	Nº HORAS	C.C.	C.P.	I.R.P.F.
PLUS TRANSPORTE	Abono	33,26	General		☐	☐	☑
PAGA EXTRA JULIO	Abono	50,66	Paga		☑	☑	☑
PAGA EXTRA DICIEMBRE	Abono	50,66	Paga		☑	☑	☑
PAGA EXTRA BENEFICIOS	Abono	50,66	Paga		☑	☑	☑
PAGA FIESTA LOCAL	Abono	5,28	Paga		☑	☑	☑
Paternidad parcial del 1 al 2	Abono	0,00	General		☑	☑	☑
Paternidad parcial del 3 al 31	Abono	0,00	General		☑	☑	☑

Nuevo Modificar Borrar Ver en vista previa

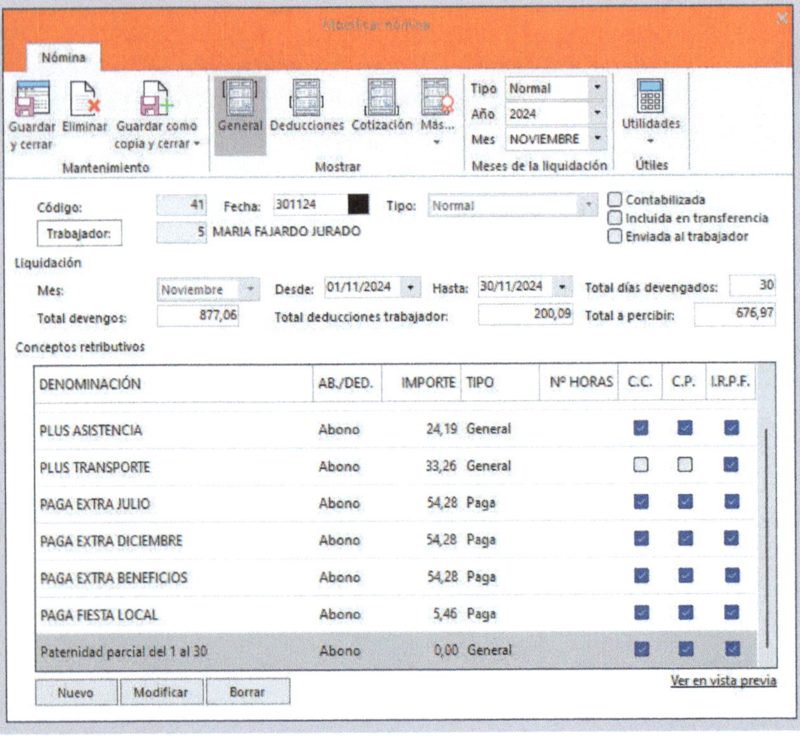

Modificar nómina

Nómina

Guardar y cerrar	Eliminar	Guardar como copia y cerrar ▾	General	Deducciones	Cotización	Más... ▾	Tipo Normal ▾	Utilidades ▾
Mantenimiento			Mostrar				Año 2024 ▾ Mes NOVIEMBRE ▾	Útiles
							Meses de la liquidación	

Código: 41 Fecha: 301124 Tipo: Normal
☐ Contabilizada
☐ Incluida en transferencia
☐ Enviada al trabajador

Trabajador: 5 MARIA FAJARDO JURADO

Liquidación

Mes: Noviembre Desde: 01/11/2024 Hasta: 30/11/2024 Total días devengados: 30

Total devengos: 877,06 Total deducciones trabajador: 200,09 Total a percibir: 676,97

Conceptos retributivos

DENOMINACIÓN	AB./DED.	IMPORTE	TIPO	Nº HORAS	C.C.	C.P.	I.R.P.F.
PLUS ASISTENCIA	Abono	24,19	General		☑	☑	☑
PLUS TRANSPORTE	Abono	33,26	General		☐	☐	☑
PAGA EXTRA JULIO	Abono	54,28	Paga		☑	☑	☑
PAGA EXTRA DICIEMBRE	Abono	54,28	Paga		☑	☑	☑
PAGA EXTRA BENEFICIOS	Abono	54,28	Paga		☑	☑	☑
PAGA FIESTA LOCAL	Abono	5,46	Paga		☑	☑	☑
Paternidad parcial del 1 al 30	Abono	0,00	General		☑	☑	☑

Nuevo Modificar Borrar Ver en vista previa

2.5. Riesgo durante el embarazo

Esta prestación está incluida dentro de la acción protectora de todos los regímenes del sistema de la Seguridad Social. A partir del 24 de marzo de 2007, se considera derivada de contingencias profesionales.

La prestación económica consiste en un subsidio equivalente al 100% de la base reguladora correspondiente.

La base reguladora será la equivalente a la que esté establecida para la prestación de incapacidad temporal (IT) derivada de contingencias profesionales. Se tomará como referencia la fecha en que se inicie la suspensión del contrato.

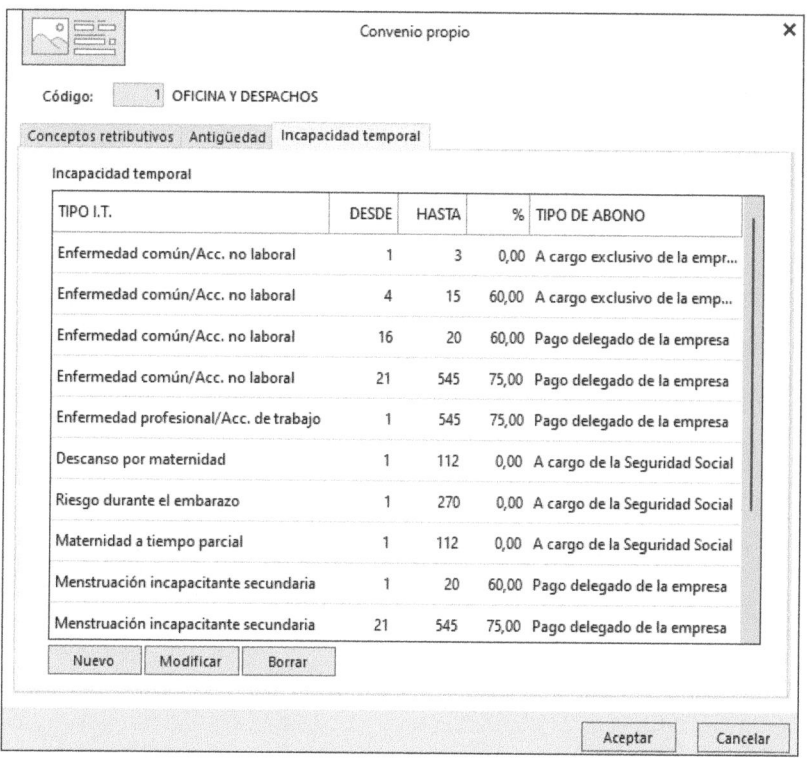

Imaginemos que la trabajadora del ejemplo anterior causa baja por riesgo durante el embarazo el día 14 de junio y que, al finalizar el mes, continúa en la misma situación.

Después de calcular la nómina de mayo para que la aplicación calcule la base reguladora, calculamos su nómina del mes de junio. Introducimos la incapacidad por riesgo durante el embarazo:

Incapacidad temporal	

Guardar y cerrar — Eliminar — Guardar y nuevo — General — Partes de confirmación — Utilidades

Mantenimiento — Mostrar — Útiles

Código:	3	Trabajador:	5 MARIA FAJARDO JURADO
Contingencia:	Riesgo durante el embarazo / lactancia na ▾	% de jornada trabajada:	0,00
Observaciones:			

Parte de baja

Fecha:	14/06/2024 ▾	Fecha A.T. y E.P.:	▾	Sistema RED:	No enviado ▾
Recaída:	No ▾				
Días probables:	0	Meses probables:	0		
Nº de colegiado:	0	C.I.A.S.:			
Tipo de contrato:	Resto de contratos				▾
Días cotizados / mes:	30	Descripción de funciones			
Base de cotización C.C.:	1410,15	Base de cotización C.P.:	1410,15		
Cot. año anterior horas extras:	0,00	Días año anterior horas extras:	0		
Cot. año anterior otros conceptos:	0,00	Días año anterior otros conceptos:	0		
Fecha inicio hospitalización:	▾	Fecha fin hospitalización:	▾		

☐ El trabajador pasa a pago directo de la entidad gestora desde: ▾

Parte de alta

Nº de colegiado:	0	C.I.A.S.:			
Fecha:	▾	Causa:	▾	Sistema RED:	No enviado ▾

…/…

Ej. | *Calculamos de la nómina del mes de junio:*

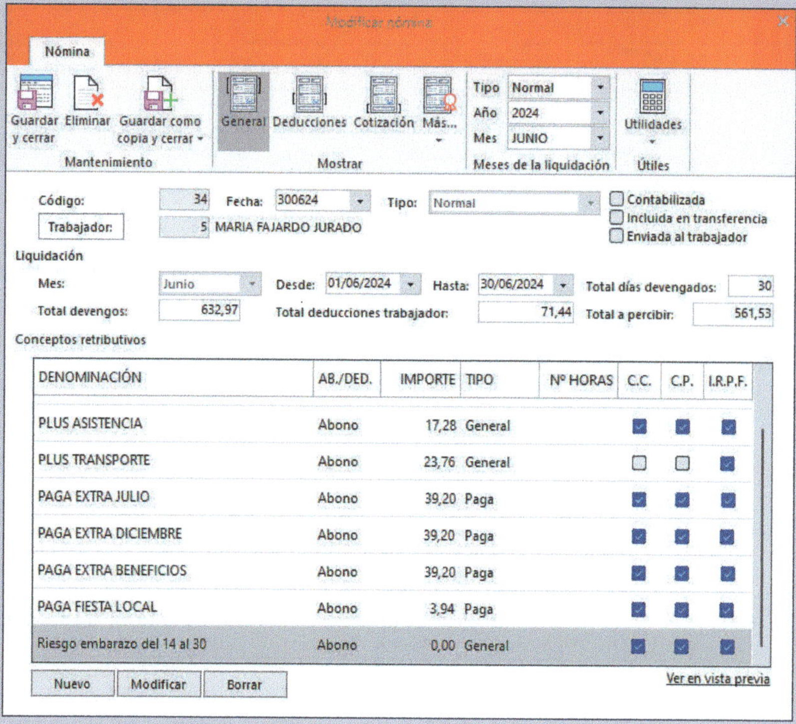

DENOMINACIÓN	AB./DED.	IMPORTE	TIPO	Nº HORAS	C.C.	C.P.	I.R.P.F.
PLUS ASISTENCIA	Abono	17,28	General		☑	☑	☑
PLUS TRANSPORTE	Abono	23,76	General		☐	☐	☑
PAGA EXTRA JULIO	Abono	39,20	Paga		☑	☑	☑
PAGA EXTRA DICIEMBRE	Abono	39,20	Paga		☑	☑	☑
PAGA EXTRA BENEFICIOS	Abono	39,20	Paga		☑	☑	☑
PAGA FIESTA LOCAL	Abono	3,94	Paga		☑	☑	☑
Riesgo embarazo del 14 al 30	Abono	0,00	General		☑	☑	☑

3. Ausencias

3.1. Mantenimiento de ausencias

Para llevar el mantenimiento de las ausencias de trabajadores como, por ejemplo, las derivadas del absentismo, vacaciones, sanción o huelga, hay que acceder al icono "Asistencias/Ausencias", en la solapa "Procesos/Grupo Asistencia" o pulsar la combinación de teclas CTRL+A.

Se visualizarán todas las ausencias que haya tenido este trabajador durante el transcurso del mes seleccionado. Se pueden crear nuevas ausencias pulsando el icono "Nueva".

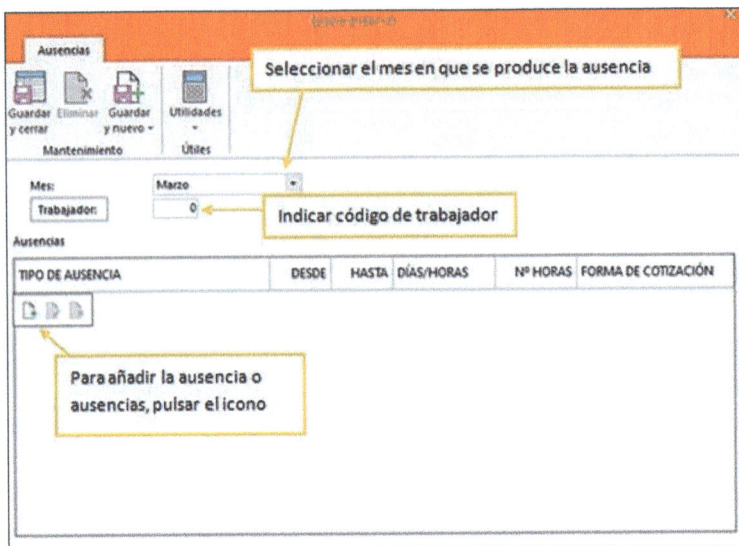

Al pulsar en el icono para añadir el tipo de ausencia se muestra la siguiente ventana:

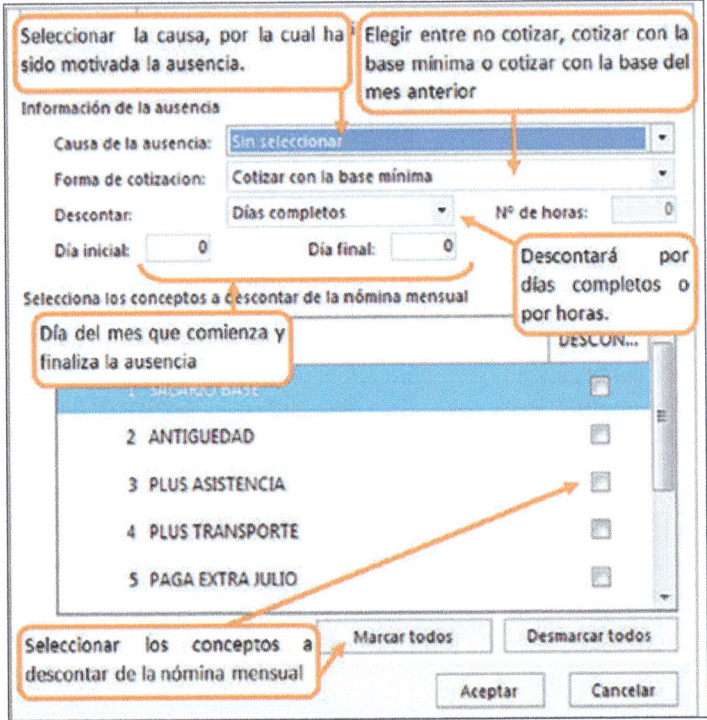

3.2. Vacaciones

Para que en el cálculo de la nómina se tengan en cuenta los días de vacaciones, que los conceptos salariales que se perciben solo en vacaciones se cobren esos días y los que no se perciben en vacaciones no aparezcan en su totalidad si se ha disfrutado de algún día de vacaciones ese mes, es necesario que se indiquen en el icono de "Asistencias/Ausencias" de la solapa "Procesos/Grupos Asistencia".

En el caso de despido de un trabajador que haya disfrutado de más días de los que le correspondían hasta la fecha de despido, la empresa puede optar por deducirle o no la cantidad correspondiente. Para ello deberá activar la casilla de "Descontar exceso de vacaciones", en la solapa "Empresa/Grupo Parametrización/Icono Parametrización", apartado "Cálculo de Nóminas", además de indicar los días de vacaciones a los que tienen derecho los trabajadores.

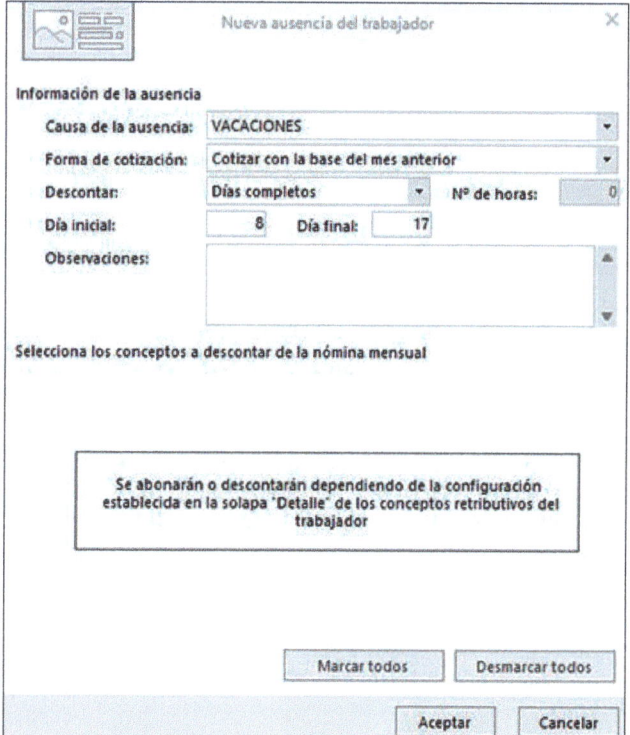

3.3. Huelga general y cierre patronal

El trabajador no trabaja en el periodo de huelga. Como consecuencia de ello, se suspende la obligación de cotizar, tanto para el empresario como para el trabajador.

Para el cálculo de la base de cotización, únicamente han de tenerse en cuenta los días en activo y, en el cálculo de la nómina, se producirán los descuentos de los días en los que se ha permanecido en huelga por parte del trabajador.

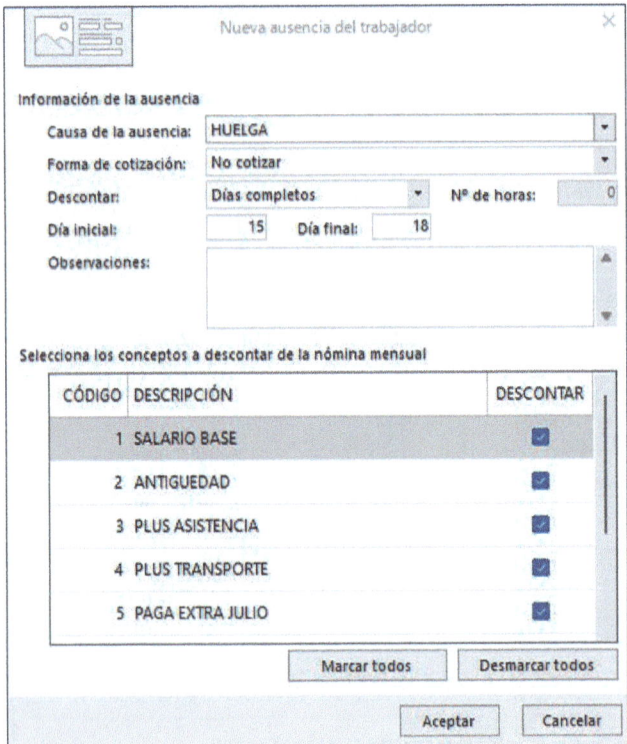

3.4. Absentismo laboral

Se computarán todos aquellos días entendidos como ausencia en el trabajo. Cada mes se indicará el número de días, si los hubiere.

Cabe recordar que los días de absentismo no se pagan, pero la situación ante la Seguridad Social no varía, es decir, sí se cotiza por ellos, pero con la salvedad de que se toma como base y tope de cotización el mínimo correspondiente al grupo de su categoría profesional.

En el cálculo de la nómina realizará el descuento de los días de absentismo.

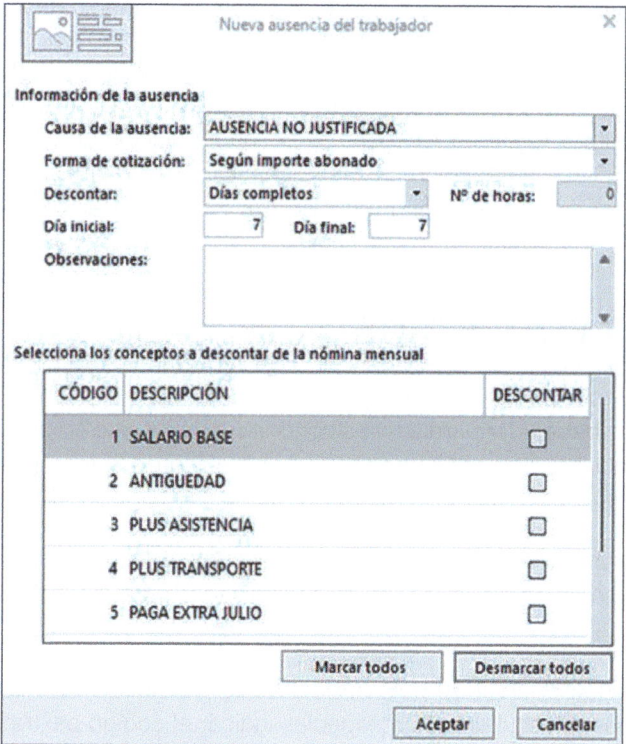

4. Expediente de Regulación de Empleo (ERE)

El ERE es el procedimiento que realiza la empresa para obtener de la autoridad laboral competente un permiso para realizar:

❑ Despido colectivo o suspensión de la relación laboral por causas económicas, técnicas, organizativas o de la producción.

❑ Suspensión o extinción de la relación laboral por fuerza mayor.

❑ Extinción de la relación laboral por extinción de la personalidad jurídica del contratante.

Un ERE puede ser total o parcial.

En los ERE se mantiene la obligación de cotización a la Seguridad Social. La base de cotización para contingencias comunes y profesionales será el promedio de las correspondientes bases de cotización de los últimos seis meses de ocupación cotizada anteriores a la nueva situación. Por ello, en NOMINASOL, es necesario tener calculadas las seis nóminas anteriores.

Para introducir los datos para los expedientes de regulación de empleo accederemos a la solapa "Empresa/Grupo Trabajadores/Icono Trabajadores", haremos doble clic en el trabajador y, en la solapa "Contratos", en el grupo "Mostrar", pulsamos el icono "ERE".

5. Otros conceptos

En la solapa "Procesos/Grupo Nóminas/Icono Retribuciones" podemos añadir otros conceptos retributivos al trabajador para un mes concreto. Si lo incluyéramos en la ficha del trabajador se pagaría todos los meses. Sin embargo, desde el icono "Retribuciones" solo se pagará el mes determinado.

Por lo tanto, si un trabajador tiene un bonus, dietas u otro concepto que solo afecta a un mes, deberá añadirse en esta opción y no en el trabajador, para que solo se tenga en cuenta ese mes.

En la ventana que aparece al pulsar en el icono "Retribuciones" hay que introducir el mes al que corresponde esa retribución especial, indicar el código del trabajador y pulsar en el icono de la barra que tenemos en el apartado "Conceptos" para añadir el nuevo concepto.

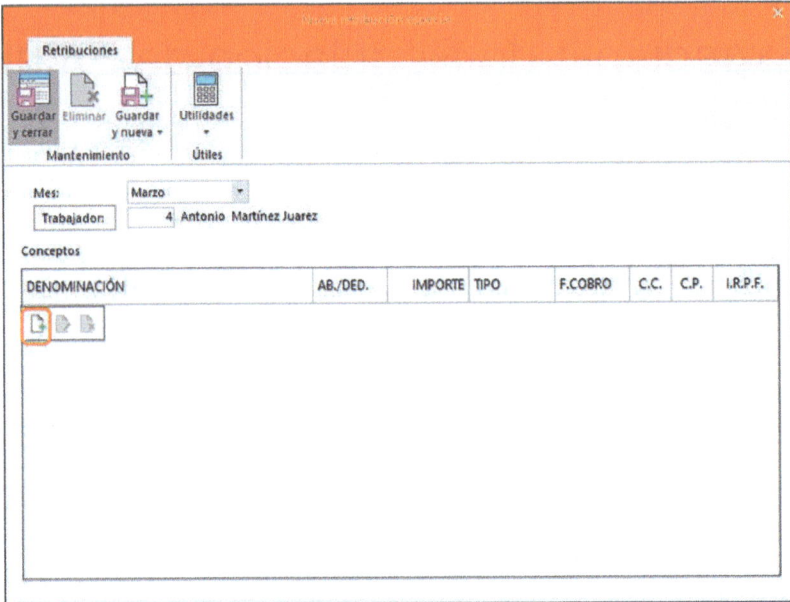

Se muestra una ventana para definir el nuevo concepto. La pantalla es la misma que la de los conceptos del convenio, explicados en la tercera unidad, en el apartado de los convenios. Esta sería la pantalla para definir que un trabajador ha realizado 5 horas extraordinarias, a razón de 12 €/hora, en el mes de abril.

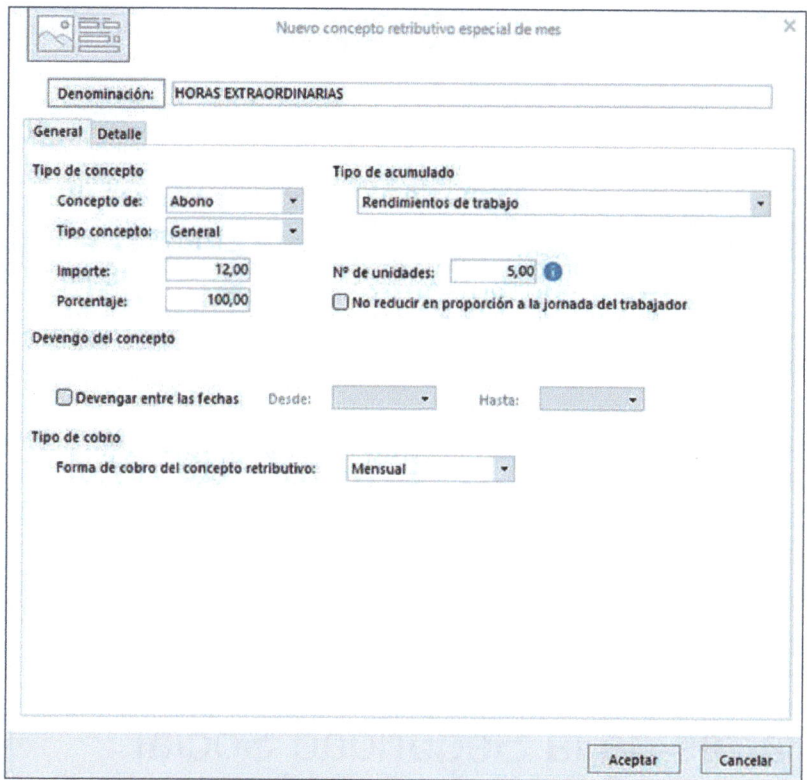

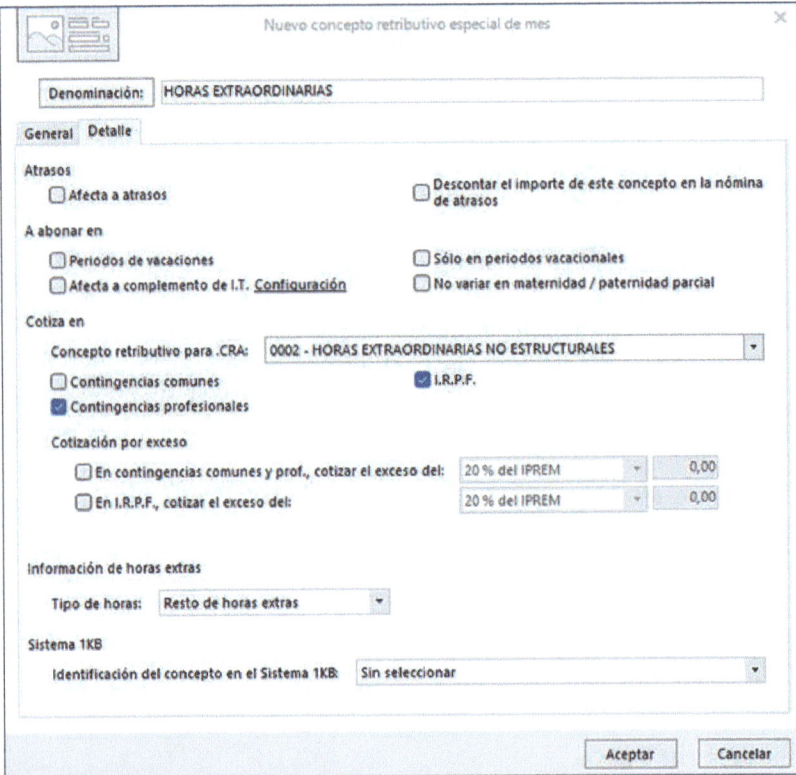

6. Partes de la Seguridad Social

En el botón "Envío al sistema RED" que encontramos en la solapa "Incapacidades temporales/Envío al sistema RED", podremos generar el fichero .FDI con los datos de los partes de alta, baja y confirmación de IT de los trabajadores de la empresa, para su envío a la Seguridad Social.

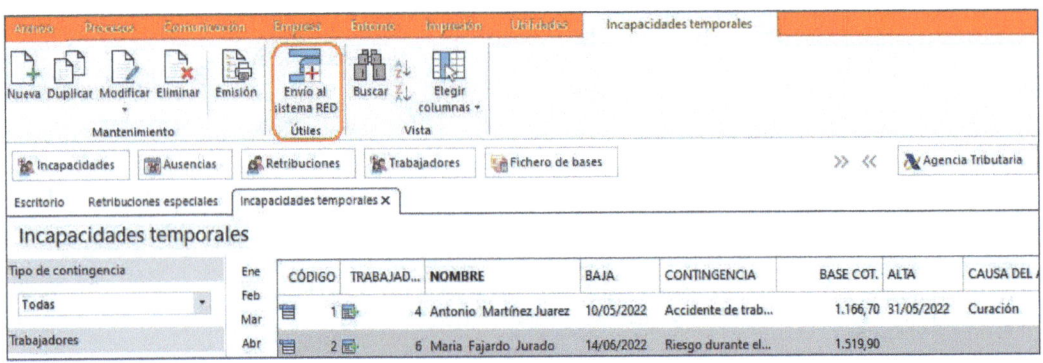

Antes de generar dicho fichero debemos haber indicado en la aplicación la ruta en la que queremos que se creen los ficheros que vayamos generando. En el botón "Configuración" se podrán indicar los datos de la configuración de la carpeta y contadores, así como de la configuración del sistema RED.

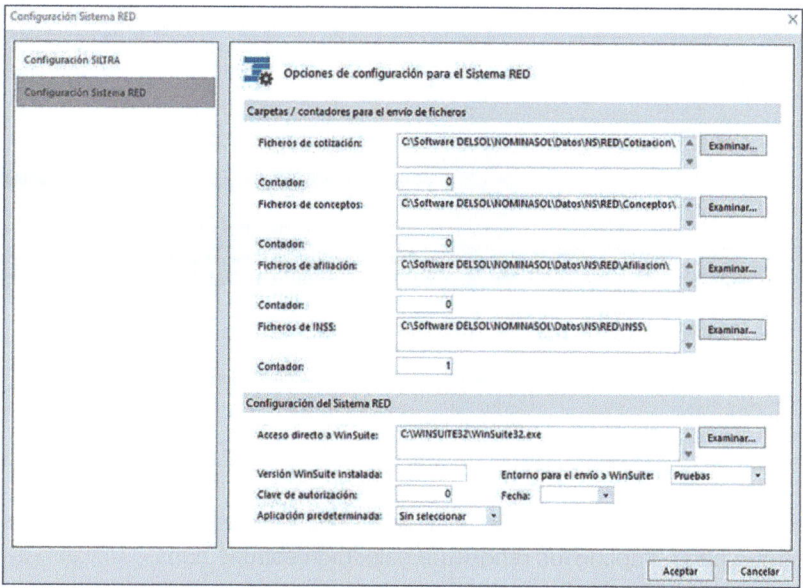

Asimismo, podemos configurar el sistema SILTRA con sus carpetas para enviar ficheros a la Seguridad Social, altas y los conceptos en modo online (CRA), y recibir las respuestas de la Seguridad Social.

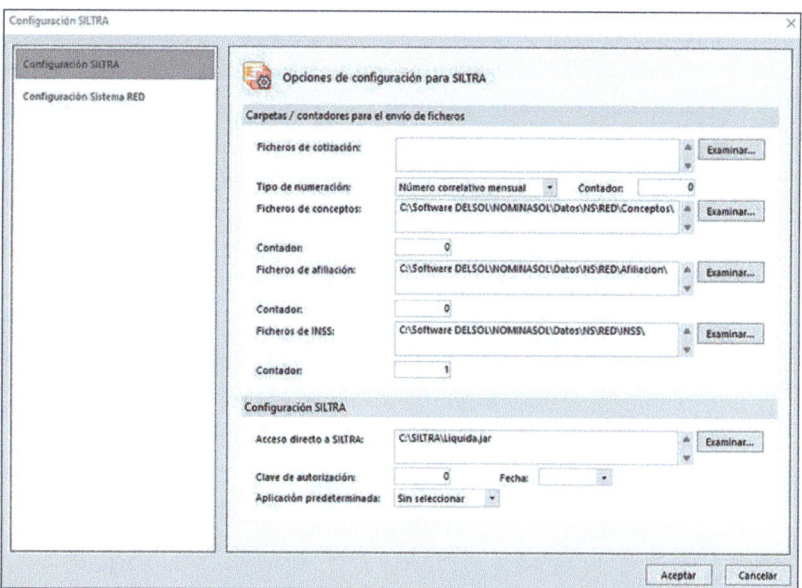

Una vez dada de alta la IT, al presionar el botón "Envío al sistema RED" obtendremos la siguiente pantalla:

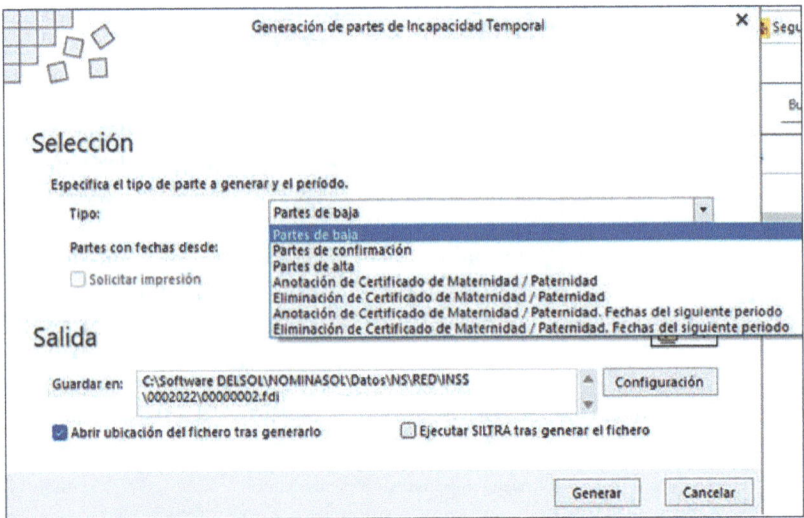

Al aceptar, se mostrarán dentro de una nueva pantalla "Generación de ficheros INSS", los trabajadores que han cumplido los rangos de selección establecidos.

Resumen

NOMINASOL permite añadir diferentes **tipos de IT**, los más comunes vienen configurados por defecto en la aplicación:

❑ Enfermedad común.

❑ Accidente no laboral.

❑ Accidente de trabajo.

❑ Enfermedad profesional.

❑ Periodos de observación de enfermedad profesional.

❑ Riesgo durante el embarazo/lactancia natural.

❑ Descanso por maternidad/paternidad.

❑ Maternidad/Paternidad a tiempo parcial.

La IT se calcula en función de la base de cotización del mes anterior y así automáticamente se obtendrá la base diaria. Podrán modificarse los existentes tramos de porcentajes, añadirse nuevos tipos y/o complementar los existentes.

Como hemos visto, en la opción "Ausencias" de la pestaña de asistencia se pueden añadir otro tipo de ausencias derivadas del absentismo, vacaciones, sanción o huelga. Se pueden añadir incidencias para un solo trabajador o para varios a la vez.

Objetivos

⊡ Generar, mediante las aplicaciones informáticas de gestión de personal, los informes y documentos tipo necesarios para administrar, gestionar y controlar los recursos humanos de una empresa.

⊡ Elaborar liquidaciones a la Seguridad Social en soporte informático, en supuestos debidamente caracterizados.

⊡ Generar los documentos de retenciones a cuenta del IRPF, para su pago en los plazos legalmente establecidos.

⊡ Generar los documentos necesarios en la relación de la empresa y el trabajador con el Servicio Público de Empleo Estatal.

⊡ Generar estadísticas, informes y gráficos sobre la gestión del personal en la empresa.

Contenido

Introducción

1. Seguridad Social

    1.1. Ficheros a enviar a la Seguridad Social

    1.2. Liquidación e ingreso de las cuotas de la Seguridad Social

    1.3. Aplazamiento de seguros sociales

    1.4. Creación de partes para el Sistema RED

    1.5. Conceptos Retributivos Abonados (CRA)

    1.6. Sistema de Liquidación Directa (SLD)

    1.7. Certificados INSS

2. Servicio Público de Empleo Estatal

    2.1. Emisión de contratos en formato pdf

    2.2. Emisión y envío de contratos Contrat@

    2.3. Certificados

    2.4. Certific@2

    2.5. Procedimiento de ERE/ERTE

3. Agencia Tributaria. Impuesto sobre la Renta de las Personas Físicas

    3.1. Retenciones del IRPF

    3.2. Documentos del IRPF

4. Informes, estadísticas y gráficos

    4.1. Gráficos

    4.2. Estadísticas e informes

    4.3. Informes plantilla media

Resumen

Introducción

NOMINASOL permite una correcta comunicación con organismos como la Tesorería General de la Seguridad Social (TGSS), el Servicio Público de Empleo Estatal (SEPE) y la Agencia Tributaria (AEAT) mediante la generación y envío de los documentos necesarios.

La aplicación cuenta con varias opciones mediante las cuales realizar todas las posibles funciones:

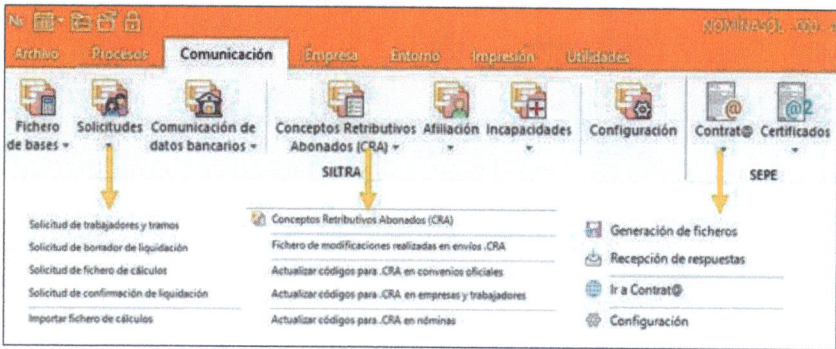

1. Seguridad Social

1.1. Ficheros a enviar a la Seguridad Social

Para el uso del Sistema RED (RED Internet, RED Directo y Sistema de Liquidación Directa) se requiere estar debidamente autorizado por la TGSS.

> *Para acceder a este servicio es imprescindible disponer de un certificado digital válido que garantice la seguridad y confidencialidad de todas las actuaciones.*
>
> *Los autorizados RED deben disponer, además, de un programa de nóminas adaptado al uso del Sistema RED, así como de la aplicación WinSuite32/ SILTRA, proporcionados por la Seguridad Social, para poder llevar a cabo la presentación de los documentos de las series TC2 y solicitud de una de las modalidades de pago ofrecidas por la TGSS.*

NOMINASOL crea diferentes tipos de ficheros para cada documento que la empresa debe remitir a la Seguridad Social. Una vez generados, los ficheros se almacenarán en sus correspondientes directorios.

Para acceder a la configuración de los directorios, accederemos a la solapa "Procesos/ Grupo de opciones Sistema Red/Icono Sistema Red/Configuración".

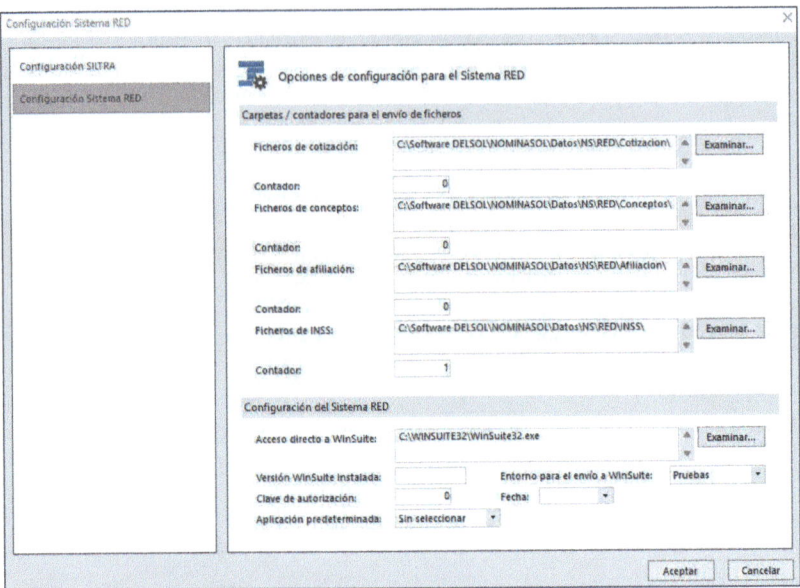

En la misma ruta podremos configurar el sistema SILTRA con sus carpetas para enviar ficheros a la Seguridad Social, altas y los conceptos en modo online (CRA) y recibir las respuestas de la Seguridad Social.

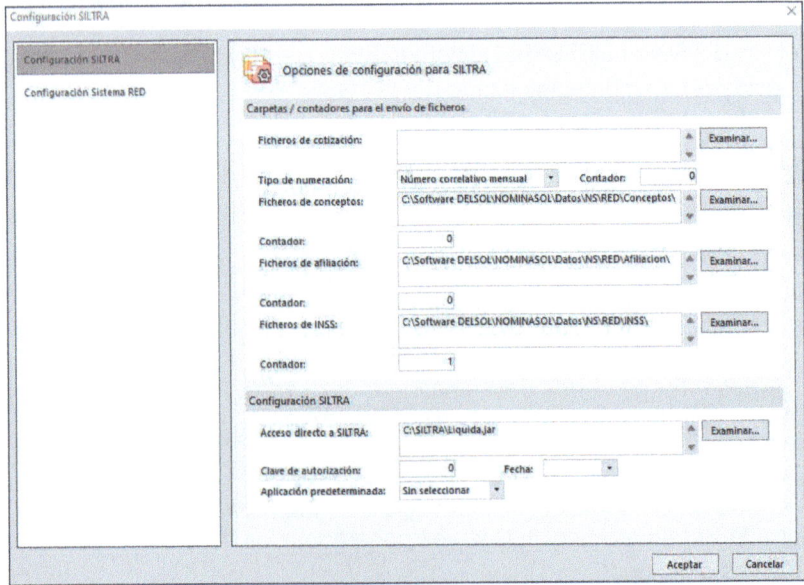

1.2. Liquidación e ingreso de las cuotas de la Seguridad Social

1.2.1. Recibo de Liquidación de Cotizaciones

El Recibo de Liquidación de Cotizaciones (RLC) sustituye al antiguo TC1.

Actualmente, el RLC lo genera la propia TGSS con los datos de cotización que la empresa le remite, pero NOMINASOL nos permite obtener este documento sin que hayamos realizado el envío de datos a la TGSS.

Para obtener el RLC, accederemos a la solapa "Impresión/Grupo de Opciones Seguridad Social/Icono Seguridad Social".

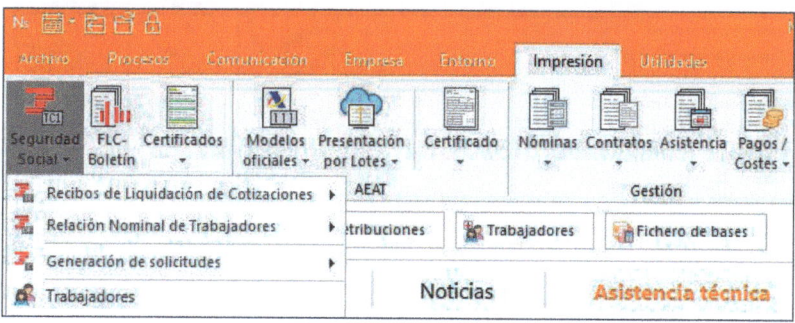

Este boletín de cotización refleja:

❑   Los datos de identificación del sujeto responsable.

❑   La determinación de la deuda.

❑   El resumen de los datos relativos a los trabajadores.

❑   Las cuotas de la Seguridad Social y los demás conceptos que se recaudan juntamente con ellas.

Las cuotas se devengan por mensualidades vencidas, y se ingresarán dentro del mes natural siguiente al que corresponda su devengo.

Al pulsar en la opción "Recibo de liquidación de cotizaciones" indicaremos los intervalos como el mes, tipo de nómina, forma y cuentas de cotización.

LIQUIDACIÓN DE COTIZACIONES

TESORERÍA GENERAL
DE LA SEGURIDAD SOCIAL

Datos identificativos de la liquidación			
Razón social	Adam@	Código de empresario	
Código Cuenta Cotización	1500000001	Número de liquidación	
Periodo de liquidación	02/2024-02/2024	Número de trabajadores	4
Calificador de liquidación	L00 - NORMAL	Liquidación	TOTAL
Fecha de control		Entidad AT/EP	FREMAP

Descripción	Base	Importe
Contingencias comunes	6.907,41	1.954,81
Equidad intergeneracional MEI	6.907,41	48,35
Líquido cotizaciones generales		2.003,16
IT Accidentes de trabajo	6.831,62	54,64
IMS Accidentes de trabajo	6.831,62	47,81
Líquido accidentes de trabajo y enfermedades profesionales		102,45
Otras cotizaciones	6.831,62	559,66
Líquido otras cotizaciones		559,66
Líquido de totales		2.665,27

1.2.2. Relación Nominal de Trabajadores

La Relación Nominal de Trabajadores sustituye al antiguo TC2.

Actualmente, el RNT (Relación Nominal de Trabajadores) lo genera la propia TGSS con los datos de cotización que la empresa le remite, pero NOMINASOL nos permite obtener este documento sin que hayamos realizado el envío de datos a la TGSS.

La relación nominal de trabajadores está compuesta por los datos relativos a la identificación de la empresa y de los trabajadores (sus bases de cotización, las prestaciones que hayan sido satisfechas en régimen de pago delegado), así como los datos relativos a bonificaciones y reducciones de cuotas.

En el supuesto de tener distintas cuentas de cotización aplicables a los trabajadores de una misma empresa, se añadirán tantas páginas como cuentas haya.

Para obtener el RNT, se accede a la solapa "Impresión/Grupo de Opciones Seguridad Social/Icono Seguridad Social".

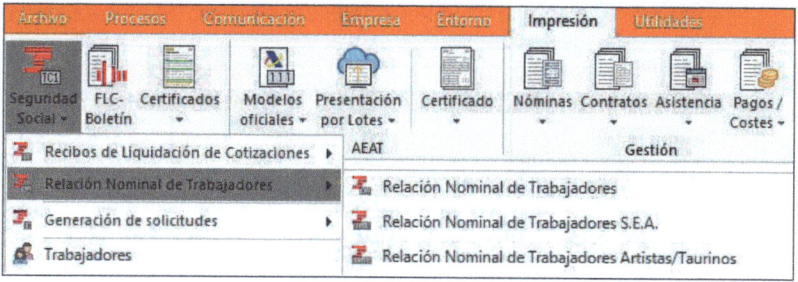

Al igual que en los recibos de liquidación de cotizaciones, disponemos de las opciones para el Régimen General, Sistema Especial Agrario y del Régimen de Artistas/Taurinos.

Al pulsar en la opción "Relación Nominal de Trabajadores", indicaremos los intervalos como el mes, tipo de nómina, forma y cuentas de cotización.

RELACIÓN NOMINAL DE TRABAJADORES

TESORERÍA GENERAL
DE LA SEGURIDAD SOCIAL

Datos identificativos de la liquidación							
Razón social	Adam@				Código de empresario		
Código Cuenta Cotización	1500000001				Número de liquidación		
Periodo de liquidación	03/2024-03/2024				Número de trabajadores	4	
Calificador de liquidación	L00 - NORMAL				Liquidación	TOTAL	
Fecha de control					Entidad AT/EP	FREMAP	

NAF	I.P.F.	C.A.F.	Fechas Tramo Desde	Fechas Tramo Hasta	Días Coti.	Horas Coti.	Horas Compl.	Bases y compensaciones	
								Descripción	Importe
150000000174	5655585-T	PEAGJ	01/03/2024	31/03/2024	30			Base de Contingencias Comunes	1.323,00
			01/03/2024	31/03/2024	30			Base de Contingencias Profesionales	1.323,00
280000000001	10000001-S	FAJUM	01/03/2024	31/03/2024	30			Base de Contingencias Comunes	1.406,31
			01/03/2024	31/03/2024	30			Base de Contingencias Profesionales	1.406,31
			01/03/2024	31/03/2024	30			Base de Contingencias Comunes	1.323,00
			01/03/2024	31/03/2024	30			Base de Contingencias Profesionales	1.323,00
281254785468	11801180 H	GORUS	01/03/2024	31/03/2024	30			Base de Contingencias Comunes	1.532,10
			01/03/2024	31/03/2024	30			Base de Contingencias Profesionales	1.456,31
28152221156	5652554-M	MASAR	01/03/2024	31/03/2024	30			Base de Contingencias Comunes	1.323,00
			01/03/2024	31/03/2024	30			Base de Contingencias Profesionales	1.323,00
Suma de bases								Suma de compensaciones	
Base de Contingencias Comunes				6.907,41					
Base de Contingencias Profesionales				6.831,62					

1.2.3. Liquidaciones complementarias

NOMINASOL permite la realización de liquidaciones complementarias a la Seguridad Social, bien por una rectificación voluntaria, o bien por una reclamación de una cantidad de dinero a devolver con motivo de una IT o bonificaciones/reducciones realizadas indebidamente.

Para ello, accederemos a la solapa "Comunicación/Icono fichero de bases/Fichero de bases".

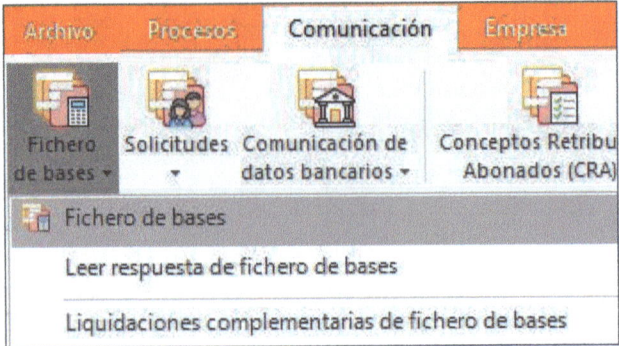

Nos aparece una pantalla para generar el fichero que deberemos mandar a la Seguridad Social.

Para crear una nueva liquidación complementaria deberemos marcar la opción "Liquidación complementaria" y pulsar el botón "Liquidación".

En la pantalla que nos aparece añadiremos los datos para crear la liquidación complementaria y poder generar el fichero en la pantalla anterior.

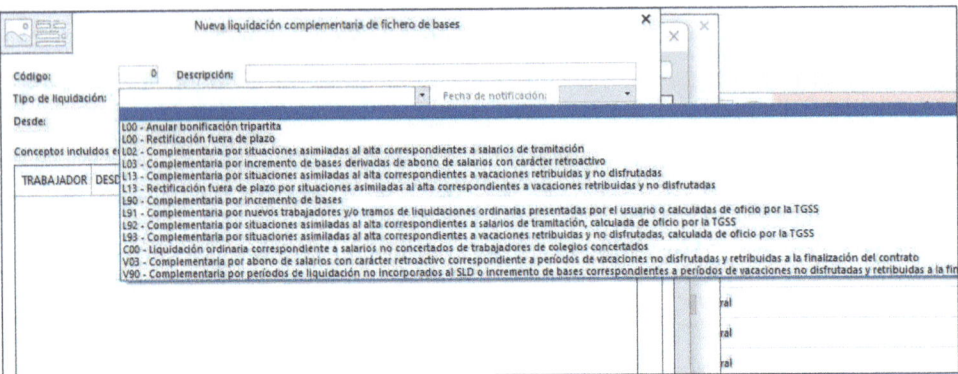

En el caso de que para el mismo periodo de liquidación y en el mismo mes de presentación, proceda la devolución de prestaciones por pago delegado por algún trabajador y la devolución de bonificaciones/reducciones por el mismo u otros trabajadores, deberán cumplimentarse dos liquidaciones L04, una correspondiente a las compensaciones del pago delegado y otra por las bonificaciones/reducciones. Por otro lado, se rechazarán todas las liquidaciones L04 que contengan periodo múltiple.

1.3. Aplazamiento de seguros sociales

La falta de presentación de los documentos de cotización, así como del pago de la deuda fuera de plazo reglamentario de ingreso determinará la aplicación del recargo y el devengo de los intereses de demora, en los términos fijados en la Ley General de la Seguridad Social. Dicho recargo e intereses de demora cuando sean exigibles, se ingresarán junto con las deudas sobre las que recaigan.

Los recargos sobre cuotas, según establece la Ley son:

❑ En caso de presentación de los documentos de cotización dentro del plazo reglamentario: recargo del 20% de la deuda, si se abonasen las cuotas debidas tras el vencimiento de dicho plazo.

❑ En caso de no presentación de los documentos de cotización en plazo:

◆ Recargo del 20% de la deuda, si se abonasen las cuotas debidas antes de la terminación del plazo de ingreso establecido en la reclamación de deuda o acta de liquidación.

◆ Recargo del 35% de la deuda, si se abonasen las cuotas debidas a partir de la terminación de dicho plazo de ingreso.

En la actualidad, es la propia TGSS la que calcula los recargos en el caso de no presentación o presentación fuera de plazo. En el caso de ingresar solo la parte de la cuota del trabajador, hay que solicitar un RLC (Recibo Liquidación de Cuotas) de los trabajadores a la TGSS.

1.4. Creación de partes para el Sistema RED

Para obtener los partes de alta, baja y variación de datos que posteriormente se remitirán a la Seguridad Social mediante el Sistema RED debemos acceder en la solapa "Procesos/Grupos Sistema RED/Icono Sistema Red/Afiliación/Generación del fichero de Afiliación".

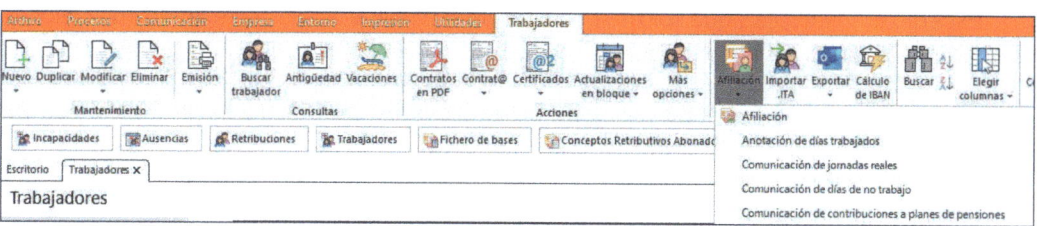

1.4.1. Generación de ficheros de afiliación

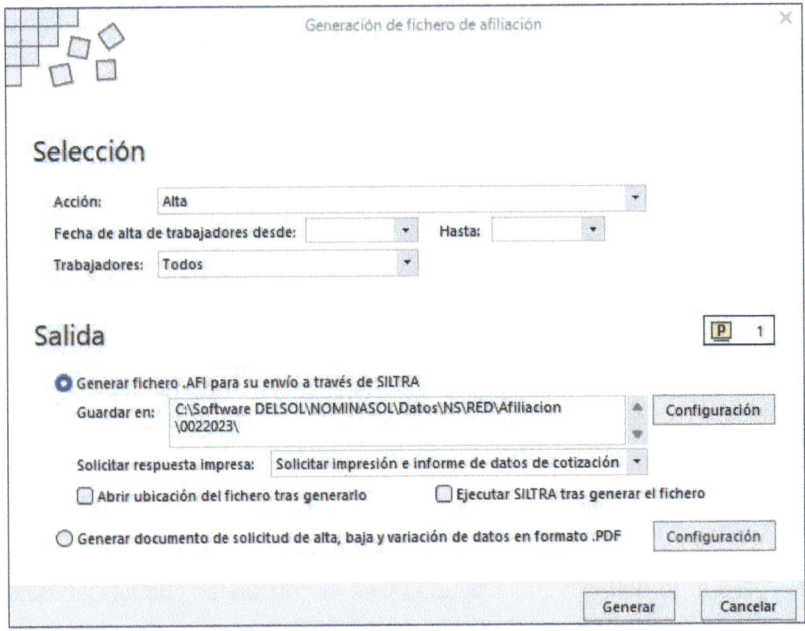

Dentro de "Acción" existen varias opciones excluyentes entre sí:

❑ Alta/Baja.

❑ Cambio de contrato.

❑ Cambio de grupo de cotización.

❑ Cambio de ocupación.

❑ Huelga total.

Excepto el "Alta/Baja", que solo se puede realizar a un trabajador, el resto de las acciones se pueden aplicar a varios trabajadores.

A través del botón "General" se generan los ficheros para la Remisión Electrónica de Documentos a la Seguridad Social.

1.4.2. Generación del TA.2/S

Para generar el TA.2/S en formato PDF, seleccionaremos la opción "Generar documento de solicitud de alta, baja y variación de datos en formato PDF".

MINISTERIO
DE TRABAJO
E INMIGRACIÓN

TESORERÍA GENERAL
DE LA SEGURIDAD SOCIAL

TA.2/S

Registro de presentación   Registro de entrada

SOLICITUD DE ALTA, BAJA O VARIACIÓN DE DATOS DEL TRABAJADOR POR CUENTA AJENA O ASIMILADO

1. DATOS DEL AFILIADO/A

PRIMER APELLIDO	SEGUNDO APELLIDO	NOMBRE	NÚMERO DE SEGURIDAD SOCIAL
MARTINEZ	JUAREZ	ANTONIO	152222222

FECHA DE NACIMIENTO: Día 15 Mes 1 Año 1976

1.1 GRADO DE DISCAPACIDAD

TIPO DE DOCUMENTO IDENTIFICATIVO: D.N.I. ✓ TARJETA DE EXTRANJERO PASAPORTE

1.2 Nº DE DOCUMENTO IDENTIFICATIVO: 10000001-S

DOMICILIO

CORREO ELECTRÓNICO

SOLICITA RECIBIR INFORMACIÓN DEL TRÁMITE MEDIANTE SMS: SI NO   TELÉFONO MÓVIL PARA SMS

2. DATOS RELATIVOS A LA SOLICITUD (Marque con "X" la opción correcta)

ALTA ✓ BAJA VARIACIÓN DE DATOS

2.1 SITUACIÓN DE INACTIVIDAD: INICIO FIN

2.2 CAUSA DEL ALTA/BAJA/VARIACIÓN DE DATOS

FECHA DE ALTA/BAJA/VARIACIÓN DE DATOS: Día 1 Mes 3 Año 2019

3. DATOS DE LA EMPRESA SOLICITANTE

RAZÓN SOCIAL DEL EMPRESARIO COLECTIVO O NOMBRE Y APELLIDOS DEL EMPRESARIO/A INDIVIDUAL: ADAM@

3.1 RÉGIMEN/ SISTEMA ESPECIAL: 0111

CÓDIGO CUENTA COTIZACIÓN (C.C.C.): 01500000001

DOMICILIO: CL LA AVENIDA 25

4. DATOS LABORALES Y DE SEGURIDAD SOCIAL

4.1 CONTRATO DE TRABAJO

4.1.1 CÓDIGO: 100

4.1.2 FECHA DE INICIO DEL CONTRATO DE TRABAJO: Día Mes Año

4.1.4 FECHA DE FIN DE VACACIONES RETRIBUIDAS Y NO DISFRUTADAS: Día Mes Año

4.1.3 CAUSA ALTA SUCESIVA

4.1.5 EMPRESA DE ORIGEN DEL CONTRATO

4.2 TRABAJADORES/AS CON EXCLUSIONES DE COTIZACIÓN

4.3 RELACIÓN LABORAL DE CARÁCTER ESPECIAL

4.4 GRUPO COT. 7   4.5 OCUPACIÓN A TIEMPO a   4.6 C.C.C. ó Nº S.S. DEL EMPRESARIO USUARIO   4.7 IDENTIFICACIÓN DE LA EMBARCACIÓN   4.3.1 ENTIDAD DE ACCIDENTE DE TRABAJO   4.3.2 OPCIÓN IT/CC

4.8 INDIQUE SI EL TRABAJADOR/A SE ENCUENTRA EN SITUACIÓN DE:

DESEMPLEADO/A	DESEMP. INSCRITO MÁS DE 6 MESES	DESEMPLEADO/A SUBSIDIO R.E.A.	RENTA ACTIVA DE INSERCIÓN	MUJER SUBREPRESENTADA	EXCLUSIÓN SOCIAL	TRABAJADOR/A DE AUTÓNOMO/A
BENEF. SUBSIDIO DESEMP >52 AÑOS	BENEF. DESEMPLEO FALTA 1 AÑO Ó MÁS	MUJER REINCORPORADA AL TRABAJO DESPUÉS DE MATERNIDAD		PARTO ÚLTIMOS 24 MESES	VÍCTIMA VIOLENCIA DE GÉNERO	INCAPACITADO/A READMITIDO/A

4.9 TIEMPO PARCIAL: Nº HORAS ORDINARIAS (A): Día Semana Mes Año

Nº HORAS JORNADA MÁXIMA (B)

COEFICIENTE TIEMPO PARCIAL (A x 1000) / B

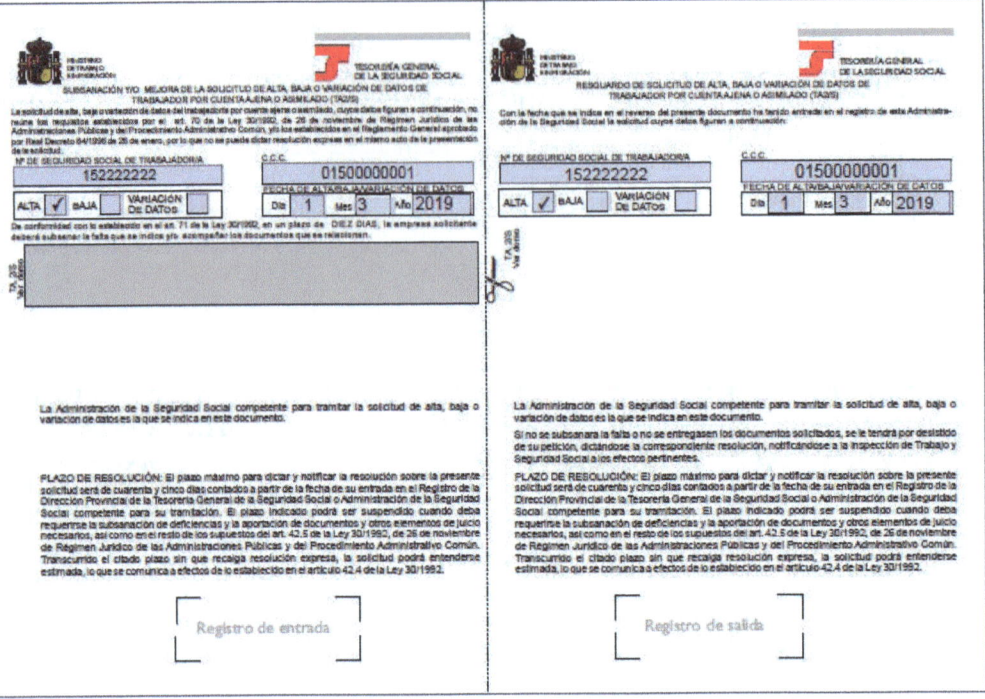

1.5. Conceptos Retributivos Abonados (CRA)

1.5.1. Introducción

Al definir los conceptos retributivos en el convenio, en la empresa, en el trabajador o en la propia nómina una vez calculada, tenemos que cumplimentar la casilla "Concepto retributivo .CRA" para que, posteriormente, se genere correctamente el fichero.

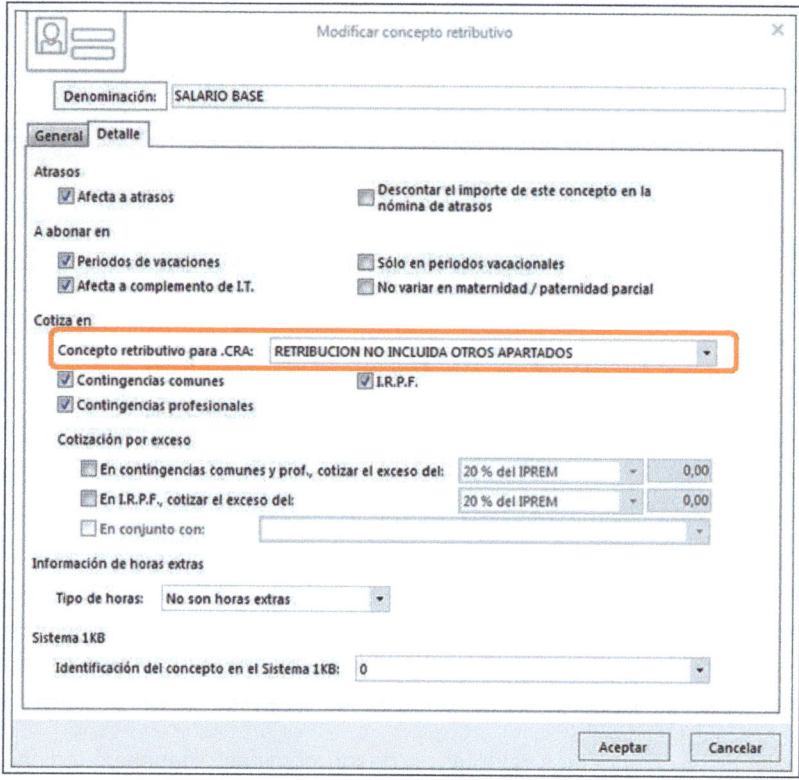

La información del fichero CRA se alimenta del cálculo de nómina mensual, finiquito, atrasos y de aquella que el usuario añada manualmente.

Al realizar el cálculo de nómina, se genera por cada trabajador y periodo de cálculo un registro que se incluirá en el fichero con la información correspondiente a los conceptos retributivos abonados.

Si se elimina una nómina desde la opción "Nóminas calculadas", el registro correspondiente de conceptos CRA también será eliminado.

1.5.2. Emisión del fichero CRA

Los distintos conceptos retributivos abonados CRA que deben ser comunicados en cada plazo reglamentario de ingreso de cuotas son los efectivamente abonados a los trabajadores en el periodo de liquidación al que corresponde dicho abono. Como excepción, los prorrateos de las percepciones de vencimiento superior al mensual se comunicarán respecto de todos los periodos de liquidación a los que afecte dicho prorrateo.

Para proceder a la generación y visualización del fichero .CRA, se accede a la solapa "Comunicación/SILTRA/Conceptos Retributivos Abonados (CRA)/Conceptos Retributivos Abonados (CRA)".

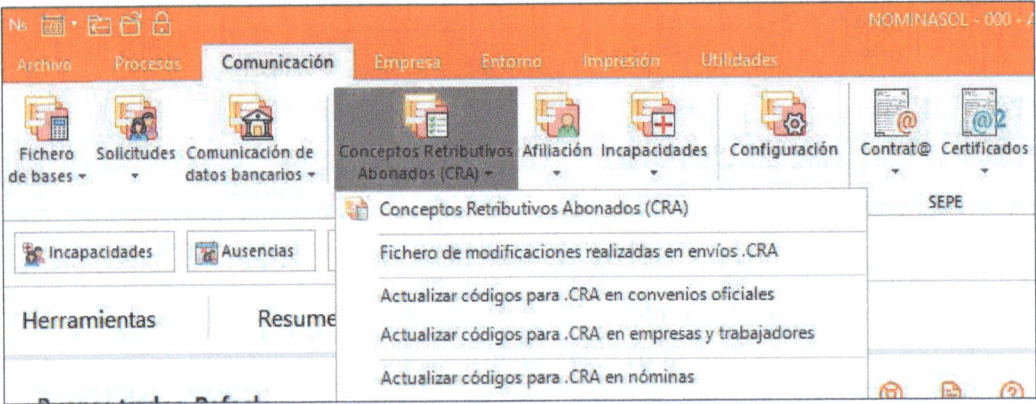

Introducimos la información para la generación del fichero. Se puede seleccionar entre generar el fichero .CRA con los "Conceptos retributivos desde nóminas" o "Modificación de conceptos retributivos abonados desde fichero". Esta última opción se seleccionará cuando se hayan modificado los conceptos retributivos desde la opción "Fichero de modificaciones realizadas en envíos .CRA", dentro de "Sistema RED/Conceptos".

Si se selecciona "Conceptos retributivos desde nóminas", debemos indicar el mes de liquidación, el tipo de nómina, la forma de cotización y de qué empresa o empresas.

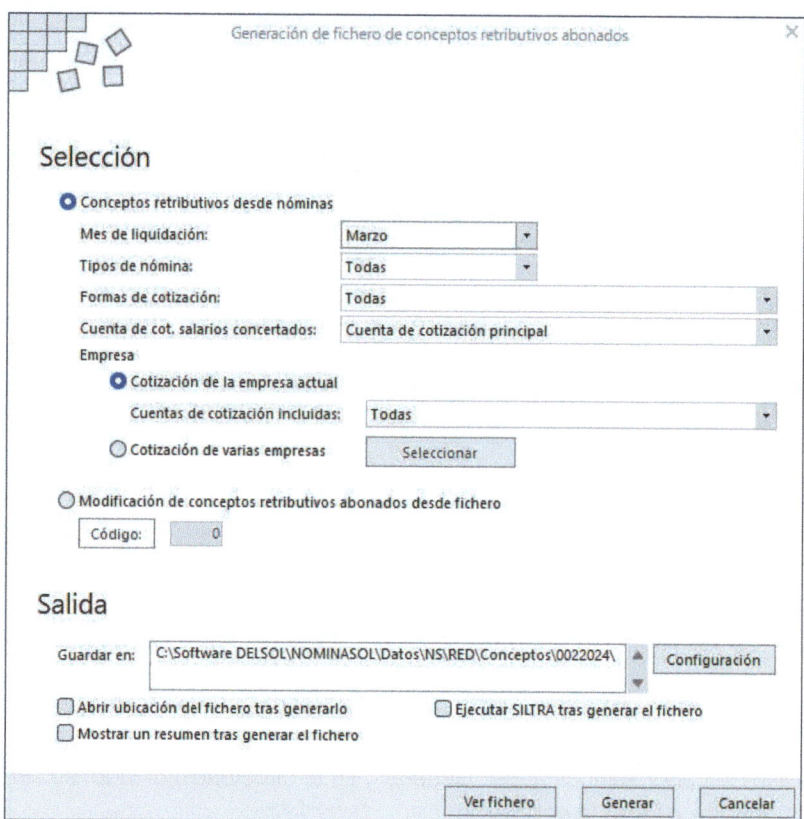

Una vez introducidos los datos, podemos optar por "Ver fichero", que nos visualizará en pantalla los conceptos retributivos abonados a cada trabajador; o por "Generar", que nos guardará en el directorio que se indica en "Guardar en", para posteriormente remitirlo a la TGSS.

Al pulsar el botón "Ver fichero" se muestra esta ventana:

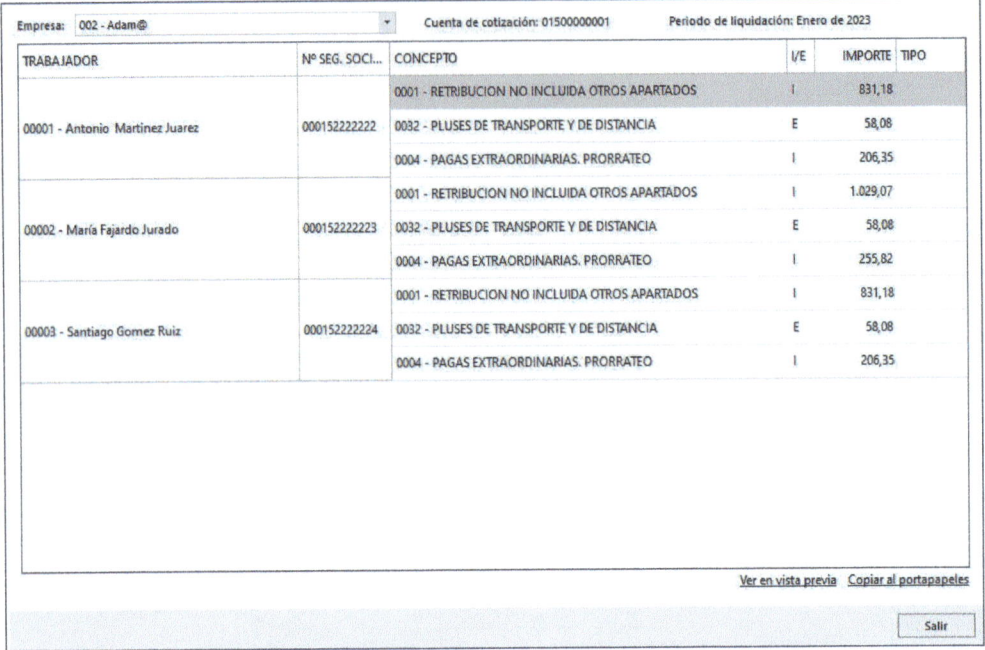

En el caso de haber seleccionado "Generar", en el directorio indicado, se almacenará el fichero .CRA que nos genera la aplicación.

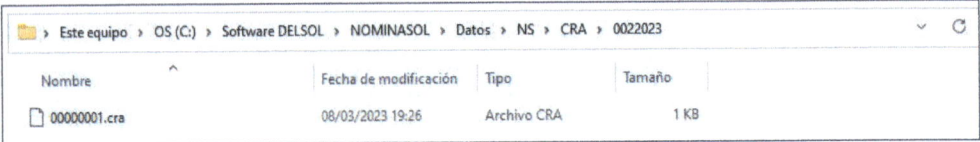

Se dispone de una serie de opciones que permiten actualizar los códigos de los conceptos retributivos que tenemos dados de alta en los convenios oficiales, empresas, trabajadores o en las nóminas.

1.6. Sistema de Liquidación Directa (SLD)

1.6.1. Introducción

Con el Sistema de Liquidación Directa (SLD) la TGSS pasó de un modelo de autoliquidación a un modelo de facturación. El modelo de autoliquidación irá desapareciendo de forma progresiva, por lo que existirá temporalmente la convivencia de ambos.

En el modelo anterior, los cálculos los realizaba la empresa y eran remitidos a través del fichero .FAN, calculados y presentados a nivel de CCC. En el Sistema de Liquidación Directa, el cálculo lo realiza la TGSS en base a la información disponible en sus bases de datos y la información comunicada por la empresa, calculada y presentada a nivel de trabajador.

La información que debe comunicar la empresa es la no disponible en las bases de datos de la TGSS de aquellos trabajadores en alta en el FGA (Fichero General de Afiliación) de los que existe obligación de cotizar. Esta información será remitida cada mes a través del **fichero de bases**, no siendo necesario remitir todos los meses la totalidad de los datos porque se pueden recuperar las bases del mes anterior, para aquellos trabajadores que no sufran variaciones.

La liquidación no será definitiva y no se podrá ingresar hasta que la información enviada por la empresa esté conciliada con la obrante en poder de la TGSS. La empresa debe comprobar que la información enviada por la TGSS sea correcta y confirmarla para que se efectúe el pago correspondiente.

A) Plazos del SLD

Los plazos del SLD son:

❏ Presentación de la liquidación: hasta las 23:59 del penúltimo día natural del mes.

❏ Plazo de ingresos de cuotas: último día del mes.

B) Presentación de liquidaciones

La presentación de liquidaciones puede iniciarse mediante dos vías:

❏ Envío del fichero de bases:

◆ Cada mes de enero o en el mes de migración del Sistema RED a SLD.

◆ En el segundo y posteriores meses cuando sea necesario comunicar bases o cualquier otro dato de alguno de los trabajadores.

❏ Solicitud de borrador: para liquidaciones ordinarias (L00) del resto de meses. En este caso, se deberá solicitar la recuperación de las bases del mes anterior válidas a efectos de cálculo.

C) Respuesta a las comunicaciones y solicitudes de datos

Todas las comunicaciones y solicitudes de datos tendrán por parte de la TGSS una respuesta:

❑ **Fichero de respuesta**, en todos los casos, que irá acompañado o no de otros documentos o descripción de incidencias detectadas en el fichero enviado o solicitud.

❑ **Relación Nominal de Trabajadores**, en respuesta al envío por parte de la empresa del fichero de bases, solicitud de borrador o solicitud de confirmación. Contiene la información sobre los trabajadores presentados en la liquidación, las bases y compensaciones de cada uno de ellos de forma "individual".

❑ **Documento de Cálculo de la Liquidación (DCL)**, en respuesta al envío por parte de la empresa del fichero de bases, solicitud de borrador o solicitud de confirmación. Contiene la "cuota total" de los trabajadores incluidos en el periodo de liquidación, independientemente del recibo a ingresar.

❑ **Recibo de Liquidación de Cotizaciones (RLC)**, en respuesta al envío por parte de la empresa del fichero de bases, solicitud de borrador o solicitud de confirmación. Es el documento definitivo para realizar el ingreso, contiene huella electrónica y es efectivo frente a terceros.

❑ **Fichero de Consulta de Cálculos**, en respuesta a la solicitud por la empresa de la solicitud de consulta de cálculos siempre que exista una liquidación calculada para el periodo indicado. Contiene los datos generales de la liquidación presentada, desglose por trabajador, cuota total y cuota a cargo de los trabajadores. Este documento no tiene huella electrónica y por lo tanto no es efectivo frente a terceros.

Lo primero que hay que hacer es configurar las conexiones como hicimos al comienzo de la unidad en la solapa "Procesos/Nóminas/Sistema de liquidación directa".

Configuración del Sistema RED

Acceso directo a WinSuite:	C:\WINSUITE32\WinSuite32.exe
Versión WinSuite instalada:	Entorno para el envío a WinSuite: Pruebas
Clave de autorización:	15956 Fecha:
Aplicación predeterminada:	Sin seleccionar

Aquellos ficheros que se generan desde la opción SILTRA en NOMINASOL, se guardarán por defecto en la carpeta de instalación de SILTRA, siendo no modificable por el usuario.

En el icono "Sistema de Liquidación Directa", en la solapa "Procesos/Grupo SILTRA", disponemos de las siguientes opciones:

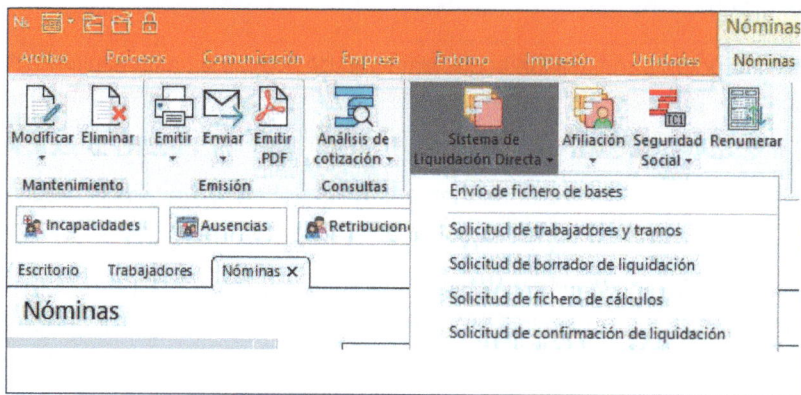

1.6.2. Fichero de bases

Para generar el fichero de bases de cada periodo de liquidación según las indicaciones de la TGSS. Como hemos dicho anteriormente, la emisión de este fichero será obligatoria:

❑ Cada mes de enero o en el mes de migración del Sistema RED a SLD.

❑ En el segundo y posteriores meses cuando sea necesario comunicar bases o cualquier otro dato de alguno de los trabajadores.

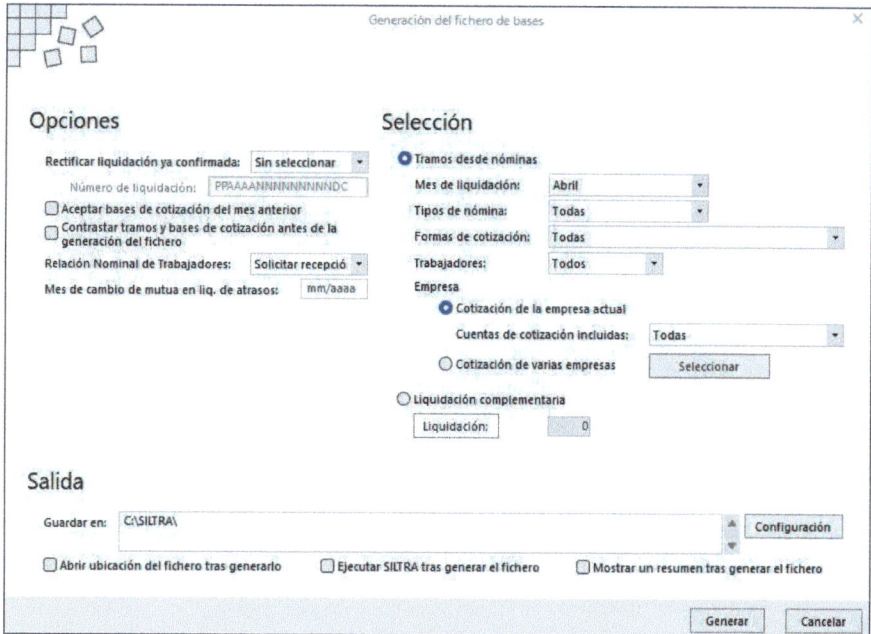

Para el tipo de liquidación "Normal- L00", se habilita la casilla "Aceptar bases anteriores". Al marcarla, en el fichero se reflejará la aceptación de las bases correspondientes al mes anterior de liquidación.

Practicada la liquidación, desde la confirmación de la misma hasta el último día del plazo de presentación, se puede "rectificar" aportando datos distintos a los inicialmente transmitidos (nuevo trabajador, incremento de la base de un trabajador incluido...).

Para indicar esta circunstancia, se marca la casilla "Este envío rectifica una liquidación ya confirmada".

La rectificación de una liquidación conlleva la "reapertura" y, por tanto, la sustitución de la liquidación anterior, lo que supone la realización de nuevos cálculos. Los ingresos correspondientes a la liquidación anterior se considerarán "ingreso a cuenta". Completados los campos, se pulsa el botón "Generar".

NOMINASOL guarda el fichero generado en el directorio de instalación de la plataforma SILTRA. Este fichero no es modificable.

1.6.3. Ficheros de solicitud

A) Solicitud de borrador

En el SLD, la TGSS envía la información de las cotizaciones según los datos de los que disponen tras una solicitud de borrador.

La empresa comprobará que la información sea correcta y solo deberán confirmarla para que se efectúe el pago correspondiente.

Desde esta opción es posible generar el fichero *.xml de solicitud de borrador para la emisión por la TGSS junto con el fichero de respuesta del borrador de la Relación Nóminas de Trabajadores (RNT) y el Documento de Cálculo de la Liquidación (DCL).

Se debe realizar la solicitud de borrador:

❑ Como primer paso para iniciar el procedimiento de liquidación (L00) en el segundo mes y sucesivos meses de presentación, indicando siempre la recuperación de bases del mes anterior.

❑ Ante una liquidación ya presentada pero no confirmada, la cual ha sufrido modificaciones que no implican la comunicación de datos.

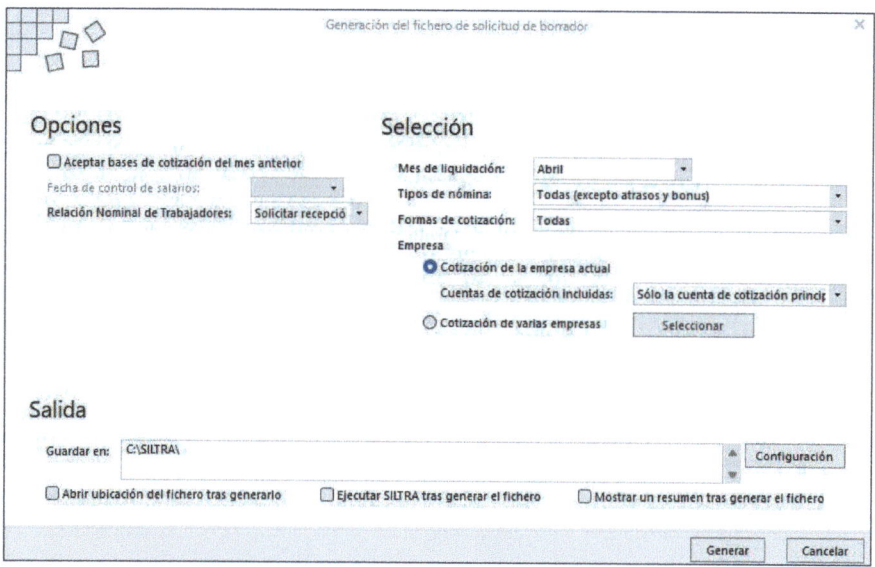

Al pulsar el botón "Generar" se guardará el fichero generado en el directorio de la instalación de la plataforma SILTRA.

B) Solicitud de confirmación

En el SLD, la TGSS envía la información de las cotizaciones según los datos de los que dispone. La empresa comprobará que la información sea correcta y solo deberán confirmarla para que se efectúe el pago correspondiente.

Desde esta opción es posible generar el fichero *.xml de solicitud de confirmación de una liquidación, para comunicar a la TGSS la conformidad con los datos aportados para las liquidaciones incluidas en el mismo.

La solicitud de confirmación supone ya el último paso del procedimiento de liquidación.

La liquidación queda "finalizada" lo que impide que en el mes de presentación se realicen actuaciones, salvo anulación o rectificación por la empresa. El recibo (RLC) queda asociado a la modalidad de pago de la CCC.

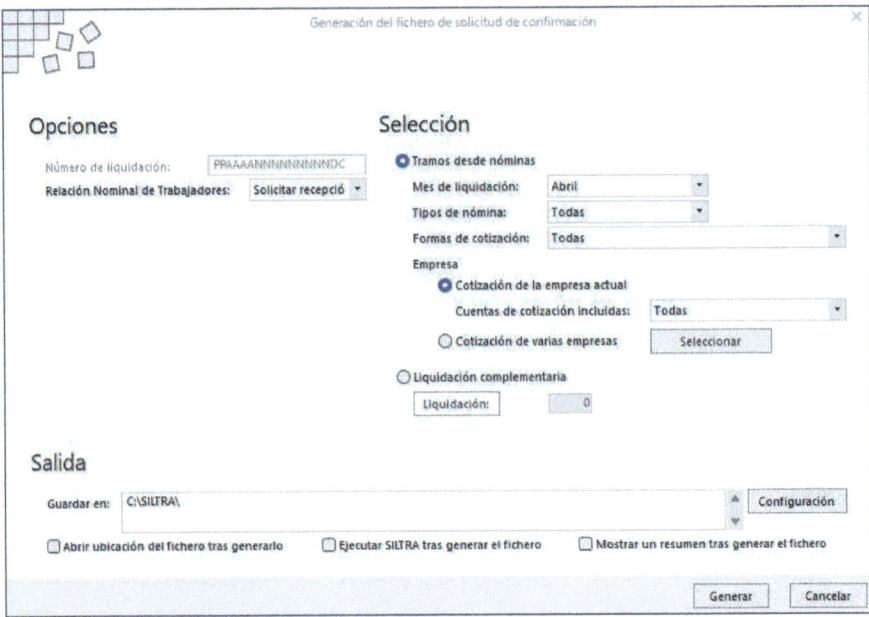

Al pulsar el botón "Generar" se guardará el fichero generado en el directorio de la instalación de la plataforma SILTRA.

C) Solicitud de trabajadores y tramos

Esta opción permite generar el fichero *.xml para solicitar a la TGSS un fichero con la información de trabajadores y tramos existentes en sus bases de datos.

Mediante esta solicitud podremos obtener de la TGSS junto con el fichero de respuesta, el fichero de trabajadores y tramos de recaudación que sobre determinada liquidación posee.

Se trata de una solicitud informativa que no sirve para iniciar el procedimiento. La TGSS responderá siempre y cuando no se haya enviado previamente un fichero de bases o solicitud de borrador para el mismo periodo y tipo de liquidación.

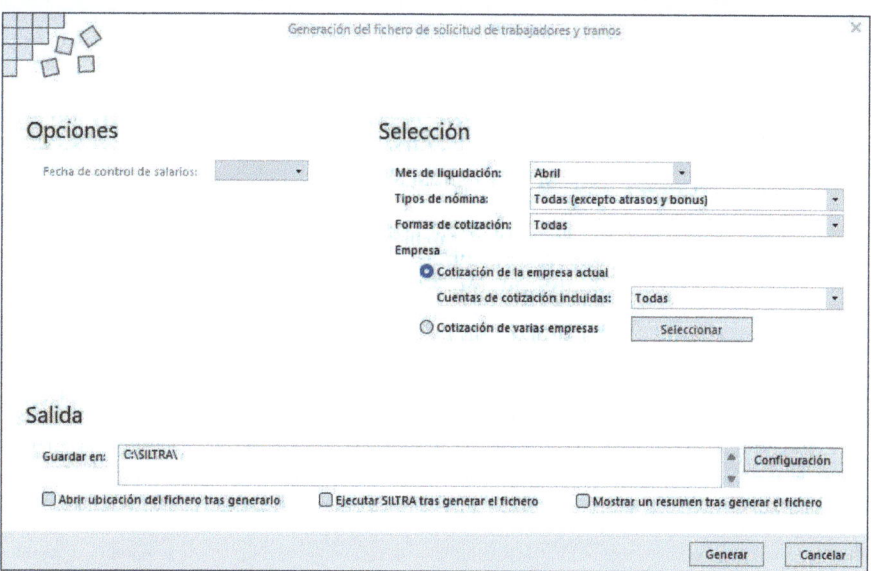

Al pulsar el botón "Generar" se guardará el fichero generado en el directorio de la instalación de la plataforma SILTRA.

D) Solicitud de cálculos

El SLD permite, en cualquier momento, dentro del mes de liquidación o posteriores, conocer los cálculos de la liquidación presentada. Mediante el envío de la solicitud del fichero de consulta de cálculos a través de SILTRA, siempre que exista una liquidación dada de alta independiente de su estado y con cálculo, la TGSS responderá con el fichero de consulta de cálculos.

El fichero de consulta de cálculos contiene los datos generales de la liquidación presentada, desglose por trabajador, cuota total y cuota a cargo de los trabajadores.

Este documento no tiene huella electrónica y por lo tanto no es efectivo frente a terceros.

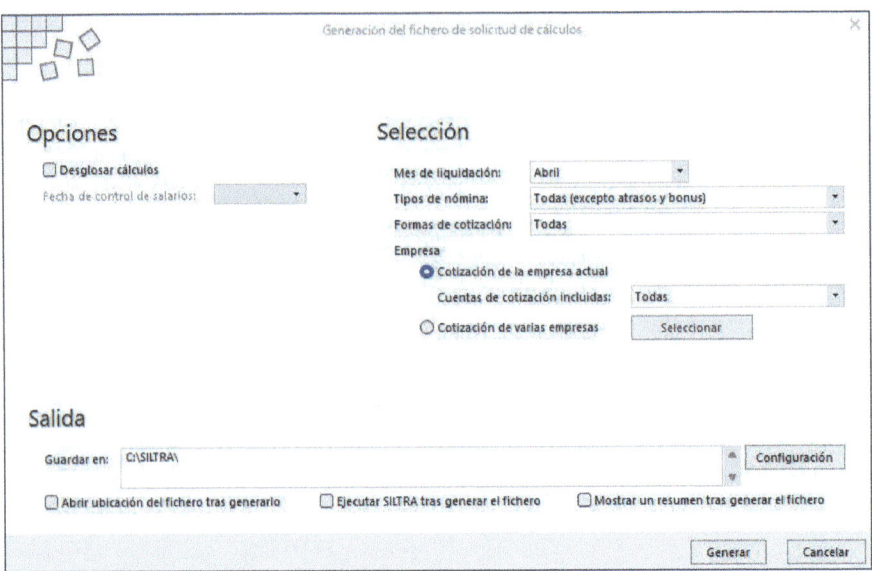

Al pulsar el botón "Generar" se guardará el fichero generado en el directorio de la instalación de la plataforma SILTRA.

1.6.4. Liquidaciones complementarias de ficheros bases

Esta opción permite generar liquidaciones sin origen de datos en una nómina calculada o tramos calculados.

Las liquidaciones añadidas desde esta opción no se tendrán en cuenta en los siguientes cálculos:

❑ Gastos de Seguridad Social en Acumulados de IRPF.

❑ Emisión de recibos de salarios, transferencias, etc.

❑ Control de topes respecto a otros procesos de atrasos automáticos o manuales calculados/generados.

❑ Costes de empresa.

❑ Nóminas.

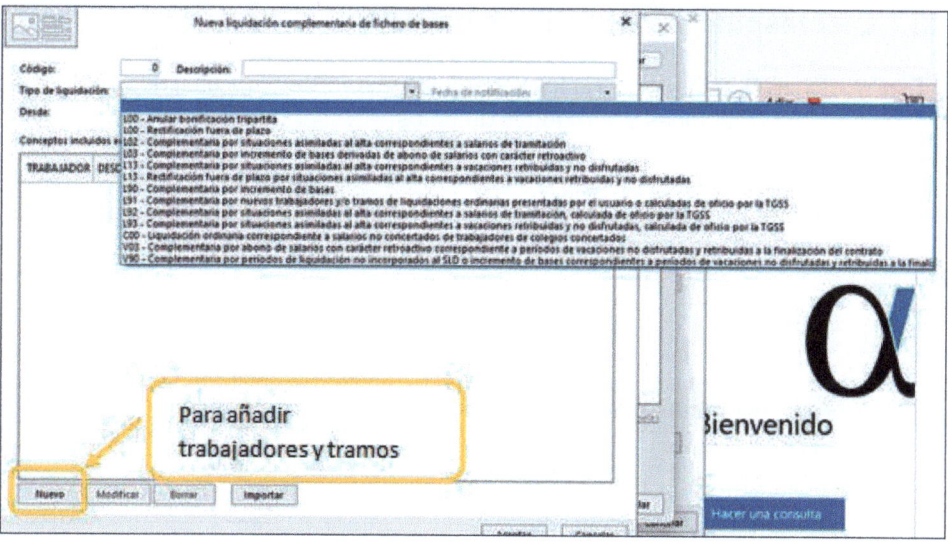

Le damos al botón "Nueva" para crear nuevos tramos. La liquidación se calcula según unos tramos de cotización, esto es, "la parte o fracción del periodo de liquidación de un trabajador en el que las condiciones de cotización son coincidentes en su totalidad".

Por ejemplo, un contrato temporal que a mitad de mes se transforma en indefinido, generará la cotización de dos tramos. Un trabajador siempre tendrá como mínimo un tramo para cada periodo de liquidación. De esta forma, será posible hacer liquidaciones totales o parciales de los trabajadores consolidados (sin discrepancias con la información en poder de la TGSS).

1.6.5. Leer respuestas de ficheros bases

Esta opción sirve para visualizar los ficheros de respuesta *.xml emitidos por la TGSS con motivo de las comunicaciones y solicitudes de datos.

Al pulsar en "Importar", indica el directorio en el que está almacenado el fichero de respuestas. Los archivos de estas respuestas se encuentran depositados dentro de la carpeta de instalación de SILTRA, normalmente en la siguiente ruta: C:\SILTRA\SVA\Msjrec.

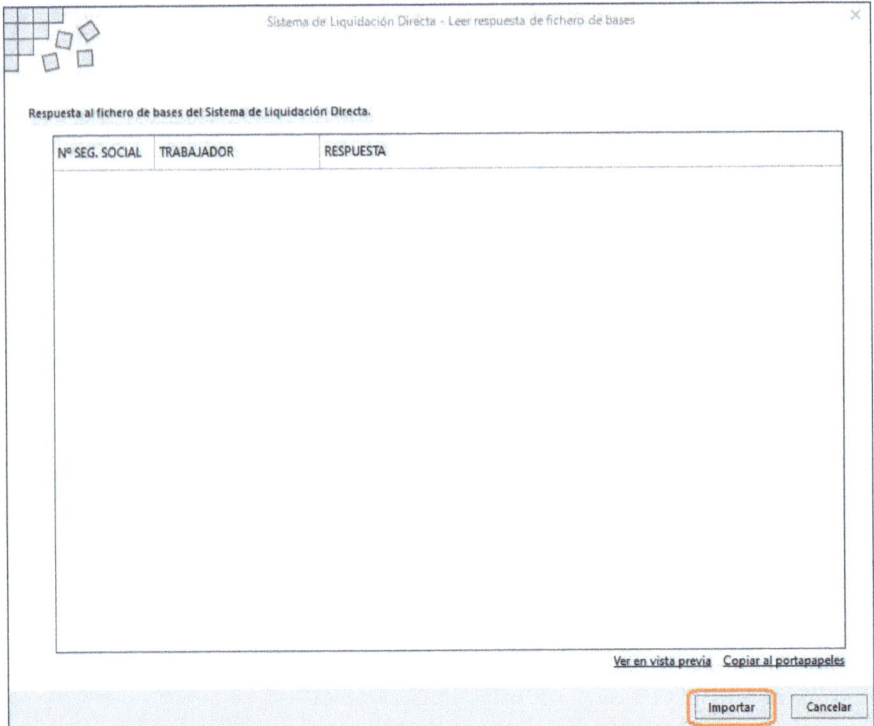

1.7. Certificados INSS

En la solapa "Impresión/Grupo Seguridad Social/Icono Certificados/Certificado de Maternidad/Paternidad" obtendremos el certificado necesario para solicitar la prestación por maternidad o paternidad.

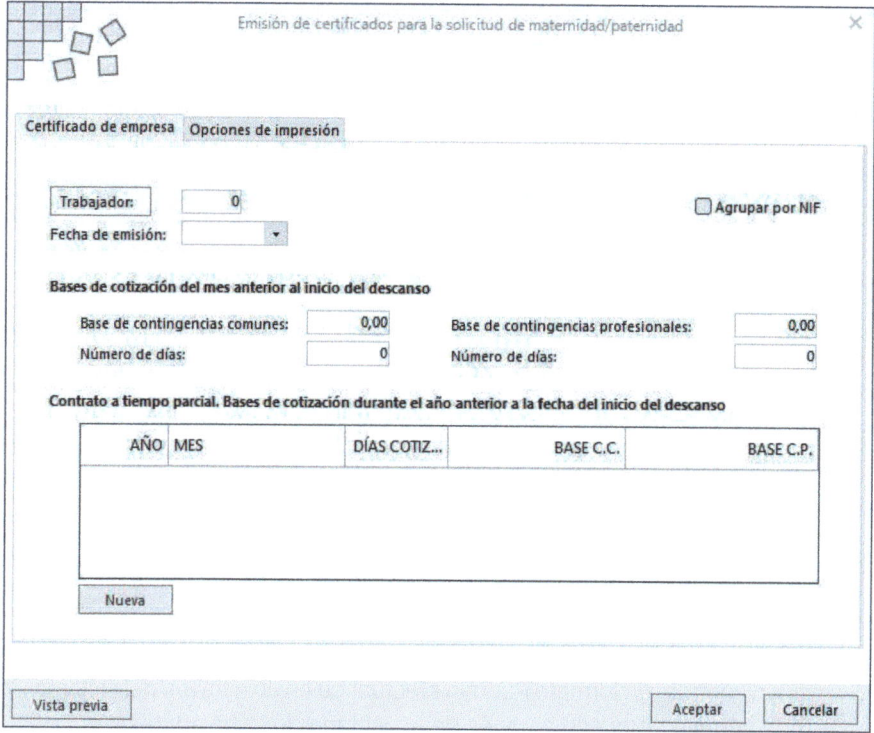

2. Servicio Público de Empleo Estatal

2.1. Emisión de contratos en formato pdf

NOMINASOL permite la emisión de los modelos de contrato oficiales del Servicio Público de Empleo Estatal (SEPE) en formato pdf y la generación de ficheros para el sistema Contrat@.

Tanto para generar el contrato en formato pdf como para la generación de los ficheros para el envío a través del sistema Contrat@, se necesita configurar las ubicaciones de los ficheros. Dicha configuración se realiza a través de la ruta "Contrat@/Configuración", al que podemos acceder desde la solapa "Procesos" o desde la ventana de trabajadores.

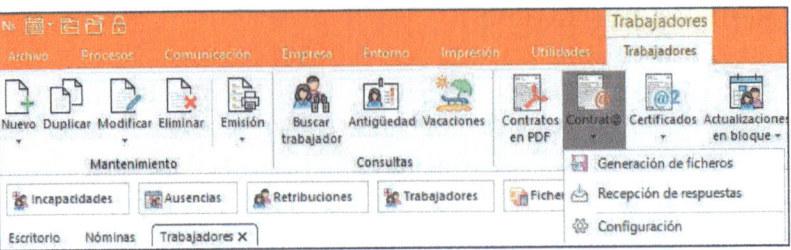

Debemos indicar la ubicación donde se guardan los ficheros enviados, las respuestas del SEPE y los contratos en formato pdf:

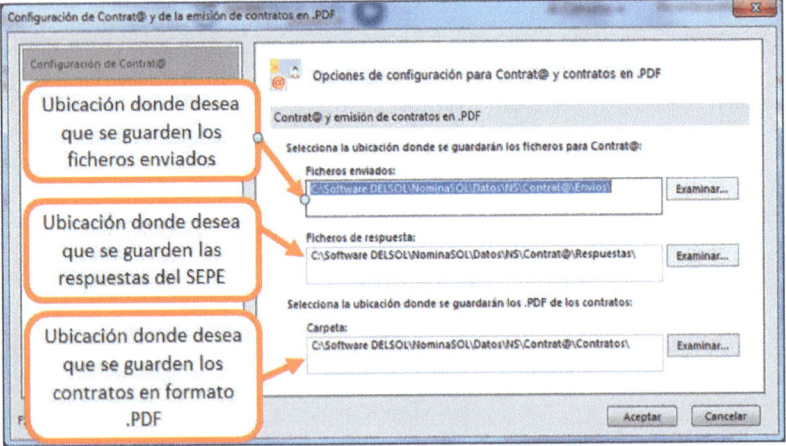

Para emitir un contrato en formato PDF sin efectuar su envío a través del sistema Contrat@, NOMINASOL nos permite obtenerlo a través de la ventana de trabajadores.

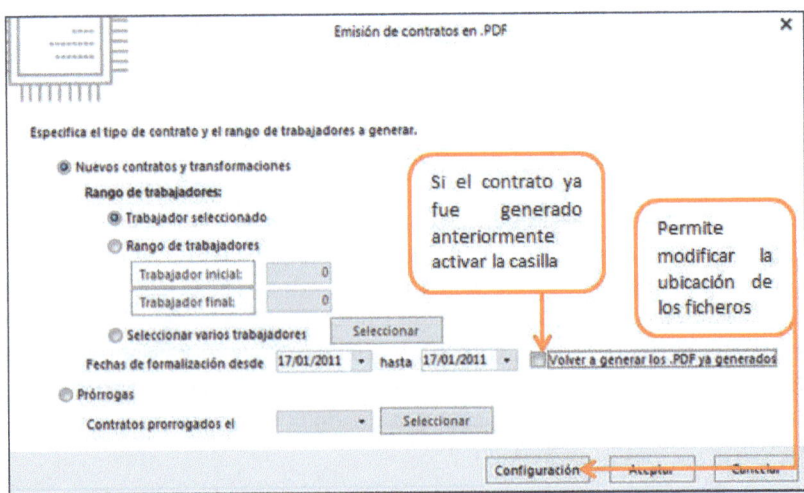

ADAMS

2.2. Emisión y envío de contratos Contrat@

2.2.1. Configuración

Se puede realizar la comunicación de los contratos de trabajo y de las copias básicas de los mismos, en conexión directa a la base de datos del Servicio Público de Empleo y recibir de forma inmediata la respuesta; se tiene así la posibilidad de subsanar los posibles errores antes de confirmar la comunicación. De no utilizar este servicio, los contratos hay que registrarlos personalmente en las oficinas del Servicio Público de Empleo.

La utilización de este servicio requiere disponer de una autorización de los Servicios Públicos de Empleo.

En la solapa "Contratos" de la ficha del trabajador disponemos de unos iconos para introducir la información necesaria para generar el fichero y su posterior envío.

A) Contrat@ - Datos generales

En esta pantalla se pueden introducir los datos relativos al contrato. Estos datos son necesarios para poder generar correctamente el fichero que será tramitado a través del sistema Contrat@.

B) Contrat@ - Jornada parcial/Bonificación

A través de esta pantalla se puede introducir la información necesaria para cumplimentar los contratos a tiempo parcial y de formación.

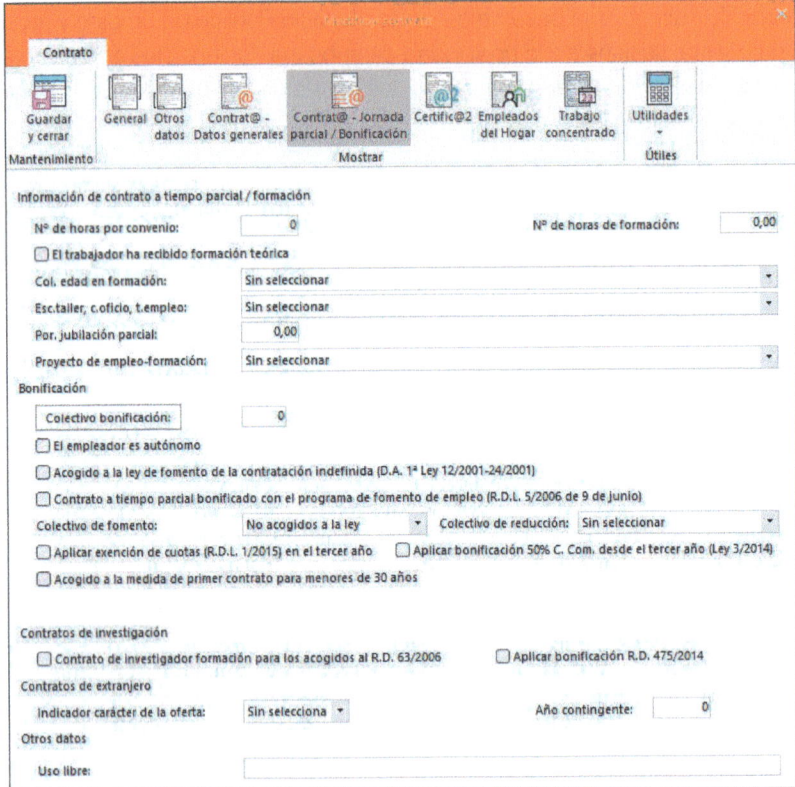

2.2.2. Generación del fichero

Esta opción permite generar el fichero que se enviará al SEPE.

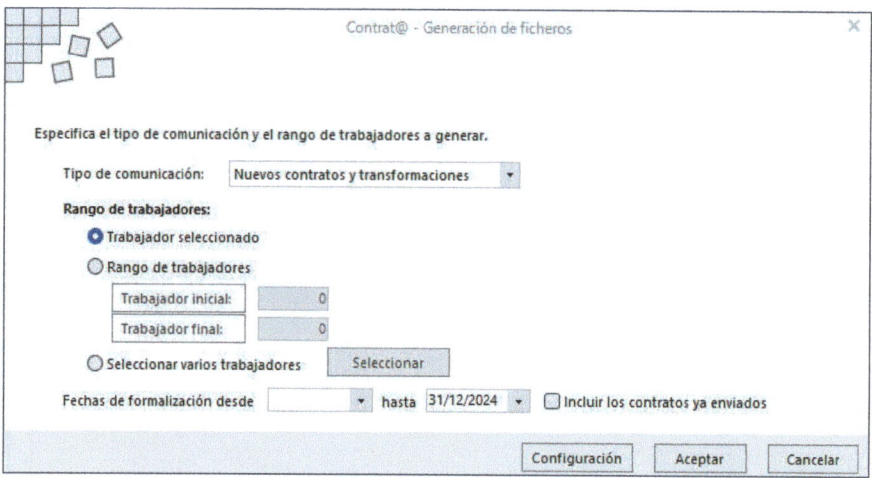

Si se selecciona la opción "Nuevos contratos y transformaciones" se indicará el rango de trabajadores y entre qué fechas de formalización son los contratos que se van a incluir en el fichero.

Si se necesita generar de nuevo un fichero que ya fue creado en otro momento, activaremos la casilla "Incluir los contratos ya enviados".

Al seleccionar la opción "Prórrogas" se genera un fichero solo con los contratos que hayan sido prorrogados en la fecha indicada.

Una vez introducidos los datos, pulsaremos el botón "Aceptar" y se generará un fichero en formato .XML, que se validará posteriormente desde la misma página web del SEPE.

Este fichero es guardado en la ubicación que tenga configurada dentro de "Procesos/Configuraciones/Sistema Contrat@".

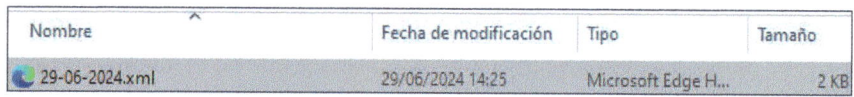

Nombre	Fecha de modificación	Tipo	Tamaño
29-06-2024.xml	29/06/2024 14:25	Microsoft Edge H...	2 KB

2.2.3. Recepción de respuesta

Una vez enviado el fichero por el sistema Contrat@, se recibe de forma inmediata la respuesta.

Esta opción permite llevar el mantenimiento de los errores que contengan los ficheros enviados, con la posibilidad de subsanarlos antes de confirmar la comunicación.

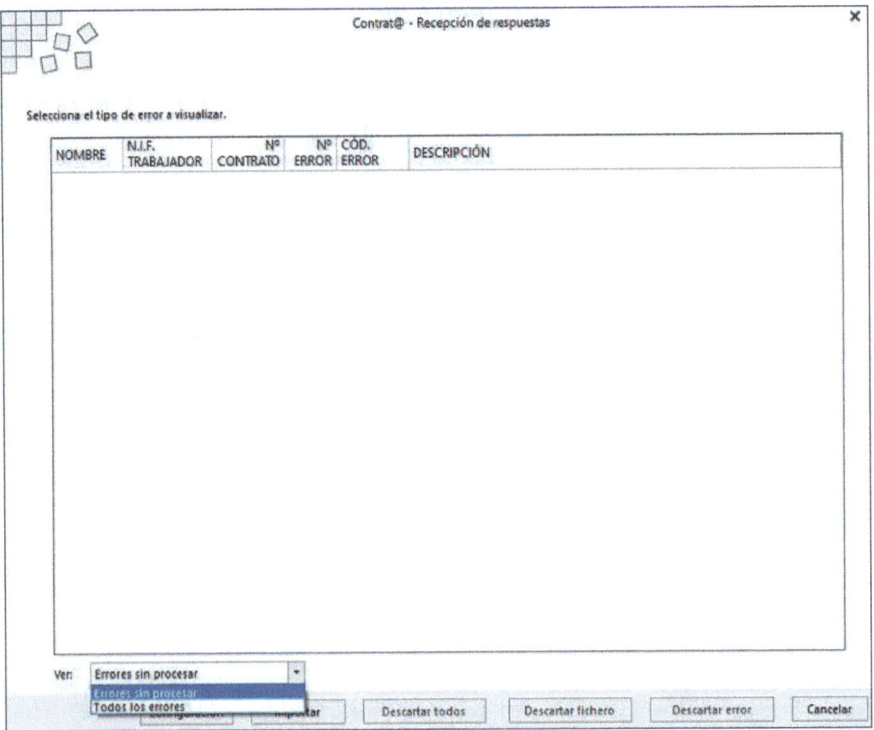

En la ventana se puede seleccionar si deseamos ver los "Errores sin procesar" (aquellos en los que no se haya pulsado alguno de los botones "Descartar") o "Todos los errores".

2.2.4. Ir a Contrat@

Esta opción nos conecta con la página web de Contrat@:

2.3. Certificados

2.3.1. Configuración

NOMINASOL permite generar los certificados de empresa en pdf o generar un fichero para su posterior envío al SEPE.

Certific@2 es una plataforma del SEPE que permite a los empresarios actuar en nombre propio; permite también a las empresas y colegiados profesionales actuar en representación de terceros y realizar comunicaciones de datos sobre sus trabajadores. Esto evita la entrega presencial de documentos, como son:

❏ Certificado de empresa.

❏ Periodos de inactividad de trabajadores afectados por un ERE, ERTE o fijos discontinuos.

Para utilizar la aplicación Certific@2, las personas usuarias deben disponer de autorización para la transmisión telemática de datos a los Servicios Públicos de Empleo.

La solapa "Empresa/Trabajadores/Apartado acciones/Certificados" dispone de las opciones necesarias para generar los ficheros para el envío a través de la plataforma Certific@2 y el tratamiento de las respuestas enviadas por el SEPE.

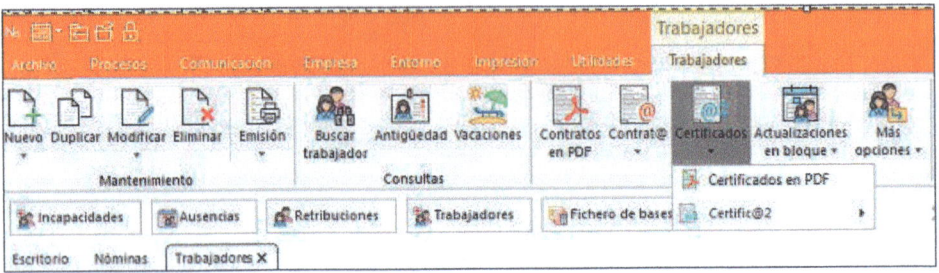

Para indicar la ubicación de los ficheros que serán remitidos al SEPE a través de la plataforma Certific@2, así como el directorio en el que se almacenarán los ficheros .PDF generados, acceder a la solapa "Procesos/Icono Certificados/Certific@2/Configuración".

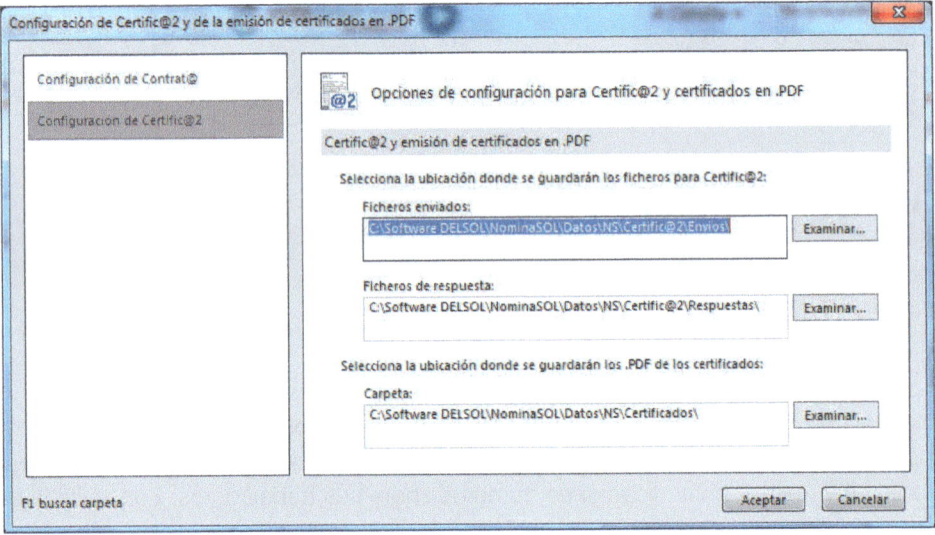

2.3.2. Emisión de certificados en formato pdf

Esta opción permite generar el certificado de empresa en formato pdf.

Al introducir la fecha de emisión e indicar el código de trabajador, la aplicación visualiza las bases de cotización de los 180 días anteriores al despido o cese.

En el apartado "Datos de desempleo", hay que seleccionar de la lista desplegable la causa del despido o cese. La aplicación muestra automáticamente los datos de los días de vacaciones no disfrutados y las bases de cotización de las vacaciones no disfrutadas.

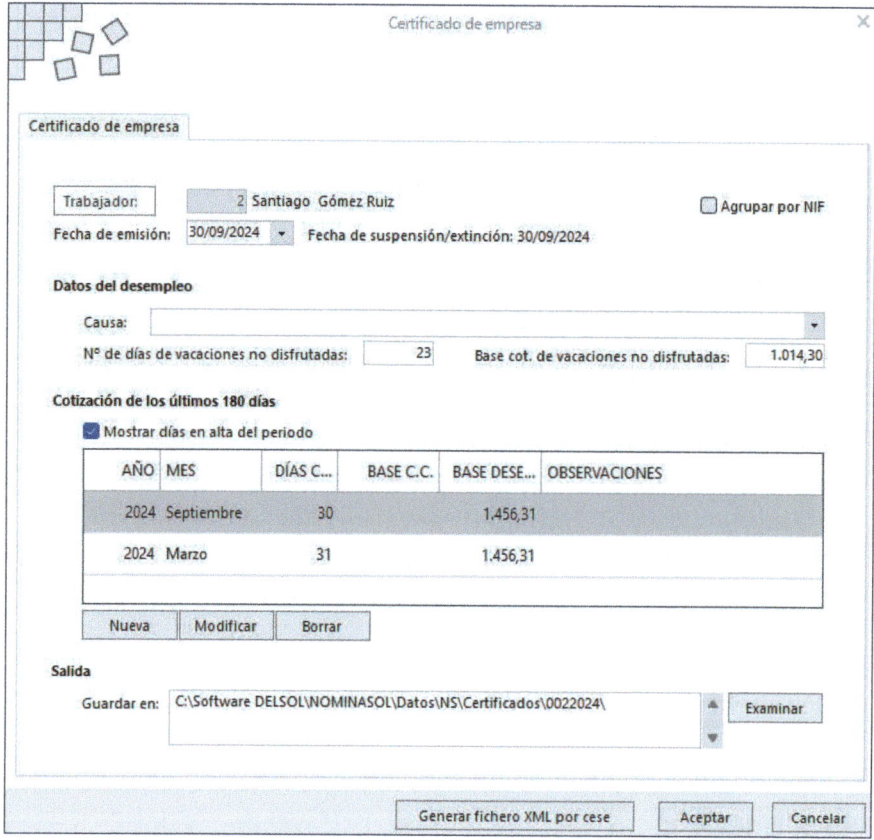

Al pulsar "Aceptar" obtenemos el certificado en formato pdf y el fichero queda almacenado en la ubicación que tenga configurada dentro de "Procesos/Certificados/Contrat@2/ Configuración".

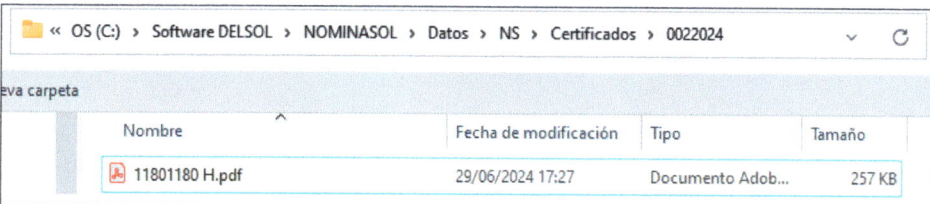

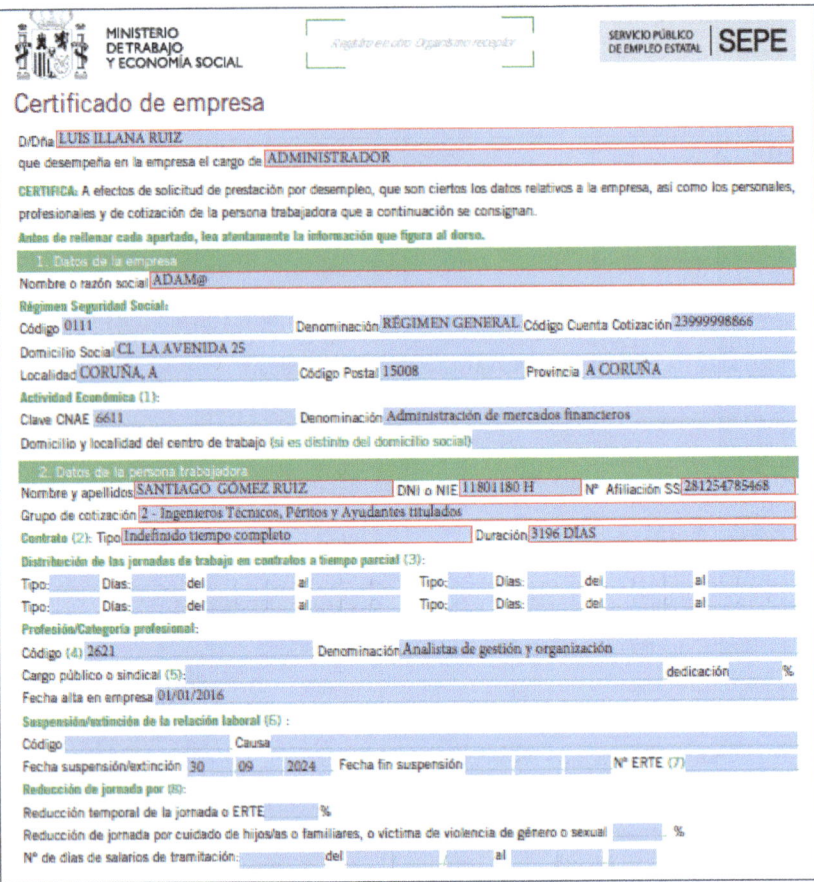

2.4. Certific@2

2.4.1. Generación del fichero por cese

A través de esta opción podrá generarse el fichero con los certificados de empresa de ceses por suspensión o extinción de la relación laboral y por ERE/ERTE.

Dentro del icono "Certific@2", disponemos de las siguientes opciones:

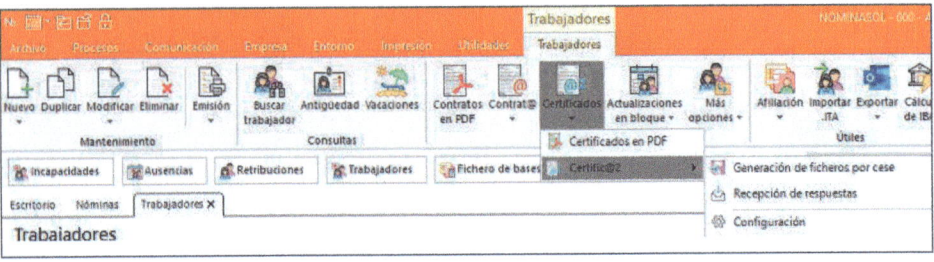

En esta opción tenemos que indicar, igual que en la opción de "Emisión de certificados .PDF", la fecha de emisión, el trabajador y la causa del cese o despido.

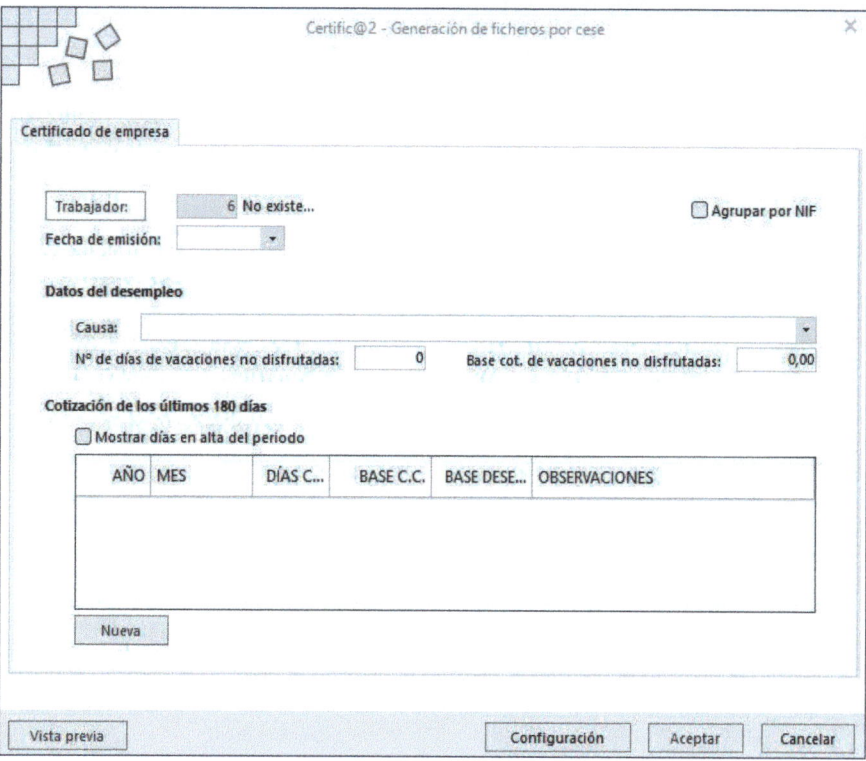

Al pulsar "Aceptar", el fichero queda almacenado en la ubicación indicada en "Procesos/ Certificados/Contrat@2/Configuración".

2.4.2. Generación del fichero por ERE/ERTE

En esta opción, tendremos que indicar los datos del ERE o ERTE.

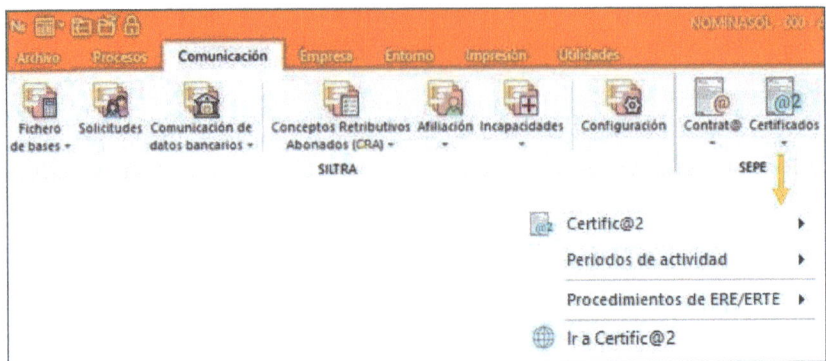

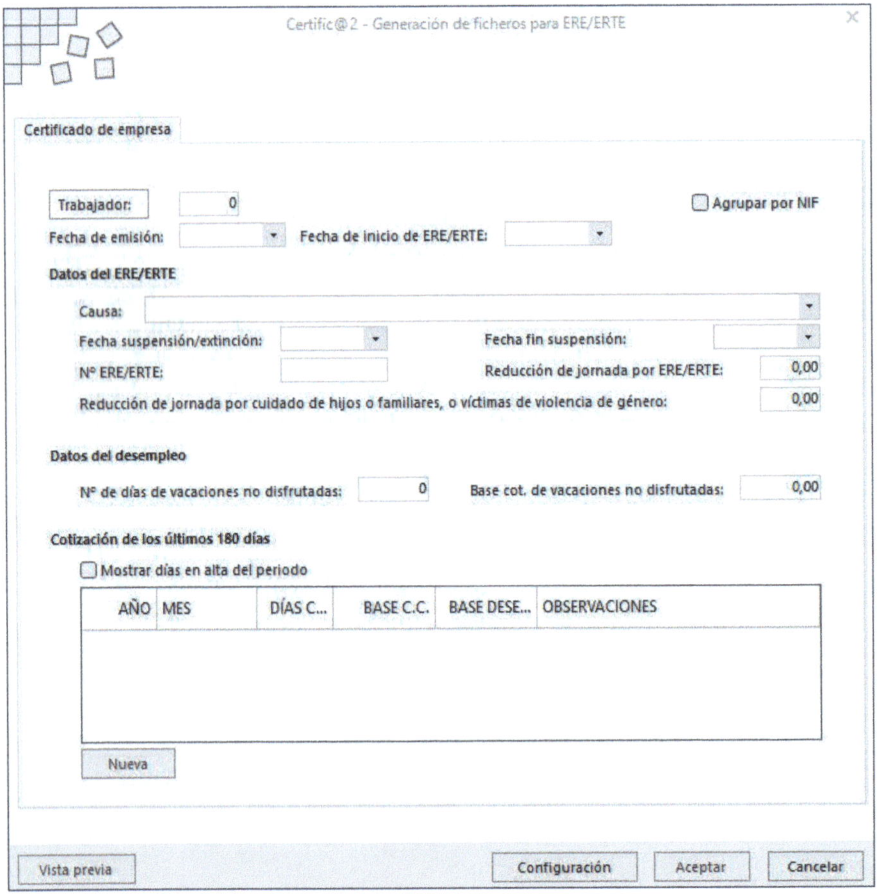

2.4.3. Recepción de respuestas

Una vez se haya remitido el fichero a través de la plataforma Contrat@2, el SEPE enviará de forma inmediata una respuesta.

Esta opción permite llevar el mantenimiento de los errores que contengan los ficheros enviados. De esta forma, se pueden subsanar antes de confirmar la comunicación.

Para cargar el fichero de respuesta, hay que pulsar el botón "Importar". Una vez cargado en NOMINASOL se mostrará la descripción del error.

2.5. Procedimiento de ERE/ERTE

Este proceso permite generar un fichero en formato .XML, para que las empresas realicen la comunicación al SEPE, a través de Internet, de las medidas de despido colectivo, suspensión de la relación laboral y reducción de jornada, con carácter previo a su efectividad.

Esta opción permite acceder desde NOMINASOL a la plataforma Certific@2 para el envío de los ficheros.

3. Agencia Tributaria. Impuesto sobre la Renta de las Personas Físicas

3.1. Retenciones del IRPF

En la solapa "IRPF" de la ficha del trabajador, podemos actualizar el IRPF de los trabajadores que deseemos si tenemos activada la casilla "Regularizar automáticamente".

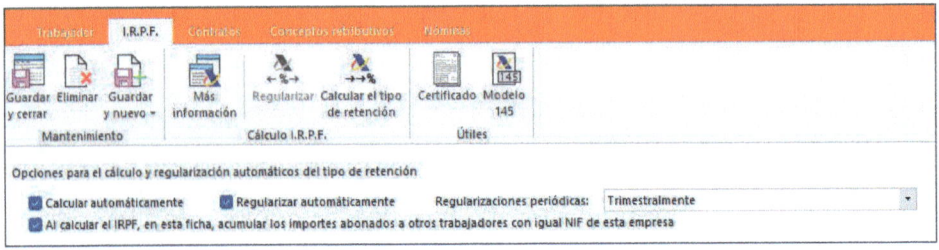

En función de los conceptos retributivos y la situación del trabajador, la aplicación calculará el porcentaje de IRPF que le corresponda a cada trabajador.

También es posible llevar a cabo el proceso de regularización de uno, varios o todos los trabajadores.

NOMINASOL acumula en el icono "Acumulados" las retenciones en concepto de IRPF y la cotización de los trabajadores. Con esos datos, la aplicación realizará la cumplimentación de los modelos de Hacienda y el correspondiente certificado de retenciones.

Acumulados de los trabajadores:

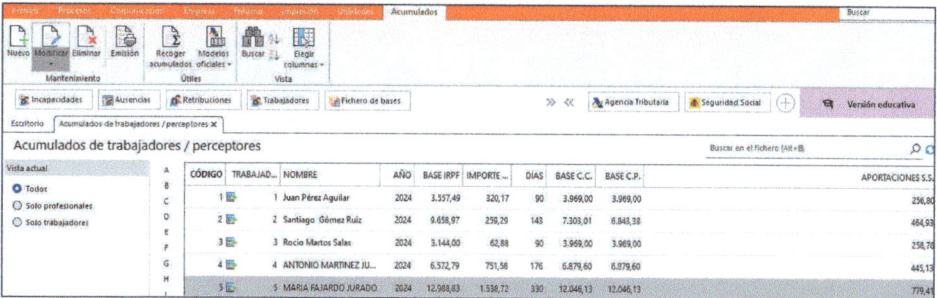

Retenciones del trabajador:

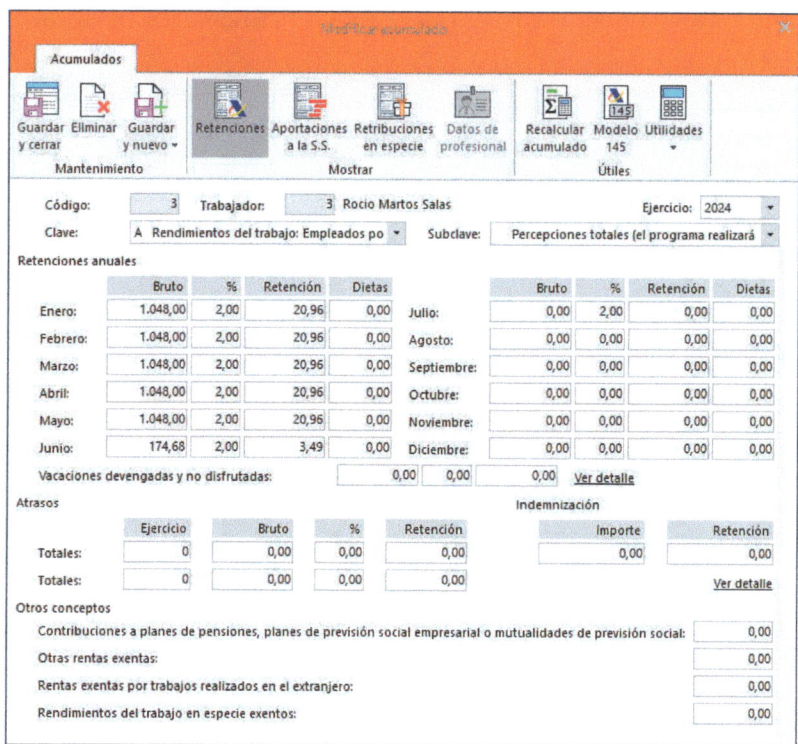

Aportaciones a la Seguridad Social:

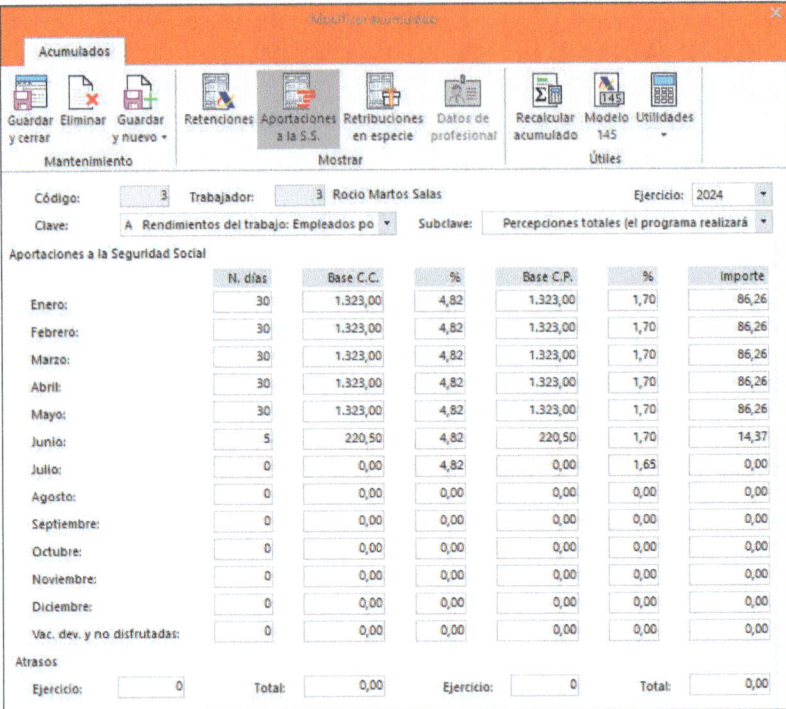

Retribuciones en especie:

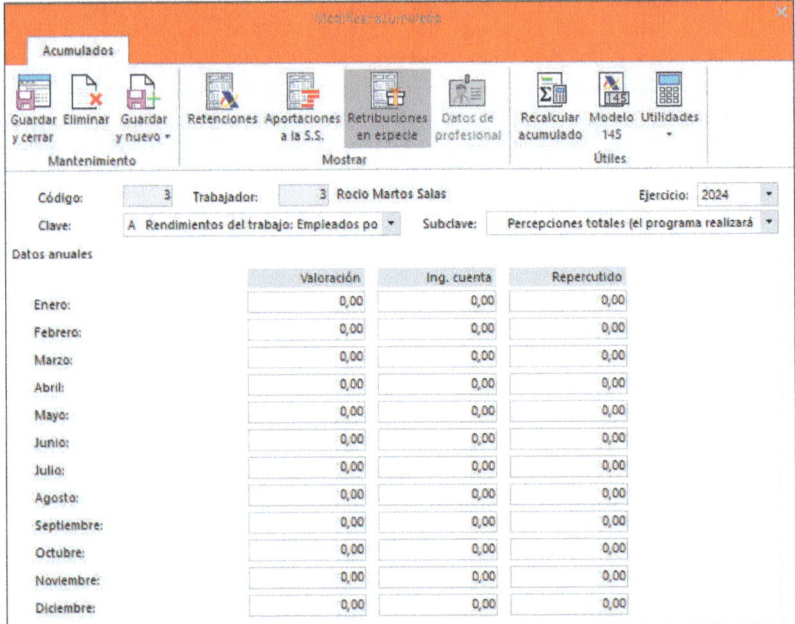

 *NOMINASOL realiza automáticamente el acumulado de retenciones al calcular la nómina. El icono "Recoger acumulados" en la ventana de la opción de "Acumulados", elimina los acumulados existentes y se generan unos nuevos a partir de las nóminas.*

3.2. Documentos del IRPF

3.2.1. Introducción

Las opciones son las siguientes:

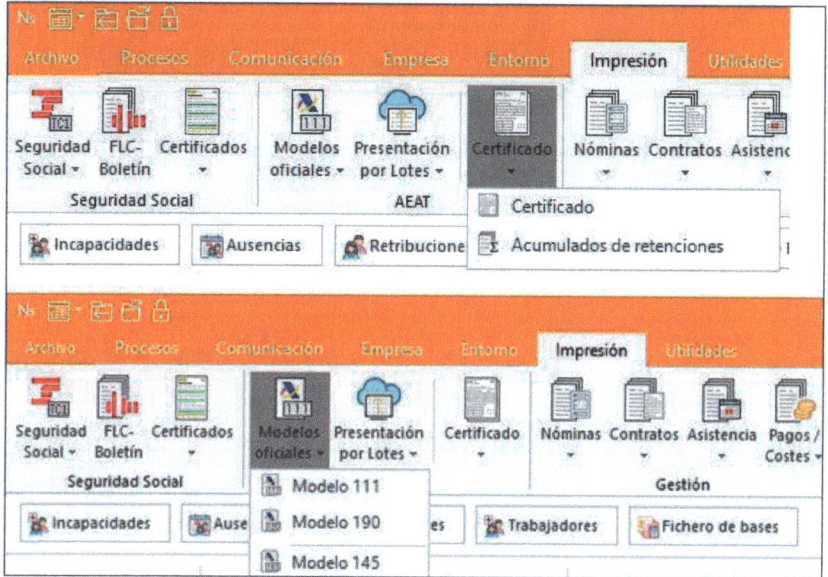

 *Para obtener cualquiera de los documentos será necesario haber realizado previamente las nóminas.*

3.2.2. Modelo 111

Este modelo sirve para declarar e ingresar mensual o trimestralmente las retenciones e ingresos a cuenta sobre el trabajo, sobre determinadas actividades económicas, premios y determinadas imputaciones de renta.

El modelo 111 se puede presentar de manera telemática o en papel, si bien para las personas jurídicas que sean sociedades anónimas o sociedades limitadas, la presentación telemática es obligatoria.

Esta opción permite grabar, imprimir y realizar la presentación telemática del modelo 111 oficial de la AEAT.

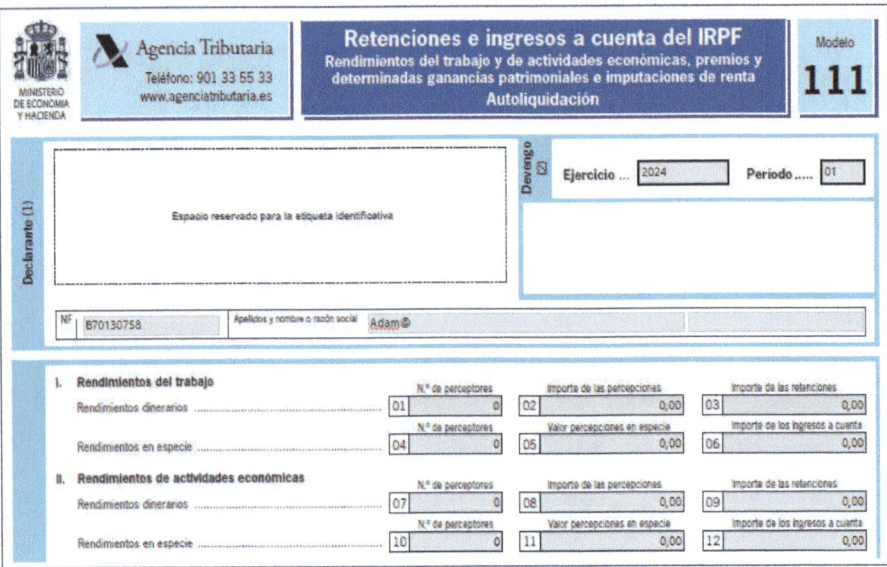

A) Cargar declaración

Permite visualizar una declaración que previamente fue guardada. Nos solicitará que indiquemos de qué periodo es la declaración que deseamos visualizar.

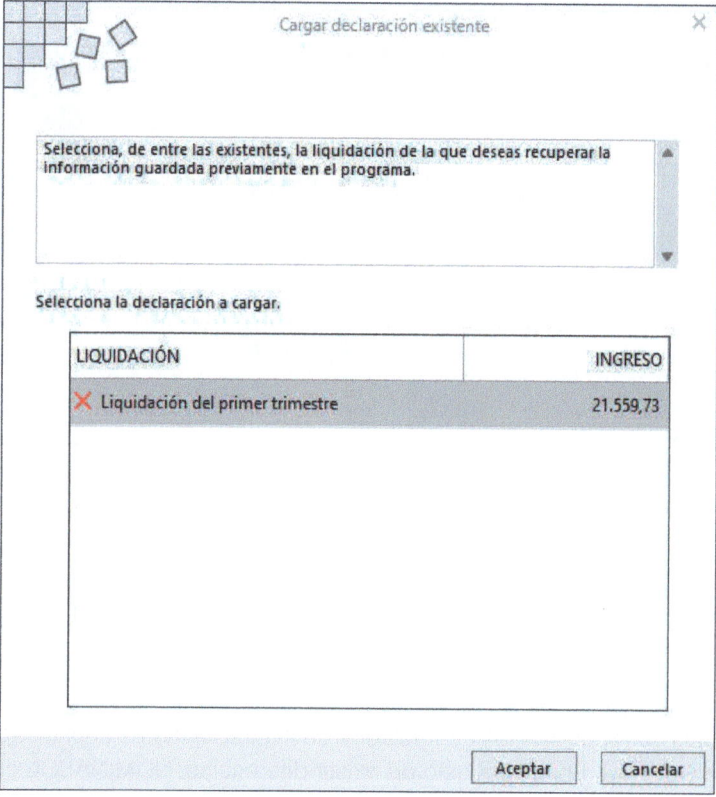

B) Importar datos

Esta opción recogerá los datos del periodo que se indique, de forma automática, desde los acumulados de los trabajadores y rendimientos de actividades económicas, y los traslada al modelo 111.

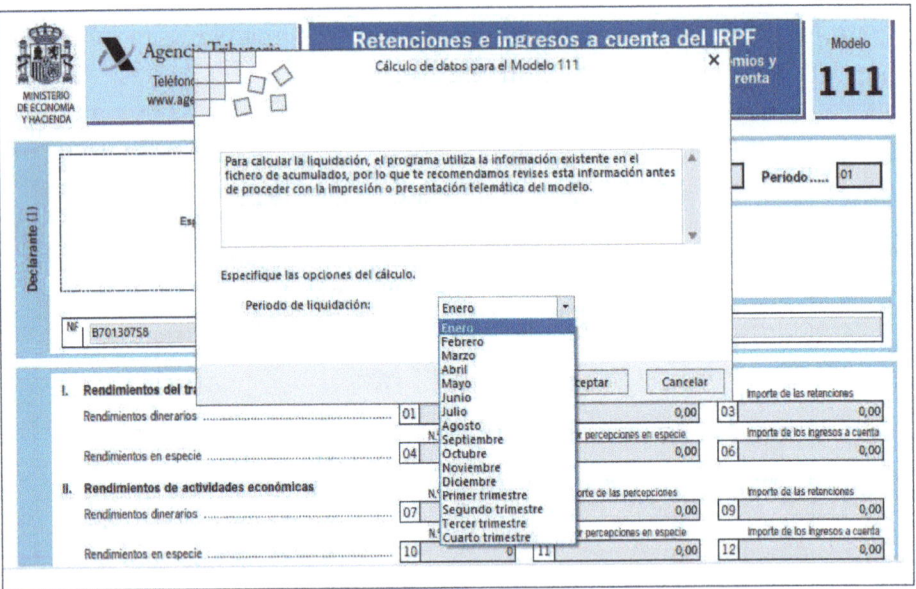

Si hay periodos anteriores guardados (para ello debe pulsar el icono "Grabar declaración" cada vez que realice una liquidación), dispones de la opción de comprobar las liquidaciones realizadas en esos periodos con los acumulados de los trabajadores (icono "Comprobar liqui-dación" de esta ventana). En el supuesto de existir diferencias, NOMINASOL ofrece la posibi-lidad de corregir esas diferencias e incorporarlas en el periodo que se está calculando (icono "Corregir importes").

C) Grabar declaración

Guarda los datos incluidos en el modelo.

D) Reiniciar datos

Pone todo a cero para realizar una nueva declaración, excepto los datos de la empresa/declarante que son recogidos de la ficha de la empresa.

E) Configuración

Pantalla de configuración de los datos para la emisión de los modelos oficiales, así como los directorios en los que está instalada la máquina virtual de Java y donde se almacenarán los ficheros generados para la presentación telemática:

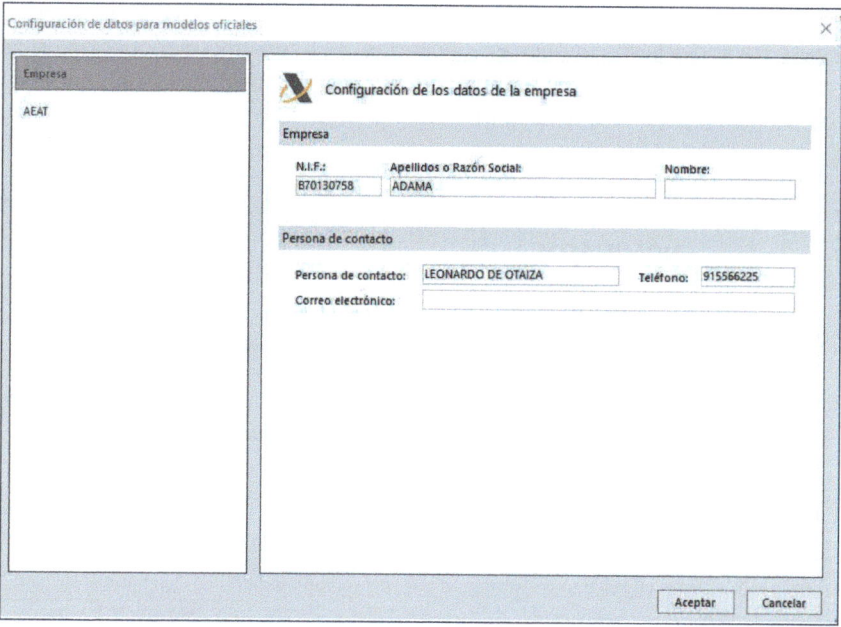

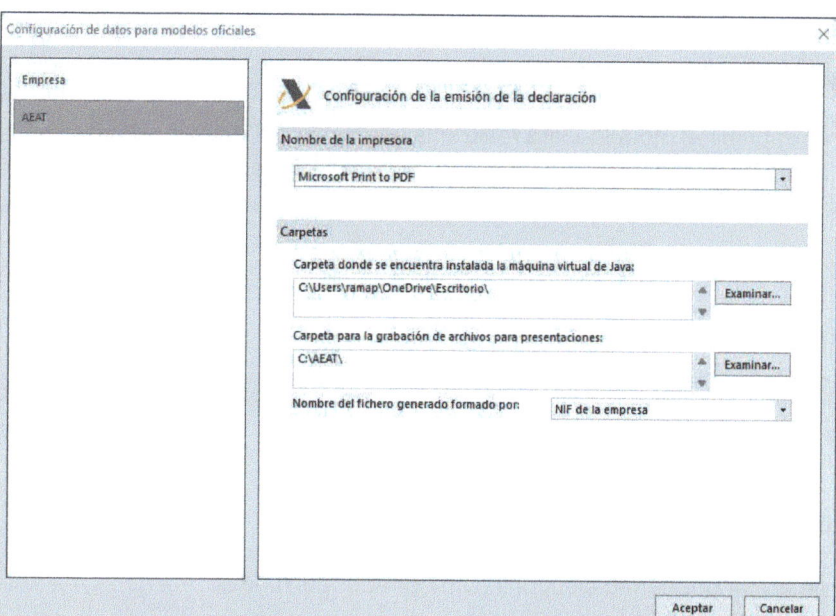

F) Presentación telemática

Genera el fichero para la presentación telemática del modelo 111. Al pulsar en el icono se muestra una ventana en la que se indica el directorio en el que se almacenará el fichero y pregunta si deseamos abrir el navegador para acceder a la sede electrónica de la AEAT y realizar la presentación.

En el caso de sociedades anónimas y limitadas, es necesario disponer de un certificado digital para realizar la presentación telemática. Las personas físicas pueden hacerlo, además de con el certificado digital, con "Cl@ve PIN".

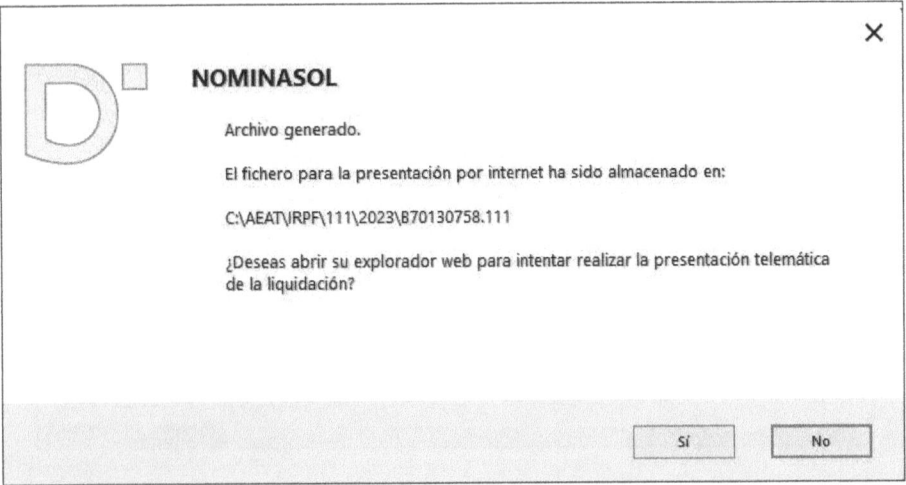

G) Predeclaración

Permite imprimir el modelo. Para realizar la impresión del modelo, el programa accede a la página de la AEAT. Una vez allí, debemos importar el fichero generado por NOMINASOL, para posteriormente, pulsando en el botón "Generar predeclaración" obtener el modelo para imprimir.

H) Generar PDF

Permite crear un archivo PDF con el borrador del modelo, pero que no es válido para su presentación.

I) Enviar por correo electrónico

Permite enviar por correo electrónico un borrador del modelo.

3.2.3. Modelo 190

El modelo 190 es el resumen anual de las retenciones e ingresos a cuenta del Impuesto sobre la Renta de las Personas Físicas, de rendimientos del trabajo, actividades profesionales y premios.

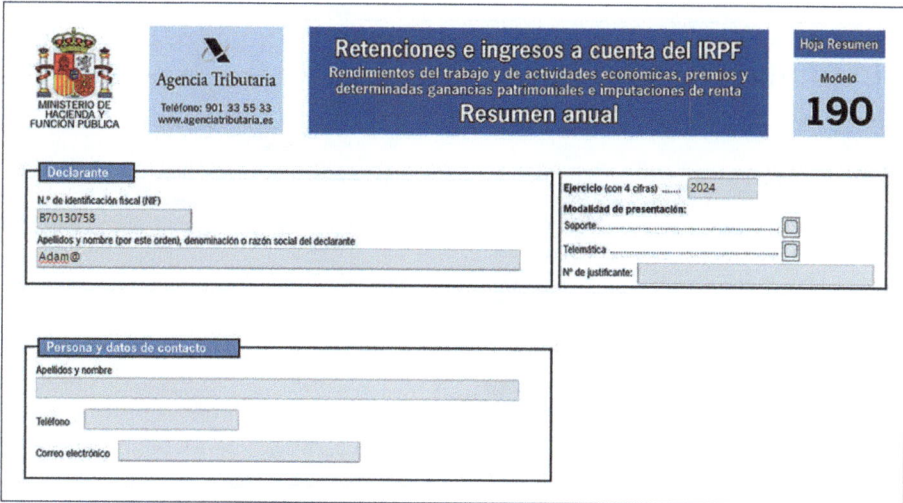

Se reflejará el número total de perceptores, con el importe total de las retribuciones dinerarias y el importe total de su retención, así como el valor de retribuciones en especie y el importe de los ingresos a cuenta, todos ellos referidos al año completo.

Posteriormente, se hará un desglose de los perceptores agrupándolos por claves de percepción. Se indicará individualmente el perceptor con su retribución o valor en especie y la retención o ingreso a cuenta correspondiente.

Todos los datos necesarios se obtienen de la opción "Acumulados de IRPF". El proceso para confeccionar el modelo 190 es el mismo que para generar el modelo 111 y los iconos son los mismos.

El modelo consta de dos solapas: "Hoja resumen" en la que aparece el nº total de percepciones reflejadas en el documento, el importe total y las retenciones o ingresos a cuenta de todas las percepciones; y la solapa "Perceptores", en la que aparecen reflejados de forma individual y por la clave de percepción, cada uno de los perceptores.

3.2.4. Certificado de retenciones

Para obtener el certificado de retenciones accederemos a la solapa "Impresión/Grupo AEAT/Icono Certificado/Certificado"; o también se puede obtener en el icono "Certificado", que se encuentra en la solapa "IRPF" del trabajador.

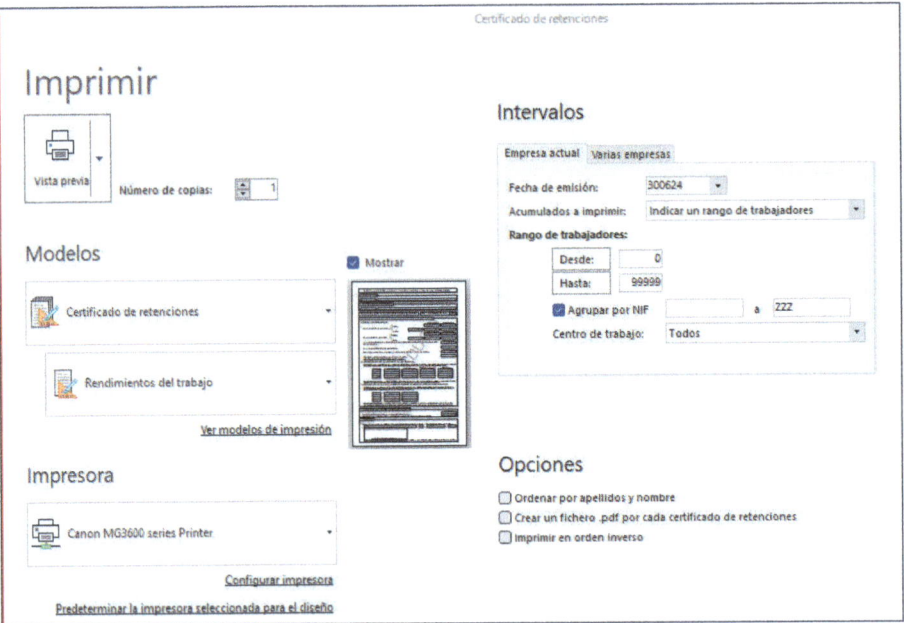

Una vez establecidos los intervalos para la impresión, al pulsar en el icono "Vista Previa" se visualizará el certificado de retenciones de cada uno de los trabajadores.

Certificado de retenciones e ingresos a cuenta del Impuesto sobre la Renta de las Personas Físicas	

Datos del perceptor

NIF	Apellidos y nombre
5655585-T	Juan Pérez Aguilar

Datos de la persona o entidad pagadora

NIF	Apellidos y nombre, denominación o razón social
B70130758	Adam@

Rendimientos del trabajo, dietas exceptuadas de gravamen y rentas exentas	Datos correspondientes al ejercicio	2.024

Rendimientos del trabajo: detalle de las percepciones y de las retenciones e ingresos a cuenta

Rendimientos correspondientes al ejercicio.

Retribuciones NO derivadas de incapacidad laboral:
- Dinerarias — Importe íntegro satisfecho: 7.114,98 — Retenciones practicadas: 640,34
- Valoración — Ingresos a cuenta efectuados — Ingresos a cuenta repercutidos
- En especie

Retribuciones derivadas de incapacidad laboral:
- Dinerarias — Importe íntegro satisfecho — Retenciones practicadas
- Valoración — Ingresos a cuenta efectuados — Ingresos a cuenta repercutidos
- En especie

Contribuciones empresariales a planes de pensiones, planes de previsión social empresarial y mutualidades de previsión social (excepto a seguros colectivos de dependencia) — Importe imputado al perceptor

Contribuciones empresariales a seguros colectivos de dependencia — Importe imputado al perceptor

Reducciones a que se refieren el artículo 18, apartados 2 y 3, y/o las disposiciones transitorias 11.ª y 12.ª de la Ley del Impuesto — Importe de las reducciones

Gastos fiscalmente deducibles a que se refiere el artículo 19.2 de la Ley del Impuesto — Importe de los gastos: 513,60
(Cotizaciones a la Seguridad Social o a mutualidades generales obligatorias de funcionarios, detracciones por derechos pasivos y cotizaciones a Colegios de Huérfanos o entidades similares)

Rendimientos satisfechos en el ejercicio o correspondiente a ejercicios anteriores (atrasos)

Se hace constar asimismo que, con independencia de las retribuciones anteriormente detalladas, en el ejercicio a que este certificado se refiere le han sido satisfechas al perceptor que figura en el encabezamiento otras cantidades en concepto de atrasos correspondientes a ejercicios anteriores cuyo importe a efectos de lo dispuesto en el artículo 14.2.b) de la Ley del Impuesto, se desglosan como sigue:

Ejercicio de devengo	Importe íntegro satisfecho	Retenciones practicadas	Reducciones (art.º 18, 2 y 3, y DT 11.ª y 12.ª de la Ley del Impuesto)	Gastos deducibles (art.º 19.2 de la Ley del Impuesto)
2.023	14.229,96	2.134,49		873,60
2.022	14.229,96	2.134,49		860,04
2.021	14.234,52	2.135,17		860,16
2.020	14.239,08	2.135,86		860,28

Información de interés para el perceptor.- La percepción de cantidades en concepto de atrasos de rendimientos del trabajo que obligue a la presentación de una declaración complementaria del IRPF por cada uno de los ejercicios a los que dichas cantidades se refieran tendrá que declararse como complemento de la exigencia de intereses de demora ni recargo alguno.

3.2.5. Certificado de situaciones familiares (modelo 145)

Mediante la presentación del modelo 145 los trabajadores perceptores de rentas comunican a su pagador los siguientes datos relativos a su situación familiar o a la variación de esta:

1. Número de hijos que componen la unidad familiar.

2. Ingresos brutos anuales.

3. Ascendientes mayores de 65 años o discapacitados cualesquiera que sea su edad que convivan con el contribuyente.

4. Grado de discapacidad del preceptor, de los descendientes y de los ascendientes.

5. Pensiones compensatorias a favor de cónyuge y anualidades por alimentos a favor de los hijos fijadas ambas por decisión judicial.

6.   Pagos realizados por la adquisición o rehabilitación de la vivienda habitual utilizando financiación ajena.

Para obtener este certificado, accedemos a la solapa "Impresión/Grupo AEAT/Modelo Oficiales/Modelo 145":

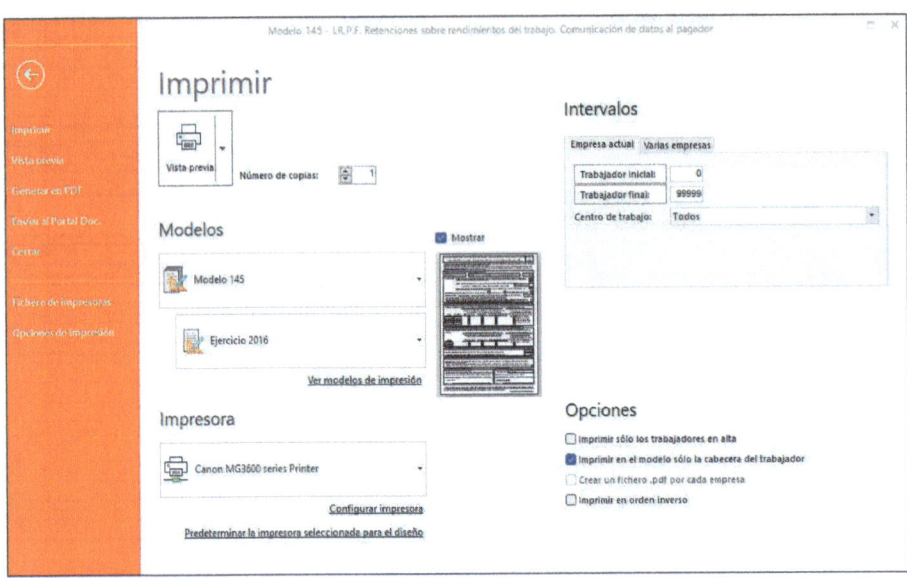

4. Informes, estadísticas y gráficos

4.1. Gráficos

Los gráficos permiten agrupar los valores a representar según series de datos, es decir, grupos de valores cuya sucesión de valores en el eje X es la misma en todas las series.

Estas series quedan determinadas según la selección de valores a representar que el usuario haya hecho en la pantalla de definición del gráfico.

NOMINASOL no dispone en su aplicación de la posibilidad de crear gráficos, pero sí nos permite exportar la información a un fichero de Excel y poder generar el gráfico en Excel.

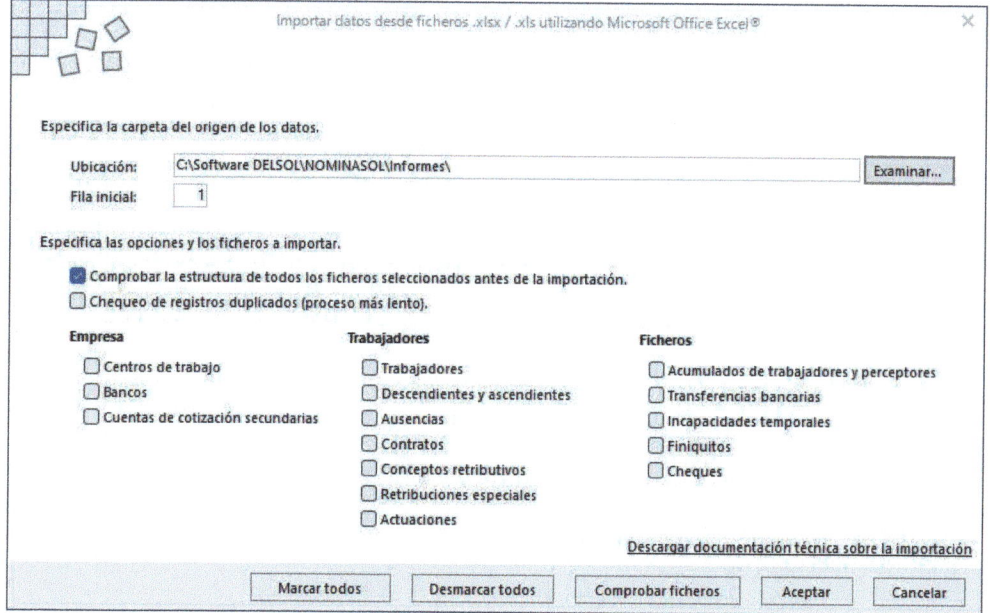

❑   Tipo de destino: podemos seleccionar entre generar el fichero con la versión 97/2003 o 2007/2017 de Microsoft Excel o podemos descargarlo en formato de OpenOffice Calc.

❑   Indicaremos la carpeta en la que se almacenará el fichero y activaremos la casilla "Visualizar Excel después de generar el archivo" para que al pulsar el botón de "Aceptar" ya nos cargue la aplicación de la hoja de cálculo.

4.2. Estadísticas e informes

Permite realizar informes personalizados de la mayoría de los archivos de NOMINASOL. Se pueden elegir las columnas del informe, ordenación, filtros, etc.

Accedemos a la opción través de la solapa "Impresión/Grupo de opciones Auxiliares/ Icono Diseñador de informes".

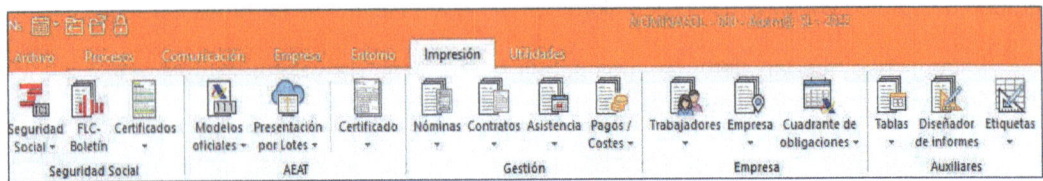

Para crear un diseño nuevo debemos pulsar en el icono "Diseñador de informes", y pulsar en el icono "Nuevo" se mostrará la siguiente pantalla:

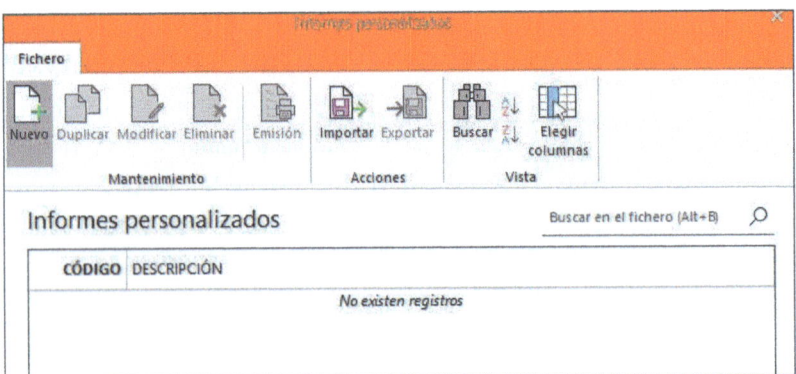

Crearemos un informe personalizado. Para ello tendremos que indicar el código y la descripción para el informe, así como el fichero que contiene los campos que deseamos incluir en el informe y el título.

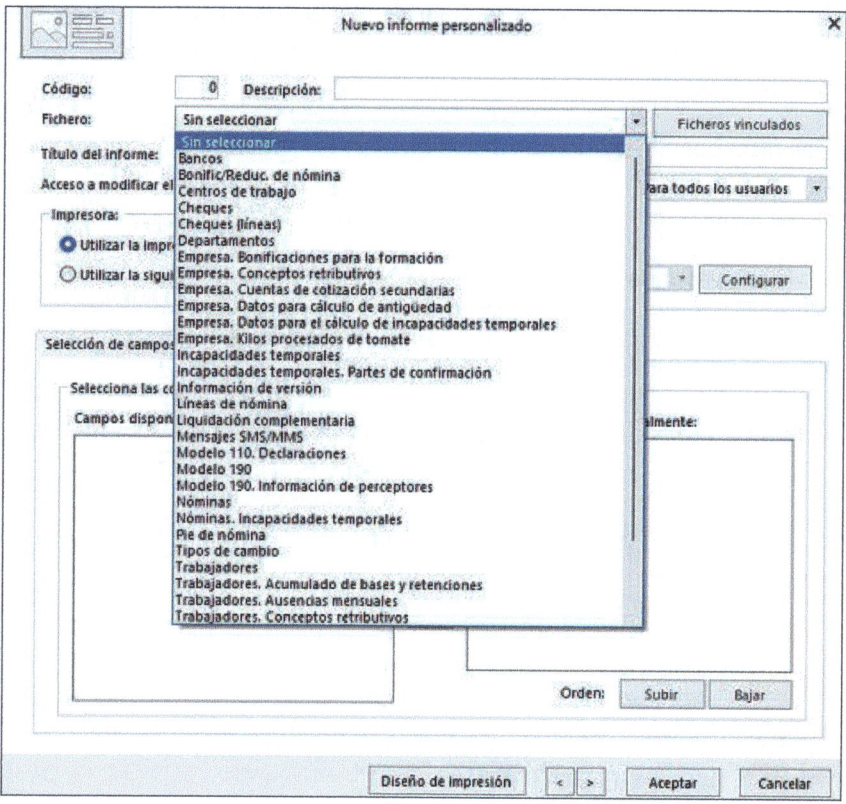

En la parte inferior disponemos de varias solapas:

❑ **Selección de campos:** indicaremos los campos que deseamos que formen parte del informe.

❑ **Opciones de agrupación:** permite agrupar el informe.

❑ **Clasificación:** permite clasificar el informe.

❑ **Ordenación:** permite ordenar el informe.

❑ **Campos calculados:** permite crear campos calculados, para realizar operaciones con campos que sean numéricos.

4.3. Informes plantilla media

El cálculo de la plantilla media de una empresa resulta un dato muy relevante de cara a cumplir los requisitos de mantenimiento y creación de empleo estipulados por la legislación fiscal.

La plantilla media refleja el promedio de trabajadores de alta en la empresa durante un periodo concreto, normalmente el año fiscal, diferenciando entre trabajadores fijos y eventuales.

El cáculo de la plantilla media se calcula dividiendo los días naturales realmente trabajados de cada trabajador, por los días naturales totales del periodo a calcular. Debe tenerse en cuenta, además, la jornada que realiza cada trabajador en relación con la jornada completa:

Plantilla media = Nº días trabajados / Total días periodo

Estos cálculos se realizan trabajador a trabajador, obteniendo al final la suma total de los coeficientes.

Para obtener el promedio de plantilla, accederemos a "Informes/Empresa/Promedio".

Este informe muestra la plantilla media de trabajadores del periodo seleccionado, se clasifica por hombres, mujeres y personas con discapacidad.

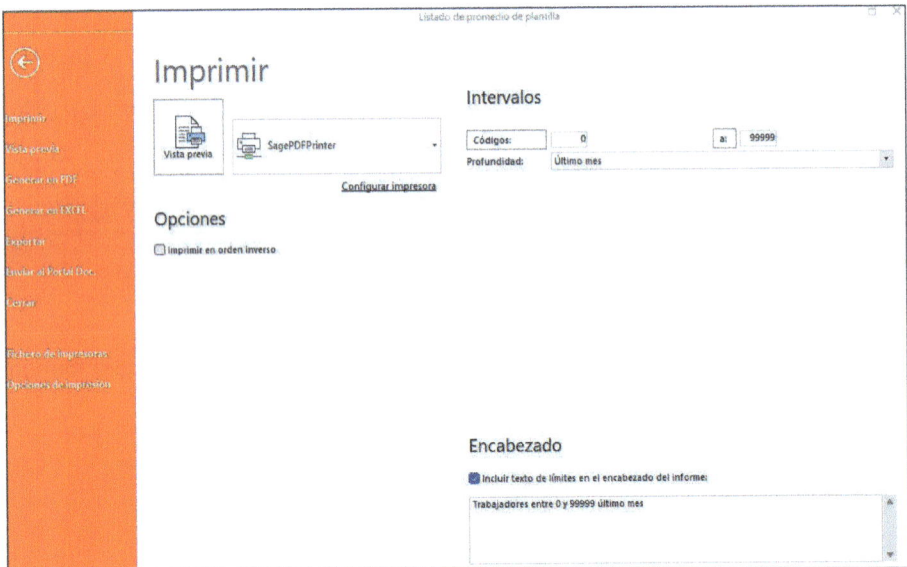

Resumen

Hemos visto cómo generar todos los documentos que la empresa está obligada a remitir a la Administración. Concretamente:

1. Respecto a la Seguridad Social hemos estudiado partes de afiliación, documentación relativa al nuevo Sistema de Liquidación Directa o al tradicional Sistema Red, y los certificados de maternidad/paternidad.

2. Respecto al Servicio Público de Empleo, hemos visto cómo el programa permite la emisión y mantenimiento de contratos, acceder a Contrat@ y emitir certificados de empresa.

3. Respecto a la Agencia Tributaria, hemos aprendido a realizar el mantenimiento de los acumulados de retenciones, así como a elaborar los modelos oficiales de Hacienda (modelo 111, modelo 190, certificado de retenciones y modelo 145).

4. Hemos aprendido a elaborar gráficos e informes personalizados.

Seguridad, control de acceso y utilidades.

◉ Valorar la importancia de la confidencialidad respecto a la información almacenada y generada por las aplicaciones informáticas de gestión de Recursos Humanos y elaboración de nóminas y seguros sociales.

◉ Generar copias de seguridad para no perder la información.

Contenido

Introducción

1. Seguridad de la aplicación

    1.1. Alta/Modificación de usuarios

    1.2. Nivel de acceso restringido

2. Copias de seguridad

    2.1. Introducción

    2.2. Crear copia de seguridad

    2.3. Recuperación de copias de seguridad

    2.4. Asistente de copias de seguridad

3. Periféricos

    3.1. Introducción

    3.2. Impresora

    3.3. Vista previa

    3.4. Generar en Excel

    3.5. Generar en pdf

    3.6. Exportar

    3.7. Enviar a Portal Doc

4. Diseño de documentos

    4.1. Configuración de nóminas

    4.2. Diseñador de informes

    4.3. Etiquetas

5. Otras funciones y utilidades

    5.1. Utilidades

    5.2. SMS

    5.3. Portal documental

    5.4. Enlace contable

    5.5. Importaciones

    5.6. Asistencia técnica

Resumen

Introducción

En esta unidad veremos cómo gestionar la seguridad en NOMINASOL durante el alta y modificación de usuarios, y cómo elaborar copias de seguridad.

Existen además otras opciones tales como la organización de ficheros, configuración de diferentes documentos y periféricos.

1. Seguridad de la aplicación

1.1. Alta/Modificación de usuarios

La seguridad de la aplicación la gestionamos a través del menú "Archivo/Registro/Usuarios".

Al abrir la aplicación, deberemos elegir el usuario con el que trabajar en la pantalla de identificación de usuario, introduciendo la contraseña.

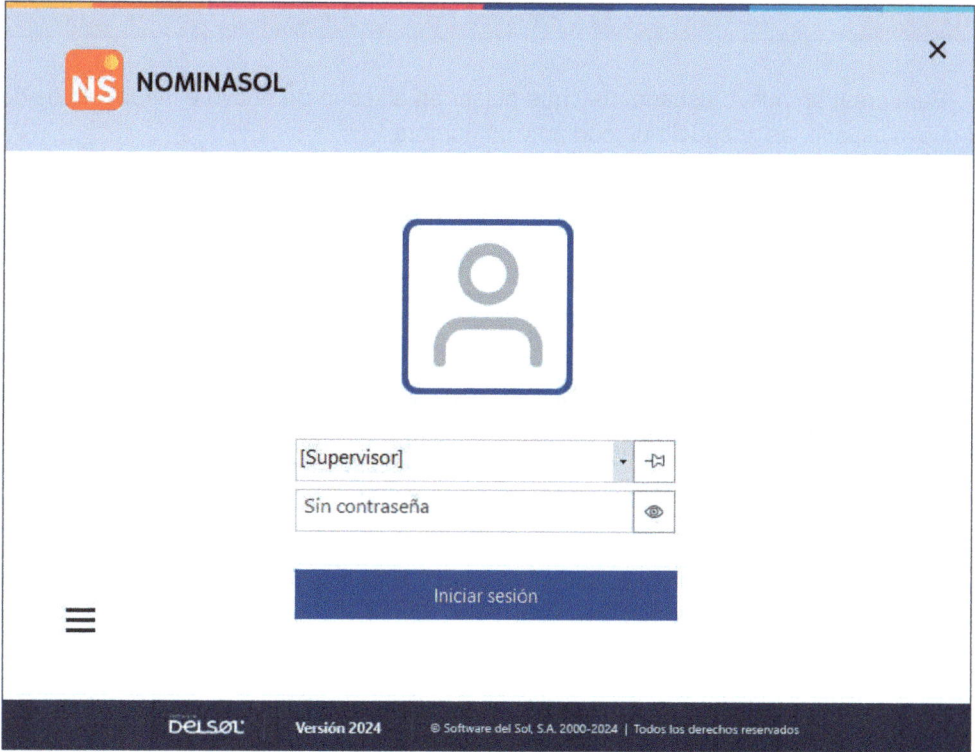

NOMINASOL permite tener un número ilimitado de usuarios que se irán añadiendo a través del menú de archivo y seleccionamos en el panel lateral izquierdo "Usuarios".

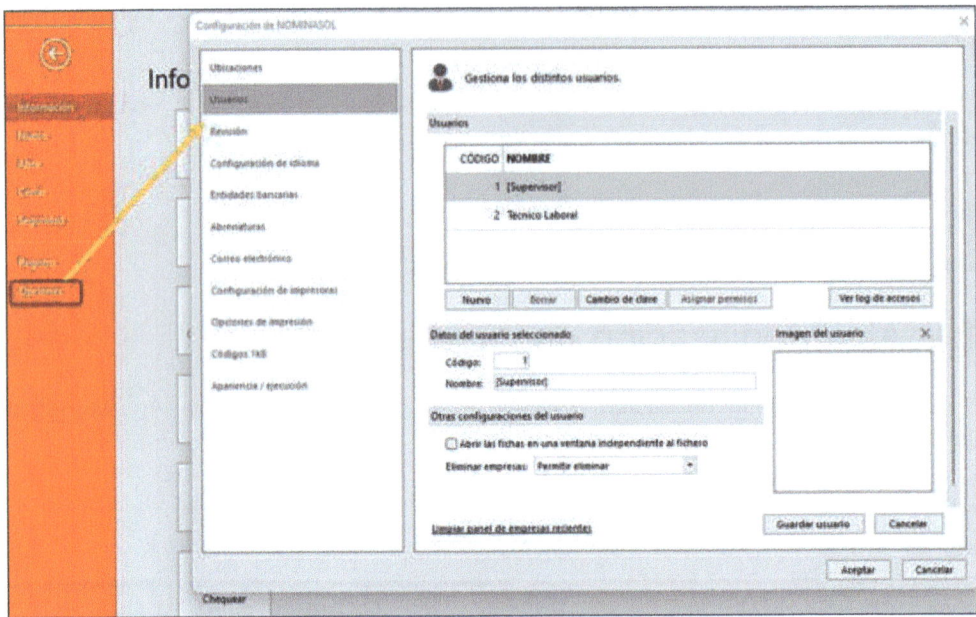

Para crear un nuevo usuario, hay que pulsar en el icono de nuevo e introducir los datos del nuevo usuario, asignándole un código y un nombre.

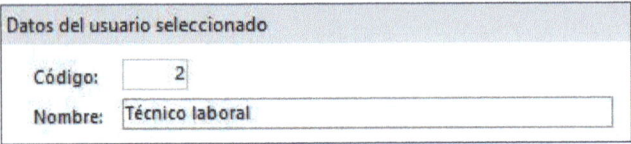

 *Para crear nuevos usuarios debemos entrar en la aplicación con el usuario "Supervisor", o con otro usuario que tenga los permisos del supervisor.*

Para añadir una imagen del usuario, pulsaremos encima de la imagen, o si no hay ninguna, pulsaremos igualmente en el recuadro en blanco y se abre una ventana para seleccionar la imagen.

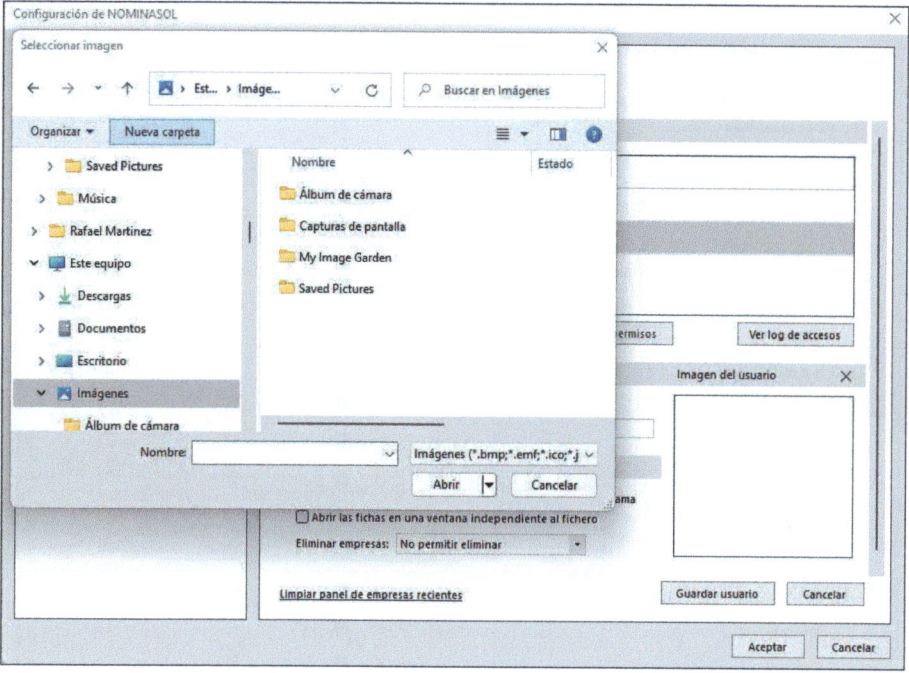

1.2. Nivel de acceso restringido

Por defecto, al crear un usuario, tiene permitido todos los permisos, es decir, tiene acceso a todas las opciones de la aplicación y poder realizar todos los procesos. Para modificar los permisos de los usuarios pulsar en el **botón "Asignar permisos"**, pero previamente seleccionar al usuario al que deseamos cambiar los permisos.

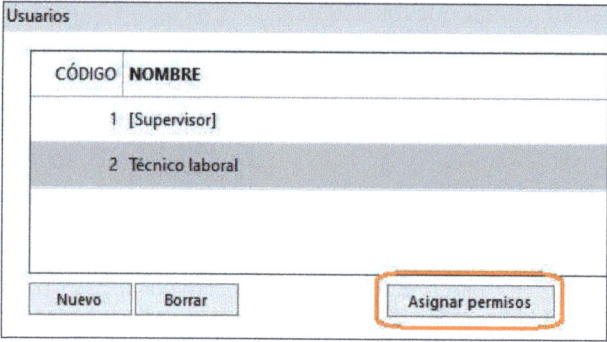

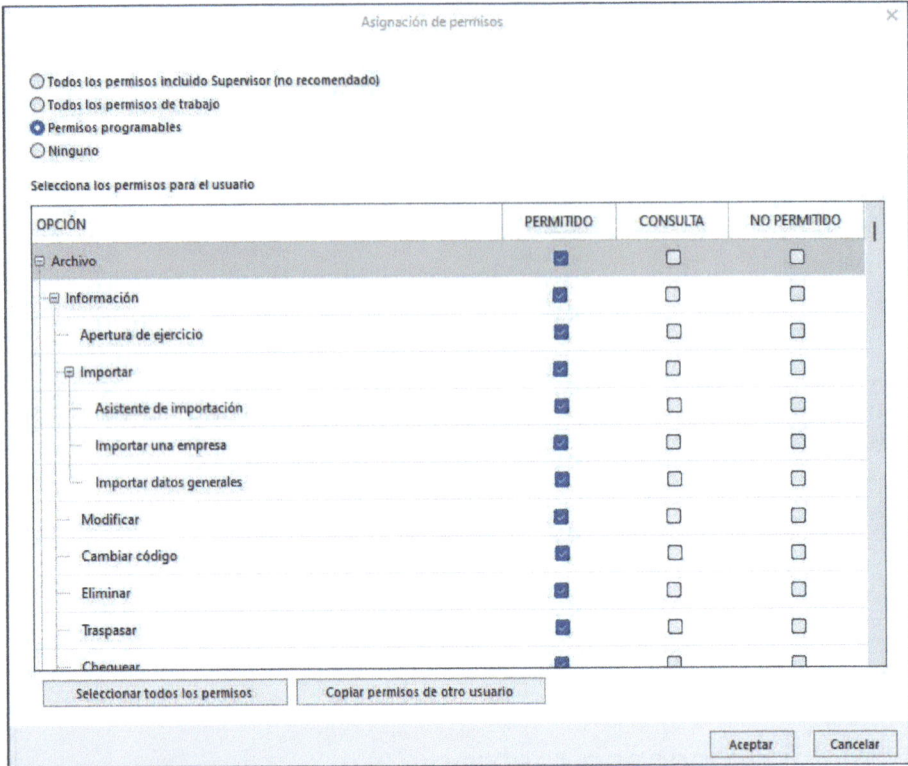

❑ Todos los permisos, incluido supervisor (no recomendado): si se activa esta opción el usuario tendrá los mismos permisos que el supervisor.

❑ Todos los permisos de trabajo: el usuario tendrá acceso a todas las opciones de trabajo, excepto a las opciones que se han definido solo para el usuario supervisor como, por ejemplo, crear nuevos usuarios.

❑ Permisos programables: al activar esta opción podremos personalizar los permisos que se le asignarán al usuario. Podemos definir los permisos a un grupo de opciones o a opciones individuales.

En la opción permisos programables podemos indicar qué permisos va a tener asignado el usuario, estos pueden ser:

1. Acceso total. Permite añadir, modificar y eliminar datos del programa.

2. Acceso consulta. Solo permite la consulta de los datos grabados por otros usuarios.

3. Sin acceso. No permite visualizar los datos de la opción marcada.

Una vez que entres bajo un nombre de usuario en el programa, ese nombre queda marcado como usuario en uso, y si se intenta entrar desde otro ordenador con el mismo usuario, el programa le avisará de que el usuario seleccionado ya está en uso, pero le permitirá continuar.

La aplicación te permite abrir tantas instancias del programa en un mismo ordenador como desees, y trabajar en cada una de ellas en la misma empresa o en diferentes, así como con el mismo nombre de usuario o con diferentes.

La única limitación existente, es la de la capacidad de tu ordenador.

2. Copias de seguridad

2.1. Introducción

Las copias de seguridad permiten realizar una copia en un dispositivo externo (cd, disco duro externo), o de una red local, de la información almacenada en cada empresa, que por diversos motivos o problemas físicos en el ordenador, no se pueda acceder a la información. Es importante no realizar la copia de seguridad en la misma unidad en la que tenemos los datos de la aplicación.

Las copias de seguridad deben formar parte del trabajo diario, independientemente de las horas trabajadas o de la cantidad de información introducida en las empresas.

Tenemos dos formas de hacer las copias de seguridad:

1. Copias de seguridad asistidas, es decir, de forma manual.

2. Copias de seguridad desasistidas, es decir, de forma automática.

Para realizar las copias de seguridad, accede al menú de archivo, en el panel lateral izquierdo; selecciona "Seguridad", donde disponemos de un icono para la "Copia de seguridad", para "Restaurar la copia de seguridad" o acceder al "Asistente de copias de seguridad".

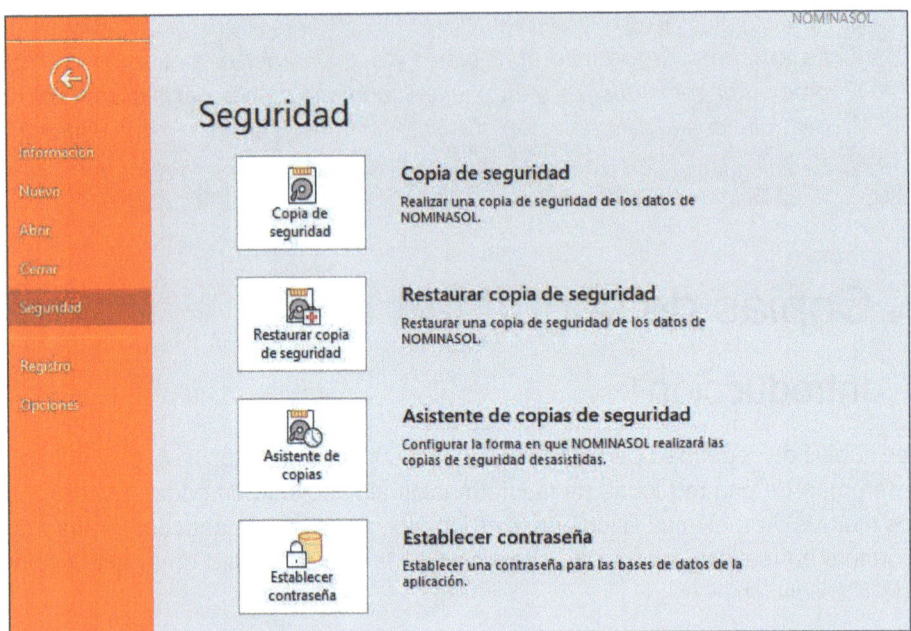

2.2. Crear copia de seguridad

Esta opción permite realizar la copia de seguridad de una empresa concreta, o de todas las empresas, de forma manual.

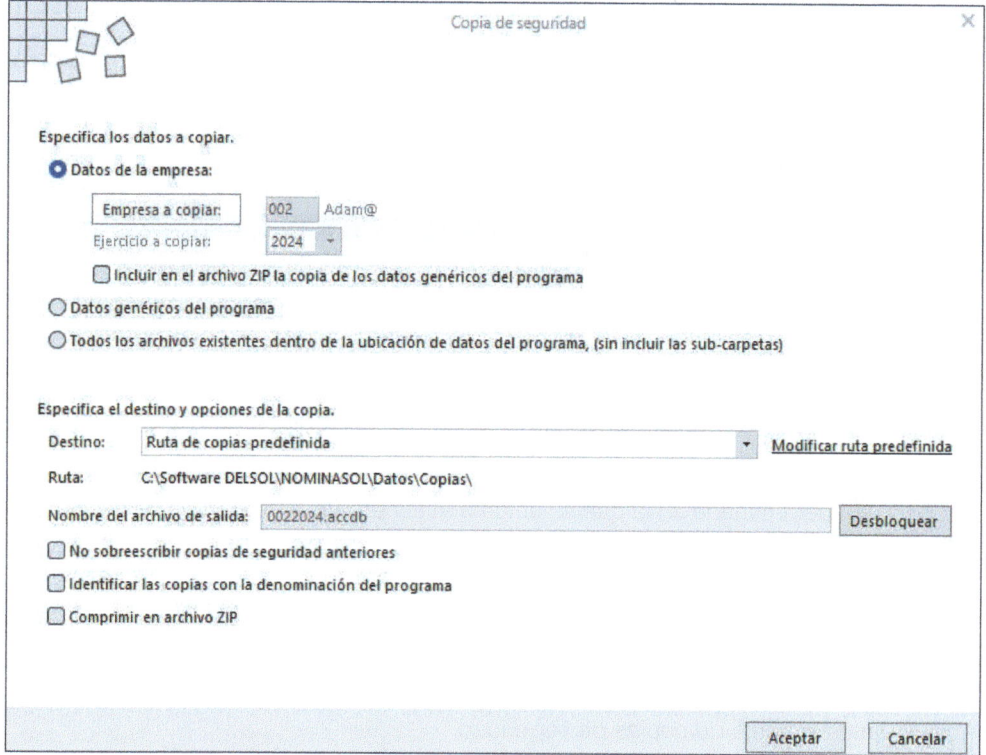

❑ **Datos de empresa**

En este apartado indicaremos la empresa y el ejercicio económico de la empresa de la que se desea realizar la copia. Si tenemos una empresa abierta, esos datos aparecerán ya cumplimentados.

Si deseamos incluir los datos genéricos del programa (convenios, usuarios, etc.) en la copia de seguridad, activaremos la casilla "Incluir en el archivo ZIP la copia de los datos genéricos del programa".

❑ **Datos genéricos del programa**

Al activar esta opción, solo se realizará la copia de seguridad de los datos genéricos del programa (modelos de documentos, fichero de usuarios, convenios, tablas, etc.).

❏ **Todos los archivos existentes dentro de la ubicación de datos del programa**

Permite realizar una copia de seguridad de todas las empresas y de los datos genéricos del programa.

❏ **Especifica el destino y opciones de la copia**

En este apartado indicaremos la ubicación y otras opciones para la copia de seguridad.

Especifica el destino y opciones de la copia.		
Destino:	Ruta de copias predefinida	▾
Ruta:	Ruta de copias predefinida	
	Ubicación específica	
	Correo electrónico	
Nombre del a	Servidor FTP configurado	

Destino de la copia

◆ Destino: indicaremos en qué lugar se va a grabar la copia de seguridad.

◆ Modificar ruta predefinida: este hiperenlace permite modificar la carpeta pre-determinada en la que se ubicará el fichero de la copia.

❏ **No sobrescribir copias de seguridad anteriores**

El fichero de la copia de seguridad se sobrescribe sobre el ya creado en la anterior copia, de tal forma que solo tendremos un fichero de copia de seguridad. Si acti-vamos la casilla, no se sobrescriben los ficheros, por lo que podemos disponer de varios ficheros de copias de seguridad.

❏ **Identificar las copias con la denominación del programa**

Incluye en el fichero de la copia de seguridad el nombre de la aplicación.

❏ **Comprimir en fichero ZIP**

Podemos seleccionar entre comprimir, o no, el fichero de la copia de seguridad.

2.3. Recuperación de copias de seguridad

Este proceso permite restaurar una copia realizada con anterioridad en la opción de copias de seguridad; se recuperan los datos de la copia de seguridad por los que hay actualmente en el disco duro del ordenador.

Al pulsar en la opción "Restaurar copia de seguridad" se visualiza una ventana, en la que tendremos que indicar los datos de la empresa que deseamos restaurar y la ubicación del fichero que contiene la copia de seguridad.

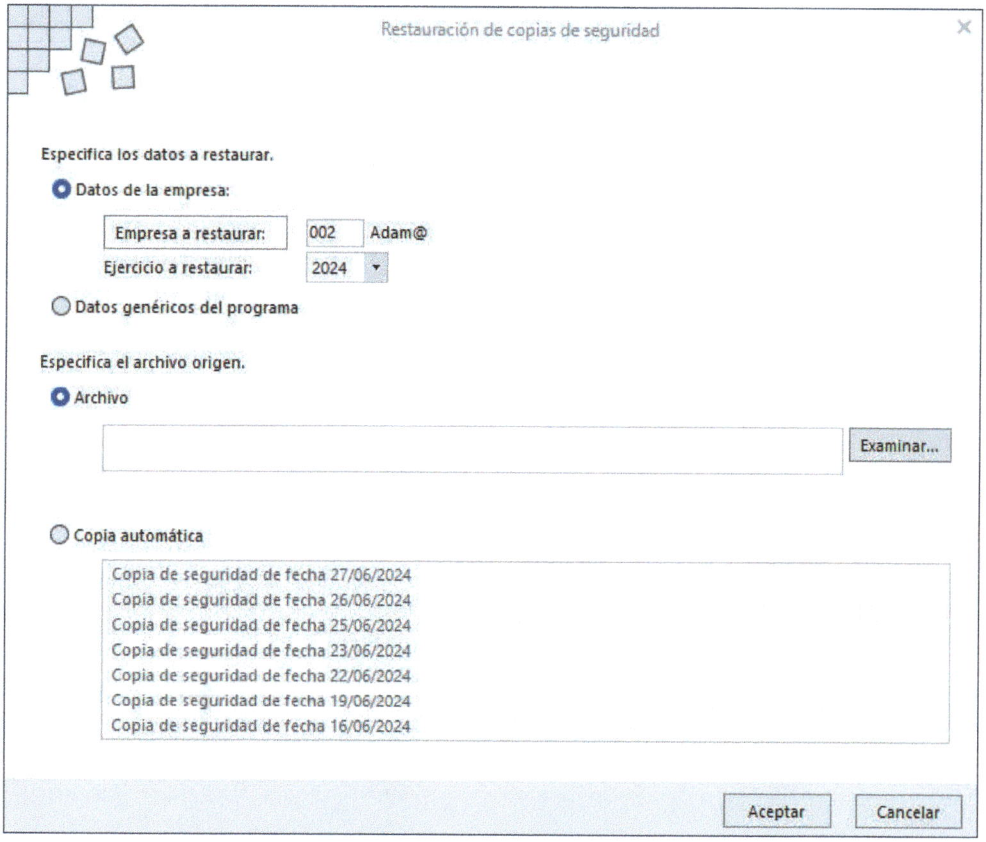

Restauración de copias de seguridad ✕

Especifica los datos a restaurar.

◉ Datos de la empresa:

Empresa a restaurar: 002 Adam@
Ejercicio a restaurar: 2024 ▾

○ Datos genéricos del programa

Especifica el archivo origen.

◉ Archivo

Examinar...

○ Copia automática

Copia de seguridad de fecha 27/06/2024
Copia de seguridad de fecha 26/06/2024
Copia de seguridad de fecha 25/06/2024
Copia de seguridad de fecha 23/06/2024
Copia de seguridad de fecha 22/06/2024
Copia de seguridad de fecha 19/06/2024
Copia de seguridad de fecha 16/06/2024

Aceptar Cancelar

Si hemos realizado una copia de seguridad automática, se mostrará una lista de fechas para que seleccionemos la copia que deseamos restaurar.

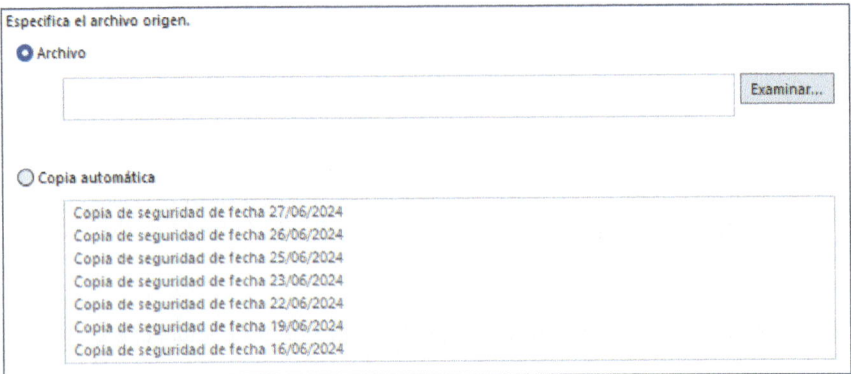

2.4. Asistente de copias de seguridad

Esta opción realiza el mismo proceso que la opción "Copia de seguridad", con la diferencia que se hace de forma automática.

El asistente consta de 8 pasos en los que se nos solicitará una serie de información, que posteriormente será la que utilice para realizar las copias de seguridad.

Se puede habilitar o deshabilitar la copia de seguridad asistida. Si se deshabilita la copia, se guarda la información de la última configuración para la próxima vez que se habilite. Pulsar en el botón de "Siguiente".

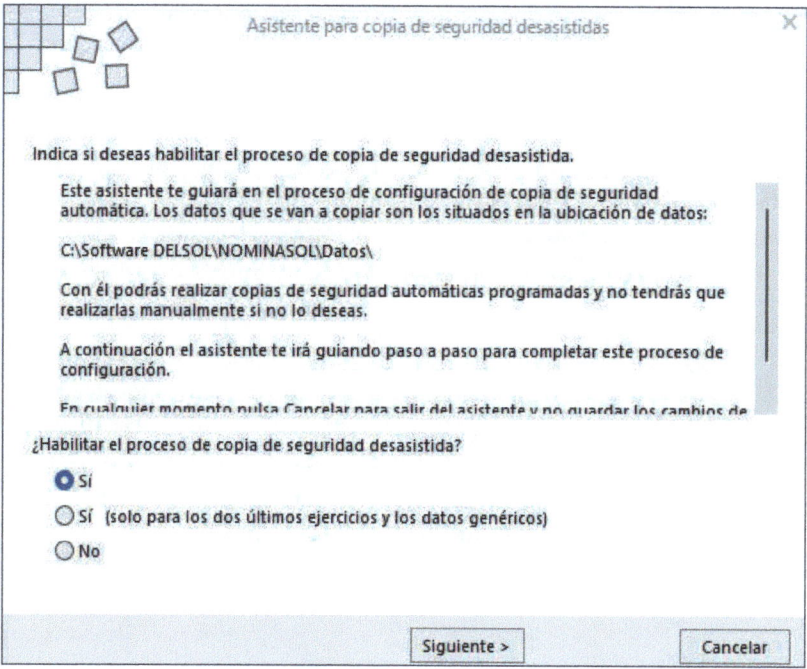

Indicar en qué ubicación se guardará el fichero de la copia de seguridad.

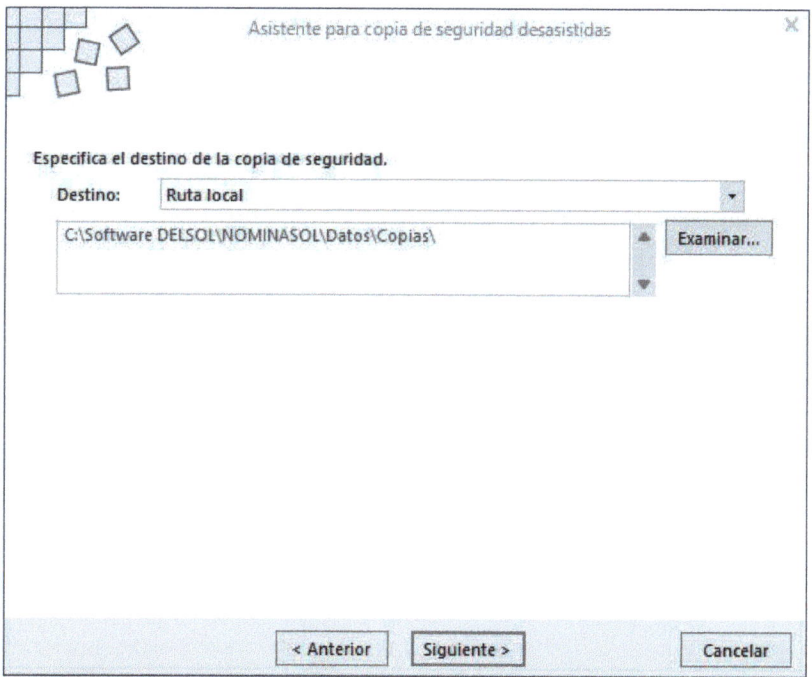

Indicar cada cuántos días se desea hacer la copia de seguridad.

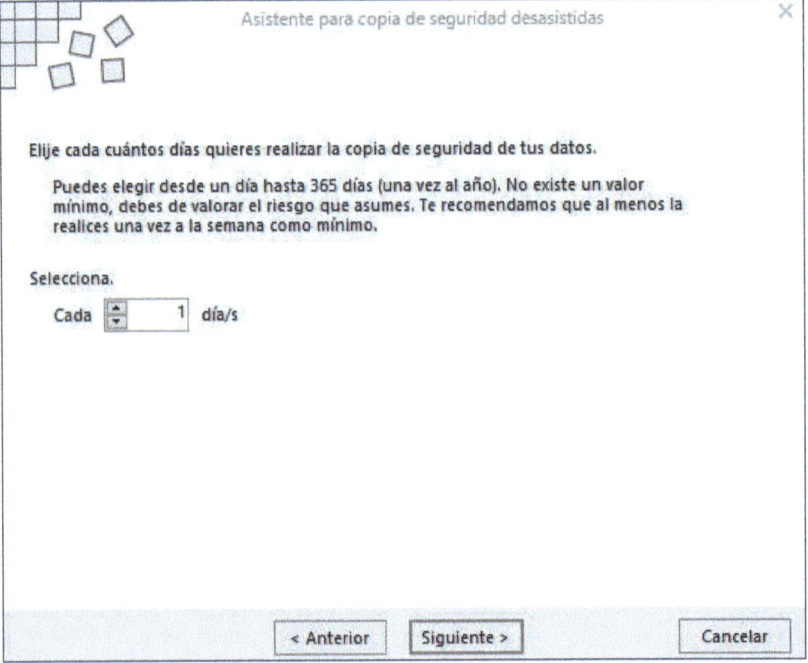

Indicar si deseamos ser avisados cuando se inicie el proceso de copia o no.

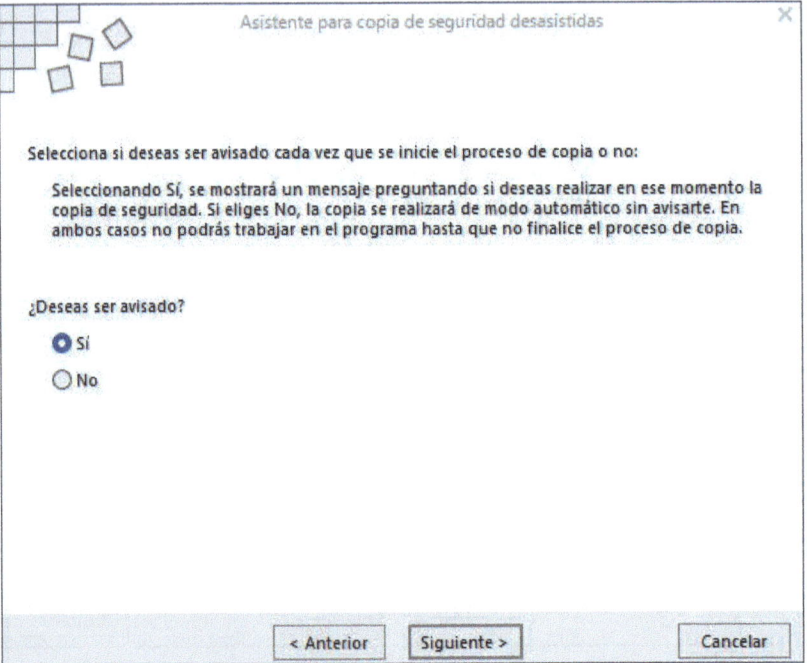

Indicar si deseamos o no sobrescribir la copia de seguridad.

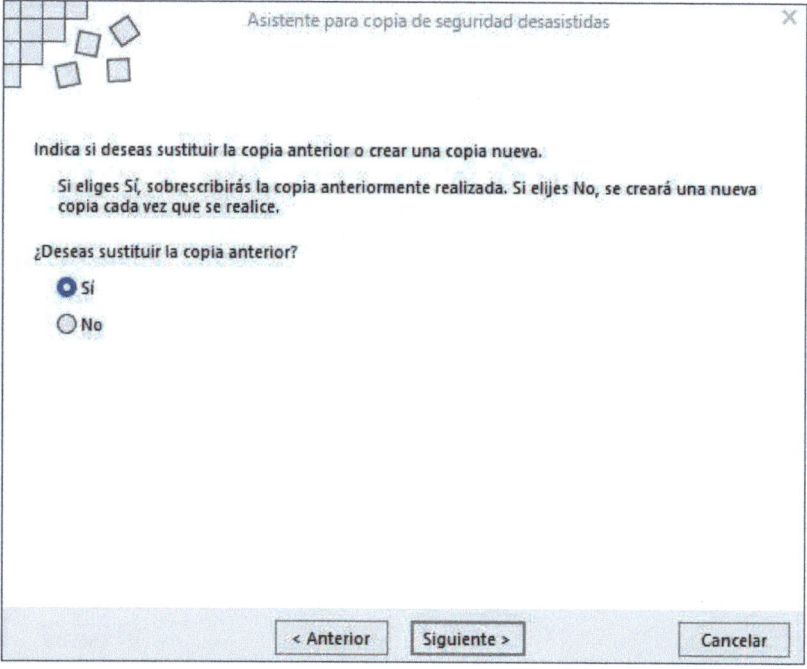

Indicar si se desea o no comprimir la copia.

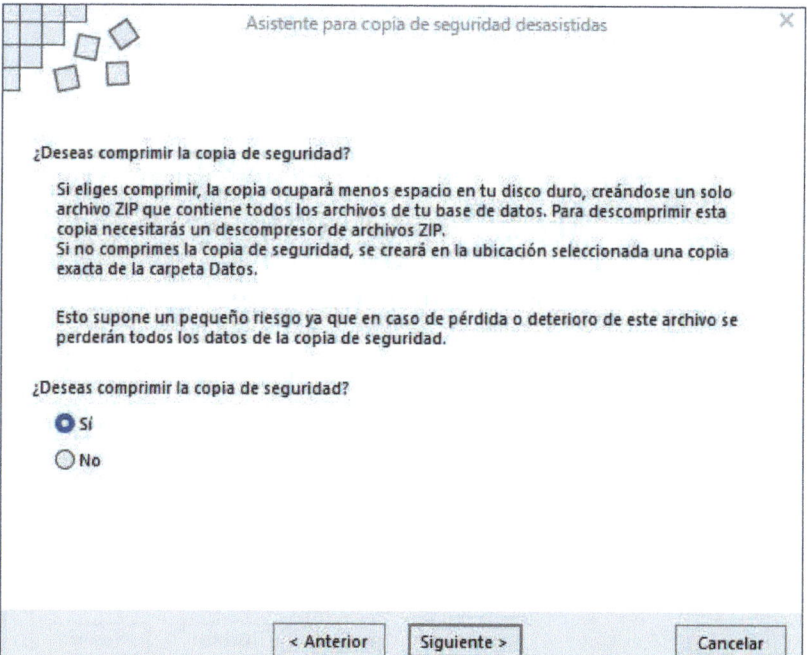

Indicar si la copia de seguridad se realiza cuando se accede al programa o al salir.

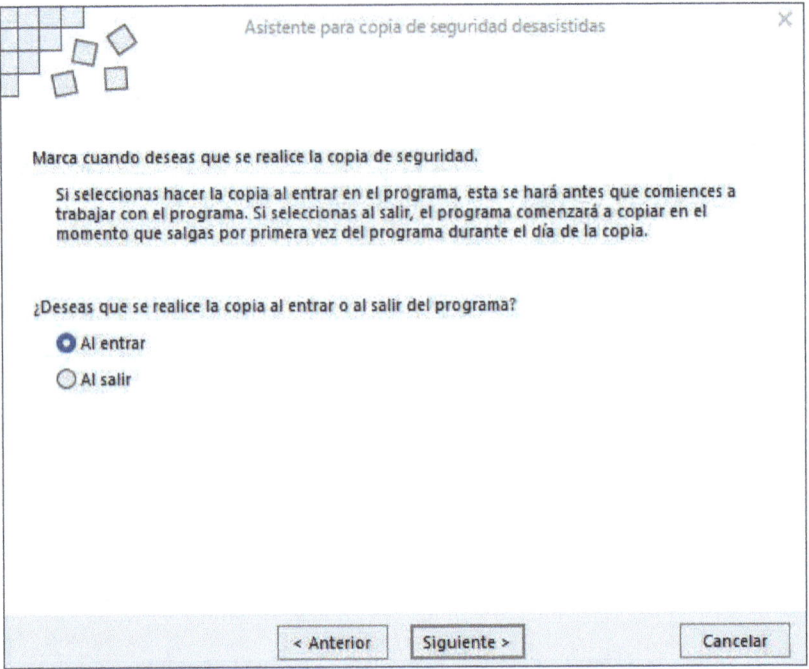

Se muestra una ventana con un resumen de los datos facilitados en los pasos anteriores.

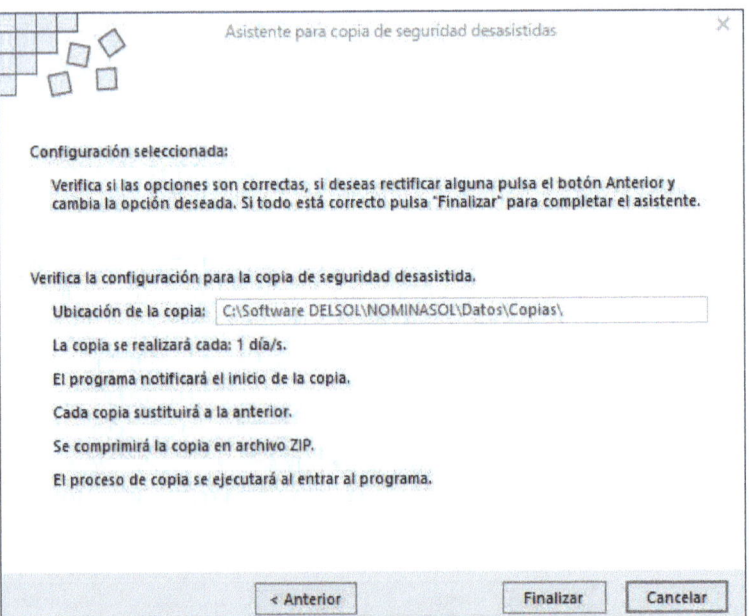

La próxima vez que entremos en la aplicación, si en el paso 6 hemos indicado que nos avise, se visualizará la siguiente pantalla:

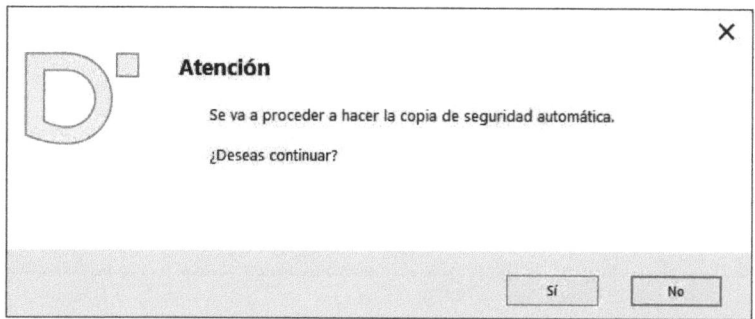

Seleccionar "Sí" o "No" según se desee o no ejecutar la copia de seguridad. Al seleccionar "Sí" comenzará la copia de seguridad, y cuando finalice se mostrará una ventana para indicar que el proceso ha concluido.

Se comprime:

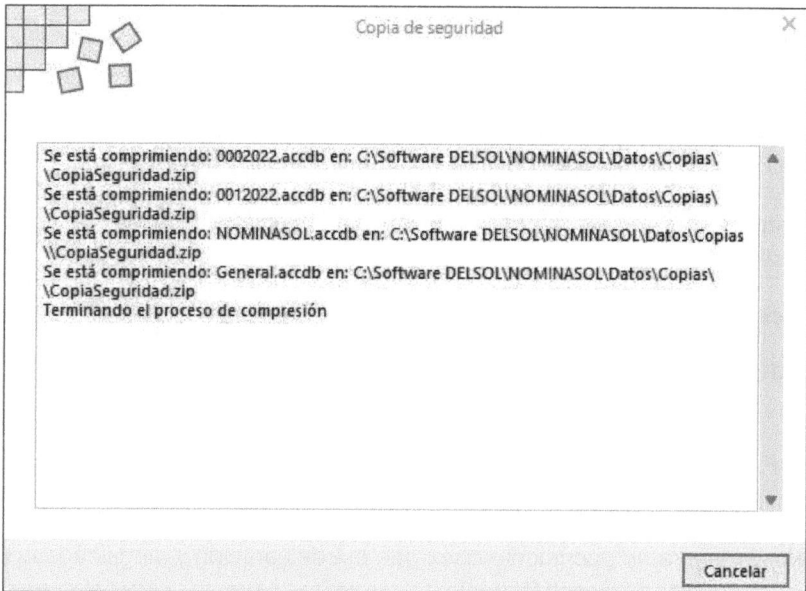

La copia de seguridad ya está realizada:

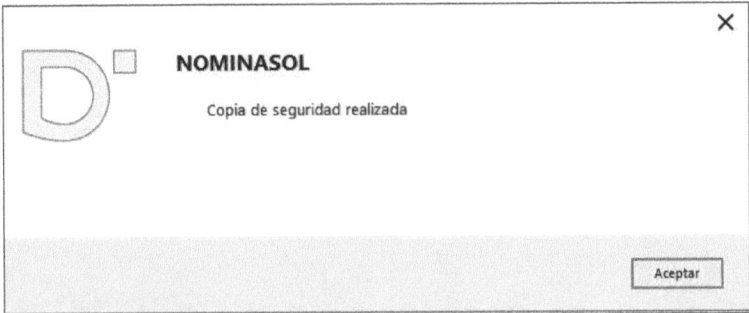

3. Periféricos

3.1. Introducción

Desde cualquier opción de impresión, tanto de listados como de documentos, el programa dispone de varias opciones, en las que el usuario puede elegir entre distintos tipos de dispositivos de salida de la información seleccionada: impresora, pantalla, Excel, .pdf, .rtf o documento de Word:

❑ **Impresora:** obtenemos en papel la información solicitada.

❑ **Vista previa:** obtenemos por pantalla la información solicitada. Se puede imprimir posteriormente o enviarla por correo electrónico.

❑ **Excel:** genera un documento .xls que puede editarse posteriormente.

❑ **PDF:** genera un documento .pdf que permite visualizar el documentos independientemente del software, el hardware o el sistema operativo.

❑ **RTF:** genera un documento que puede ser leído y editado con cualquier procesador de texto.

❑ **Word:** genera un documento docx que puede ser leído y modificado con el procesador de texto Microsoft Word.

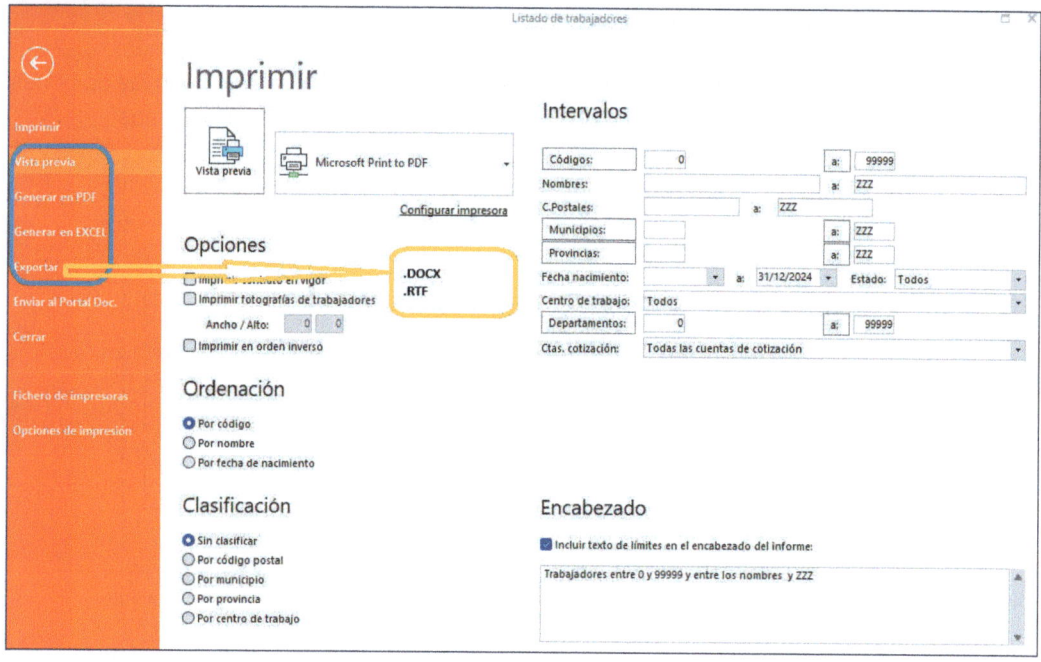

3.2.   Impresora

Cuando se instala NOMINASOL no se configura ninguna impresora dentro de la aplicación, por lo que necesitaremos instalar una para poder imprimir.

3.2.1. Configuración de la impresora

La configuración de la impresora o impresoras que vamos a utilizar con la aplicación se hará a través del menú "Archivo" y "Opciones", y en el panel lateral izquierdo de la pantalla que se muestra, seleccionaremos "Configuración".

Es posible configurar en el programa tantas impresoras como existan en tu ordenador o sistema de red local.

También es posible crear varias configuraciones para una misma impresora. De esta manera podrás, por ejemplo, seleccionar diferentes tipos de letras para informes.

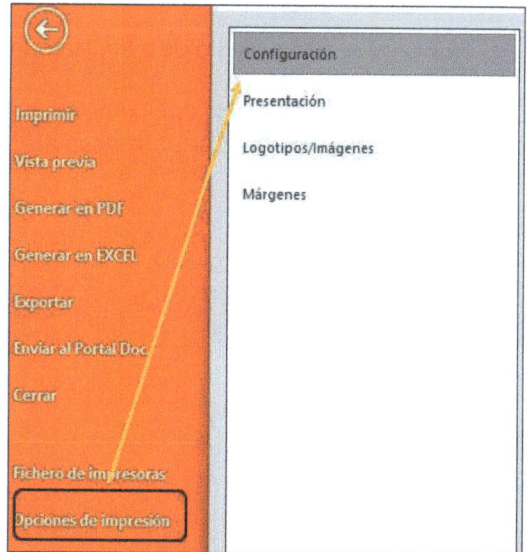

3.2.2. Añadir una nueva impresora

Para añadir una nueva impresora, pulsa en el botón "Nueva", y se activarán las opciones de la parte inferior de la pantalla "Datos de la impresora" y "Datos para los informes".

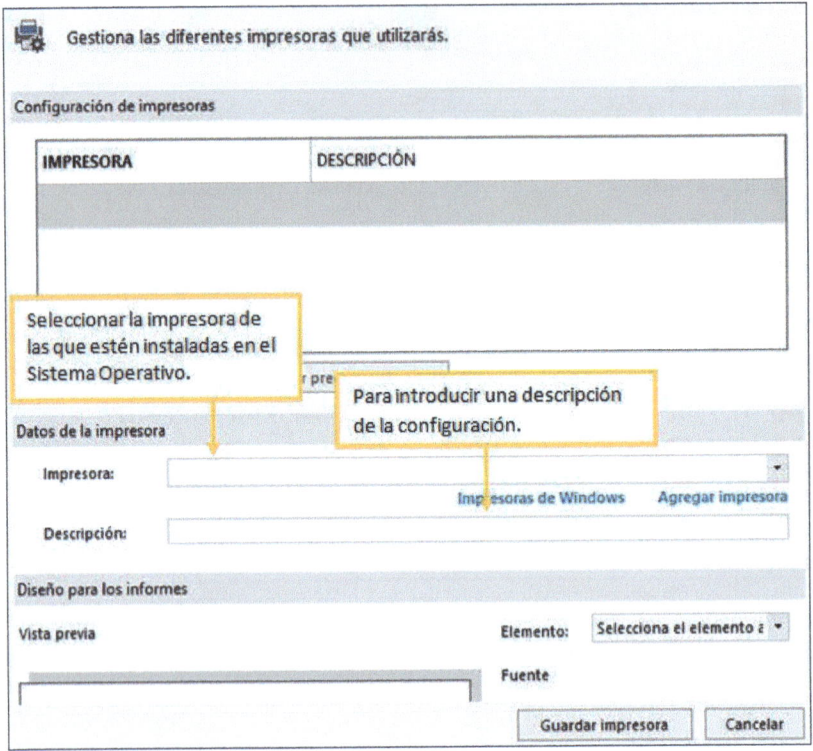

Se puede cambiar el tipo de letra, tamaño, etc. de cada elemento del informe.

Para visualizar todas las opciones del apartado "Diseño para los informes", nos desplazamos hacia abajo con la barra de desplazamiento vertical y hacemos un clic con el ratón encima de la "Vista Previa".

3.3. Vista previa

Al acceder a cualquiera de las pantallas para la impresión de los datos o informes, al pulsar el botón de "Vista previa", visualizaremos los datos o el informe por pantalla.

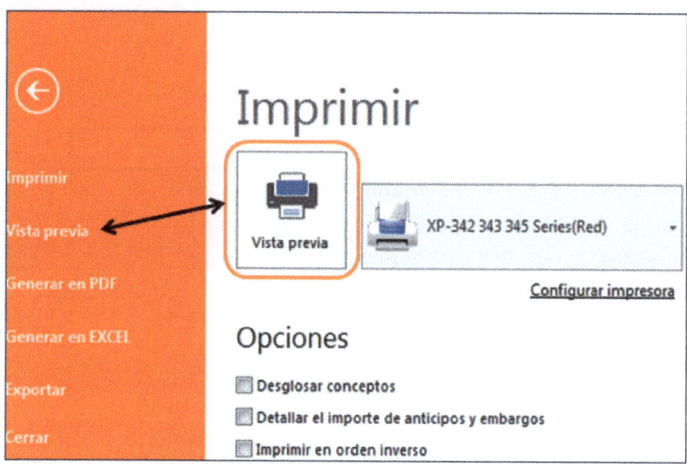

Una vez tenemos en pantalla el informe generado con la vista previa tenemos la posibilidad de enviar el informe por correo electrónico, generar un pdf o exportarlo (veremos a continuación estas opciones).

Imprimir		
Generar en PDF		
Enviar por e-mail		
Exportar		
Enviar al Portal Doc.		
Cerrar		
Fichero de Impresoras		

Adam@, SA
Listado de resumen de nóminas por conceptos retributivos   Pág. 1

Listado resumen de nóminas por conceptos entre 0 y 99999 y trabajadores entre 0 y 99999

Denominación	Ab./Ded.	Tipo	Importe
Accidente laboral del 11 al 13	Abono	General	159,12
ANTIGUEDAD	Abono	General	1.322,31
ATRASOS DE CONVENIO	Abono	General	50.196,45
Complemento acc. laboral del 15 al 31	Abono	General	367,09
Exp. regulación temp. empleo parcial del 1 al 31	Abono	General	0,00
HUELGA DE L 15 AL 18 (132,70 €)	Abono	General	0,00
Incentivo	Abono	General	900,00
INDEMNIZACIÓN	Abono	General	27.596,97
Maternidad del 1 al 2	Abono	General	0,00
P.P. PAGA EXTRA DICIEMBRE	Abono	Paga	3,73
P.P. VACACIONES	Abono	General	1.936,81
PAGA EXTRA BENEFICIOS	Abono	Paga	3.333,29
PAGA EXTRA DICIEMBRE	Abono	Paga	3.333,29
PAGA EXTRA JULIO	Abono	Paga	5.411,39
PAGA FIESTA LOCAL	Abono	Paga	371,06
PLUS ASISTENCIA	Abono	General	42,24
PLUS TRANSPORTE	Abono	General	58,08
Riesgo embarazo del 1 al 30	Abono	General	0,00
Riesgo embarazo del 1 al 31	Abono	General	0,00
Riesgo embarazo del 14 al 30	Abono	General	0,00
SALARIO BASE	Abono	General	38.675,68
		Total:	133.707,51

3.4. Generar en Excel

Permite obtener el informe en formato de hoja de cálculo de Microsoft Office Excel (.xls), que permite editar la información almacenada en el fichero de la hoja de cálculo.

Puede ser útil cuando deseamos realizar algún tipo de estadísticas, gráficos, etc.

Al seleccionar la opción, se muestra una pantalla en la que tenemos que indicar la carpeta en la que se va a guardar el fichero y el nombre con que se desea almacenar.

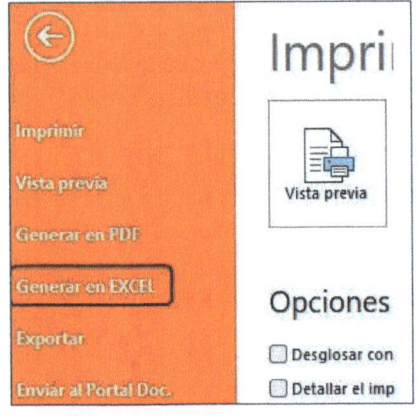

3.5. Generar en pdf

El formato pdf se utilizará cuando deseemos enviar un informe o listado de datos a otras personas y queremos tener la certeza de que no tendrá problemas con el software, hardware o sistema operativo, para poder visualizar el informe.

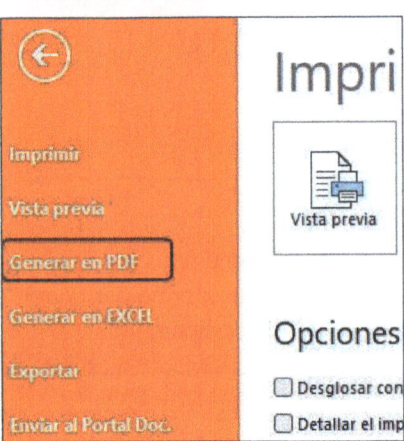

3.6. Exportar

La siguiente forma de salida de un informe es a través de la opción "Exportar", que nos permite generar un fichero .rtf o .docx.

Ambos tipos de ficheros se pueden abrir y leer con un procesador de texto.

La diferencia es que los ficheros .docx pueden ser leídos y modificados con la aplicación de Microsoft Office Word, mientras que los ficheros .rtf pueden ser leídos o modificados con cualquier procesador de textos.

3.7.   Enviar a Portal Doc

La última opción nos permite subir a la nube todos nuestros listados para poder visualizarlos posteriormente donde y cuando queramos, ya que con las claves que hayamos dado a esta opción podremos trabajar con ellos, independientemente de donde estemos.

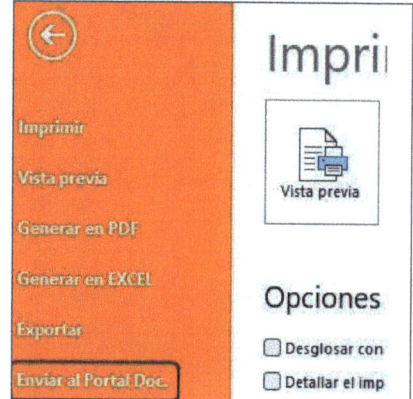

 *Este es un servicio de pago aparte del uso y disfrute del programa que adquiramos.*

4. Diseño de documentos

4.1.   Configuración de nóminas

NOMINASOL se entrega con varios modelos estándar de impresión de documentos (nóminas, boletines de cotización, certificado de empresa y certificado de retenciones) que, si no se ajustan a nuestras necesidades, podemos crear otros nuevos.

El proceso es muy parecido en todos los documentos, por lo que vamos a ver aquellos que es más habitual que se tengan que modificar o crear unos nuevos.

La empresa puede configurar su propio recibo de salarios, partiendo de uno de los modelos que ya vienen creados en la aplicación. Debe tenerse en cuenta que los modelos no se pueden modificar. Solo se pueden modificar los documentos que el usuario haya creado.

Para crear un nuevo recibo de salarios, podemos hacerlo a través del icono "Emitir" que encontramos en la pantalla "Nóminas".

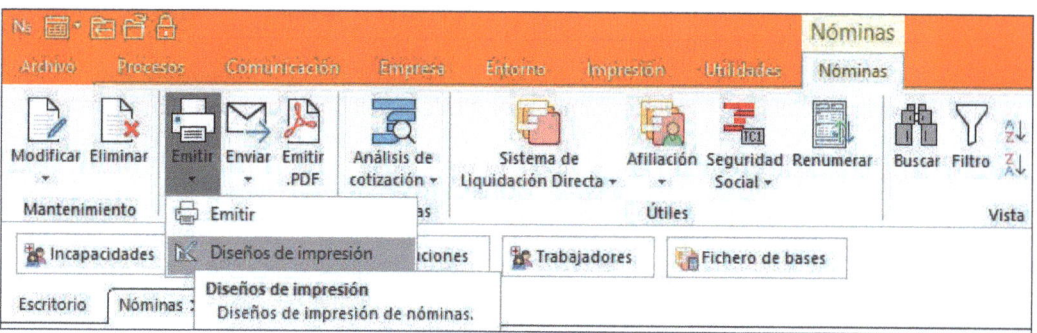

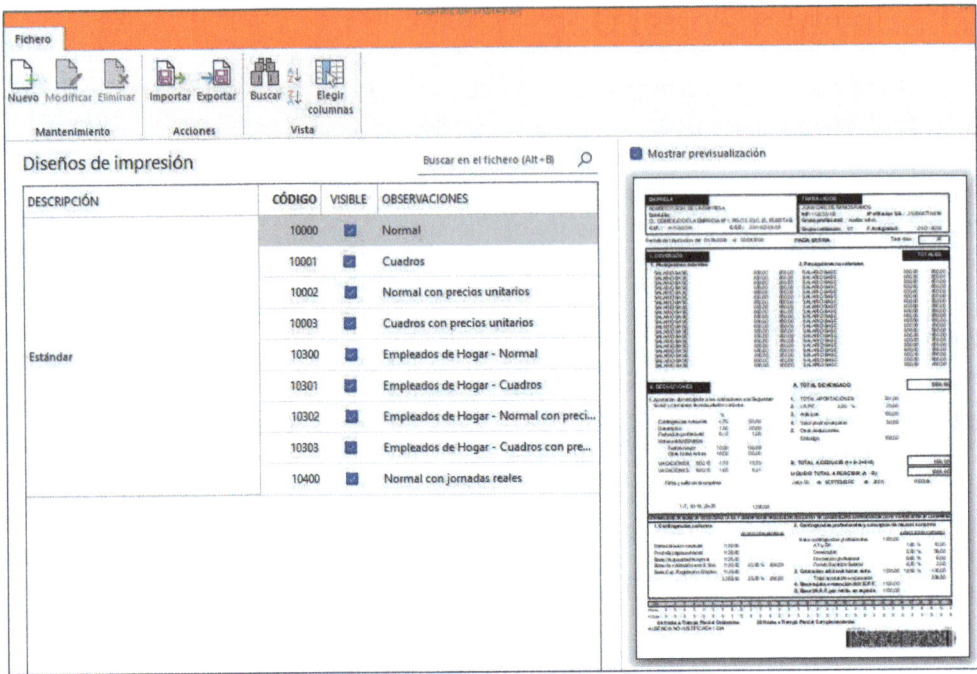

El primer paso será seleccionar uno de los modelos que aparecen en la pantalla "Archivo de diseño de impresión" y pulsar el icono "Nuevo".

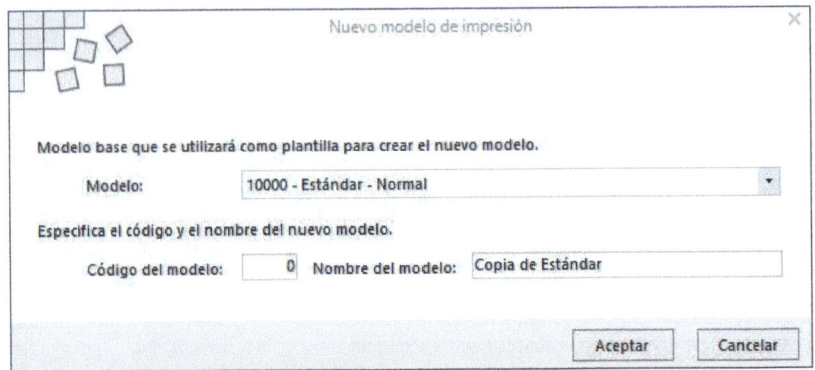

En la casilla "Modelo" se puede cambiar el modelo seleccionado anteriormente y posteriormente. Indicamos el código y el nombre que le vamos a asignar al nuevo modelo que vamos a crear y pulsamos "Aceptar".

El nuevo modelo ya aparece en la ventana "Archivo de diseño de impresión".

Para modificar el nuevo recibo de salarios, pulsa en el icono "Modificar" o la combinación de teclas CTRL+M.

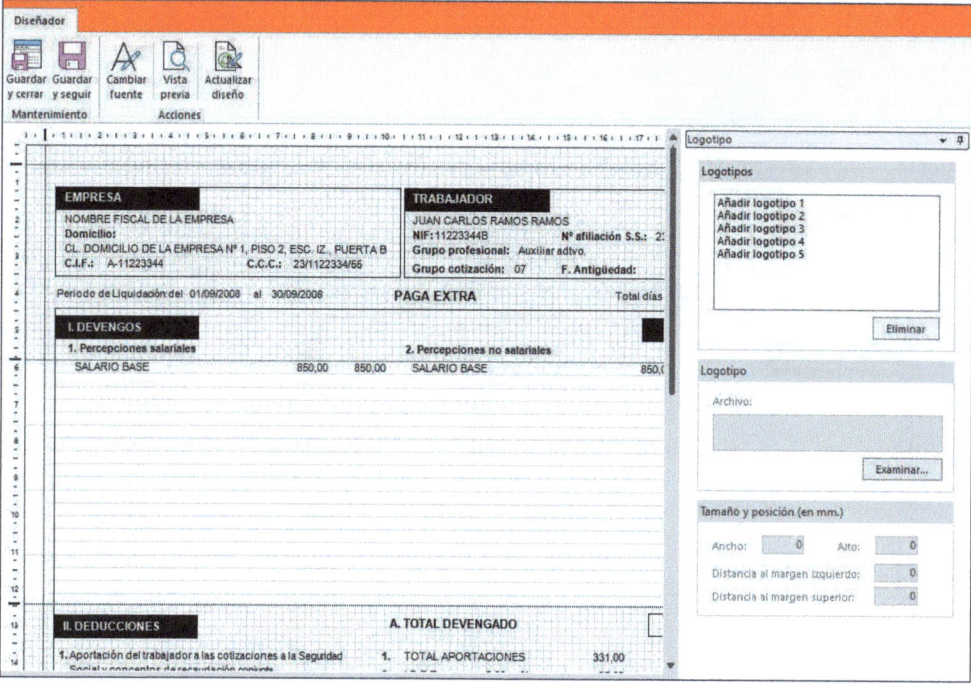

El botón "Impresora /Tipo de papel" indica los datos de la impresora, tipo de papel, etc., por lo que se aconseja configurar estos datos en primer lugar.

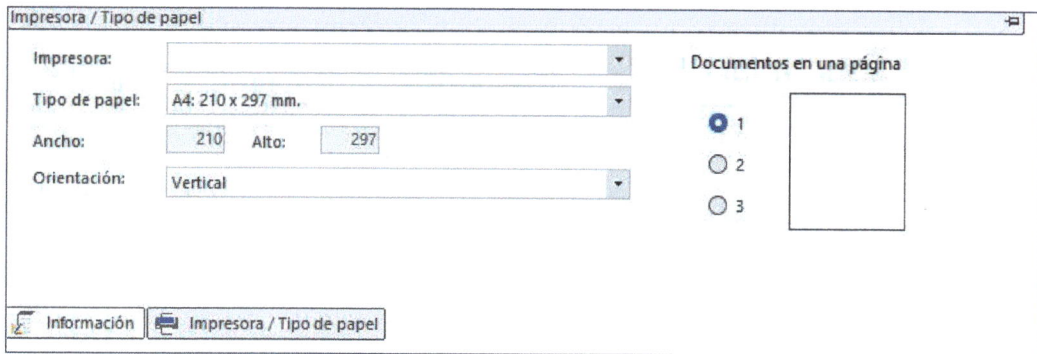

En el informe tenemos que diferenciar dos zonas, una que se denomina "Datos Generales", que está formada por la cabecera (datos de la empresa, trabajador y periodo de liquidación), el pie de la nómina (bases de cotización de la Seguridad Social y bases de IRPF) y "Datos línea de detalle", la zona central de la nómina, que contiene las percepciones salariales y no salariales.

Los elementos de los que está formado el modelo y que serán los que nos permitan modificar el diseño, están situados en la parte inferior derecha de la ventana.

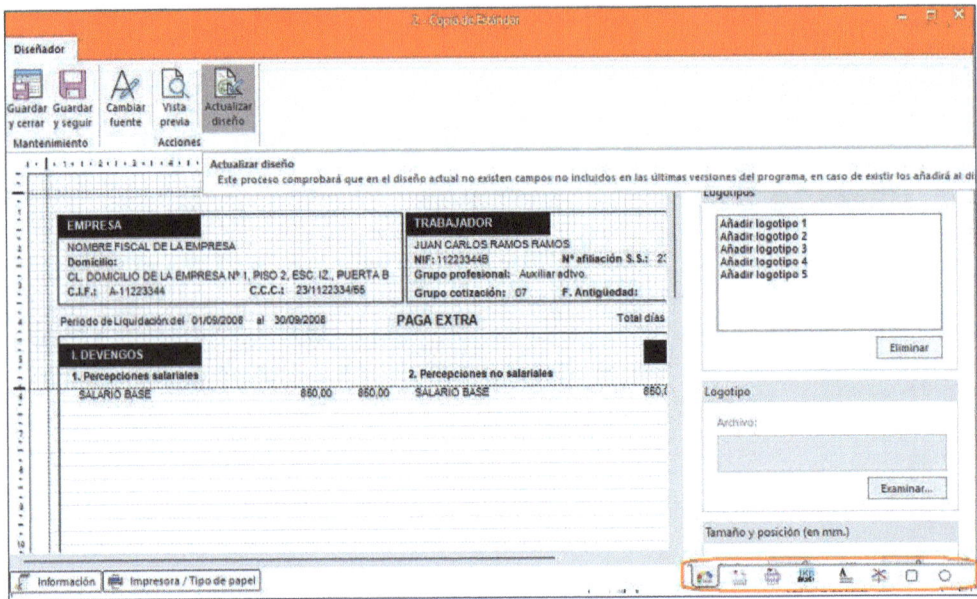

❑ **Insertar un logo:** pulsamos en el icono "Logotipos de diseño", y en la parte superior en el apartado "Logos", hacemos un doble clic sobre uno de ellos. Se muestra una ventana para seleccionar el fichero y se inserta en la cabecera un cuadrado que contiene la imagen.

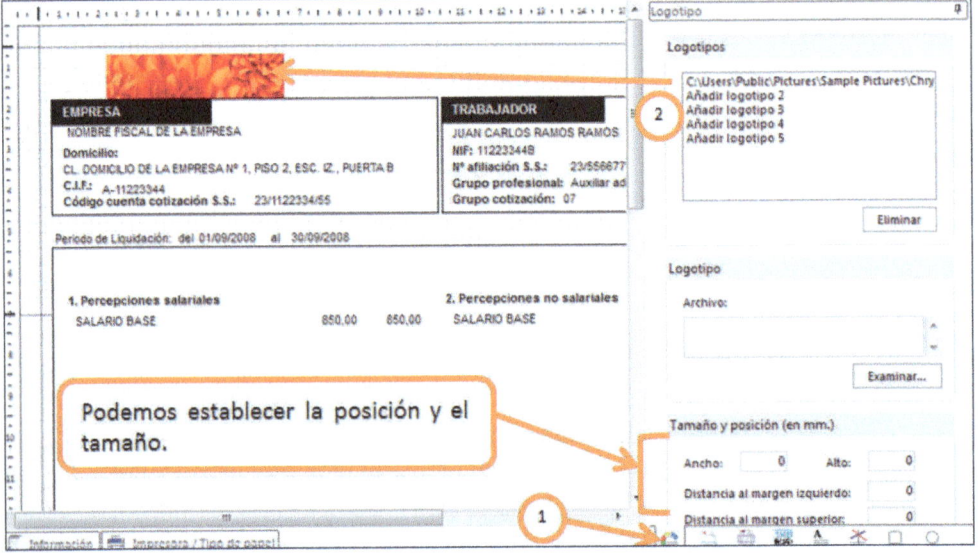

❏ **Insertar un texto:** es un texto fijo que se quiere insertar en el modelo. Pulsamos en el icono "Textos adicionales del diseño" y en el icono de "Nuevo".

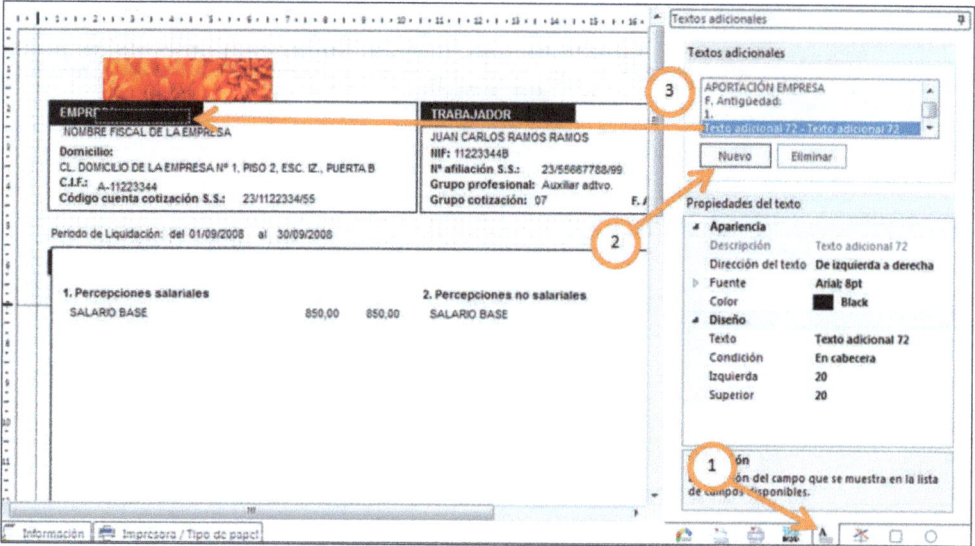

Para insertar el texto, sustituimos el texto "Texto adicional 72" por el que deseamos; para cambiar la posición, cambiamos el valor de izquierda por 80 y el superior por 10.

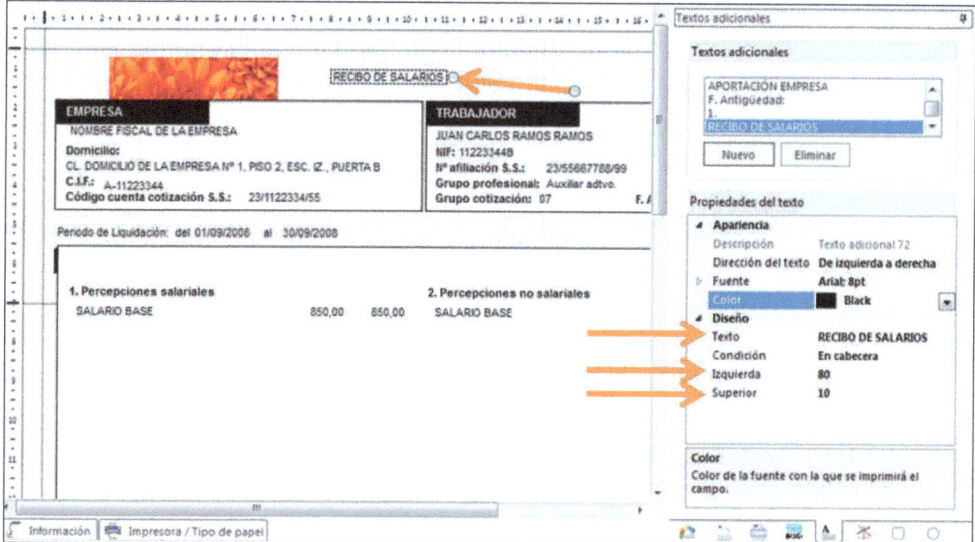

❑ **Insertar línea:** pulsamos en el icono "Líneas de diseño" y en el apartado "Líneas", seleccionamos "Línea 1"; en la parte inferior indicamos las propiedades de la línea.

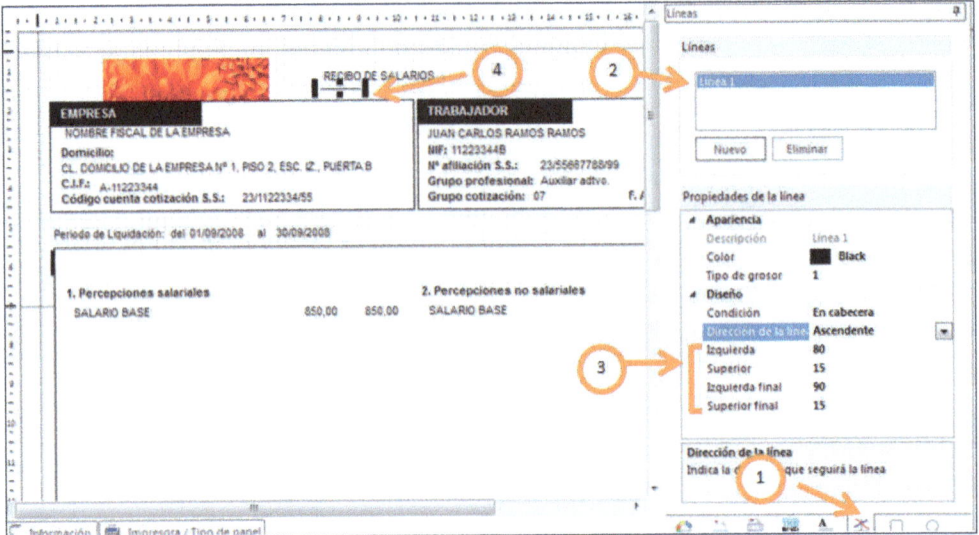

❑ En el apartado "Diseño" tenemos que indicar los datos en milímetros para crear la línea.

◆ Izquierda: distancia desde el borde izquierdo de la hoja.

◆ Superior: distancia desde el borde superior de la hoja.

◆ Izquierda final: distancia desde el borde izquierdo de la hoja hasta el final de la línea.

◆ Derecha final: distancia desde el borde superior de la hoja hasta el final de la línea.

Si necesitamos añadir más líneas al diseño, pulsamos el icono "Nuevo".

❑ **Insertar rectángulo:** pulsar en el icono "Rectángulos del diseño". En el apartado "Rectángulos" aparece una lista de rectángulos que ya están insertados en el diseño, por lo que pulsaremos "Nuevo" para añadir otro. Se añade un nuevo rectángulo a la lista y aparece el documento.

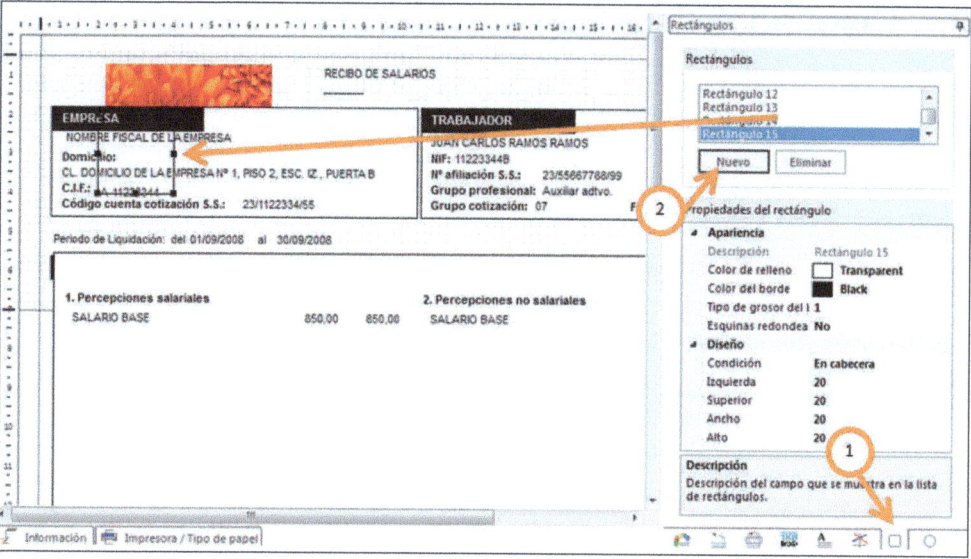

❑ **Datos línea de detalle:** para insertar datos que desea incluir en las líneas de detalle de los documentos. El proceso de inserción del campo es el mismo que hemos visto en el apartado anterior.

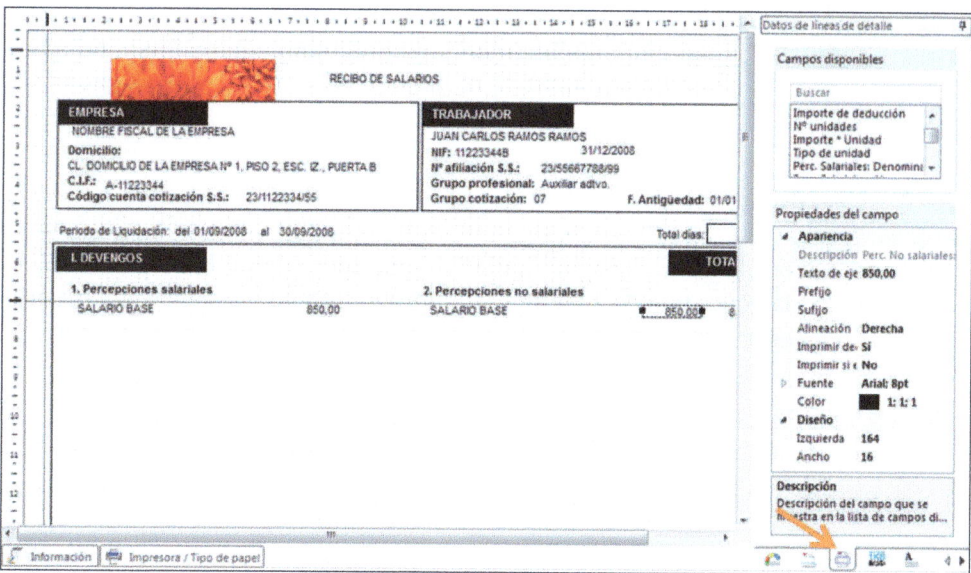

Una vez tengamos el modelo terminado, pulsamos el icono "Cerrar y Guardar".

4.2. Diseñador de informes

Permite realizar informes personalizados de la mayoría de los archivos de NOMINASOL. Podremos elegir las columnas del informe, la ordenación, los filtros, etc.

Accedemos a la opción través de la solapa "Impresión/Grupo Auxiliares/Icono Diseñador de informes":

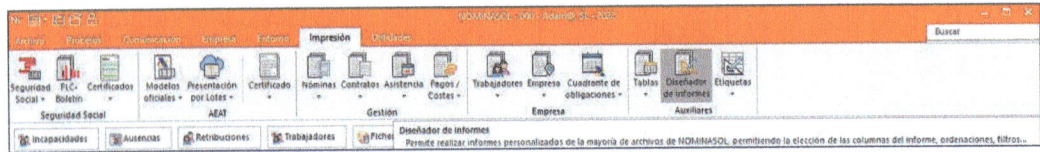

Al pulsar en el icono "Diseñador de informes", se muestra la siguiente pantalla:

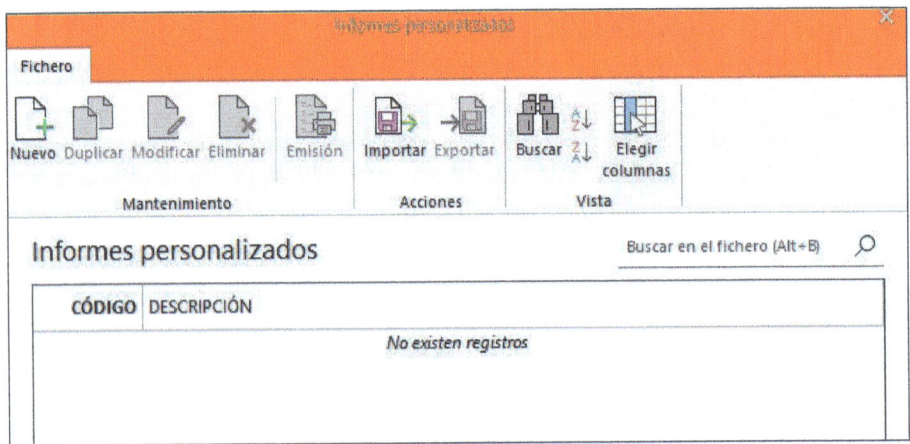

Al pulsar el icono "Nuevo" crearemos un informe personalizado. Para ello tendremos que indicar el código y la descripción para el informe, así como el fichero que contiene los campos que deseamos incluir en el informe y el título.

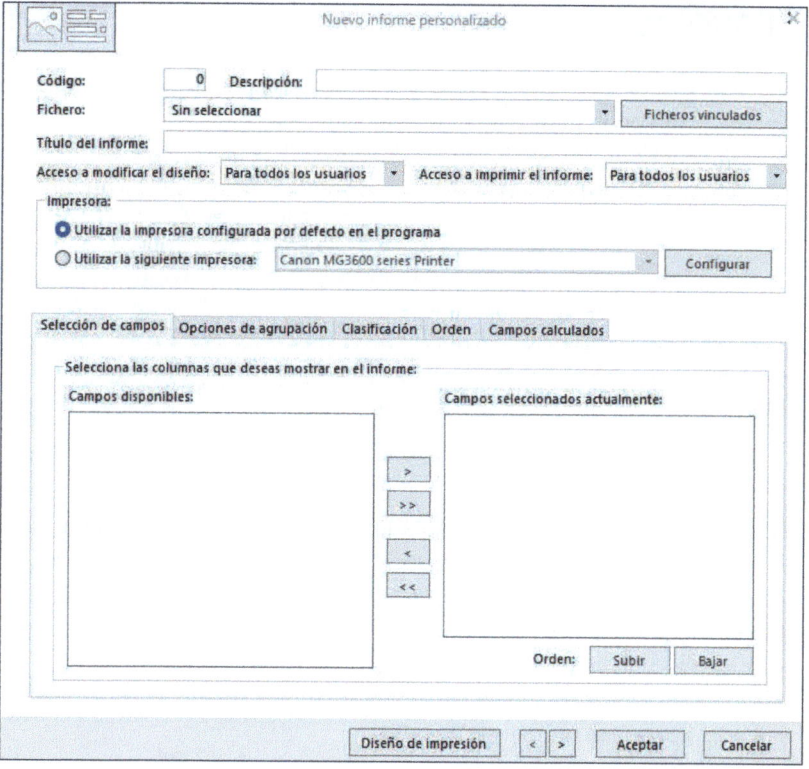

En la parte inferior disponemos de varias solapas:

❏ **Selección de campos:** indicaremos los campos que deseamos que formen parte del informe.

❏ **Opciones de agrupación:** permite agrupar el informe.

❏ **Clasificación:** permite clasificar el informe.

❏ **Ordenación:** permite ordenar el informe.

❏ **Campos calculados:** permite crear campos calculados, para realizar operaciones con campos que sean numéricos.

4.3. Etiquetas

Este grupo de opciones permite imprimir etiquetas de los trabajadores, de la empresa y de la agenda, así como configurar dichas etiquetas.

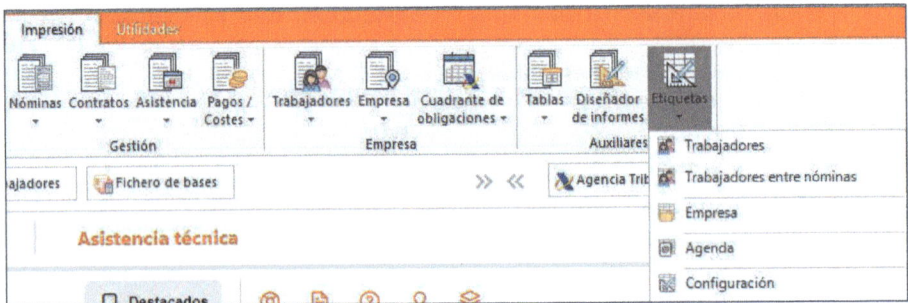

❑ Trabajadores: impresión de un listado de etiquetas, estableciendo como intervalos el código, nombre, municipios o código postal.

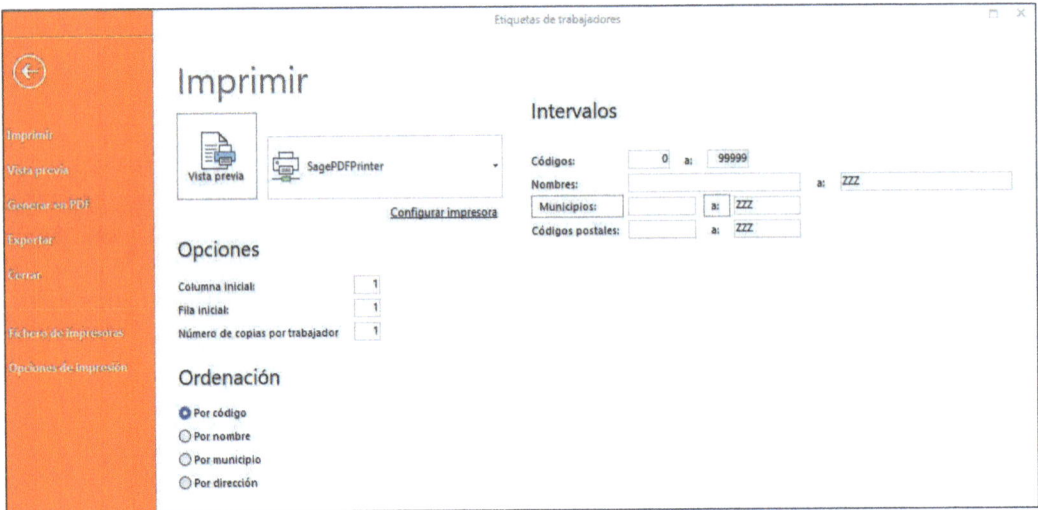

En el apartado "Opciones" se puede indicar la fila y columna de papel para iniciar la impresión. Esto puede ser útil cuando tengamos hojas de etiquetas ya usadas. Esta opción permite aprovechar el resto de las etiquetas.

❑ Trabajadores desde nóminas: impresión de un listado de etiquetas entre códigos de nóminas, trabajadores, mes o centro de trabajo.

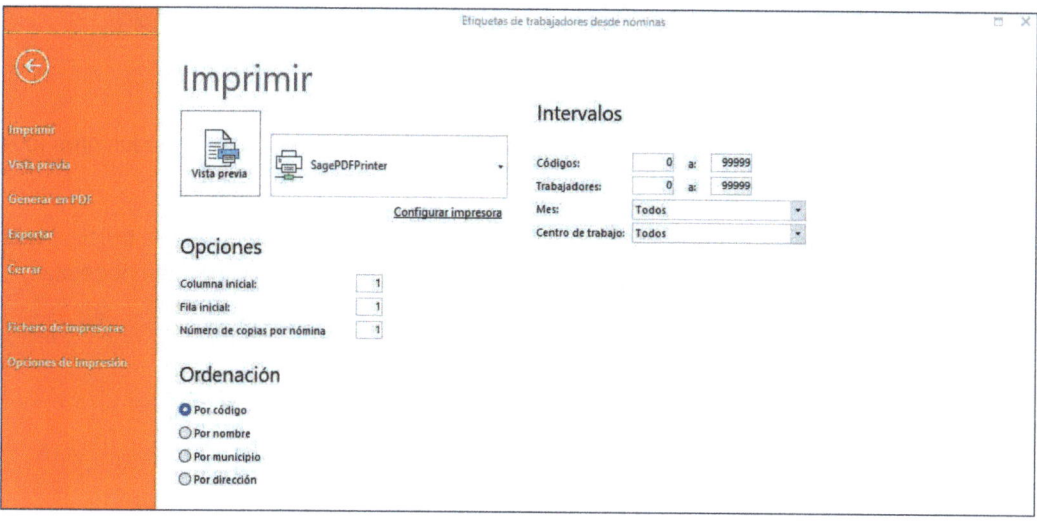

❑ Empresa: esta opción permite imprimir un listado de etiquetas de las empresas que indiquemos como intervalo.

❑ Agenda: imprime un listado de etiquetas de la agenda de contactos.

❑ Configuración: esta opción permite configurar las dimensiones de las etiquetas para trabajadores (trabajadores y trabajadores entre nóminas), empresa y agenda.

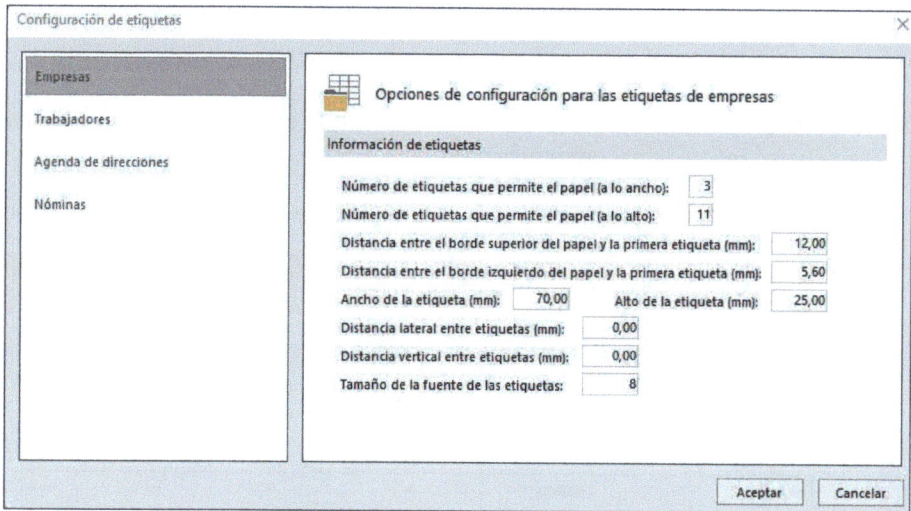

Las medidas hay que indicarlas en milímetros.

5. Otras funciones y utilidades

5.1. Utilidades

El grupo de opciones "Utilidades" de la solapa "Utilidades" contiene los siguientes iconos:

❑ **Calculadora:** su funcionamiento es igual que el de una calculadora de bolsillo; nos permitirá realizar cálculos que en un momento determinado se puedan necesitar.

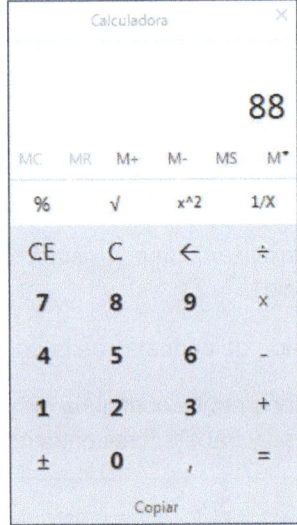

❑ **Tareas:** permite llevar un registro de las tareas que el usuario tiene que realizar y de las cuales quiere llevar un registro.

Las tareas son independientes para cada usuario y no tienen fecha de caducidad.

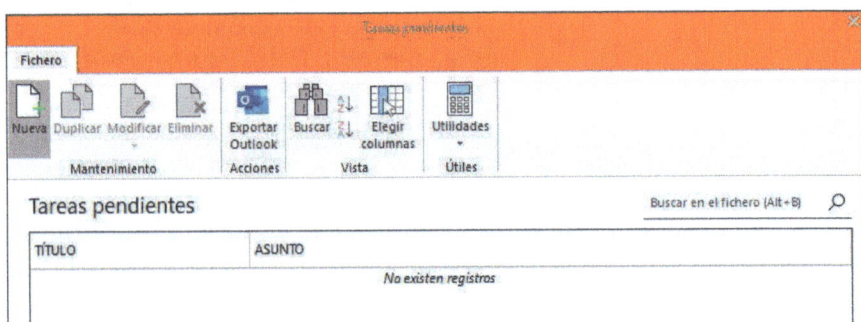

❑ **Calendario:** visualiza un calendario perpetuo, en el que aparece seleccionada la fecha que tenga el sistema.

❑ **Agenda diaria:** permite realizar anotaciones en una fecha concreta.

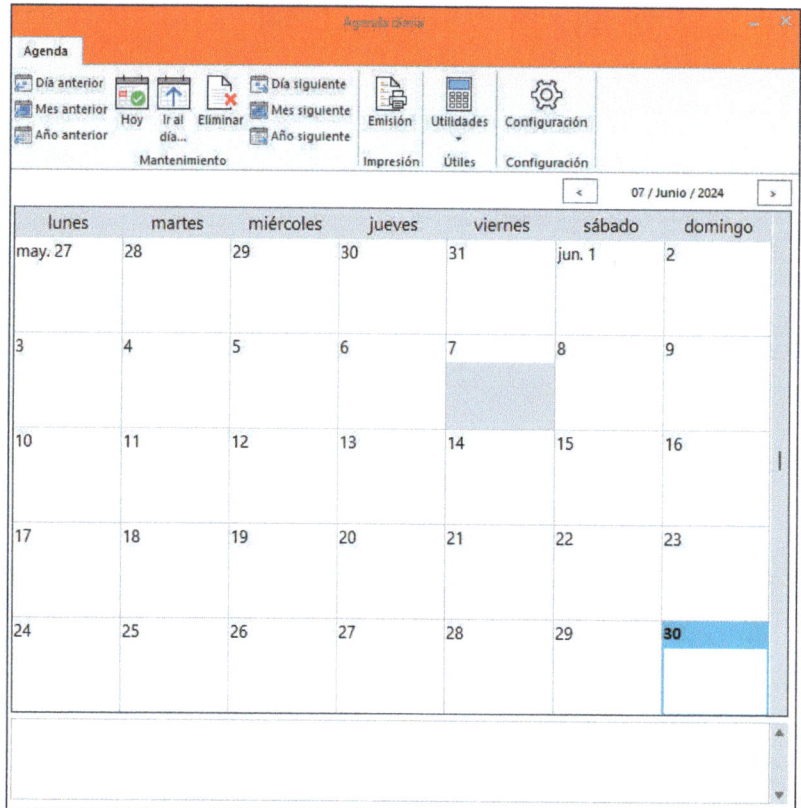

❑ **Agenda:** permite llevar un registro de contactos, en los que se pueden cumplimentar datos como teléfono, correo electrónico, fax, etc.

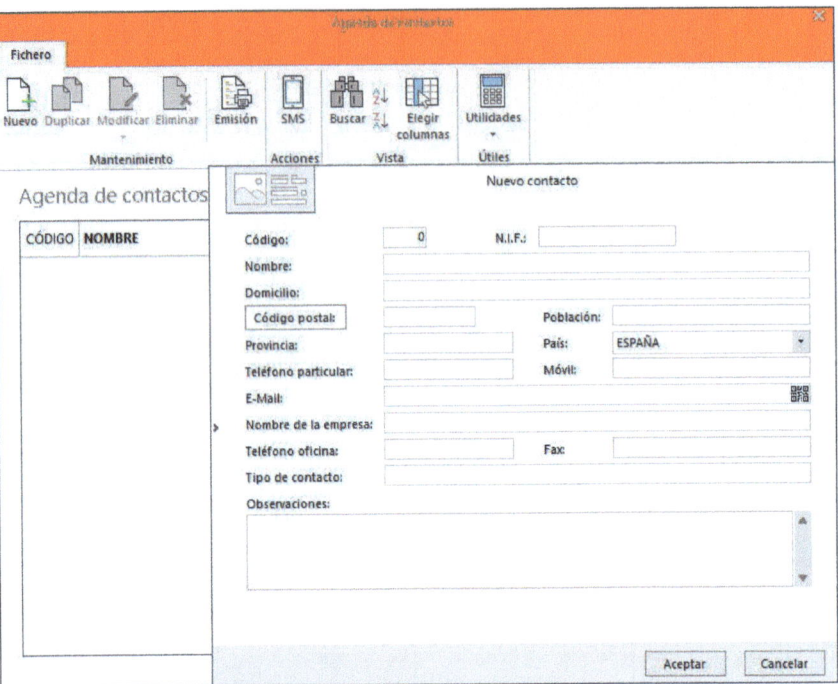

❑ **Alarma:** es una alarma programable que se puede utilizar para recordar citas, tareas, llamadas, reuniones, etc.

Se inserta la hora y el texto, y la aplicación, cuando llegue ese momento, nos mostrará un aviso, siempre y cuando el programa esté en ejecución. En caso contrario, no se muestra el aviso de la alarma.

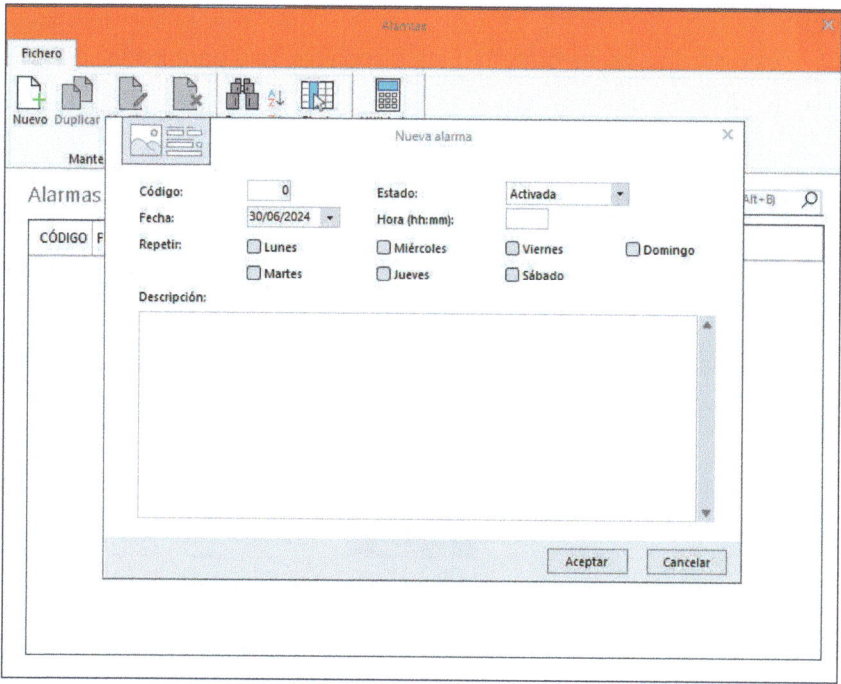

□ **Ofimática:** permite abrir las aplicaciones de Microsoft Office Word y Excel y OpenOffice Writer y Calc.

5.2. SMS

❑   NOMINASOL dispone de distintas opciones desde las que permite enviar mensajes SMS.

❑   Este servicio no es gratuito. Está disponible solo para los usuarios registrados del programa.

5.3. Portal documental

Desde esta opción podremos enviar a la nube los ficheros que deseemos y verlos cuando queramos.

Este servicio no es gratuito y está disponible solo para los usuarios registrados del programa.

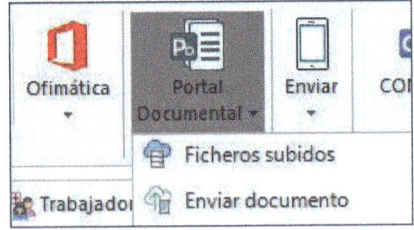

5.4. Enlace contable

El enlace contable está explicado en la primera unidad; recordemos que se realiza desde la aplicación CONTASOL, por lo que los iconos que aparecen en este grupo de opciones son meramente informativos.

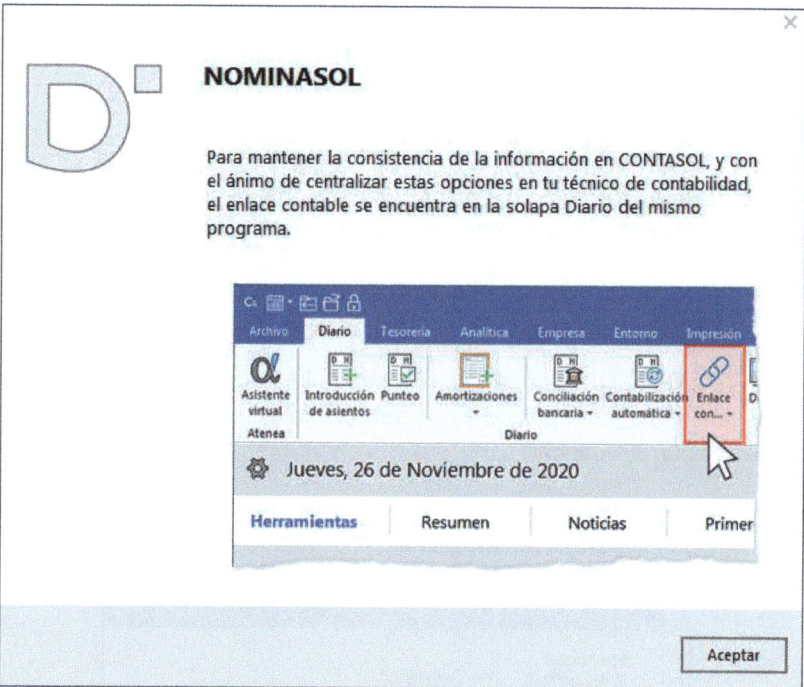

5.5. Importaciones

Esta opción permite importar datos al programa desde archivos con formato Excel o formato Calc, o desde la aplicación de gestión de nómina NominaPlus (empresa SAGE).

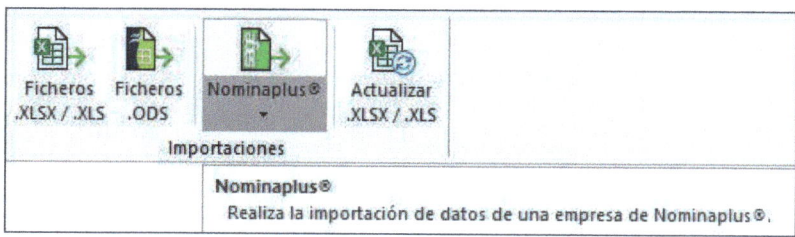

5.6. Asistencia técnica

5.6.1. Documentación

La asistencia técnica nos la encontramos en la parte central de la pantalla y está dividida en tres partes:

1. A la izquierda de la pantalla aparecen una serie de puntos básicos que tendremos que realizar para empezar a funcionar con el programa.

2. La parte central esta subdividida en dos:

    a) Un listado de noticias y legislación para estar al tanto de todas las modificaciones que nos pueden afectar en nuestro trabajo.

    b) Una serie de vídeos formativos donde nos enseñan cómo introducir datos o configurar el programa.

3. En la parte derecha nos aparece una ayuda interactiva donde podemos poner una duda genérica que tengamos y nos dará posibles respuestas. Este apartado lo han bautizado como "Atenea".

Este apartado nos permite descargar una serie de ficheros en formato pdf con las instrucciones de cada uno de los puntos del programa.

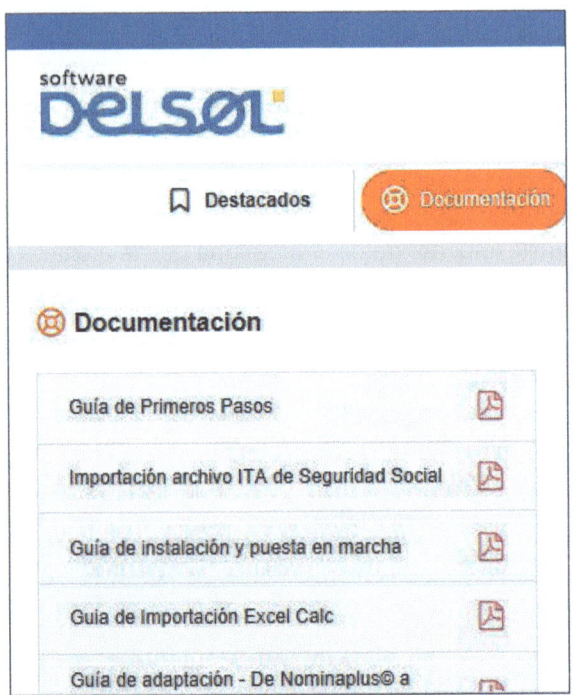

5.6.2. Sdelsol.com

La opción "Zona privada" permite acceder a la zona privada como usuario registrado.

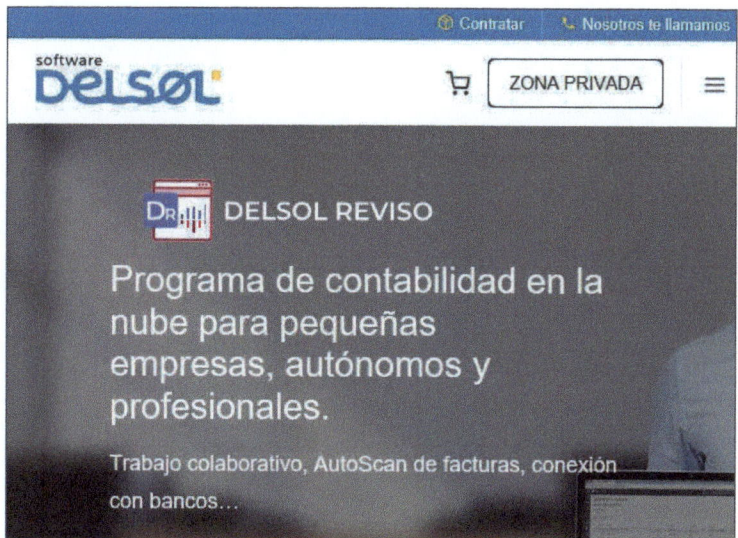

Al introducir los datos del usuario y la contraseña, que fueron facilitados en el momento del registro, accedemos a la pantalla de zona privada en la que se tendrá acceso a boletines informativos (artículos, nueva normativa, etc.), al soporte para realizar consultas sobre el funcionamiento de la aplicación o cualquier otro problema que pueda surgir, a las facturas y a nuestros datos.

La opción "Contacto" muestra una ventana con los distintos tipos de registro que se pueden contratar, así como las distintas formas de contacto.

La opción "Comprobar versión" comprueba si hay disponible alguna versión nueva de la aplicación. Solo se puede actualizar si somos usuarios registrados.

5.6.3. Servicios para usuarios registrados

Este grupo de opciones nos permite:

❑ Ir a la página de registro de usuario (Alta registros).

❑ Realizar una consulta (Centro de soporte online).

❑ Visualizar nuestros datos de usuario (Datos usuario).

Resumen

En esta última unidad hemos visto las siguientes opciones:

❑ Alta de usuarios.

❑ Modificación de usuarios.

❑ Copias de seguridad.

❑ Configuración de periféricos.

❑ Diseño de documentos.

❑ Otras funciones y utilidades.

CONTENIDOS EXTRA

Autoevaluación de Unidad 1
Enunciados

- -

1. Si estamos observando, entre otros, el coste de adquisición, el de mantenimiento y el de actualización, ¿de qué criterio de selección estamos hablando?:

a) Criterio absoluto.

b) Criterio organizativo.

c) Criterio técnico.

d) Criterio económico.

2. ¿Con cuántos usuarios permite trabajar la aplicación?:

a) Solo con el supervisor.

b) Con 10 usuarios.

c) Con un número ilimitado de usuarios.

d) Con el supervisor y 3 usuarios más.

3. ¿Cuántos caracteres se aconseja que debe tener como máximo el nombre del directorio donde se instala NOMINASOL?:

a) 6.

b) 8.

c) 10.

d) No influye el n° de caracteres.

4. La aplicación con la que podemos enlazar NOMINASOL es:

a) CONTASOL.

b) TPVSOL.

c) FACTUSOL.

d) GESTORSOL.

5. Después de seleccionar el usuario, se accederá a la pantalla:

a) Recientes.
b) Principal.
c) De inicio.
d) De empresa.

6. ¿Cuál o cuáles de las siguientes operaciones es necesario realizar para tener acceso a las actualizaciones de la aplicación?:

a) Instalación.
b) Registro de usuario.
c) Licencia de uso.
d) Todas son correctas.

7. ¿Qué necesitamos para poder instalar NOMINASOL en nuestro ordenador?:

a) Un DVD proporcionado por Software DelSOL.
b) Una cuenta de correo.
c) Darnos de alta como usuario registrado.
d) Ninguna es correcta.

8. Para indicar la cuenta contable que se le asigna a cada trabajador, accedemos a:

a) Solapa "Empresa/Grupos Datos Generales/Icono Empresa".
b) Solapa "Empresa/Grupos Datos Generales/Icono Trabajadores".
c) Solapa "Empresa/Grupo Trabajadores/Icono Trabajadores".
d) Solapa "Empresa/Grupos Trabajadores/Icono Empresa".

9. La pantalla que aparece al acceder a la aplicación se denomina:

a) Pantalla inicio de sesión.
b) Pantalla reciente.
c) Pantalla principal.
d) Pantalla de acceso rápido.

10.

Entre las ventajas de la utilización del software legal se encuentra:

a) Aumenta la entrada de virus en los sistemas.

b) Se dispone de los servicios de asistencia técnica y de mantenimiento ofrecidos por los fabricantes.

c) Se inhibe la libre competencia, perjudicando el desarrollo del sector.

d) Disminuye la calidad de las soluciones, servicios y su desarrollo tecnológico.

Autoevaluación de Unidad 2
Enunciados

---

1. En la tabla de códigos postales, al introducir el municipio se cumplimenta automáticamente el campo de:

a) Población.
b) Ayuntamiento.
c) Provincia.
d) Son correctas a) y c).

---

2. ¿Cuál de las siguientes opciones no está disponible en la "Vista Previa" del informe?:

a) Generar en PDF.
b) Enviar por e-mail.
c) Exportar.
d) Importar.

---

3. En la obtención de los listados, se pueden definir los intervalos de los mismos a través de:

a) Códigos.
b) Descripciones.
c) Son correctas a) y b).
d) Ninguna es correcta.

---

4. ¿Dónde podemos indicar el nivel de estudios del trabajador?:

a) Solapa "Trabajador/Pestaña contratos/Añadir contratos".
b) Solapa "Trabajador/Pestaña contratos/Añadir contratos/Botón nivel formativo".
c) Solapa "Trabajador/Apartado personal/Botón nivel formativo".
d) Solapa "Trabajador/Pestaña contratos/Añadir contratos/Botón nivel de estudios".

5. ¿Qué ruta hay que seguir para conocer las bases máximas de un trabajador por cuenta ajena?:

a) Entorno/Tablas/Régimen General.
b) Entorno/Tablas/Bases de cotización.
c) Entorno/Tablas de cotización/Bases de cotización.
d) No es posible ver las bases.

6. ¿Cuál de las siguientes opciones no es una causa de ausencia a marcar en calendario laboral?:

a) Fiesta nacional.
b) Fiesta Comunidad Autónoma.
c) Fiesta local.
d) Laboral.

7. ¿De cuántos dígitos consta el código que debe introducirse en la tabla de estudios complementarios realizados por el trabajador?:

a) De cinco.
b) De dos.
c) De tres.
d) No debe introducirse ningún código.

8. ¿Qué ruta debe seguirse para acceder a la opción de calendario laboral?:

a) Solapa "Empresa/Grupo Asistencia/ Icono Calendarios Laborales".
b) Solapa "Entorno/Grupo Calendarios Laborales".
c) Solapa "Empresa/Grupo Parametrización/ Icono Calendarios Laborales".
d) Solapa "Entorno/Grupo Asistencia/ Icono Calendarios Laborales".

9. Las bases de cotización por contingencias comunes serán:

a) Obligatorias y voluntarias.
b) Tipos máximos y tipos mínimos.
c) Bases máximas y bases mínimas.
d) Régimen general y regímenes especiales.

10.

¿Qué campo no pertenece a la opción "Códigos de CNAE"?:

a) Descripción.

b) %IT.

c) %IMS.

d) Código.

Autoevaluación de Unidad 3
Enunciados

----

1. Los datos de la empresa pueden ser modificados:

a) En cualquier momento.
b) Nunca.
c) Antes de introducir ningún registro.
d) Antes de introducir los datos fiscales.

2. Para proceder a la eliminación de una empresa necesitamos:

a) Que la empresa no tenga ningún trabajador dado de alta.
b) Un código de validación.
c) Que la empresa no tenga confeccionadas nóminas.
d) Son correctas a) y c).

3. Desde "Archivo/Nuevo", podemos:

a) Crear una nueva empresa desde SAGE.
b) Crear varias empresas desde SAGE.
c) Crear una nueva empresa.
d) Todas son correctas.

4. En la configuración de empresa se puede bloquear el cálculo y modificación de las nóminas:

a) Anteriores a una fecha determinada.
b) Anteriores a un mes determinado.
c) Anteriores a un trimestre determinado.
d) Anteriores a un semestre determinado.

5.

Al crear los bancos con los que la empresa trabaja, ¿en qué solapa introducimos el IBAN?:

a) Solapa "Ficha".
b) Solapa "Técnica".
c) Solapa "Datos".
d) Ninguna es correcta.

6.

¿Qué dato no se introduce en el convenio?:

a) Conceptos retributivos.
b) Incapacidad temporal.
c) Antigüedad.
d) Los importes de los conceptos retributivos.

7.

Si un concepto retributivo se renumera siempre en función de 30 días, el tipo de cobro se define como:

a) Fijo.
b) Diario.
c) Mensual.
d) Por horas.

8.

Si un concepto cotiza a contingencias e IRPF, a partir de ciertas cantidades, lo indicaremos en el apartado:

a) Cotización excluida.
b) Cotización por exceso.
c) Topes excluidos.
d) Cotización exenta.

9.

NOMINASOL al crear el convenio crea automáticamente:

a) La escala de incapacidades.
b) Los complementos a los subsidios.
c) Las categorías del convenio.
d) Ninguna es correcta.

10.

Si un convenio ha sido modificado y deseamos actualizar todas las empresas que están acogidas a ese convenio, seleccionaremos la opción:

a) Actualizar tablas salariales en empresas.

b) Actualizar datos desde el convenio oficial a empresas.

c) Actualizar datos de convenio en empresa.

d) Actualizar códigos para .CRA en empresas.

Autoevaluación de Unidad 4
Enunciados

---

1. Para dar de alta a los trabajadores lo haremos en:

a) Solapa "Empresa/Grupo Trabajadores/Icono trabajadores".
b) Solapa "Procesos/Grupo Trabajadores/Icono trabajadores".
c) Solapa "Entorno/Grupo Trabajadores/Icono trabajadores".
d) Solapa "Trabajadores/Icono trabajadores".

2. Para filtrar los trabajadores que se visualizan en la ventana "Trabajadores", podemos utilizar la opción:

a) Vista actual.
b) Centro.
c) Forma de cotización.
d) Todas son correctas.

3. La cotización por accidentes de trabajo y enfermedad profesional se realizará según la actividad económica de la empresa (CNAE) que se indica en:

a) Empresa/Parametrización/Nóminas.
b) Empresa/Parametrización/Administración.
c) Empresa/Administración/Parametrización.
d) Empresa/Administración/Nóminas.

4. Al dar de alta un nuevo trabajador:

a) El convenio que se le aplica por defecto es el que tiene aplicado la empresa.
b) La categoría que se le aplica por defecto al trabajador es la categoría más alta que haya definida en el convenio.
c) La forma de cobro que se le aplica por defecto al trabajador es la diaria.
d) La forma de pago que se le aplica por defecto al trabajador es transferencia.

5. En la solapa "Nóminas" de la ficha del trabajador, podemos:

a) Calcular las nóminas.
b) Visualizar las nóminas.
c) Imprimir las nóminas.
d) Son correctas b) y c).

6. ¿Cuál de las siguientes opciones no es una forma de cobro?:

a) Mensual.
b) Por horas.
c) Diaria.
d) Trimestral.

7. Para consultar el vencimiento de un contrato necesitamos tener cubierto:

a) En la solapa "Contrato" de la ficha del trabajador, el campo "Fecha fin de contrato".
b) En la solapa "Trabajador" de la ficha del trabajador, el campo "Fecha fin de contrato".
c) En la solapa "Trabajador" de la ficha del trabajador, el campo "Baja".
d) En la solapa "Contrato" de la ficha del trabajador, el campo "Baja".

8. El icono de "Forma de pago" de los trabajadores, ¿en qué solapa se encuentra?:

a) Trabajador.
b) IRPF.
c) Situación.
d) Nóminas.

9. Dentro de la opción "Trabajadores", ¿desde dónde podemos añadir una incapacidad temporal?:

a) Calendario de asistencia.
b) Cambio de jornada.
c) Personal.
d) Más opciones.

10. Señala cuál de los siguientes opciones no es origen de los conceptos salariales para un trabajador:

a) Convenio.
b) Empresa.
c) Trabajador.
d) ETT.

Autoevaluación de Unidad 5
Enunciados

---

1. ¿Qué se refleja en el resumen contable?:

   a) Los conceptos retributivos que intervienen en la nómina, por trimestres.
   b) Los conceptos retributivos que intervienen en la nómina, por meses.
   c) Las distintas retenciones practicadas.
   d) Son correctas b) y c).

2. ¿Es posible calcular la nómina de un mes de varios trabajadores de una empresa a la vez?:

   a) Sí, se puede calcular las nóminas de varios trabajadores en varios meses a la vez.
   b) Sí, se puede activar los trabajadores deseados para un mes determinado.
   c) No, hay que calcular cada nómina de una en una.
   d) No, se puede calcular la nómina de uno o de todos los miembros de la empresa, pero no la de varios.

3. ¿En qué ruta se encuentra la casilla para descontar los excesos de vacaciones de los finiquitos?:

   a) En "Empresa/Grupo Parametrización/Icono Parametrización", en "Cálculos para fin de contrato".
   b) En "Empresa/Grupo Parametrización/Icono Parametrización", en "Cálculo de nóminas".
   c) En "Procesos/Grupo Contratos/Icono Contratos".
   d) En "Procesos/Grupo Contratos/Icono Finiquitos".

4. Para obtener la nómina o nóminas de un mes determinado, se realizará en:

a) Solapa "Procesos/Grupo Nóminas/Icono Nóminas".
b) Solapa "Procesos/Grupo Nóminas/Icono Cálculo".
c) Solapa "Empresa/Grupo Nóminas/Icono Nóminas".
d) Solapa "Empresa/Grupo Nóminas/Icono Cálculo".

5. ¿Dónde podemos determinar que las pagas extras estén prorrateadas?:

a) En el momento del cálculo de la nómina.
b) En la solapa "Conceptos retributivos" de la ficha del trabajador.
c) En la solapa "Nóminas" de la ficha del trabajador.
d) En la solapa "Pagas" de la ficha del trabajador.

6. El formato de la nómina se define en:

a) Se define para todos los trabajadores la misma.
b) Se pueden definir distintos formatos para cada trabajador.
c) Se puede definir una distinta para cada convenio.
d) Ninguna es correcta.

7. Los conceptos a tener en cuenta en el cálculo de las pagas extraordinarias estarán en:

a) La solapa "Detalle" del concepto de la paga extra.
b) La solapa "General" del concepto de la paga extra.
c) La solapa "Conceptos incluidos" del concepto de la paga extra.
d) La solapa "Importe" del concepto de la paga extra.

8. Los tipos de nómina que se pueden calcular son:

a) Normales, pagas extraordinarias, finiquitos y liquidación.
b) Normales, pagas extraordinarias, indemnización y liquidación.
c) Normales, pagas extraordinarias, finiquitos y atrasos.
d) Normales, pagas extraordinarias, liquidación y atrasos.

9. Antes de proceder al cálculo de la nómina de atrasos, se debe proceder a:

a) Modificar manualmente los importes de los conceptos retributivos en la ficha del trabajador.

b) Actualizar las tablas salariales del convenio a través de la opción "Actualizar tablas salariales".

c) Actualizar las tablas salariales del convenio a través de la opción "Actualizar datos desde el convenio oficial".

d) Actualizar las tablas salariales del convenio a través de la opción "Actualizar datos de convenio en empresas".

10. En la solapa "Impresión/Grupo Gestión/Icono Nóminas", podemos obtener los siguientes listados:

a) Nóminas.

b) Resumen por conceptos retributivos.

c) Resumen de horas trabajadas.

d) Todas son correctas.

Autoevaluación de Unidad 6
Enunciados

- -

1. ¿Desde qué opción se introducen las ausencias de los trabajadores?:

a) Solapa "Procesos/Grupo Asistencia/Icono Asistencia/Ausencia".

b) Solapa "Empresa/Grupo Asistencia/Icono Asistencia/Ausencia".

c) Solapa "Conceptos retributivos/Icono Ausencia de la ficha del trabajador".

d) Solapa "Procesos/Grupo Nóminas/Icono Ausencia".

2. ¿Qué tipos de asistencia no se recogen en "Ausencias"?:

a) Absentismo laboral.

b) Huelga.

c) Enfermedad.

d) Vacaciones.

3. Al introducir una IT:

a) La aplicación cumplimenta automáticamente la base de cotización de los tres últimos meses, si están confeccionadas las nóminas.

b) La aplicación cumplimenta automáticamente la base de cotización de los dos últimos meses, si están confeccionadas las nóminas.

c) La aplicación cumplimenta automáticamente la base de cotización del mes anterior, si está confeccionada la nómina.

d) Tenemos que insertar manualmente el importe de la base de cotización.

4. En el caso de que se produzca un ERE, será necesario tener calculadas las nóminas de:

a) El mes anterior.

b) Los tres últimos meses.

c) El año anterior.

d) Los seis últimos meses.

5.

¿Cómo podemos hacer para que estando de IT un trabajador no cobre el 100% del salario base?:

a) En el concepto retributivo no marcar "Afecta a complemento de IT".
b) En el concepto retributivo marcar "Afecta a complemento de IT".
c) No marcar la IT.
d) En la solapa "Empresa/Grupo Datos generales/Icono Datos", no marcar "Afecta a complemento de IT".

6.

¿Dónde se puede definir que los días de absentismo se descuentan de las pagas extra?:

a) Solapa "Archivo/Opciones", en el apartado "Cálculo de nóminas".
b) Solapa "Empresa/Grupo Parametrización/Icono Parametrización", en el apartado "Cálculo de nóminas".
c) Solapa "Empresa/Grupo Datos generales/Icono Datos", en el apartado "Cálculo de nóminas".
d) Ninguna es correcta.

7.

¿Qué ruta hay que seguir para introducir los datos de un ERE?:

a) Solapa "Empresa/Grupo Parametrización/Icono Parametrización", en el apartado "Cálculo de nóminas".
b) Solapa "Comunicación/SEPE/Icono Contratos".
c) Ficha del trabajador, solapa "Nóminas/Grupo Mostrar/Icono ERE".
d) Solapa "Empresa/Grupo Datos/Icono Datos/ERE".

8.

Para introducir renumeraciones a un trabajador que no tiene carácter mensual, lo haremos a través del icono:

a) Incidencias.
b) Retribuciones.
c) Retribuciones especiales.
d) Retribuciones esporádicas.

9. A través del icono "Envío al sistema", que se encuentra en la ventana de incapacidades temporales, se puede generar el fichero .AFI, con:

a) Los partes de baja.
b) Los partes de alta.
c) Los partes de afiliación a la Seguridad Social.
d) Todas son correctas.

10. ¿Se pueden añadir en NOMINASOL nuevos conceptos de incapacidad?:

a) Sí, pero solo IT por enfermedad común/accidente no laboral y enfermedad profesional/accidente de trabajo.
b) Sí, pero solo IT por enfermedad común/accidente no laboral.
c) Sí, pero solo IT por enfermedad profesional/accidente de trabajo.
d) Sí, se pueden añadir distintos tipos de IT.

Autoevaluación de Unidad 7
Enunciados

- -

1. ¿Qué tipo de fichero se generará con información relativa a alta, baja o variación de datos de los trabajadores?:

a) AFI.
b) FAN.
c) FDI.
d) CRA.

2. ¿Qué ruta hay que seguir para obtener el certificado de retenciones?:

a) Solapa "Impresión/Grupo AEAT/Icono Certificado/Certificado".
b) Icono "Certificado" en la solapa "IRPF" de la ficha del trabajador.
c) Solapa "Procesos/Grupo IRPF/Icono Certificado/Certificado".
d) Son correctas a) y b).

3. Para realizar una liquidación complementaria, se accede a:

a) Solapa "Comunicación/Mantenimiento/Fichero bases/Liquidaciones complementarias".
b) Solapa "Procesos/Grupo SILTRA/Icono Sistema de Liquidación Directa/ Liquidaciones complementarias".
c) Solapa "Procesos/Grupo Seguridad Social/Icono Liquidaciones complementarias".
d) Solapa "Procesos/Grupo SILTRA/Icono Liquidaciones/Liquidaciones complementarias".

4. ¿Qué ruta hay que seguir para obtener el certificado de empresa para la prestación por maternidad?:

a) Solapa "Trabajador/Grupo Seguridad social/Icono Certificado/Certificado de maternidad/paternidad".

b) Solapa "Procesos/Grupo Seguridad Social/Icono Certificado/Certificado de maternidad/paternidad".

c) Solapa "Impresión/Grupo Seguridad Social/Icono Certificado/Certificado de maternidad/paternidad".

d) Ninguna es correcta.

5. El RLC es:

a) El recibo de liquidación de convenios.

b) El registro de liquidación de conceptos.

c) El recibo de liquidación de conceptos.

d) El recibo de liquidación de cotizaciones.

6. Las cuotas a la Seguridad Social:

a) Se ingresan por mensualidades vencidas y se devengan dentro del mes natural siguiente al que corresponda su ingreso.

b) Se devengan por mensualidades vencidas y se ingresarán dentro del mes natural siguiente al que corresponda su devengo.

c) Se devengan por trimestres vencidos y se ingresarán dentro del mes natural siguiente a la finalización del trimestre.

d) Ninguna es correcta.

7. La información del fichero CRA se alimenta del cálculo de:

a) La nómina.

b) El finiquito.

c) Los atrasos.

d) Todas son correctas.

8. A través de la plataforma Contrat@, se pueden enviar al Servicio Público de Empleo:

a) Los contratos y las copias básicas.

b) Los contratos y los certificados de empresa.

c) Las copias básicas y los certificados de empresa.

d) Los certificados de empresa y las comunicaciones de prórrogas de contratos.

9. El icono de la ventana del modelo 111, que nos permite obtener los importes del modelo 111 del periodo que le indiquemos:

a) Es el icono "Cargar liquidación".
b) Es el icono "Obtener importes".
c) Es el icono "Importar datos".
d) Es el icono "Calcular importes".

10. Para obtener el modelo 190, se accede a:

a) La solapa "Impresión/Grupo AEAT/Icono Modelos Oficiales/Modelo 190".
b) La solapa "Impresión/Grupo Modelos Oficiales/Icono Modelo 190".
c) La solapa "Procesos/Grupo IRPF/Icono Modelo 190".
d) La solapa "Procesos/Grupo IRPF/Icono IRPF/Modelo 190".

Autoevaluación de Unidad 8
Enunciados

- -

1. ¿Cuántos usuarios podemos tener definidos en la aplicación?:

a) Entre 1 y 10.
b) Menos de 25.
c) Menos de 50.
d) Ilimitados.

2. Para crear los usuarios hay que hacerlo a través de:

a) Archivo/Usuarios.
b) Archivo/Opciones.
c) Archivo/Registro.
d) Ninguna es correcta.

3. Señala la respuesta correcta:

a) Al crear un nuevo usuario, tiene por defecto definidos los mismos permisos que el usuario supervisor.
b) Los permisos programables no se pueden definir a un grupo de opciones.
c) La aplicación no permite tener abiertas diversas instancias con diferentes usuarios.
d) Al crear un nuevo usuario, por defecto, tiene permitidos todos los permisos.

4. La copias de seguridad pueden ser:

a) Copias de seguridad asistidas.
b) Copias de seguridad desasistidas.
c) Son correctas a) y b).
d) Ninguna es correcta.

5.

En la copia de seguridad, si seleccionamos "Datos genéricos del programa":

a) Se incluyen en la copia los modelos de documentos.
b) Se incluyen en la copia los usuarios creados.
c) Se incluyen en la copia los convenios.
d) Todas son correctas.

6.

Marca la frase correcta relacionada con la opción de restaurar copias de seguridad:

a) Debemos indicar la ubicación a la que se restaurarán los ficheros.
b) Se elimina el fichero de la copia de seguridad al realizar el proceso de restauración.
c) Si hemos realizado una copia de seguridad automática, podremos seleccionar la fecha de la copia de seguridad que deseamos restaurar.
d) Podemos realizar restauraciones de copias de seguridad de forma desasistida.

7.

La opción "Exportar" en los informes, genera ficheros con la extensión:

a) .DOCX
b) .PDF
c) .CSV
d) .XLSX

8.

Para añadir una nueva impresora en la aplicación, lo haremos a través de:

a) Solapa "Utilidades/Grupo Utilidades/Impresora".
b) Solapa "Archivo/Opciones".
c) Solapa "Archivo/Impresora".
d) Solapa "Utilidades/Grupo Impresora/Icono Impresora".

9.

Para crear un nuevo diseño de nómina, lo haremos:

a) A través de la solapa "Icono Emitir/Diseño de impresión", en la ventana de nóminas.
b) En el icono "Diseñador", en la solapa "Impresión", grupo "Auxiliares".
c) En la solapa "Utilidades/Grupo Diseñador/Nóminas".
d) Ninguna es correcta.

10.

¿Qué opciones de las que disponemos en el grupo utilidades de la solapa "Utilidades", permite realizar anotaciones en una fecha concreta?:

a) Tareas.
b) Agenda.
c) Agenda diaria.
d) Calendario.

Autoevaluación Final
Enunciados

----

1. ¿Dónde pueden visualizarse todos los usuarios?:

   a) En identificación de usuario al acceder al programa.
   b) En el menú "Archivo/Opciones/Usuarios".
   c) Son correctas a) y b).
   d) Ninguna es correcta.

2. ¿Cuántos grupos de cotización aparecen como categorías profesionales por Contingencias comunes?:

   a) 9.
   b) 10.
   c) 10.
   d) 11.
   e) 12.

3. ¿Qué significan las siglas S.E.A.?

   a) Sistema Especial de Autónomos.
   b) Sistema Especial Agrícola.
   c) Sistema Especial Actividad.
   d) Ninguna es correcta.

4. Si se borra un concepto a nivel de convenio:

   a) Desaparece a nivel de empresa y de trabajador aunque se trate de concepto personalizado.
   b) Desaparece a nivel de empresa y de trabajador siempre que no se trate de concepto personalizado.
   c) No se tendrán en cuenta para nuevos trabajadores.
   d) No se tendrán en cuenta para nuevas empresas.

5. ¿Dónde puedo determinar qué parte de un concepto determinado no tributa al IRPF?:

a) No es posible.
b) Poniendo el tic en "Detalle (IRPF)" y determinándolo en "Exclusión de bases".
c) No poniendo el tic en "Detalle (IRPF)".
d) No poniendo el tic en "Detalle (IRPF)" y determinándolo en "Exclusión de bases".

6. ¿Dónde podemos incluir los datos de los descendientes del empleado?:

a) Pestaña "Contrato/Icono Datos contrato/Datos cesión".
b) Pestaña "Contrato/Icono Datos contrato/Datos generales".
c) Pestaña "IRPF/Icono Más Información".
d) Pestaña "Profesional/Icono Datos contrato/Datos generales".

7. El formato de nómina:

a) Se define desde "Cálculos y pagos de nómina".
b) Se define desde "Trabajador/Personal".
c) Se define desde "Empresa".
d) No se define, se selecciona según el tipo de nómina.

8. ¿Qué opciones hay para el cobro de las pagas extraordinarias?:

a) Solo se puede incluir en la nómina del mes correspondiente.
b) Solo se puede prorratear.
c) Puede prorratearse y, en caso de no hacerlo, aparecer en nómina independiente o en la del mes correspondiente.
d) Puede prorratearse y en este caso, aparecer en nómina independiente o en la del mes correspondiente.

9. Las pagas extraordinarias:

a) Están sujetas a IRPF.
b) Están sujetas a IRPF y contingencias comunes.
c) Están sujetas a IRPF y contingencias profesionales.
d) Están sujetas a IRPF, contingencias comunes y contingencias profesionales.

10. ¿Cómo se puede generar un parte médico de baja para su posterior envío por el Sistema Red?:

a) Mediante el menú "Partes de Baja".
b) En la pestaña "General" de los datos de la empresa.
c) En "Procesos/Incapacidades".
d) Siguiendo la ruta "Seguros Sociales/Afiliación/Partes".

Autoevaluación de Unidad 1
Soluciones

----

1. *d)*   *Criterio económico.'*

> Los costes de adquisición, mantenimiento y actualización influyen en el gasto que va a realizar la empresa en las aplicaciones informáticas, en este caso NOMINASOL, por lo que las tres opciones que nos proponen son criterios informáticos.

2. *c)*   *Con un número ilimitado de usuarios.*

> Debemos tener en cuenta que tenemos que crear un usuario por cada persona que vaya a trabajar en el programa, por lo que al no saber el tamaño de los distintos departamentos que van a utilizarlos el número es ilimitado.

3. *b)*   *8.*

> Se aconseja esta longitud, y además que no haya espacio si ponemos varias palabras para asegurar unos nombres robustos, a partir de ahí según la versión de Windows podremos poner una longitud mayor.

4. *a)*   *CONTASOL.*

> La aplicación de NOMINASOL se enlaza con el programa de CONTASOL para traspasar los datos de los recibos de salarios a la contabilidad, los otros dos programas no afectan para nada con los datos laborales.

5. *a)* *Recientes.*

> Una vez que hemos entrado en el programa con nuestro usuario accederemos a la pantalla con las opciones más recientes que hemos utilizado la última vez que hayamos entrado en el programa.

6. *b)* *Registro de usuario.*

> Para poder realizar un trabajo completo dentro del programa hay que registrarse a través de la página de NOMINASOL, ya que en caso contrario podrás utilizar el programa durante treinta días, perdiéndose toda la información pasado este plazo.

7. *b)* *Una cuenta de correo.*

> NOMINASOL lo puede descargar cualquier usuario de la página web del fabricante, lo único que nos piden es una cuenta de correo electrónico para enviarnos las claves de acceso al programa.

8. *c)* *Solapa "Empresa/Grupo Trabajadores/Icono Trabajadores".*

> Este código contable que nos pide solo tiene sentido y utilidad si el programa de NOMINASOL esta enlazado con la aplicación de CONTASOL y solo servirá para crear la cuenta contable y traspasar en ella los saldos contables de sus nóminas.

9. *a)* *Pantalla inicio de sesión.*

> La pantalla que aparece cuando ejecutamos el programa tiene todos los accesos e información general para empezar a trabajar, obviamente, es la pantalla de inicio.

10. *b)* *Se dispone de los servicios de asistencia técnica y de mantenimiento ofrecidos por los fabricantes.*

> Al adquirir un programa se tiene derecho al servicio técnico y mantenimiento que nos permita tener la aplicación actualizada a los distintos cambios legislativos y mejoras técnicas.

Autoevaluación de Unidad 2
Soluciones

- -

1. *d)*   *Son correctas a) y c).*

> Al estar los ficheros internamente enlazados, cuando ponemos el código postal del municipio nos aparece la provincia y la población.

2. *d)*   *Importar.*

> La opción "Vista previa" no está disponible al importar un informe. Sí está disponible, en cambio, si queremos generar el informe en formato pdf para enviarlo por correo o exportarlo.

3. *c)*   *Son correctas a) y b).*

> Los intervalos para poder acotar la información en los listados se pueden realizar a partir de los códigos, que es lo más normal, o a partir de las descripciones que hayamos creado en los datos que vamos a pedir.

4. *b)*   *Solapa "Trabajador/Pestaña contratos/Añadir contratos/Botón nivel formativo".*

> Al pulsar en esta opción se nos abre una ventana donde podremos aña-dir el nivel academico que tiene el trabajador y su nivel en otros idiomas, pudiendo posteriormente, utilizar esta información para posibles promo-ciones internas dentro de la empresa.

5. *c)* *Entorno/Tablas de cotización/Bases de cotización.*

> Las bases de cotización se encuentran en la solapa del entorno de trabajo, ya que nos van a servir para todos los trabajadores, y se localizarán en el mismo grupo que los tipos de cotización.

6. *d)* *Laboral.*

> En el calendario laboral, se marcan los festivos, vacaciones y otras posibles ausencias que se produzcan en el periodo laboral normal (huelgas, incapacidad, etc), para tener un control de dichas ausencias, pero nunca nos encontraremos con una opción laboral, ya que por defecto el programa coge todos los días como laborales.

7. *a)* *De cinco.*

> El código de la tabla de estudios complementarios consta de un máximo de cinco dígitos para permitirnos crear dichos estudios con la estructura que la empresa necesite para sus intereses, esto no quiere decir que tengamos que utilizar los cinco dígitos, podremos utilizar los que mejor convengan a nuestras necesidades.

8. *d)* *Solapa "Entorno/Grupo Asistencia/ Icono Calendarios Laborales".*

> Dentro de la solapa "Entorno", que es el entorno de trabajo, deberemos crear cada año el calendario laboral donde aparecerán los días festivos, tanto nacionales como locales, así como los fines de semana.

9. *c)* *Bases máximas y bases mínimas.*

> Cada año la Seguridad Social publica un listado con los importes de cada categoría que es una horquilla entre el "mínimo" y el "máximo" importe que serán las bases en las que las empresas tienen que calcular los porcentajes que han de pagar a la Administración.

10. *a)*   *Descripción.*

> Los códigos de CNAE, así como los porcentajes de IMS e IT es una tabla que publica AEAT, y no tienen ningún tipo de descripción.

Autoevaluación de Unidad 3
Soluciones

----

1. *a)* *En cualquier momento.*

> Cualquier dato de la empresa puede ser modificado cuando se necesite, (un cambio de dirección, de teléfono, de razón social, etc.), a excepción del código de empresa, que es fijo.

2. *b)* *Un código de validación.*

> Como medida de seguridad y para evitar el borrado de la empresa, si queremos eliminar la empresa, el programa nos pedirá un código de verificación que nos mandará por mail el fabricante.

3. *c)* *Crear una nueva empresa.*

> Desde esta opción podemos crear una empresa, bien cogiendo los datos del programa NominaPlus de SAGE, o bien, una empresa nueva, creando todos los datos nuevos.

4. *b)* *Anteriores a un mes determinado.*

> Una vez creadas las nóminas de un mes y traspasados los ficheros correspondientes a las distintas Administraciones Públicas, podemos indicar en el programa que estas nóminas ya no se puedan modificar para preservar la homogenización de los datos.

5. *d)*   *Ninguna es correcta.*

> El IBAN es el número de cuenta, no aparece en ninguna de las tres solapas mencionadas, sino que está en la cabecera de la pantalla que se abre y es común a las tres.

6. *d)*   *Los importes de los conceptos retributivos.*

> Debemos tener en cuenta que el convenio de una empresa afecta a todas las categorías existentes de trabajadores, por lo que no pueden ponerse los importes en dicho documento ya que en caso contrario obligaría a pagar lo mismo a todos los trabajadores independientemente de su categoría y puesto de trabajo.

7. *c)*   *Mensual.*

> Por defecto, en los siete primeros grupos, que son los más habituales, los conceptos son manuales, en los otros 4 su salario se calcula por horas.

8. *b)*   *Cotización por exceso.*

> Todos los importes que superen una cierta cantidad son cantidades que exceden la cotización de contingencias comunes, por lo que se añaden en este apartado.

9. *a)*   *La escala de incapacidades.*

> Al crear el convenio, el programa coge la escala de incapacidades básicas que exige la Seguridad Social, aunque luego puede modificarse y ajustarla a otras posibles negociaciones.

10. c)   *Actualizar datos de convenio en empresa.*

> Para evitar realizar las mismas modificaciones en distintas empresas que tengan el mismo convenio, se ha creado esta opción pudiendo modificarlo en las empresas que seleccionemos.

Autoevaluación de Unidad 4
Soluciones

- -

1. *a)* *Solapa "Empresa/Grupo Trabajadores/Icono trabajadores".*

> Los trabajadores se encuentran en el primer icono de la solapa "Empresa", y es donde podemos añadir todos los datos de cada uno de ellos.

2. *d)* *Todas son correctas.*

> Podemos ver el listado de trabajadores que nos aparece en pantalla y filtrarlos por cualquier apartado que aparezca en la cabecera.

3. *b)* *Empresa/Parametrización/Administración.*

> En el icono "Administración" es donde se encuentran todos los códigos de la CNAE y otros que se publican y son oficiales y obligatorios de usar.

4. *a)* *El convenio que se le aplica por defecto es el que tiene aplicado la empresa.*

> Obviamente, cada trabajador que se crea en la empresa está sujeto al mismo convenio, pudiendo luego coincidir o no en el resto de las opciones.

5. *d)*   *Son correctas b) y c).*

> Dentro de cada trabajador se puede visualizar e imprimir sus nóminas, la creación de la misma se realiza desde el icono "Cálculo".

6. *d)*   *¿Cuál de las siguientes no es una forma de cobro?:*

> Un trabajador puede cobrar por días, horas o meses, pero nunca por trimestres, está así establecido en el Estatuto de los Trabajadores.

7. *a)*   *En la solapa "Contrato" de la ficha del trabajador, el campo "Fecha fin de contrato".*

> Dentro de la solapa "Contrato" aparece tanto la fecha de inicio del contrato como la fecha de fin de contrato si es de tiempo determinado.

8. *a)*   *Trabajador.*

> Se encuentra en la solapa "Trabajador", en IRPF aparecen los datos de IRPF y su cálculo, el icono "Situación" aparecen los datos de su situación en la empresa, y en la última ya hemos visto que es donde están las nóminas realizadas al trabajador.

9. *d)*   *Más opciones.*

> Esta opción se encuentra en el icono de "Más opciones" el resto corresponde a la jornada laboral, al control de sus días de vacaciones y a su situación personal.

10. *d)*   *ETT.*

> ETT son las siglas de Empresa de Trabajo Temporal, y sería una situación donde contrataríamos a un trabajador desde una de estas empresas, pero no es un concepto salarial.

Autoevaluación de Unidad 5
Soluciones

----

1. *d)*　*Son correctas b) y c).*

> En los resúmenes contables aparecerán los conceptos retributivos y las retenciones practicadas mensualmente, que son los apartados que van a contabilizarse.

2. *b)*　*Sí, se puede activar los trabajadores deseados para un mes determinado.*

> Efectivamente, cuando vas a la opción de cálculo de nómina puedes optar por realizar la nómina de un trabajador o de una serie de ellos.

3. *b)*　*En "Empresa/Grupo Parametrización/Icono Parametrización", en "Cálculo de nóminas".*

> Dentro de la configuración de la empresa, en el apartado Cálculo de nóminas, la empresa puede indicar si se descuentan tanto las vacaciones, los días de absentismo, o los días de incapacidad, al calcular los finiquitos.

4. *b)*　*Solapa "Procesos/Grupo Nóminas/Icono Cálculo".*

> Esta opción se encuentra en la ruta indicada en segunda posición, el resto de opciones no tiene la opción de cálculo de las nóminas, o sirve para poder visualizar el recibo de salarios.

5. *b)* *En la solapa "Conceptos retributivos" de la ficha del trabajador.*

> Al crear el trabajador, por defecto se crean estos conceptos de pagas y ahí es donde podemos personalizarlo para cada uno de ellos.

6. *b)* *Se pueden definir distintos formatos para cada trabajador.*

> Al igual que los conceptos retributivos se pueden definir por cada trabajador, también se puede definir el formato de nómina para cada uno de ellos.

7. *c)* *La solapa "Conceptos incluidos" del concepto de la paga extra.*

> Se encuentra en la pestaña de conceptos incluidos, ya que estos van a ser los que el programa utilice para realizar el cálculo de la paga.

8. *c)* *Normales, pagas extraordinarias, fniquitos y atrasos.*

> Los cuatro tipos de nóminas que existen son las que aparecen en la opción c), no existe la nómina liquidación, aunque se llame así al finiquito.

9. *b)* *Actualizar las tablas salariales del convenio a través de la opción "Actualizar tablas salariales".*

> Hay que actualizar las tablas salariales para que actualice y recoja los atrasos calculados.

10. *d)* *Todas son correctas.*

> Los tres listados engloban los datos que pueden aparecer en los recibos de salarios, por lo que están todos en el mismo grupo.

Autoevaluación de Unidad 6
Soluciones

---

1. a) *Solapa "Procesos/Grupo Asistencia/Icono Asistencia/Ausencia".*

> Las ausencias están en la solapa de procesos, ya que es una excepción que hay que registrar para controlar los días no trabajados, es un proceso que realizar en contadas ocasiones.

---

2. c) *Enfermedad.*

> Las enfermedades, tanto las profesionales como las comunes, no son una ausencia en sí misma, sino que es una baja por causa de fuerza mayor y deben ir aparte, ya que están cubiertas por la Seguridad Social, en su mayor parte, y justificadas por un facultativo.

---

3. c) *La aplicación cumplimenta automáticamente la base de cotización del mes anterior, si está confeccionada la nómina.*

> El complemento de las IT viene calculado por el importe cobrado por el trabajador el mes anterior a la incapacidad a calcular.

---

4. d) *Los seis últimos meses.*

> Si una empresa entra en ERE el cálculo de la indemnización a pagar al trabajador afectado viene dado por los seis últimos meses trabajados.

---

5. a) *En el concepto retributivo no marcar "Afecta a complemento de IT".*

> Si existe algún concepto que no queramos que se tenga en cuenta para calcular la IT, no hay que marcar el check "Afecta a complemento de IT", de esta manera no se tendrá en cuenta este concepto retributivo.

6. *b)*   *En la solapa "Empresa/Grupo Parametrización/Icono Parametrización", en el apartado "Cálculo de nóminas".*

> Si del absentismo se va a descontar de las pagas extras es una decisión a nivel empresarial y afecta a todos los trabajadores por igual, por lo que esta opción se define en la parametrización de la empresa.

7. *b)*   *Solapa "Comunicación/SEPE/Icono Contratos".*

> Los ERE, o ERTES, son procesos a los que las empresas se pueden acoger por motivos económicos, de producción o de fuerza mayor, y hay que comunicarlos a la Seguridad Social, ya que afectan al menos al 10% de la plantilla, al ser un despido masivo.

8. *b)*   *Retribuciones.*

> Puede ser que ocurra que a un trabajador se le tenga que pagar una retribución ocasional por algún trabajo hecho fuera de su jornada laboral o por haber tenido que desplazarse, al ser una retribución excepcional, existe un apartado concreto para este tipo de retribuciones.

9. *d)*   *Los partes de afiliación a la Seguridad Social.*

> En los ficheros .AFI se envían los partes de alta, baja y afiliación a la Seguridad Social.

10. *d)*   *Sí, se pueden añadir distintos tipos de IT.*

> Se pueden añadir todos los conceptos de IT que necesite la empresa o haya llegado a un acuerdo con los trabajadores para completar dichas incapacidades.

Autoevaluación de Unidad 7
Soluciones

---

1. *a)* *AFI.*

> Según la extensión del archivo podremos saber qué tipo de información lleva contenido cada fichero, así sabemos que los ficheros AFI llevan la información de las altas, bajas y modificaciones de los trabajadores, los ficheros CRA llevan la información de los conceptos retributivos, los FAN llevan la información de las cotizaciones, etc.

2. *d)* *Son correctas a) y b).*

> El certificado de retenciones se puede imprimir en la solapa de IRPF del trabajador, ya que es un documento personalizado por trabajador, o bien, desde la opción de impresión para imprimir todos los certificados de retenciones a la vez.

3. *a)* *Solapa "Comunicación/Mantenimiento/Fichero bases/Liquidaciones complementarias".*

> La liquidación complementaria es una comunicación extra que se tiene que hacer a la Seguridad Social, por lo que se encuentra en esta opción.

4. *c)* *Solapa "Impresión/Grupo Seguridad Social/Icono Certificado/Certificado de maternidad/paternidad".*

> Como todos los certificados la empresa debe imprimirlos o mandarlos por mail al trabajador afectado por lo que están todos recogidos en la pestaña de Impresión.

5. *d)* *El recibo de liquidación de cotizaciones.*

> El RLC son las siglas de "Recibo Liquidación Cotizaciones".

6. *b)* *Se devengan por mensualidades vencidas y se ingresarán dentro del mes natural siguiente al que corresponda su devengo.*

> Hasta final de mes un trabajador no cobra la nómina, por lo que se devengan por la mensualidad vencida y se ingresa en el mes natural siguiente a su devengo, normalmente dentro de los 10 primeros días.

7. *d)* *Todas son correctas.*

> Como hemos indicado en la primera pregunta, en los ficheros CRA se registran los conceptos retributivos, sea cual sea el recibo de salarios que se trate.

8. *a)* *Los contratos y las copias básicas.*

> Contrat@ es una página del SEPE, por lo cual lo único que nos pide este Organismo son los contratos y sus copias básicas.

9. *c)* *Es el icono "Importar datos".*

> Con la opción "Importar datos" podremos visualizar cualquier dato histórico del modelo 111, que ya hayamos grabado.

10. *a)* *La solapa "Impresión/Grupo AEAT/Icono Modelos Oficiales/Modelo 190".*

> El documento 190 hay que enviarlo a la AEAT, con un resumen de las retenciones por IRPF de los trabajadores, por lo que se encuentra en la opción de Impresión, el cual se puede enviar telemáticamente.

Autoevaluación de Unidad 8
Soluciones

- -

1. *d)* *Ilimitados.*

> Dentro del programa hay que crear un usuario por cada persona que vaya a entrar, por lo que tiene que ser un número ilimitado, ya que pueden ser 1 usuario o 1.000 usuarios.

2. *b)* *Archivo/Opciones.*

> Dentro del menú "Opciones" nos encontramos una serie de opciones, entre ellas la creación de usuarios.

3. *d)* *Al crear un nuevo usuario, por defecto, tiene permitidos todos los permisos.*

> Los usuarios, cuando se crean, tienen por defecto todos los permisos para todas las opciones, por lo que posteriormente habrá que modificarlos para ajustarlos a los permisos necesarios para cada usuario.

4. *c)* *Son correctas a) y b).*

> Las copias pueden ser asistidas, ya que podemos configurarlas para que las haga en un periodo y a una hora determinada, o bien desasistidas, cuando se pueden hacer cuando se quieran.

5. *d)* *Todas son correctas.*

> Al referirse a datos genéricos se refieren a aquellos que pueden ser comunes a todas las empresas que creemos dentro del programa.

6. **c)** *Si hemos realizado una copia de seguridad automática, podremos seleccionar la fecha de la copia de seguridad que deseamos restaurar.*

> Al realizar la copia de seguridad automática, guarda la fecha y la hora en que se ha realizado dicha copia, por lo que al restaurarla podremos seleccionar la fecha de la copia que queremos restaurar.

7. **a)** *.DOCX*

> Al exportar cualquier informe el programa genera el fichero compatible con un documento de Microsoft Word.

8. **b)** *Solapa "Archivo/Opciones".*

> La configuración de la impresión se encuentra en la configuración general del programa, en este caso en opciones, junto a la configuración de pantalla, usuarios y correo electrónico.

9. **a)** *A través de la solapa "Icono Emitir/Diseño de impresión", en la ventana de nóminas.*

> Esta opción se encuentra en el mismo icono desde donde podemos visualizar los recibos de salarios por pantalla.

10. **c)** *Agenda diaria.*

> Dentro de la agenda diaria podemos seleccionar tanto una fecha como una hora concreta, cosa que no se puede hacer en el resto de las opciones.

Autoevaluación Final
Soluciones

- -

1. *b)* *En el menú "Archivo/Opciones/Usuarios".*

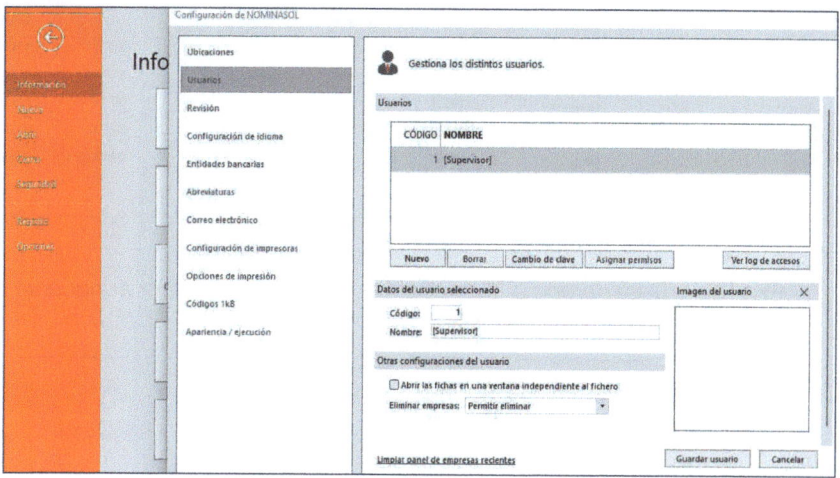

2. *c)* *11.*

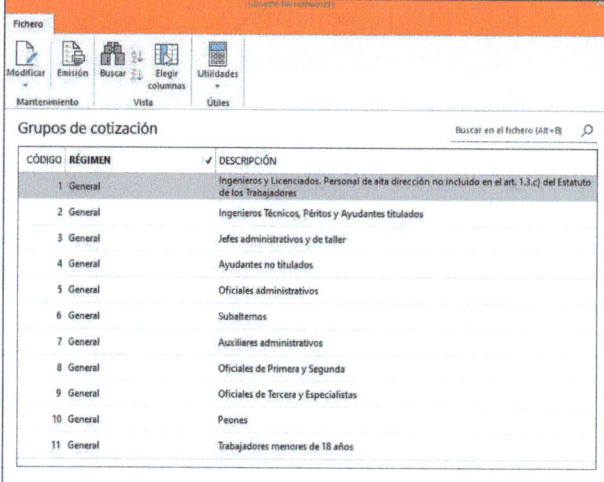

3. *b)*   *Sistema Especial Agrícola.*

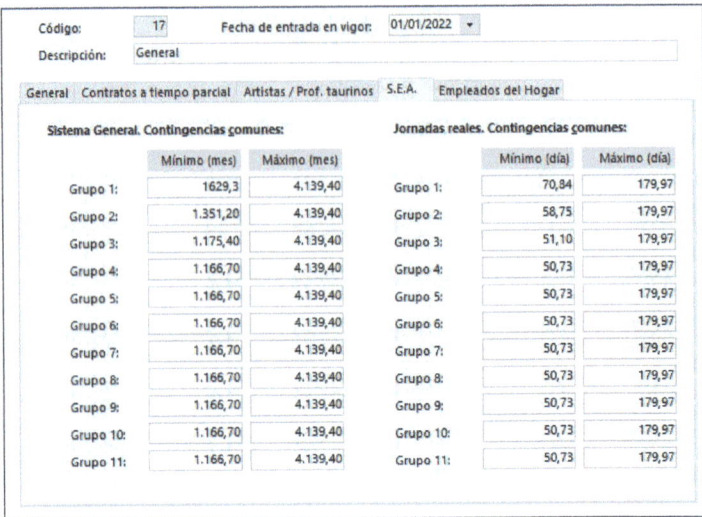

4. *a)*   *Desaparece a nivel de empresa y de trabajador aunque se trate de concepto personalizado.*

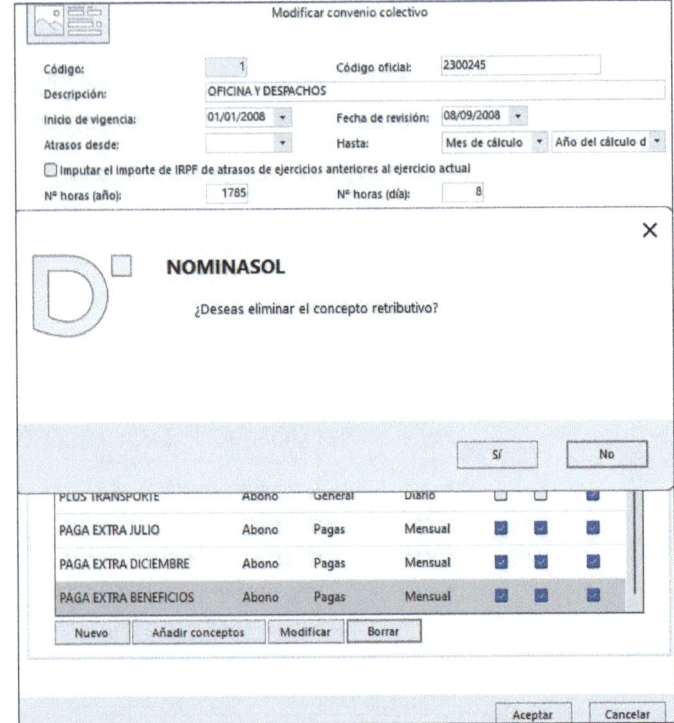

5. **c)** *No poniendo el tic en "Detalle (IRPF)".*

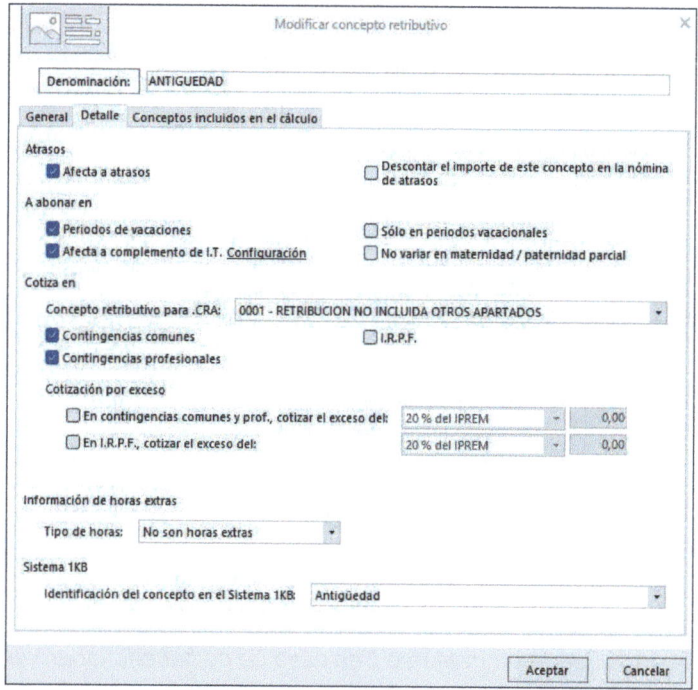

6. **c)** *Pestaña "IRPF/Icono Más Información".*

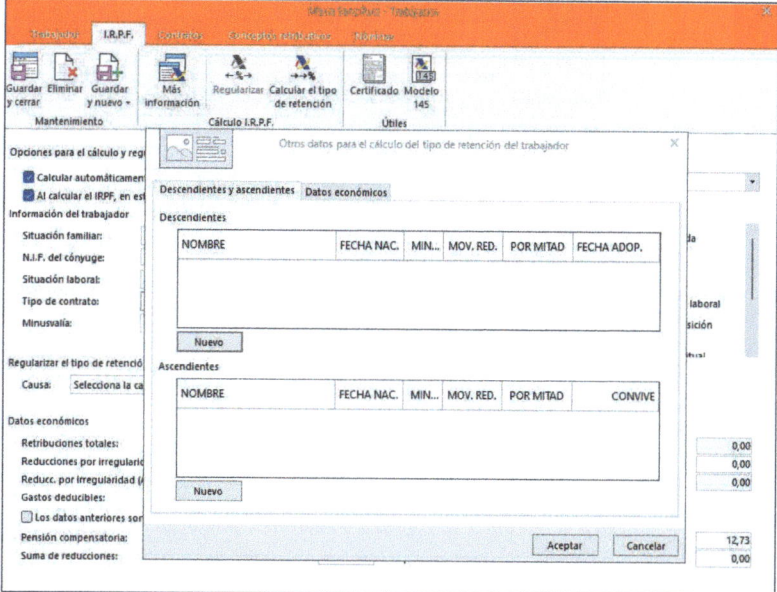

7. *b)* *Se define desde "Trabajador/Personal".*

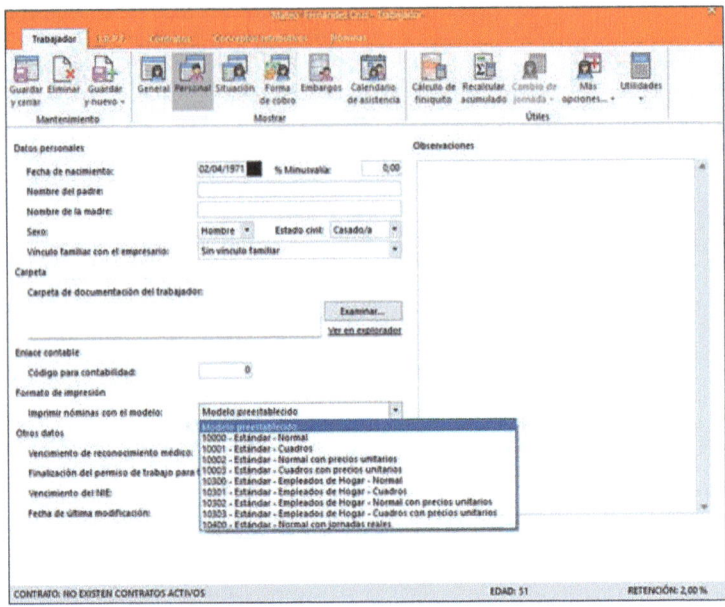

8. *c)* *Puede prorratearse y en caso de no hacerlo, aparecer en nómina independiente o en la del mes correspondiente.*

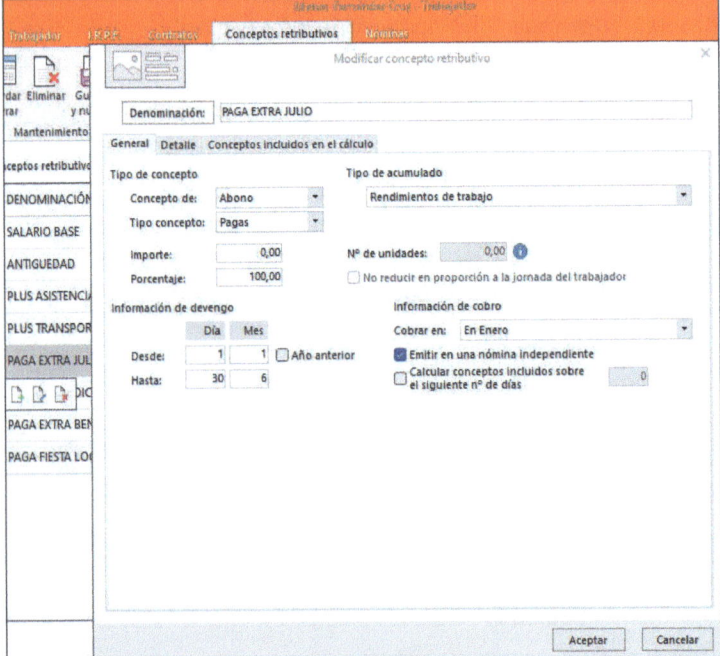

9. *a)* *Están sujetas a IRPF.*

> Las pagas extraordinarias no están sujetas a contingencias comunes ni profesionales, ya que se calculan en función del Salario Base y la Antigüedad, que ya están sujetas a dichos apartados.

| Denominación: | PAGA EXTRA JULIO |

General   **Detalle**   Conceptos incluidos en el cálculo

Atrasos

☑ Afecta a atrasos   ☐ Descontar el importe de este concepto en la nómina de atrasos

A abonar en

☐ Periodos de vacaciones   ☐ Sólo en periodos vacacionales

☐ Afecta a complemento de I.T. <u>Configuración</u>   ☐ No variar en maternidad / paternidad parcial

Cotiza en

Concepto retributivo para .CRA: 0004 - PAGAS EXTRAORDINARIAS. PRORRATEO

☐ Contingencias comunes   ☑ I.R.P.F.
☐ Contingencias profesionales

Cotización por exceso

☐ En contingencias comunes y prof., cotizar el exceso del: 20 % del IPREM   0,00

☐ En I.R.P.F., cotizar el exceso del: 20 % del IPREM   0,00

Información de horas extras

Tipo de horas: No son horas extras

Sistema 1KB

Identificación del concepto en el Sistema 1KB: Pagas extraordinarias

10. *c)* *En "Procesos/Incapacidades".*

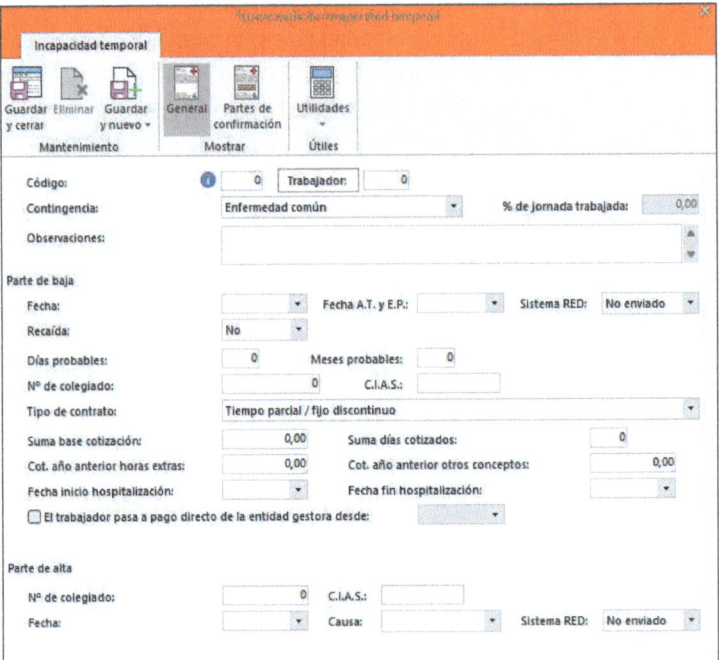

Supuesto Práctico 1
Enunciados

Crear el calendario laboral de la provincia de Madrid correspondiente al año 2024.

Los días festivos en Madrid son los siguientes:

- 1 de enero - Festividad Nacional.

- 6 de enero - Festividad Nacional.

- 28 y 29 de marzo - Festividad Nacional.

- 1 de mayo - Festividad Nacional.

- 2 de mayo - Festividad Autonómica.

- 15 de mayo - Festividad Local.

- 25 de julio - Festividad Autonómica.

- 9 de noviembre - Festividad Local.

- 15 de agosto - Festividad Nacional.

- 1 de noviembre - Festividad Nacional.

- 6 de diciembre - Festividad Nacional.

- 8 de diciembre - Festividad Nacional.

Supuesto Práctico 2
Enunciados

----

1. **Crear el siguiente convenio colectivo**

   Convenio comercio al por mayor de productos informáticos

   Código para TC2: 9457283582

   Inicio de vigencia: 19/05/2015

   Nº horas al año: 1.765

   Conceptos salariales

   ◆ **Salario base:** 12 pagas mensuales más 2 pagas extras con devengo semestral, que se percibirán en el mes de julio y diciembre, en la nómina mensual.

   ◆ **Vacaciones Anuales:** 30 días naturales.

   ◆ **Plus de transporte:** 50,00 € mensuales para todos los trabajadores.

   ◆ **Mejora que se contempla en el convenio:** "En los supuestos de accidentes de trabajo, el trabajador percibirá, a cargo de la empresa, hasta el 100% del salario bruto desde el primer día".

   ◆ **Antigüedad:** por cada trienio, un 4% del salario base, hasta un máximo 3 trienios.

   Las categorías de las que consta el convenio son las siguientes:

Categoría	Salario mensual			
Jefe de primera	1.630 €			
Oficial de Primera	1.250 €			
Peón	30 €/día			

2. **Crear la siguiente empresa:**

   ✴ Código de la empresa: 10.

   ✴ Denominación social: Infor_2000 S. A.

   ✴ Nombre comercial: Infor_2000 S. A.

   ✴ N.I.F.: A-15.059.330.

   ✴ Domicilio: Calle Sol 14, 15003. A Coruña.

   ✴ Teléfono / Fax: 981 234 551.

   ✴ Datos registrales: Registro mercantil de A Coruña, Tomo 543, Folio 1234, Hoja 1, Inscripción 1ª.

   ✴ E-mail: infor_2000@infor.gal.

   ✴ Cuenta de Cotización a la Seguridad Social: 15/111000318.

   ✴ Actividad (CNAE): Comercio al por mayor de ordenadores, equipos periféricos y programas informáticos (4651).

   ✴ Representante de la empresa: José Luis Losada Nogal, 32777888J, Director_ Gerente.

   ✴ Mutua: ASEPEYO.

   ✴ La empresa descontará los días de absentismo de la paga extra.

3. **La empresa trabaja con la siguiente entidad bancaria y será la cuenta que la empresa utilice para el pago de los impuestos, Seguridad Social (domiciliación) y nóminas:**

   Banco Santander, iban ES0700809876871234567899.

Supuesto Práctico 3
Enunciados

CONFECCIONAR NÓMINAS Y FINIQUITO.

Confeccionar las siguientes nóminas en la empresa Infor_2000 S. A.

1. Calcular las nóminas de enero y obtener los recibos de salario de los 2 trabajadores.

2. Calcular las nóminas de febrero, teniendo en cuenta que al trabajador Mateo Fernández realizó 3 horas extras no estructurales, que se retribuyen a 12 €/hora. Obtener el recibo de salario de Mateo.

3. Calcular las nóminas de marzo teniendo en cuenta que María ha disfrutado días de vacaciones, del 12 al 14. Obtener el recibo de salarios de María.

Supuesto Práctico 4
Enunciados

CONFECCIONAR NÓMINA MENSUAL, DE IT Y FINIQUITO

Confeccionar las siguientes nóminas en la empresa Infor_2000 S. A.

1. Calcular la nómina de febrero de Mateo, teniendo en cuenta que Fernández realizó 3 horas extras no estructurales, que se retribuyen a 12 €/hora. Obtener el recibo de salario de Mateo.

2. Calcular las nóminas de marzo teniendo en cuenta que María está de baja por enfermedad común del día 5/03 al 22/03. Obtener el recibo de salarios de María.

3. Calcular la nómina mensual y la nómina del finiquito de Mateo por finalización del servicio para el que estaba contratado. Fin de contrato 18/04/2024.

Supuesto Práctico 5
Enunciados

CONFECCIÓN MODELO 111

1. Obtener el modelo 111 correspondiente al 1° trimestre del 2024.

2. Obtener el recibo de liquidaciones de cotizaciones del mes de febrero.

3. Obtener la relación nominal de trabajadores del mes de febrero.

4. Emitir el certificado de empresa de Mateo.

Supuesto Práctico 1
Soluciones

- -

Creamos el nuevo calendario laboral:

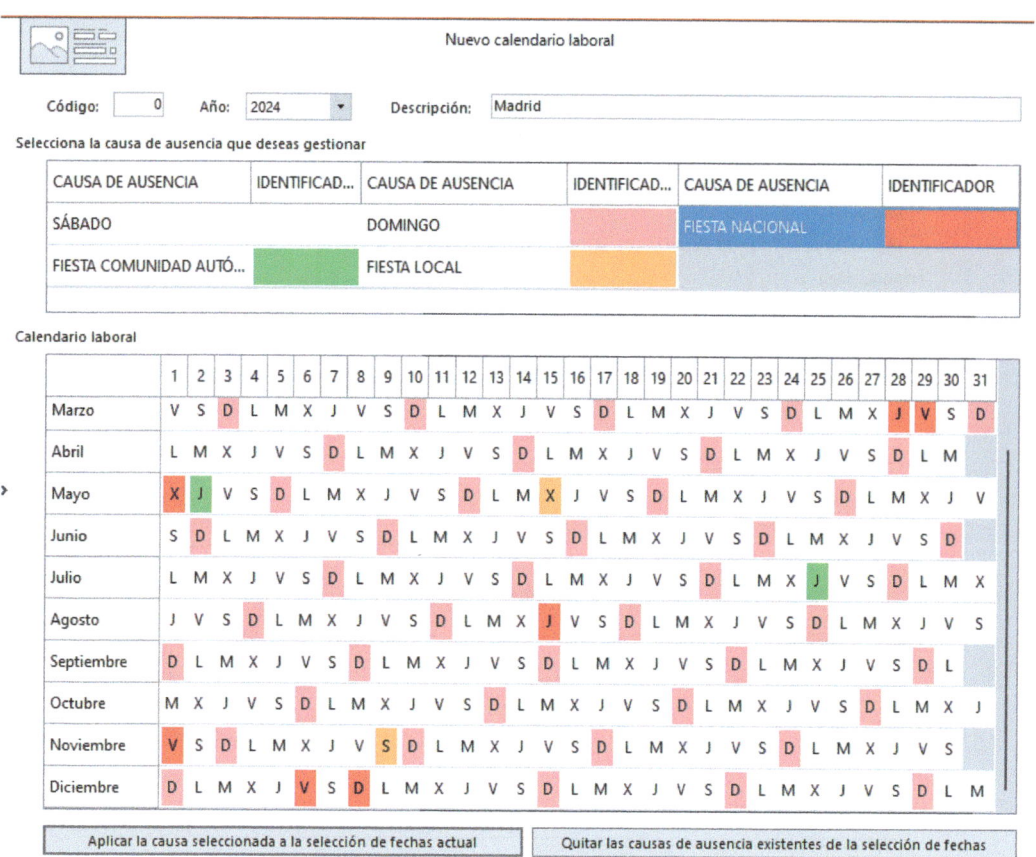

Supuesto Práctico 2
Soluciones

- -

1. **Creamos el nuevo convenio:**

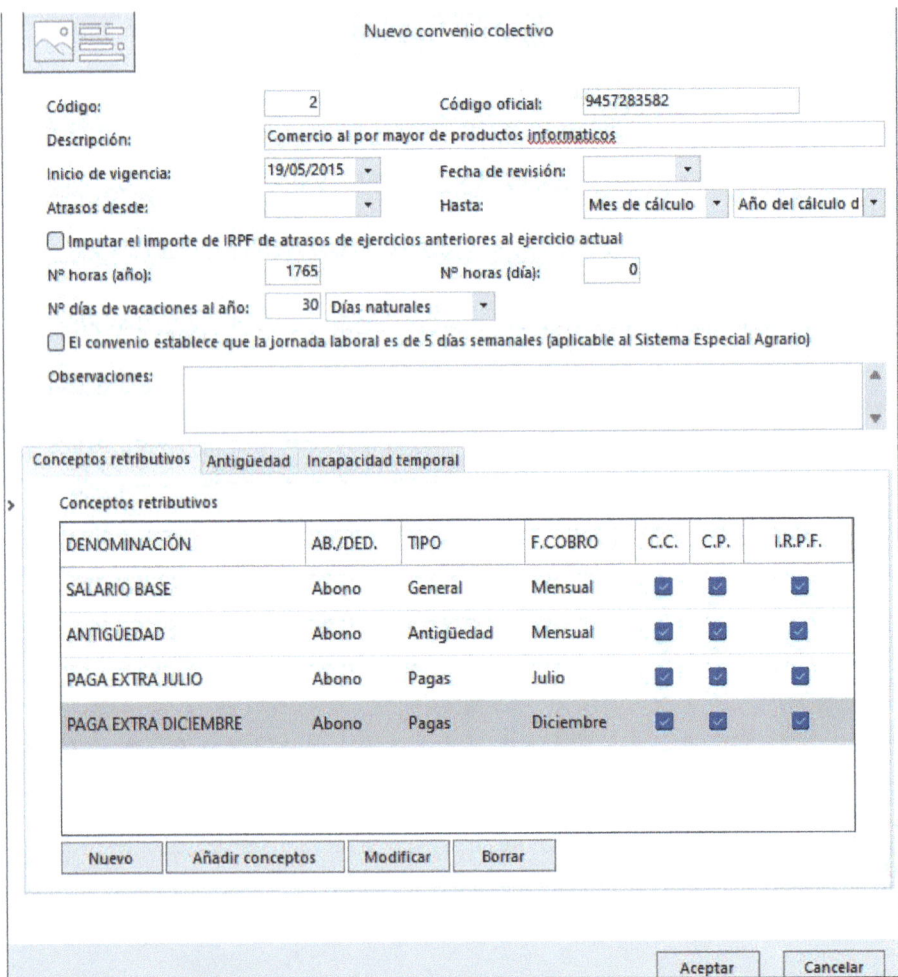

Concepto retributivo del salario base:

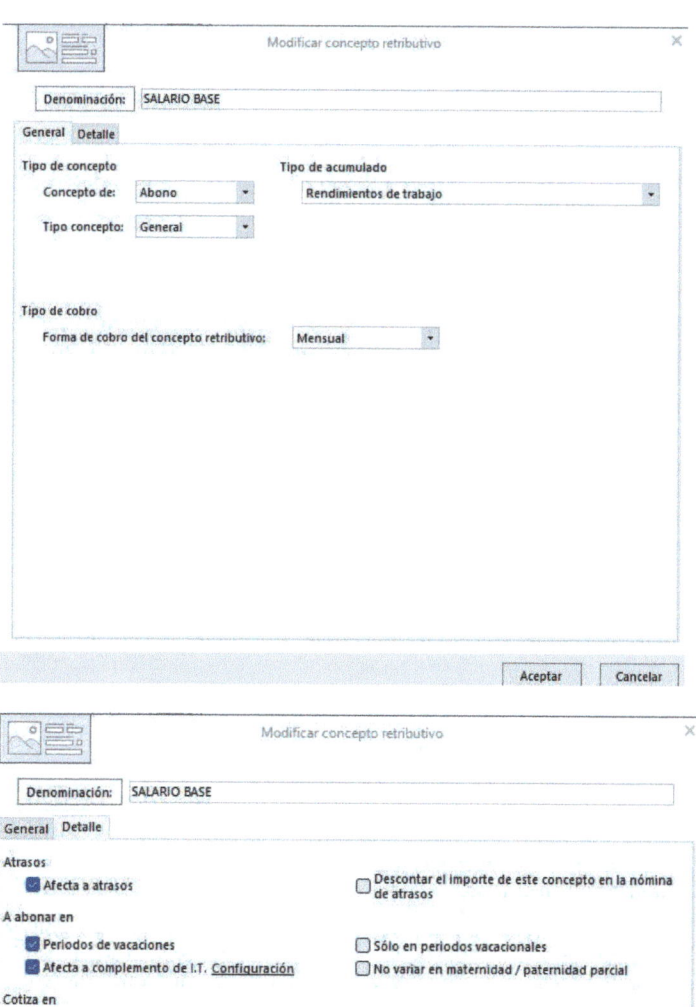

Concepto retributivo "Antigüedad":

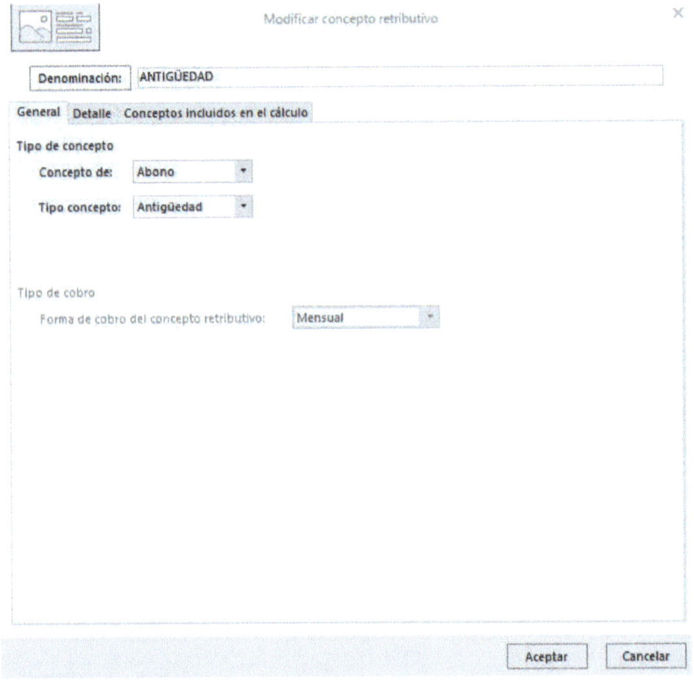

Modificar concepto retributivo   ×

Denominación: ANTIGÜEDAD

General   Detalle   Conceptos incluidos en el cálculo

Tipo de concepto

Concepto de: Abono   ▼

Tipo concepto: Antigüedad   ▼

Tipo de cobro

Forma de cobro del concepto retributivo: Mensual   ▼

Aceptar   Cancelar

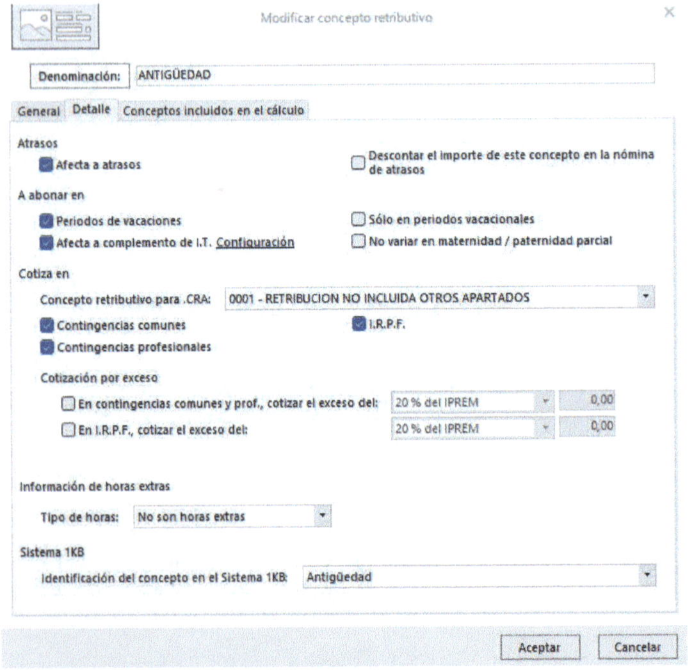

Modificar concepto retributivo   ×

Denominación: ANTIGÜEDAD

General   **Detalle**   Conceptos incluidos en el cálculo

Atrasos

☑ Afecta a atrasos   ☐ Descontar el importe de este concepto en la nómina de atrasos

A abonar en

☑ Periodos de vacaciones   ☐ Sólo en periodos vacacionales

☑ Afecta a complemento de I.T. Configuración   ☐ No variar en maternidad / paternidad parcial

Cotiza en

Concepto retributivo para .CRA: 0001 - RETRIBUCION NO INCLUIDA OTROS APARTADOS   ▼

☑ Contingencias comunes   ☑ I.R.P.F.

☑ Contingencias profesionales

Cotización por exceso

☐ En contingencias comunes y prof., cotizar el exceso del: 20 % del IPREM   ▼   0,00

☐ En I.R.P.F., cotizar el exceso del: 20 % del IPREM   ▼   0,00

Información de horas extras

Tipo de horas: No son horas extras   ▼

Sistema 1KB

Identificación del concepto en el Sistema 1KB: Antigüedad   ▼

Aceptar   Cancelar

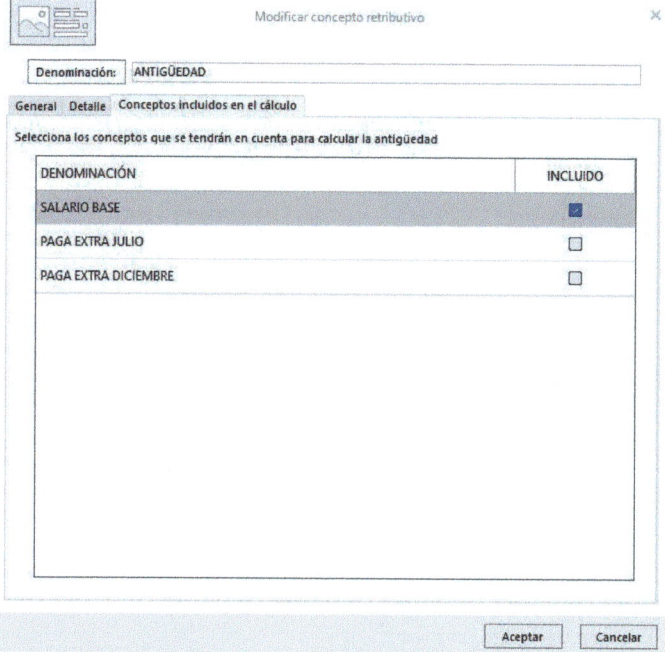

Conceptos "Paga extra julio":

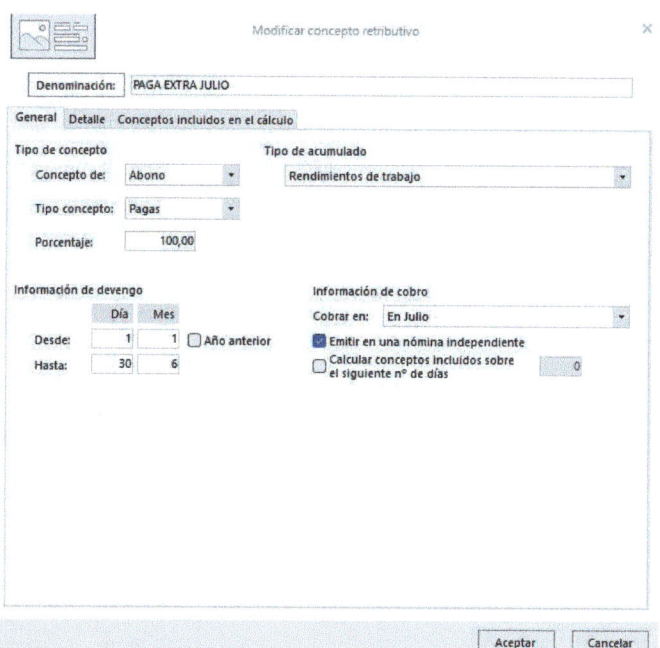

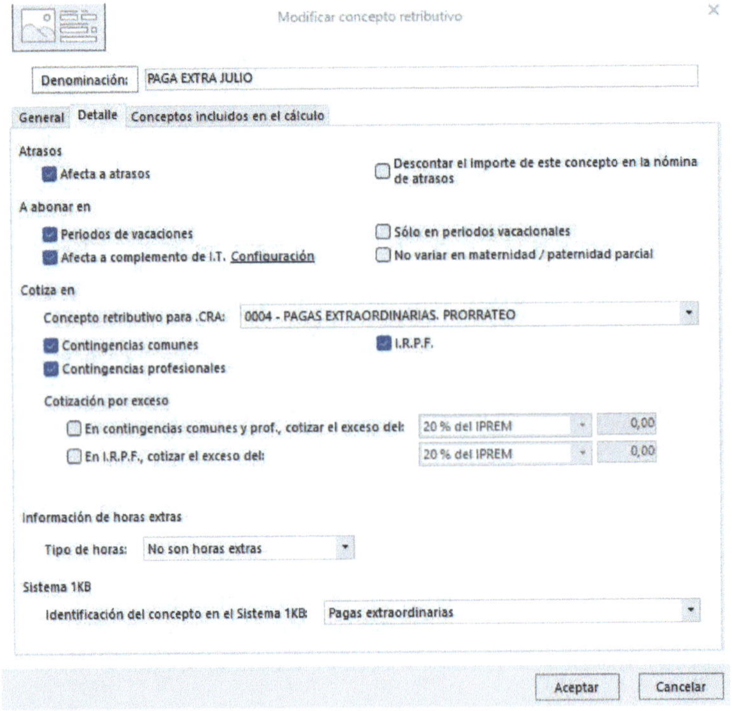

Modificar concepto retributivo   ✕

Denominación: PAGA EXTRA JULIO

General **Detalle** Conceptos incluidos en el cálculo

Atrasos

☑ Afecta a atrasos   ☐ Descontar el importe de este concepto en la nómina de atrasos

A abonar en

☑ Periodos de vacaciones   ☐ Sólo en periodos vacacionales

☑ Afecta a complemento de I.T. <u>Configuración</u>   ☐ No variar en maternidad / paternidad parcial

Cotiza en

Concepto retributivo para .CRA: 0004 - PAGAS EXTRAORDINARIAS. PRORRATEO   ▼

☑ Contingencias comunes   ☑ I.R.P.F.

☑ Contingencias profesionales

Cotización por exceso

☐ En contingencias comunes y prof., cotizar el exceso del: 20 % del IPREM ▼   0,00

☐ En I.R.P.F., cotizar el exceso del: 20 % del IPREM ▼   0,00

Información de horas extras

Tipo de horas: No son horas extras ▼

Sistema 1KB

Identificación del concepto en el Sistema 1KB: Pagas extraordinarias   ▼

Aceptar   Cancelar

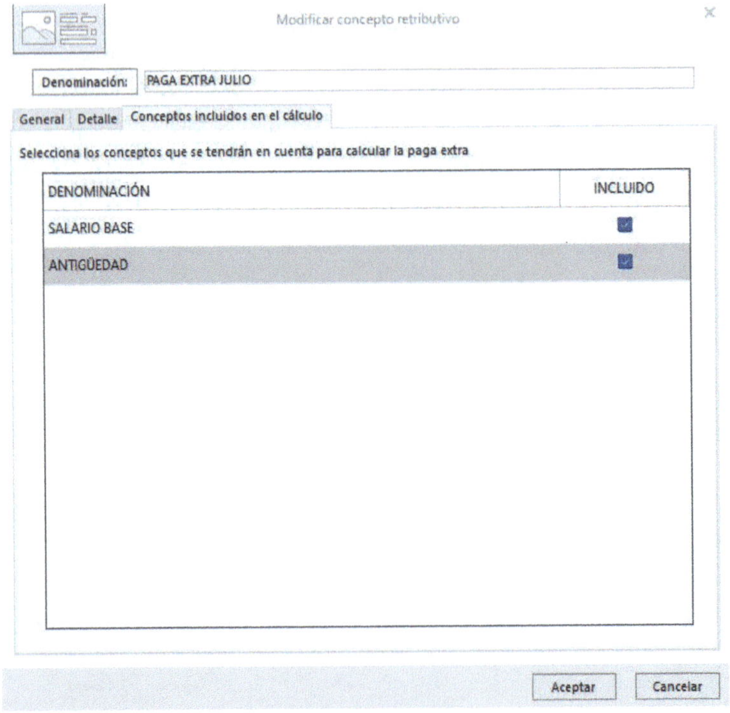

Modificar concepto retributivo   ✕

Denominación: PAGA EXTRA JULIO

General   Detalle   **Conceptos incluidos en el cálculo**

Selecciona los conceptos que se tendrán en cuenta para calcular la paga extra

DENOMINACIÓN	INCLUIDO
SALARIO BASE	☑
ANTIGÜEDAD	☑

Aceptar   Cancelar

Paga extra de diciembre. Solo varía la solapa "General", las demás son iguales que la de junio.

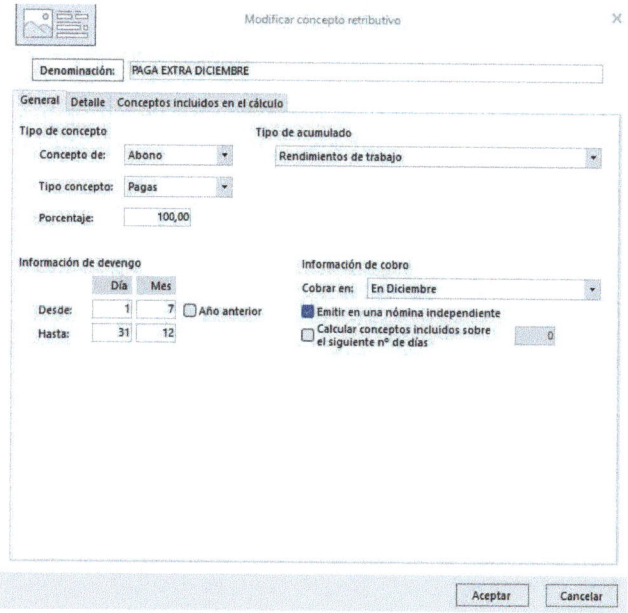

Concepto "Plus de transporte":

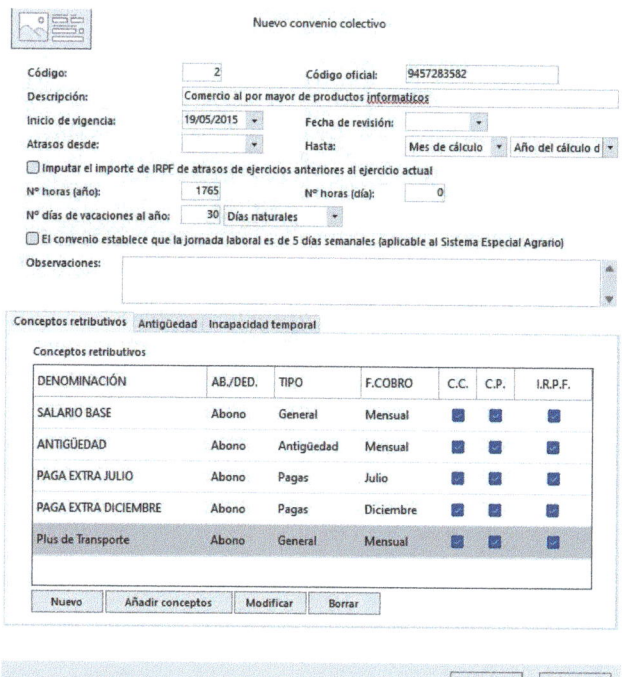

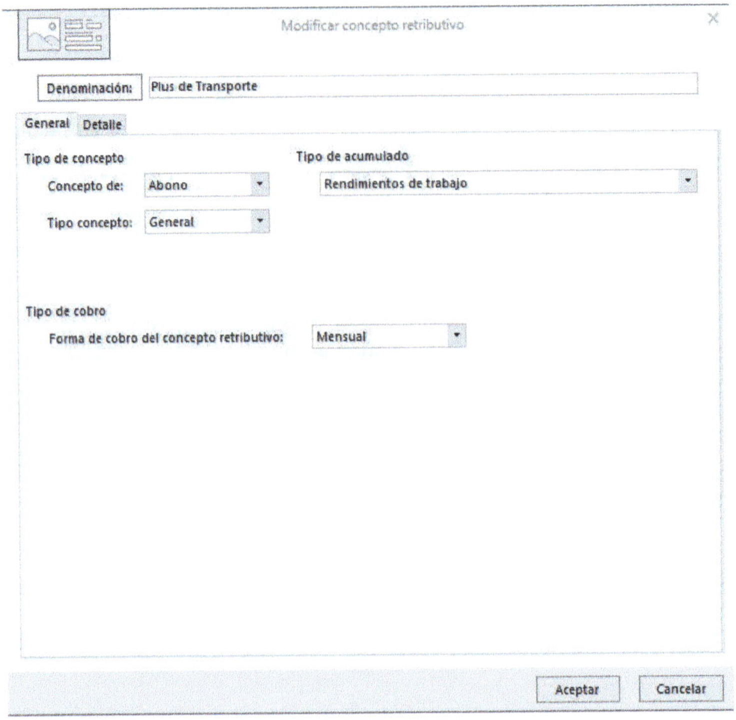

Modificar concepto retributivo ✕

Denominación: Plus de Transporte

General Detalle

Tipo de concepto

Concepto de: Abono

Tipo concepto: General

Tipo de acumulado

Rendimientos de trabajo

Tipo de cobro

Forma de cobro del concepto retributivo: Mensual

Aceptar Cancelar

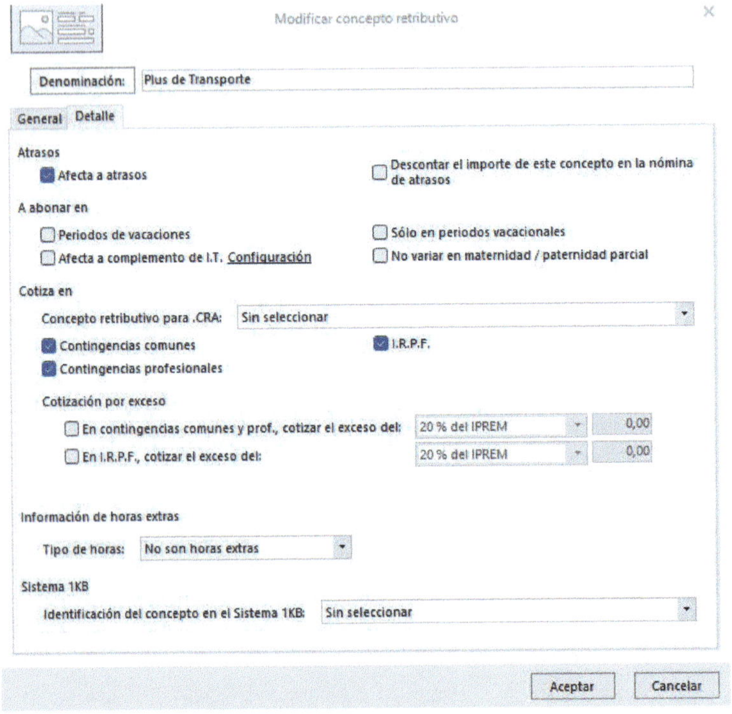

Modificar concepto retributivo ✕

Denominación: Plus de Transporte

General **Detalle**

Atrasos

☑ Afecta a atrasos   ☐ Descontar el importe de este concepto en la nómina de atrasos

A abonar en

☐ Periodos de vacaciones   ☐ Sólo en periodos vacacionales

☐ Afecta a complemento de I.T. Configuración   ☐ No variar en maternidad / paternidad parcial

Cotiza en

Concepto retributivo para .CRA: Sin seleccionar

☑ Contingencias comunes   ☑ I.R.P.F.

☑ Contingencias profesionales

Cotización por exceso

☐ En contingencias comunes y prof., cotizar el exceso del: 20 % del IPREM   0,00

☐ En I.R.P.F., cotizar el exceso del: 20 % del IPREM   0,00

Información de horas extras

Tipo de horas: No son horas extras

Sistema 1KB

Identificación del concepto en el Sistema 1KB: Sin seleccionar

Aceptar Cancelar

Completar la solapa "Antigüedad" con los trienios:

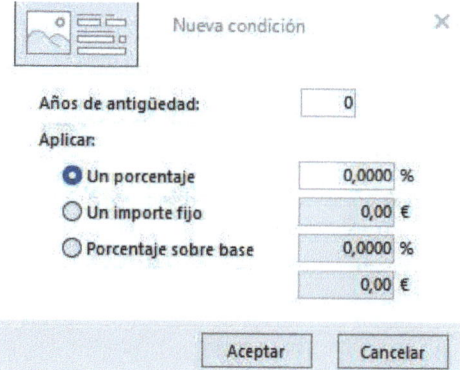

Repetir el proceso hasta el tercer trienio.

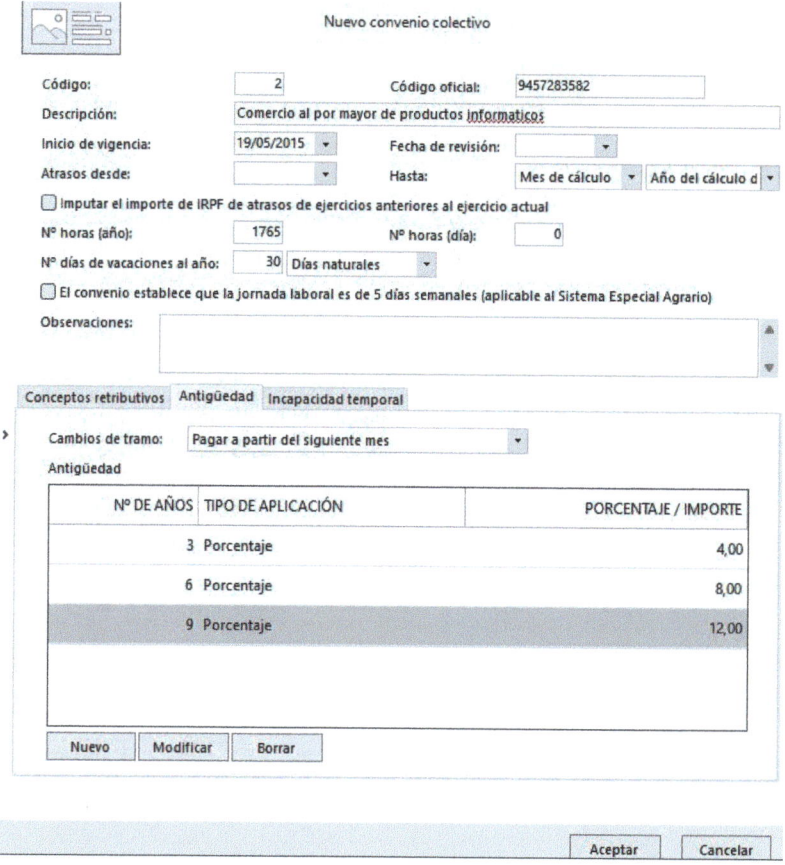

Por último, configurar la solapa de la incapacidad con el complemento al 100% en el caso de accidente de trabajo.

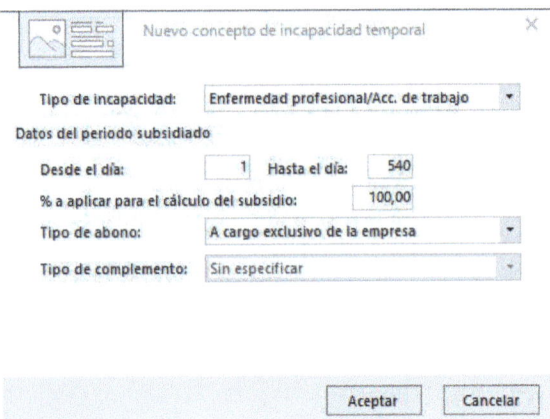

Proceder a continuación a dar de alta las categorías del convenio. Solo será necesario cumplimentar el importe en cada uno de los conceptos de la categoría.

Jefe de primera:

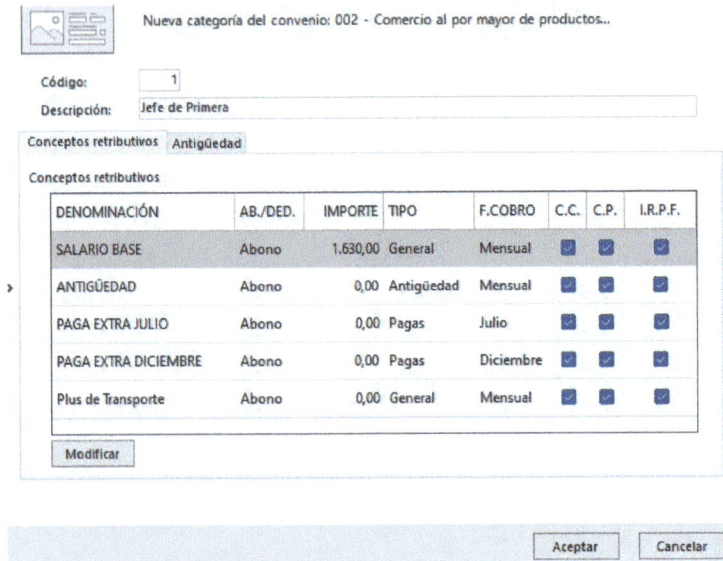

Oficial de primera:

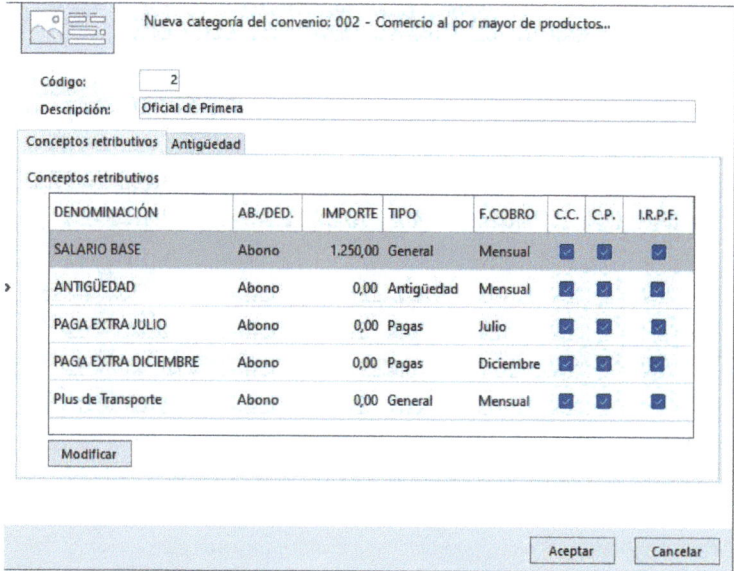

Peón:

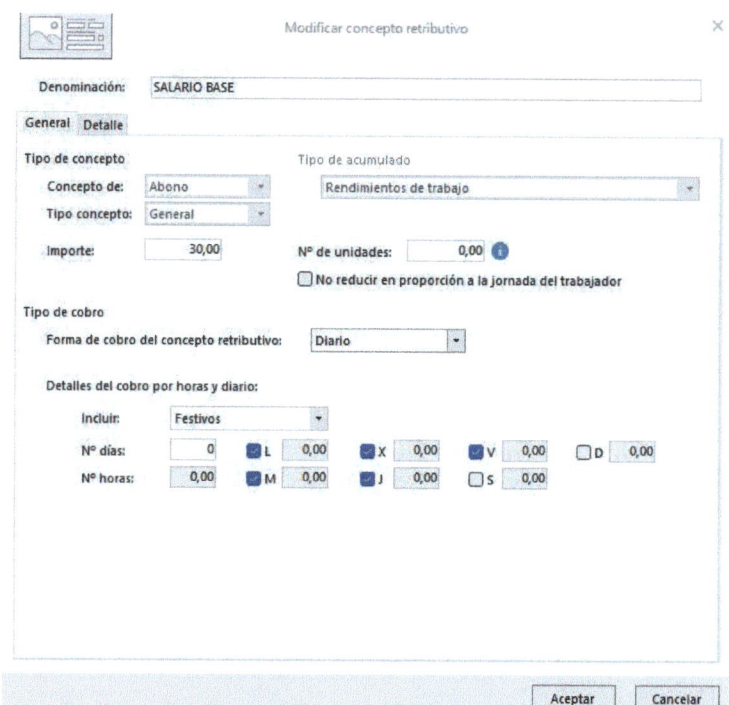

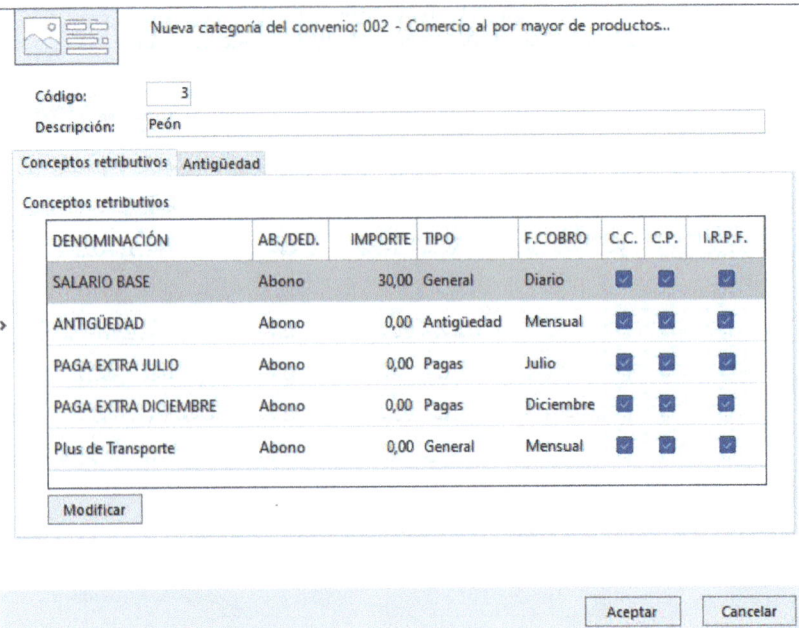

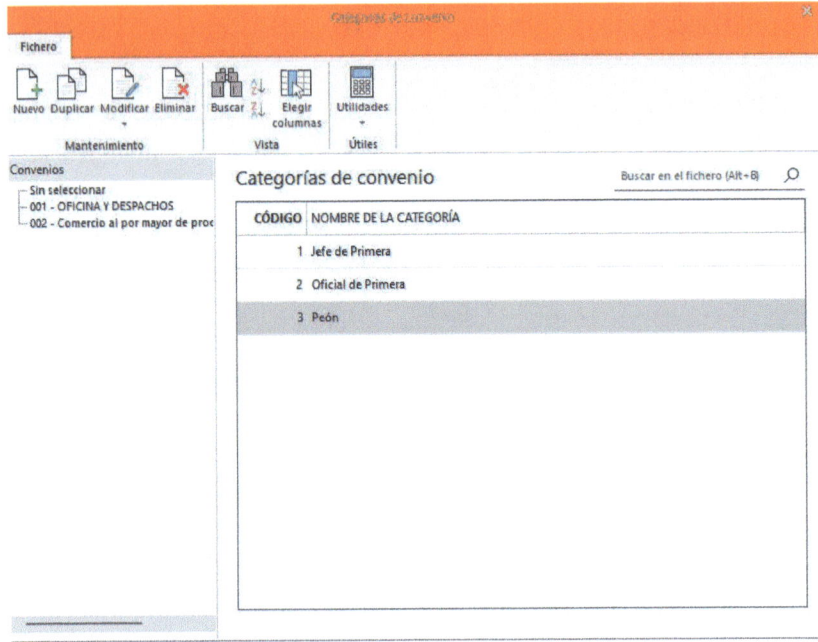

2. Procedemos a continuación a crear la empresa

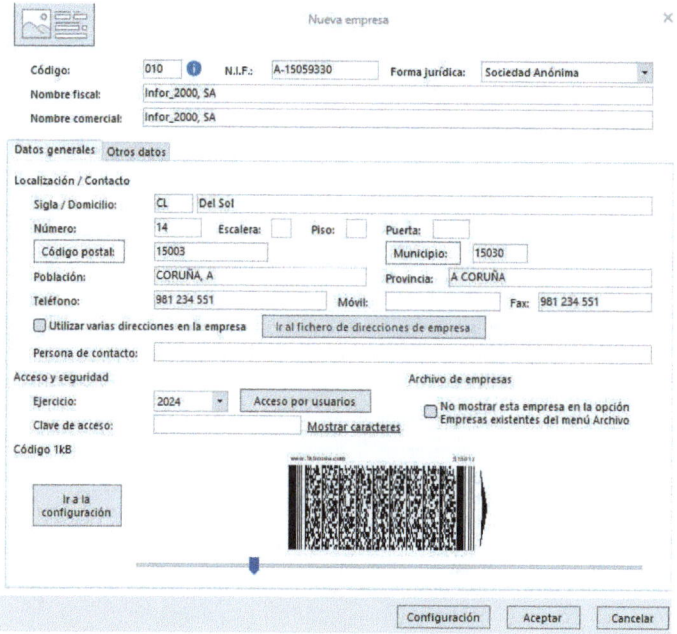

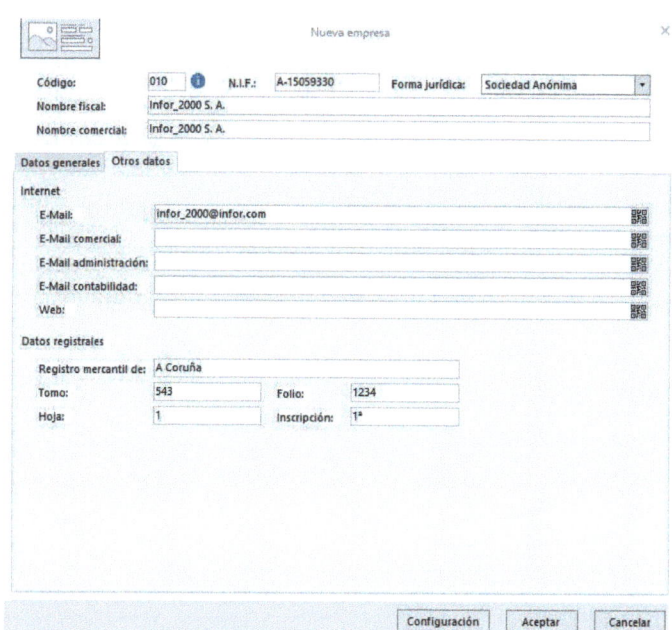

Para introducir el resto de los datos, pulsar en el botón "Configuración".

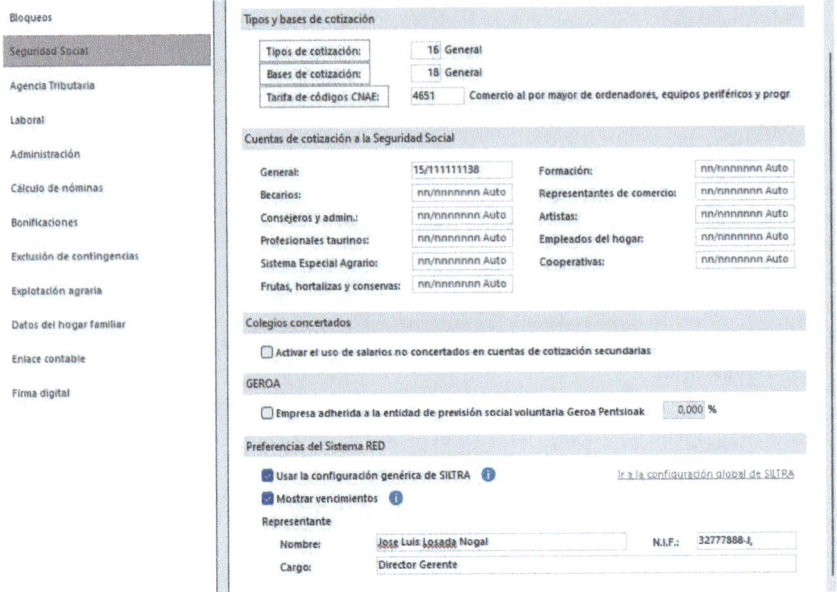

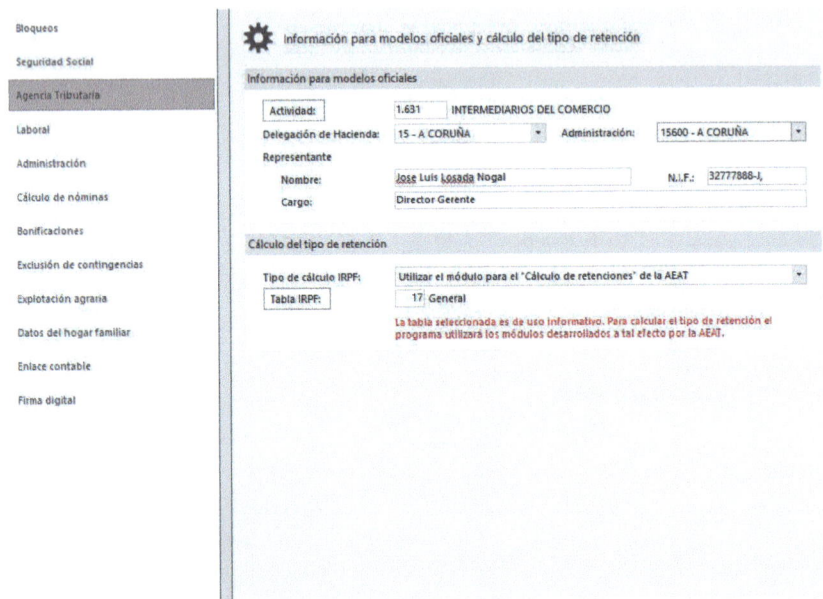

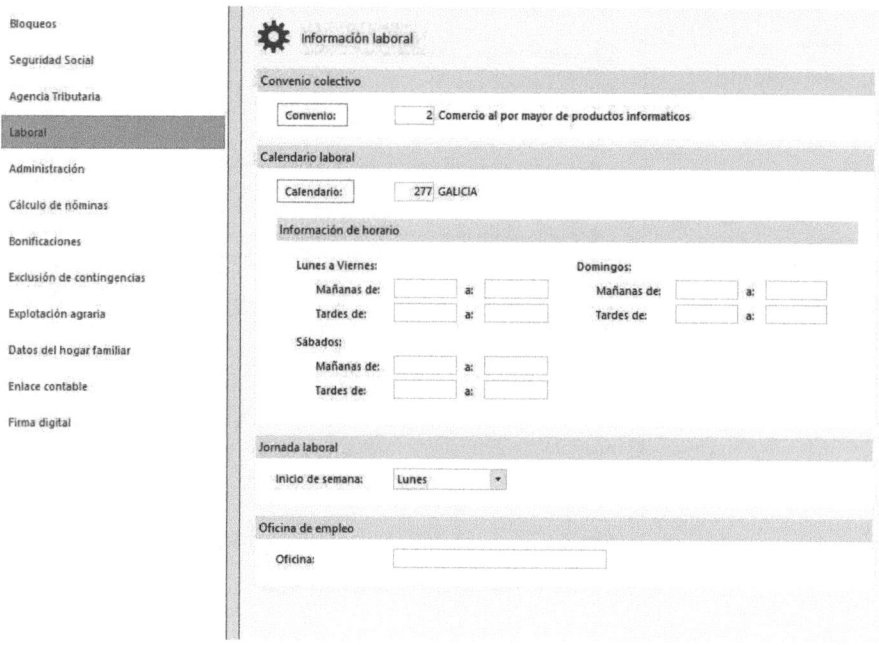

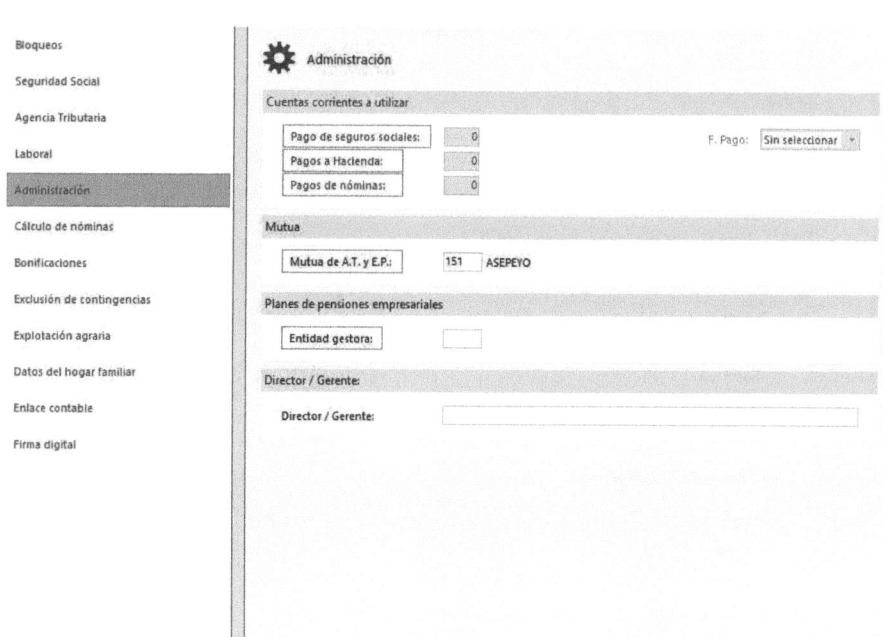

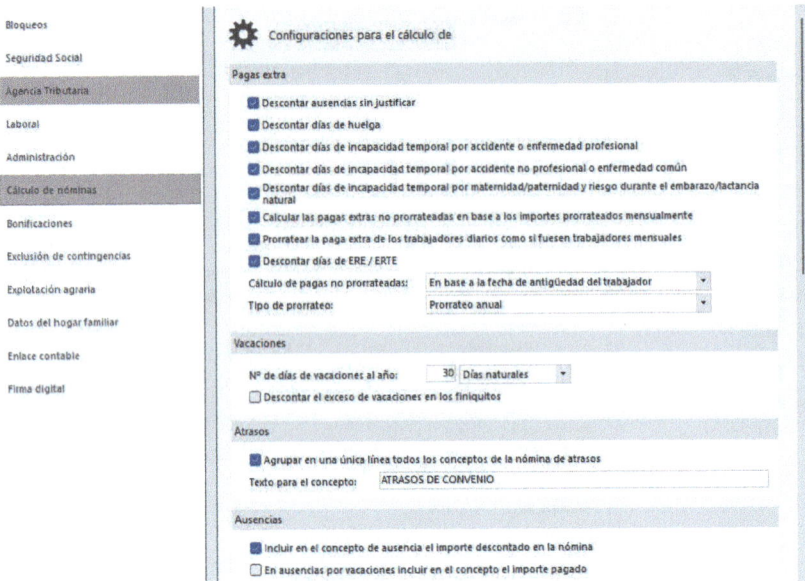

3. **Dar de alta el banco en la empresa y modificar la configuración de la misma para dar de alta la entidad bancaria**

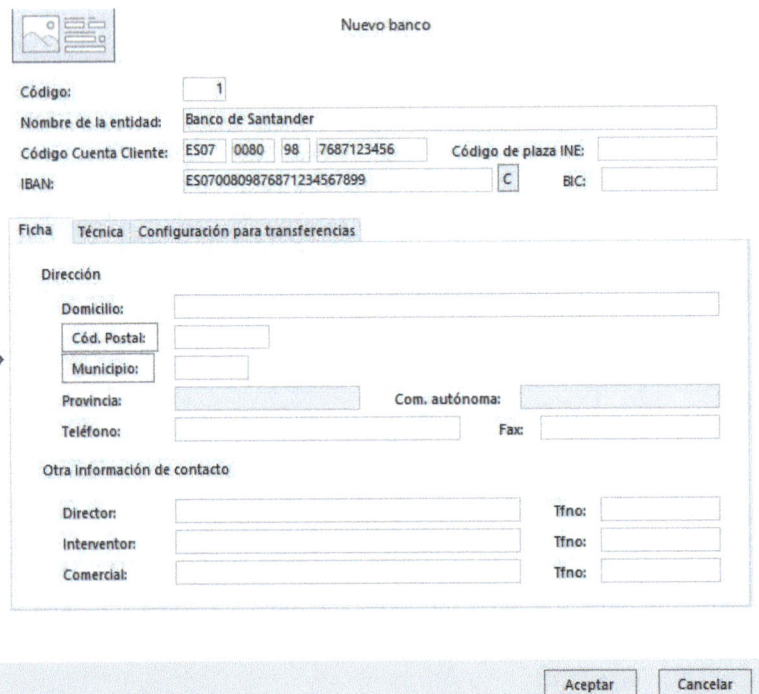

Modificar la configuración de la empresa para indicar la cuenta bancaria para los pagos de impuestos, Seguridad Social y nóminas:

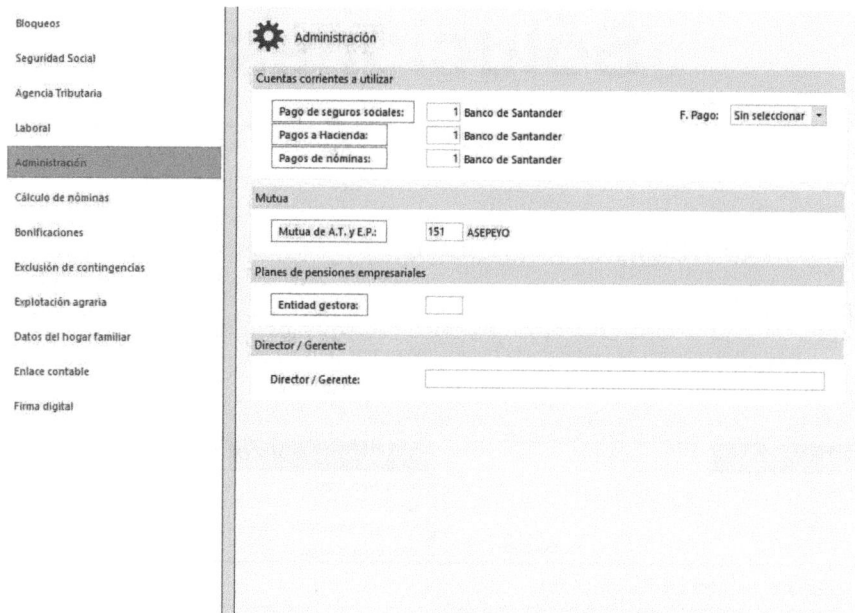

Supuesto Práctico 3
Soluciones

- -

CONFECCIONAR NÓMINAS Y FINIQUITO.

NÓMINAS ENERO

CÓDIGO	FECHA	TRABAJA...	NOMBRE	DEVENGOS	DEDUCCIONES		TOTAL
1	31/01/2024	2	Mateo Fernández Cruz	745,20	86,26		658,94
2	31/01/2024	11	María Ruiz Sanz	2.060,40	475,76		1.584,64

EMPRESA		TRABAJADOR		
Infor_2000, SA		María Ruiz Sanz		
Domicilio:		NIF: 77777777-B	Nº afiliación S.S.:	15/1111111111
CL Del Sol 14		Grupo profesional:	Jefe de primera	
C.I.F.: A-15059330	C.C.C.: 15/000000001	Grupo cotización: 3	F. Antigüedad:	01/01/2017

Periodo de Liquidación: del 01/01/2024 al 31/01/2024   Total días: 30

I. DEVENGOS   TOTALES

1. Percepciones salariales   2. Percepciones no salariales

SALARIO BASE	1.630,00	
ANTIGÜEDAD	130,40	
Plus de idiomas	300,00	

II. DEDUCCIONES

A. TOTAL DEVENGADO   **2.060,40**

1. Aportación del trabajador a las cotizaciones a la Seguridad Social y conceptos de recaudación conjunta

	%	
Contingencias comunes	4,70	110,63
Equidad intergeneracional	0,12	2,82
Desempleo	1,55	36,48
Formación profesional	0,10	2,35
Horas extraordinarias:		
Fuerza mayor		
Otras horas extras		

1. TOTAL APORTACIONES		152,28
2. I.R.P.F.	15,70 %	323,48
3. Anticipos		
4. Valor prod. en especie		
5. Otras deducciones		

B. TOTAL A DEDUCIR (1+2+3+4+5)   **475,76**

LIQUIDO TOTAL A PERCIBIR (A - B)   **1.584,64**

Firma y sello de la empresa   31 de enero de 2024   RECIBI

EMPRESA		TRABAJADOR	
Infor_2000, SA		Mateo Fernández Cruz	
Domicilio:		NIF: 12121212-M	Nº afiliación S.S.: 15/1212121256
CL Del Sol 14		Grupo profesional: Peón	
C.I.F.: A-15059330	C.C.C.: 15/000000001	Grupo cotización: 10	F. Antigüedad: 15/01/2017

Periodo de Liquidación: del 01/01/2024 al 31/01/2024   Total días: 30

I. DEVENGOS   **TOTALES**

1. Percepciones salariales		2. Percepciones no salariales
SALARIO BASE	690,00	
ANTIGÜEDAD	55,20	

II. DEDUCCIONES   A. TOTAL DEVENGADO   745,20

1. Aportación del trabajador a las cotizaciones a la Seguridad Social y conceptos de recaudación conjunta				
	%		1. TOTAL APORTACIONES	86,26
Contingencias comunes	4,70	62,18	2. I.R.P.F. 0,00 %	
Equidad intergeneracional	0,12	1,59	3. Anticipos	
Desempleo	1,60	21,17	4. Valor prod. en especie	
Formación profesional	0,10	1,32	5. Otras deducciones	
Horas extraordinarias:				
Fuerza mayor				
Otras horas extras				

B. TOTAL A DEDUCIR (1+2+3+4+5)   86,26

LIQUIDO TOTAL A PERCIBIR (A - B)   658,94

Firma y sello de la empresa   31   de enero   de 2024   RECIBI

NÓMINAS FEBRERO

Introducir en "Retribuciones Especiales" las horas extras de Mateo.

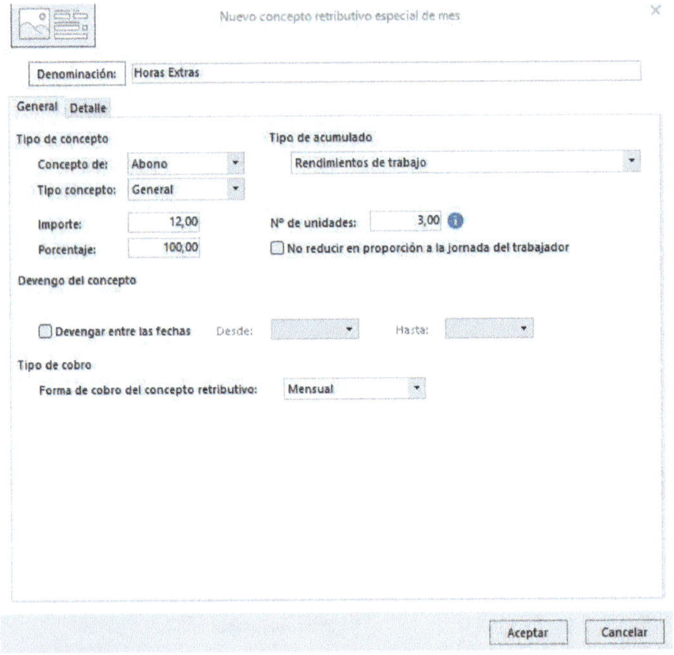

Nuevo concepto retributivo especial de mes ✕

Denominación: Horas Extras

General Detalle

Tipo de concepto

Concepto de: Abono ▼

Tipo concepto: General ▼

Importe: 12,00

Porcentaje: 100,00

Tipo de acumulado

Rendimientos de trabajo ▼

Nº de unidades: 3,00 ⓘ

☐ No reducir en proporción a la jornada del trabajador

Devengo del concepto

☐ Devengar entre las fechas   Desde: ▼   Hasta: ▼

Tipo de cobro

Forma de cobro del concepto retributivo: Mensual ▼

[Aceptar]   [Cancelar]

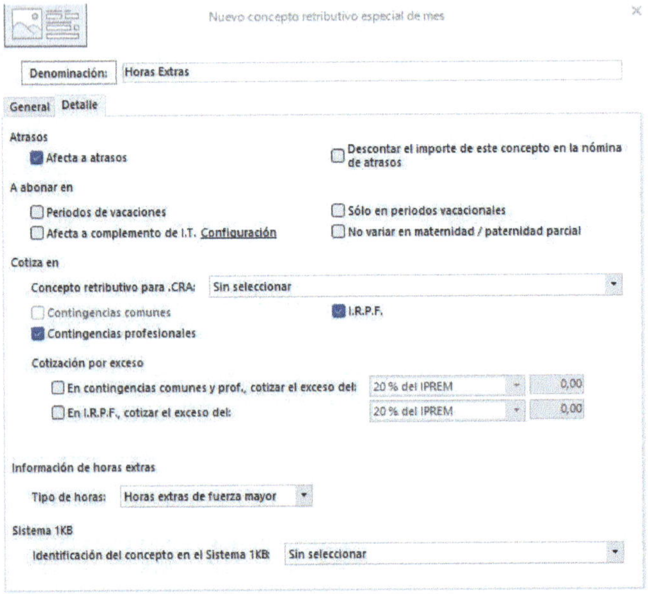

Nuevo concepto retributivo especial de mes ✕

Denominación: Horas Extras

General **Detalle**

Atrasos

☑ Afecta a atrasos

☐ Descontar el importe de este concepto en la nómina de atrasos

A abonar en

☐ Periodos de vacaciones

☐ Afecta a complemento de I.T. Configuración

☐ Sólo en periodos vacacionales

☐ No variar en maternidad / paternidad parcial

Cotiza en

Concepto retributivo para .CRA: Sin seleccionar ▼

☐ Contingencias comunes

☑ Contingencias profesionales

☑ I.R.P.F.

Cotización por exceso

☐ En contingencias comunes y prof., cotizar el exceso del: 20 % del IPREM ▼   0,00

☐ En I.R.P.F., cotizar el exceso del: 20 % del IPREM ▼   0,00

Información de horas extras

Tipo de horas: Horas extras de fuerza mayor ▼

Sistema 1KB

Identificación del concepto en el Sistema 1KB: Sin seleccionar ▼

Calcular las nóminas:

CÓDIGO	FECHA	TRABAJA...	NOMBRE	DEVENGOS	DEDUCCIONES		TOTAL
3	29/02/2024	2	Mateo Fernández Cruz	716,40	86,26		630,14
4	29/02/2024	11	María Ruiz Sanz	2.060,40	475,76		1.584,64

Recibo de salario de Mateo:

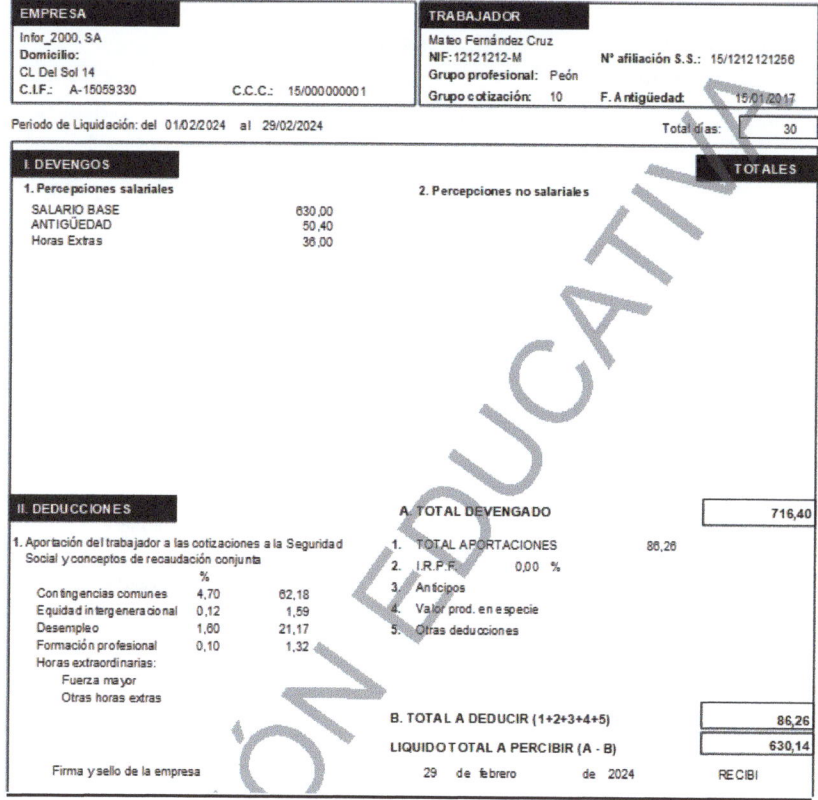

NÓMINAS MARZO

Registrar las vacaciones de María:

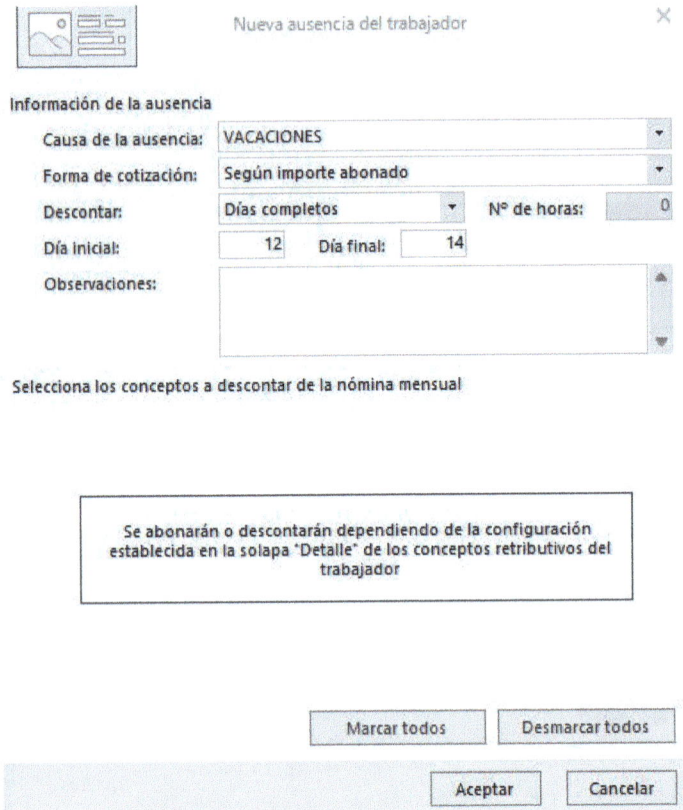

Cálculo de nóminas:

CÓDIGO	FECHA	TRABAJA...	NOMBRE	DEVENGOS	DEDUCCIONES		TOTAL
5	31/03/2024	2	Mateo Fernández Cruz	680,40	86,26		594,14
6	31/03/2024	11	María Ruiz Sanz	2.060,40	475,76		1.584,64

Nómina de María:

EMPRESA			TRABAJADOR		
Infor_2000, SA			María Ruiz Sanz		
Domicilio:			NIF: 77777777-B		Nº afiliación S.S.: 15/1111111111
CL Del Sol 14			Grupo profesional: Jefe de primera		
C.I.F.: A-15059330		C.C.C.: 15/000000001	Grupo cotización: 3	F. Antigüedad:	01/01/2017

Periodo de Liquidación: del 01/03/2024 al 31/03/2024   Total días: 30

I. DEVENGOS			TOTALES
1. Percepciones salariales		**2. Percepciones no salariales**	
SALARIO BASE	1.630,00	VACACIONES DEL 12 AL 14 (0,00 €)	
ANTIGÜEDAD	130,40		
Plus de idiomas	300,00		

II. DEDUCCIONES						TOTALES
			A. TOTAL DEVENGADO			2.060,40
1. Aportación del trabajador a las cotizaciones a la Seguridad Social y conceptos de recaudación conjunta			1. TOTAL APORTACIONES		152,28	
			2. I.R.P.F.	15,70 %	323,48	
	%		3. Anticipos			
Contingencias comunes	4,70	110,63	4. Valor prod. en especie			
Equidad intergeneracional	0,12	2,82	5. Otras deducciones			
Desempleo	1,55	36,48				
Formación profesional	0,10	2,35				
Horas extraordinarias:						
Fuerza mayor						
Otras horas extras						
			B. TOTAL A DEDUCIR (1+2+3+4+5)			475,76
			LIQUIDO TOTAL A PERCIBIR (A - B)			1.584,64

Firma y sello de la empresa   31 de marzo de 2024   RECIBI

Supuesto Práctico 4
Soluciones

- -

CONFECCIONAR NÓMINAS MENSUALES, DE IT Y FINIQUITO

NÓMINA DE FEBRERO DE MATEO

Introducir en "Retribuciones" las horas extras de Mateo.

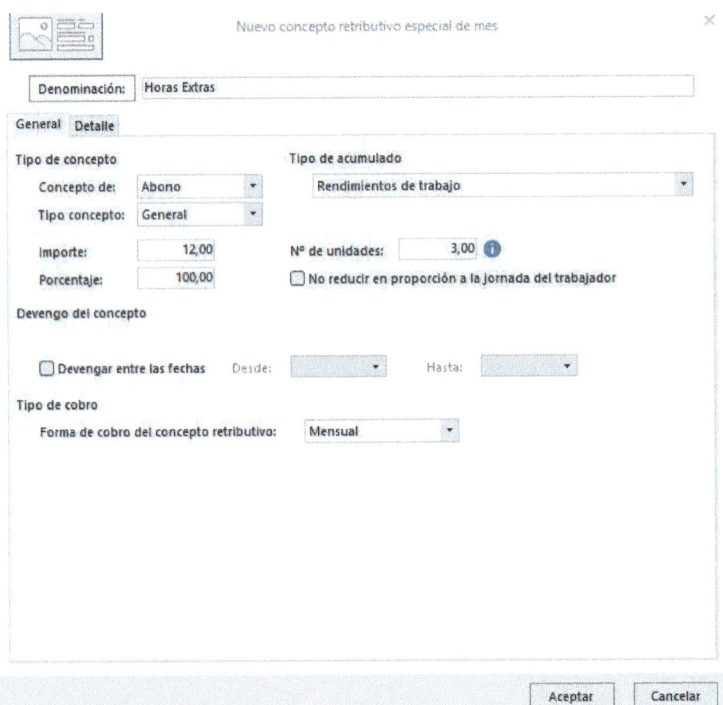

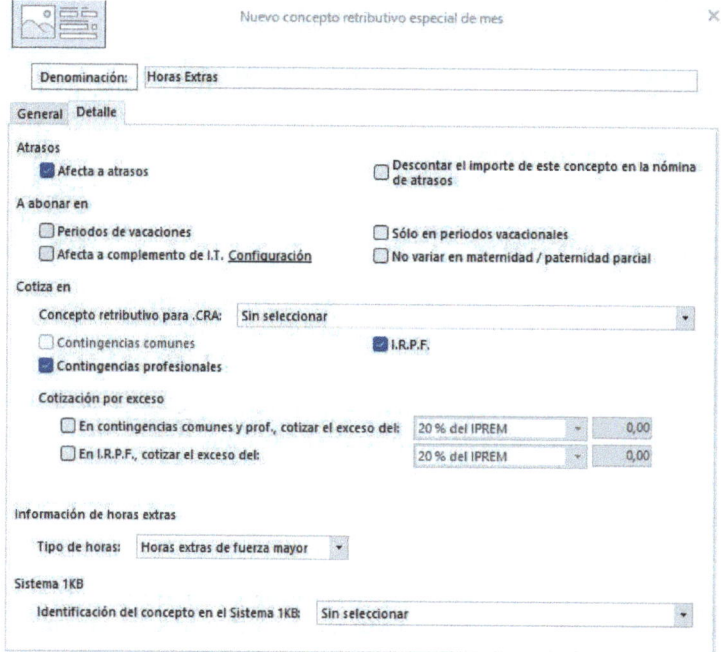

Calcular las nóminas.

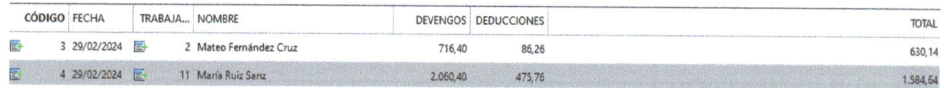

CÓDIGO	FECHA	TRABAJA...	NOMBRE	DEVENGOS	DEDUCCIONES		TOTAL
3	29/02/2024	2	Mateo Fernández Cruz	716,40	86,26		630,14
4	29/02/2024	11	María Ruiz Sanz	2.060,40	475,76		1.584,64

Recibo de salario de Mateo.

EMPRESA		
Infor_2000, SA		
Domicilio:		
CL Del Sol 14		
C.I.F.: A-15059330	C.C.C.:	15/000000001

TRABAJADOR		
Mateo Fernández Cruz		
NIF: 1212121-M		Nº afiliación S.S.: 15/1212121256
Grupo profesional: Peón		
Grupo cotización: 10	F. Antigüedad:	15/01/2017

Periodo de Liquidación: del 01/02/2024 al 29/02/2024 — Total días: 30

I. DEVENGOS — **TOTALES**

1. Percepciones salariales		2. Percepciones no salariales
SALARIO BASE	630,00	
ANTIGÜEDAD	50,40	
Horas Extras	36,00	

A. TOTAL DEVENGADO — 716,40

II. DEDUCCIONES

1. Aportación del trabajador a las cotizaciones a la Seguridad Social y conceptos de recaudación conjunta

	%	
Contingencias comunes	4,70	62,18
Equidad intergeneracional	0,12	1,59
Desempleo	1,60	21,17
Formación profesional	0,10	1,32
Horas extraordinarias:		
Fuerza mayor		
Otras horas extras		

1. TOTAL APORTACIONES — 86,26
2. I.R.P.F. 0,00 %
3. Anticipos
4. Valor prod. en especie
5. Otras deducciones

B. TOTAL A DEDUCIR (1+2+3+4+5) — 86,26

LIQUIDO TOTAL A PERCIBIR (A - B) — 630,14

Firma y sello de la empresa — 29 de febrero de 2024 — RECIBÍ

NÓMINAS DE MARZO.

Registrar la IT de María.

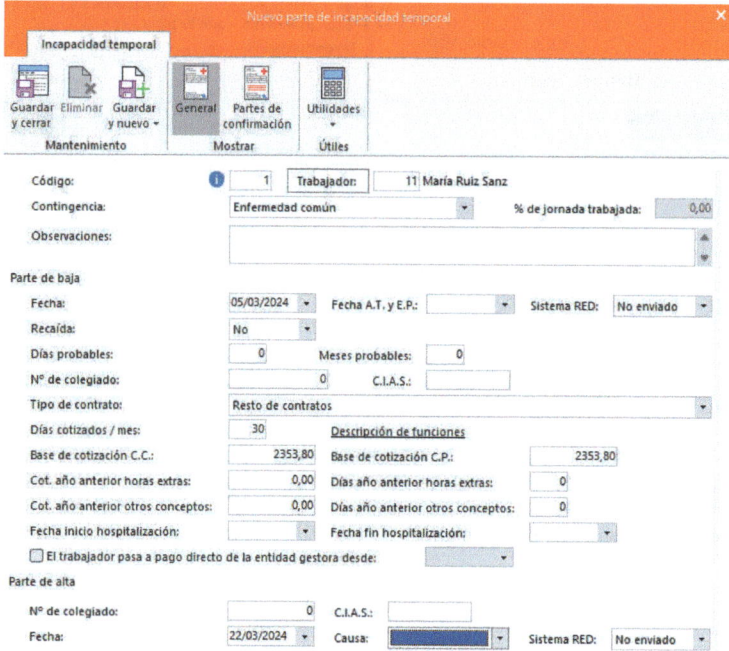

Cálculo de nóminas.

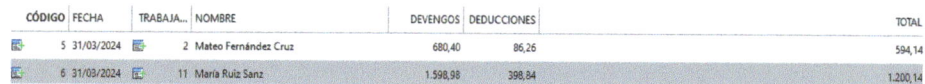

CÓDIGO	FECHA	TRABAJA...	NOMBRE	DEVENGOS	DEDUCCIONES	TOTAL
5	31/03/2024	2	Mateo Fernández Cruz	680,40	86,26	594,14
6	31/03/2024	11	María Ruiz Sanz	1.598,98	398,84	1.200,14

Nómina de María.

EMPRESA		TRABAJADOR	
Infor_2000, SA		María Ruiz Sanz	
Domicilio:		NIF: 77777777-B N° afiliación S.S.: 15/1111111111	
CL Del Sol 14		Grupo profesional: Jefe de primera	
C.I.F.: A-15059330 C.C.C.: 15/000000001		Grupo cotización: 3 F. Antigüedad: 01/01/2017	

Periodo de Liquidación: del 01/03/2024 al 31/03/2024   Total días: 30

I. DEVENGOS				TOTALES
1. Percepciones salariales		**2. Percepciones no salariales**		
SALARIO BASE	706,33	VACACIONES DEL 12 AL 14 (0,00 €)		
ANTIGÜEDAD	56,51	Enfermedad común del 5 al 22		706,14
Plus de idiomas	130,00			

II. DEDUCCIONES			A. TOTAL DEVENGADO		1.598,98
1. Aportación del trabajador a las cotizaciones a la Seguridad Social y conceptos de recaudación conjunta			1. TOTAL APORTACIONES	152,28	
	%		2. I.R.P.F. 15,42 %	246,56	
Contingencias comunes	4,70	110,83	3. Anticipos		
Equidad intergeneracional	0,12	2,82	4. Valor prod. en especie		
Desempleo	1,55	36,48	5. Otras deducciones		
Formación profesional	0,10	2,35			
Horas extraordinarias:					
Fuerza mayor					
Otras horas extras			B. TOTAL A DEDUCIR (1+2+3+4+5)		398,84
			LIQUIDO TOTAL A PERCIBIR (A - B)		1.200,14

Firma y sello de la empresa   31 de marzo de 2024   RECIBI

NÓMINA MENSUAL DE MATEO Y FINIQUITO.

Modificar los datos en la ficha de Mateo e incluir la fecha de baja y finalización de contrato.

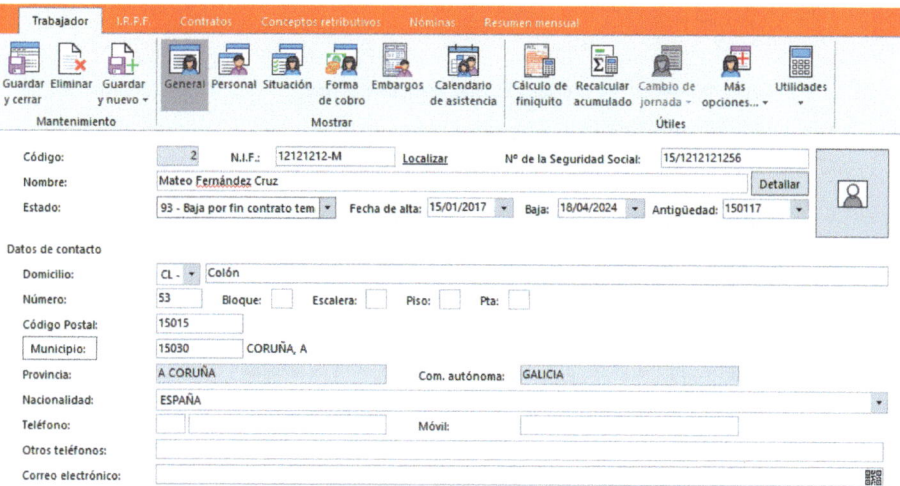

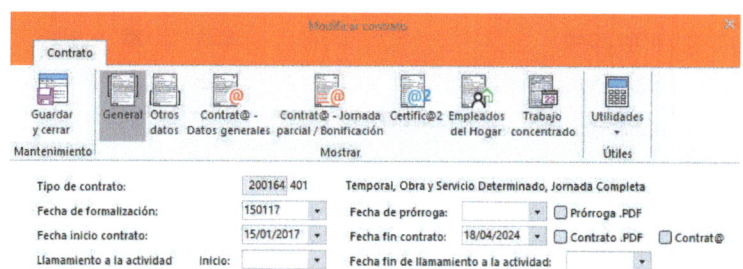

En la solapa "Contratos" de la ficha del trabajador ya disponemos del icono para los cálculos para fin de contrato.

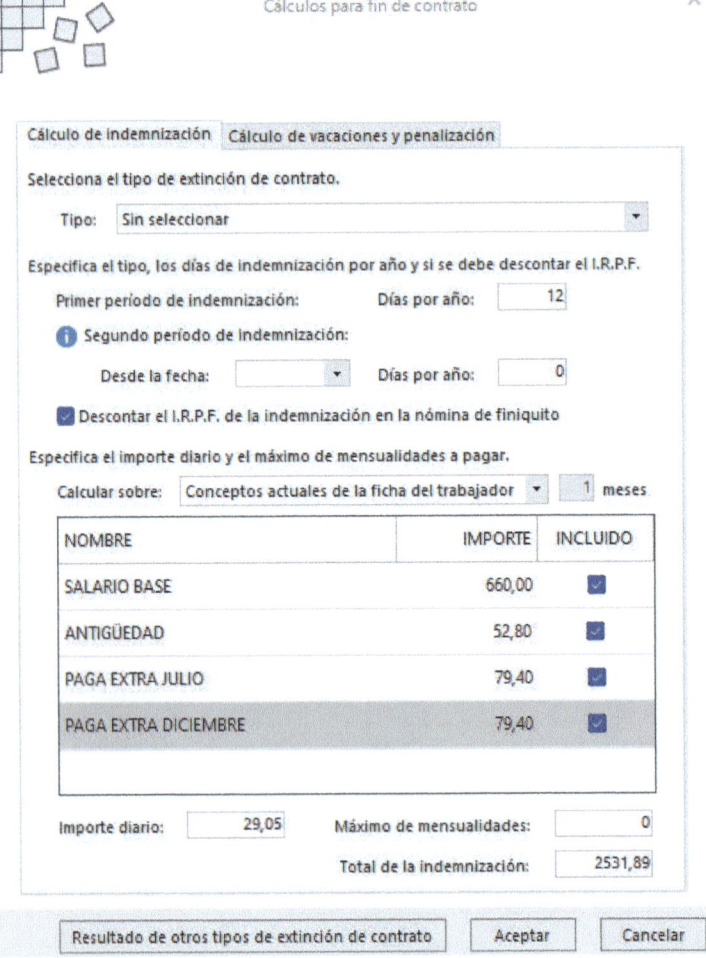

Cálculos para fin de contrato   ✕

Cálculo de indemnización   Cálculo de vacaciones y penalización

Opciones para el cálculo de vacaciones en el finiquito.

    Selecciona la opción y el nº de días: Días ya disfrutados ▾ | 0

    Fecha de inicio para el cálculo de los días de vacaciones: 01/01/2024 ▾

    ☑ No incluir en la nómina el concepto de vacaciones

    ☐ Pagar el siguiente importe por concepto de vacaciones   0,00

Penalización por falta de preaviso.

    Importe de la penalización: 0,00   ☐ Descontar de la base del I.R.P.F.

    Texto para el concepto:

| Resultado de otros tipos de extinción de contrato | | Aceptar | | Cancelar |

Cálculo del recibo de salario mensual y el finiquito.

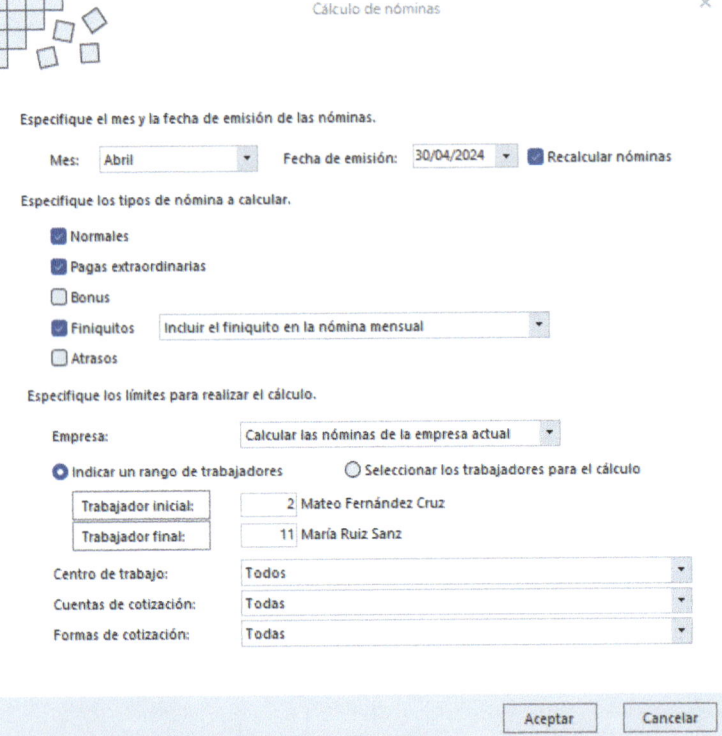

Nómina mensual.

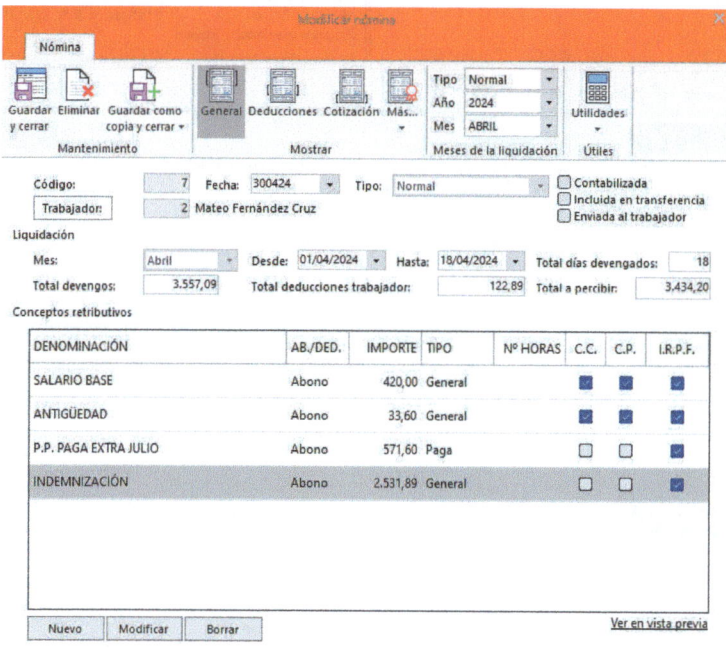

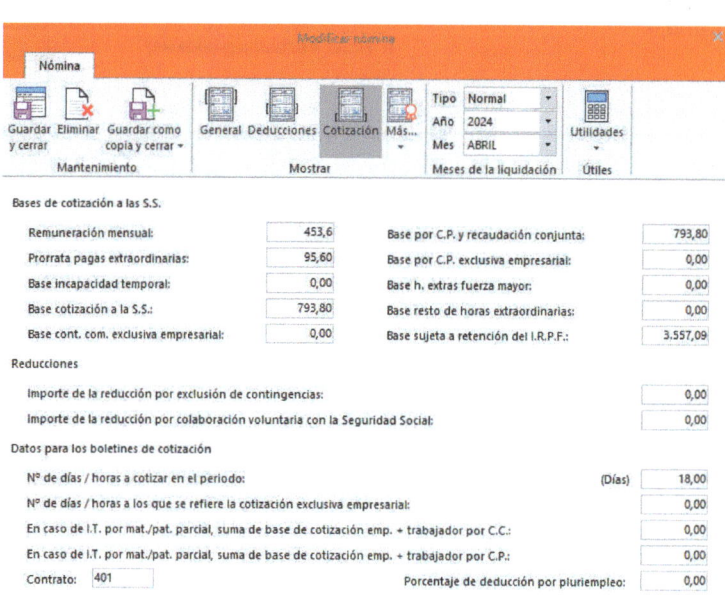

EMPRESA		TRABAJADOR	
Infor_2000 S. A.		Mateo Fernández Cruz	
Domicilio:		NIF: 12121212-M	N° afiliación S.S.: 15/1212121246
CL Del Sol 15		Grupo profesional: Peón	
C.I.F.: A-15059330	C.C.C.: 15/111111138	Grupo cotización: 10	F. Antigüedad: 15/01/2017

Periodo de Liquidación: del 01/04/2023 al 18/04/2023   Total días: **18**

I. DEVENGOS			TOTALES
1. Percepciones salariales		**2. Percepciones no salariales**	
SALARIO BASE	360,00	INDEMNIZACIÓN	2.018,56
ANTIGÜEDAD	28,80		
P.P. GRATIFICACIONES			
EXTRAORDINARIAS	544,80		

II. DEDUCCIONES			A. TOTAL DEVENGADO		2.952,16

1. Aportación del trabajador a las cotizaciones a la Seguridad Social y conceptos de recaudación conjunta

	%	
Contingencias comunes	4,70	35,53
Equidad intergeneracional	0,10	0,76
Desempleo	1,60	12,10
Formación profesional	0,10	0,76
Horas extraordinarias:		
Fuerza mayor		
Otras horas extras		

1.	TOTAL APORTACIONES	49,15
2.	I.R.P.F. 0,00 %	
3.	Anticipos	
4.	Valor prod. en especie	
5.	Otras deducciones	

B. TOTAL A DEDUCIR (1+2+3+4+5)   **49,15**

LIQUIDO TOTAL A PERCIBIR (A - B)   **2.903,01**

Firma y sello de la empresa   30 de abril de 2023   RECIBI

Supuesto Práctico 5
Soluciones

Modelo 111

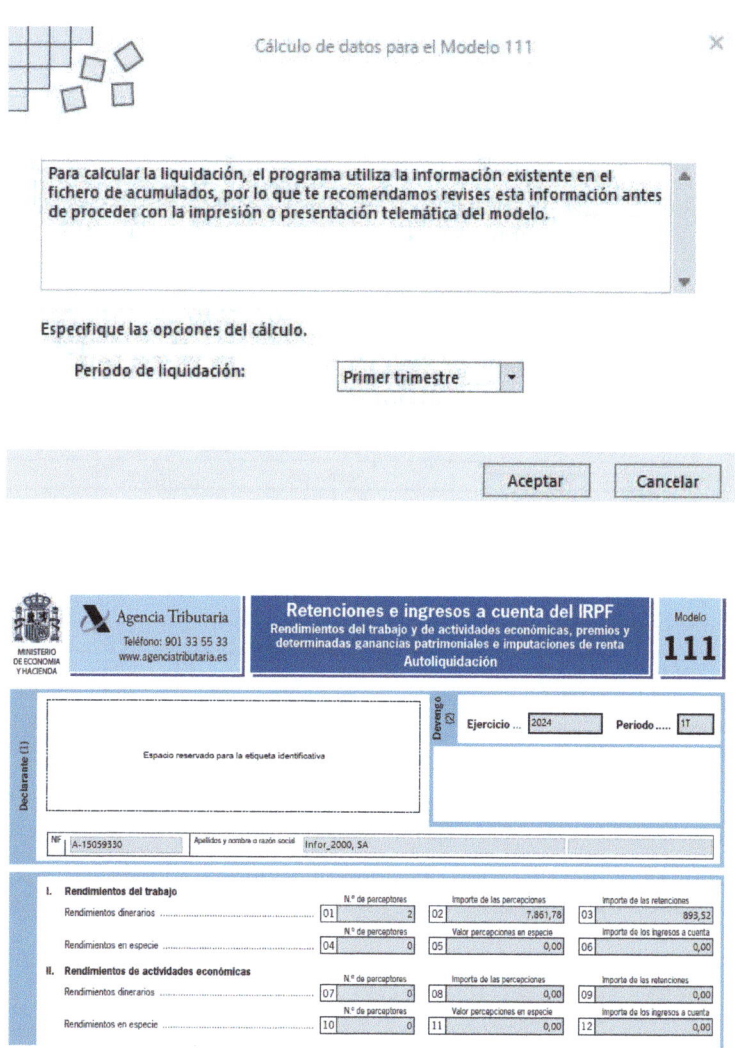

Recibo de liquidación de cotizaciones de febrero.

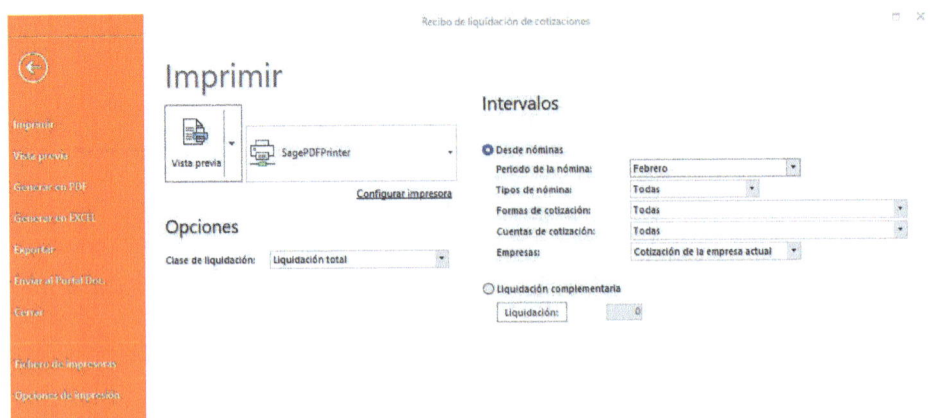

LIQUIDACIÓN DE COTIZACIONES

TESORERÍA GENERAL
DE LA SEGURIDAD SOCIAL

Datos identificativos de la liquidación			
Razón social	Infor_2000, SA	Código de empresario	
Código Cuenta Cotización	15000000001	Número de liquidación	
Periodo de liquidación	02/2024-02/2024	Número de trabajadores	2
Calificador de liquidación	L00 - NORMAL	Liquidación	TOTAL
Fecha de control		Entidad AT/EP	

Descripción	Base	Importe
Contingencias comunes	3.676,80	1.040,54
Equidad intergeneracional MEI	3.676,80	25,73
Líquido cotizaciones generales		1.066,27
IT Accidentes de trabajo	3.676,80	29,41
IMS Accidentes de trabajo	3.676,80	25,74
Líquido accidentes de trabajo y enfermedades profesionales		55,15
Otras cotizaciones	3.676,80	308,83
Líquido otras cotizaciones		308,83
Líquido de totales		1.430,26

Relación nominal de trabajadores, mes de febrero.

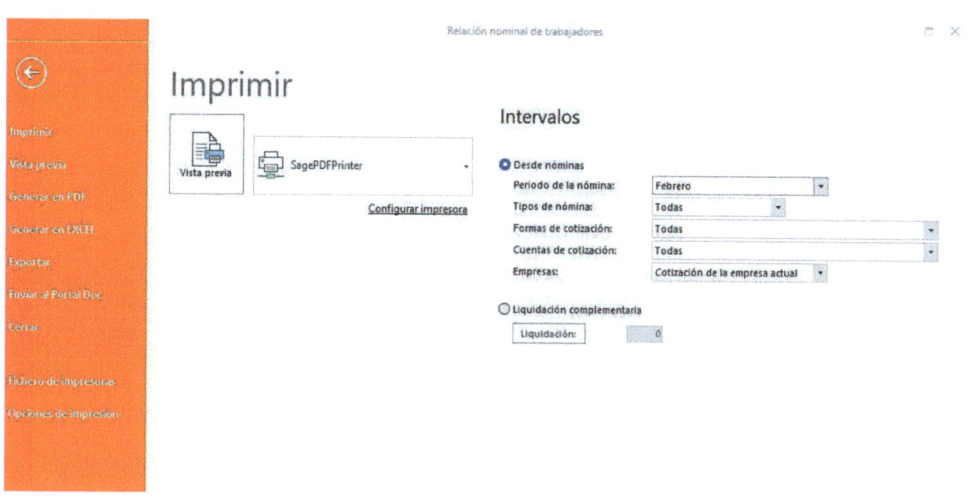

RELACIÓN NOMINAL DE TRABAJADORES

TESORERÍA GENERAL
DE LA SEGURIDAD SOCIAL

Datos identificativos de la liquidación			
Razón social	Infor _2000, SA	Código de empresario	
Código Cuenta Cotización	15000000001	Número de liquidación	
Periodo de liquidación	02/2024-02/2024	Número de trabajadores	2
Calificador de liquidación	L00 - NORMAL	Liquidación	TOTAL
Fecha de control		Entidad AT/EP	

NAF	I.P.F.	C.A.F.	Fechas Tramo Desde	Fechas Tramo Hasta	Días Coti.	Horas Coti.	Horas Compl.	Bases y compensaciones	
								Descripción	Importe
151111111111	77777777-B	RUSAM	01/02/2024	29/02/2024	30			Base de Contingencias Comunes	2.353,80
			01/02/2024	29/02/2024	30			Base de Contingencias Profesionales	2.353,80
151212121256	12121212-M	FECRM	01/02/2024	29/02/2024	30			Base de Contingencias Comunes	1.323,00
			01/02/2024	29/02/2024	30			Base de Contingencias Profesionales	1.323,00
Suma de bases								Suma de compensaciones	
Base de Contingencias Comunes					3.676,80				
Base de Contingencias Profesionales					3.676,80				

Certificado de empresa de Mateo.

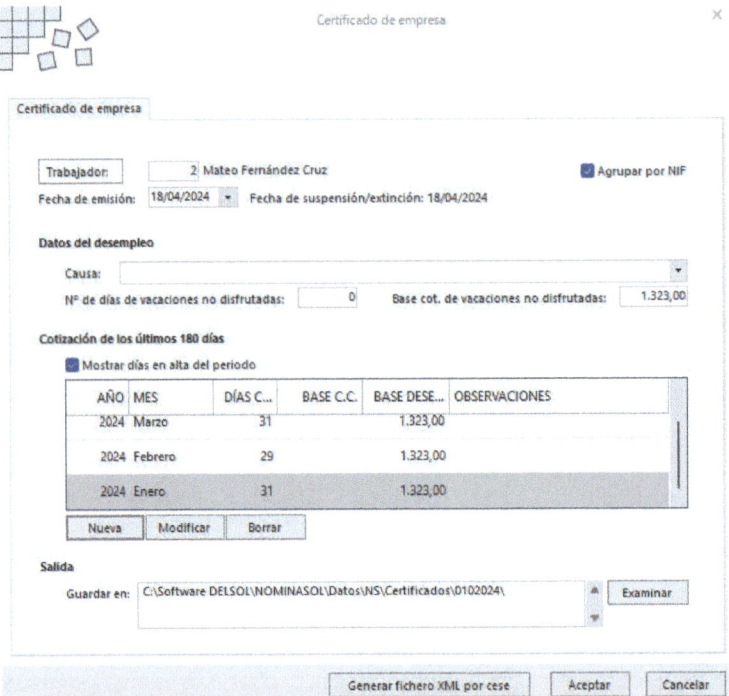

MINISTERIO
DE TRABAJO
Y ECONOMÍA SOCIAL

⌐ Registro en otro Organismo recaptor ¬

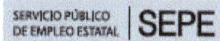

SERVICIO PÚBLICO
DE EMPLEO ESTATAL | **SEPE**

Certificado de empresa

D/Dña Jose Luis Losada Nogal

que desempeña en la empresa el cargo de Gerente

CERTIFICA: A efectos de solicitud de prestación por desempleo, que son ciertos los datos relativos a la empresa, así como los personales, profesionales y de cotización de la persona trabajadora que a continuación se consignan.

Antes de rellenar cada apartado, lea atentamente la información que figura al dorso.

1. Datos de la empresa

Nombre o razón social INFOR_2000, SA

Régimen Seguridad Social:

Código 0111   Denominación RÉGIMEN GENERAL Código Cuenta Cotización 23999998866

Domicilio Social CL DEL SOL 14

Localidad CORUÑA, A   Código Postal 15003   Provincia A CORUÑA

Actividad Económica (1):

Clave CNAE 62   Denominación Programación, consultoría y otras actividades relacionadas con la i◻

Domicilio y localidad del centro de trabajo (si es distinto del domicilio social)

2. Datos de la persona trabajadora

Nombre y apellidos MATEO FERNÁNDEZ CRUZ   DNI o NIE 12121212-M   Nº Afiliación SS 151212121256

Grupo de cotización 10 - Peones

Contrato (2): Tipo Obra/servicio tiempo completo   Duración 2651 DÍAS

Distribución de las jornadas de trabajo en contratos a tiempo parcial (3):

Tipo:	Días:	del	al	Tipo:	Días:	del	al
Tipo:	Días:	del	al	Tipo:	Días:	del	al

Glosario

ACTUACIONES ARTISTAS Y PROFESIONALES	Permite el mantenimiento del número de actuaciones realizadas por el artista, tanto en teatro como en producción. Solapa "Procesos/Grupo Asistencia/Actuaciones".
ACTUALIZAR DATOS DESDE EL CONVENIO OFICIAL	Permite el paso automático de los datos de convenio a los trabajadores que lo tengan asignado o a la empresa. Solapa "Entorno/Grupo Convenio/Icono Actualización/Actualizar datos desde el convenio oficial".
ACTUALIZAR TABLAS SALARIALES	Permite actualizar de manera automática los importes de los conceptos salariales que se introducen en categorías de convenio. Solapa "Entorno/Grupo Convenio/Icono Actualización/Actualizar tablas salariales".
ACUMULADOS	Permite visualizar los acumuladores de los trabajadores y perceptores. Solapa "Procesos/Grupo IRPF/Acumulados".
ADMINISTRACIONES DE HACIENDA	Almacena las Administraciones de Hacienda. Solapa "Entorno/Grupo AEAT/Delegaciones/Administraciones".
AGENDA	Agenda de contactos. Solapa "Utilidades/Grupo Utilidades/Agenda".
ALARMA	Permite programa una alarma sonora a una hora determinada. Solapa "Utilidades/Grupo Utilidades/Alarma".
ALTA DE TRABAJADORES	Posibilidad de añadir un nuevo trabajador a la empresa. Solapa "Empresa/Grupo Trabajadores/Trabajadores".
APERTURA	Permite realizar la apertura del próximo ejercicio. Solapa "Empresa/Apertura".

APERTURA DEL SIGUIENTE EJERCICIO	Este proceso permite traspasar los ficheros maestros al nuevo ejercicio. Solapa "Archivo/Información/Apertura del siguiente ejercicio".
ASISTENTE COPIA DE SEGURIDAD	Permite configurar la forma en que la aplicación realizará las copias de seguridad desasistidas. Solapa "Archivo/Seguridad/Asistente Copias de seguridad".

B

BANCOS	Permite gestionar las distintas entidades bancarias de la empresa. "Solapa empresa/Grupo Datos Generales/Icono Datos/Bancos".
BARRA DE ACCESOS RÁPIDOS	Se encuentra en la parte superior izquierda de la pantalla de NOMINASOL y permite acceder a los elementos de menú más utilizados.
BASES DE COTIZACIÓN RÉGIMEN GENERAL	Permite el mantenimiento de las bases de cotización del régimen general y de los regímenes especiales integrados en el régimen general (artistas y profesionales taurinos) y el sistema especial para empleadas de hogar. Solapa "Entorno/Grupo Seguridad Social/Icono Tablas de Cotización/Bases de Cotización".
BONIFICACIONES	Permite configurar las bonificaciones para los contratos y las bonificaciones para la formación profesional. Solapa "Empresa/Grupo Parametrización/Parametrización/Bonificaciones".
BONIFICACIONES DE FORMACIÓN	Permite configurar las bonificaciones para los contratos de formación. Solapa "Empresa/Grupo Parametrización/Bonificaciones de formación".
BUSCAR	Permite realizar una búsqueda a través de palabras clave. Esta opción aparece en el grupo de opciones "Vista", en las ventanas de las distintas opciones de la aplicación.

CÁLCULO FINIQUITO	Genera el finiquito del trabajador como consecuencia de la extinción del contrato de trabajo. Acceder a la ficha del trabajador, solapa "Empresa/Grupo trabajadores/Icono trabajadores". Abrir la ficha del trabajador, y en la ventana del trabajador, pulsar en el icono "Cálculo del finiquito".
CÁLCULO IRPF	Permite realizar el cálculo del tipo de retención entre un rango de trabajadores indicado. Solapa "Procesos/Grupo IRPF/Calcular IRPF".
CÁLCULO NÓMINAS	Permite el cálculo automáticos de las nóminas. Solapa "Procesos/Grupo Nóminas/Icono Cálculo".
CALENDARIO DE TRABAJO	Permite establecer simultáneamente a varios trabajadores una jornada de trabajo irregular. Dentro de la ventana de trabajadores, en el grupo de opción "Acciones/Actualizaciones en bloque/Calendario de trabajo".
CALENDARIOS LABORALES	Permite elaborar el calendario laboral en el que se constará tanto los días de trabajo como los festivos. Solapa "Entorno/Grupo Asistencia/Icono Calendarios Laborales".
CATEGORÍAS	Botón que permite la introducción de categorías según el puesto de trabajo, lo que determinará cuál va a ser su retribución salarial por convenio. Solapa "Entorno/Grupo Convenios/Icono Convenios/Categorías".
CAUSAS DE AUSENCIA	Permite definir las causas de ausencia que se utilizarán para la confección del calendario laboral, así como para el registro de ausencias. Solapa "Entorno/Grupo Asistencia/Icono Calendarios Laborales/Causas de ausencia".
CENTROS DE TRABAJO	Permite la identificación, modificación e incorporación de los diferentes centros de trabajo que puede tener una empresa. Solapa "Empresa/Icono Centros de trabajo".
CERRAR	Permite cerrar la empresa activa o la aplicación. Solapa "Archivo/Cerrar".

CERTIFIC@2	Acceso a una aplicación gestionada por el Servicio Público de Empleo, que permite a los empresarios comunicar determinados datos de los trabajadores. Solapa "Comunicación/Grupo SEPE/Certificados/Certific@2".
CERTIFICADO DE EMPRESA EN PDF	Es necesario para la emisión de este certificado que el trabajador haya causado baja o suspensión en la empresa. Recoge bases de cotización del trabajador. Solapa "Contratos/Grupo Acciones/Emisión en pdf" o solapa "Impresión/Grupo Seguridad Social/Icono Certificados/Certificado de empresa".
CERTIFICADO DE RETENCIONES	Certificado que entregará la empresa al trabajador acreditando las retenciones practicadas. Solapa "Impresión/Grupo AEAT/Icono Certificado/Certificado".
CERTIFICADO MATERNIDAD/ PATERNIDAD	Permite generar el certificado de empresa para la solicitud del permiso de maternidad/paternidad del trabajador. Solapa "Impresión/Grupo Seguridad Social/Icono Certificados/Certificado maternidad/paternidad".
CERTIFICADO SITUACIONES FAMILIARES	Mediante la presentación del modelo 145 se realiza la comunicación de datos del perceptor de rentas del trabajo a su pagador. Solapa "Impresión/Grupo AEAT/Icono Modelos Oficiales/Modelo 145".
CHEQUEO DE LOS ARCHIVOS DE EMPRESA	Realiza la regeneración de ficheros de la empresa. Menú "Archivo/Abrir/Chequeo de los archivos de la empresa".
CHEQUES	Por medio de esta opción llevamos el mantenimiento de los cheques. Hay la posibilidad de emitir cheques para el pago de las nóminas. Solapa "Procesos/Grupo Pagos/Icono Pagos/Cheques". Luego abrimos el cheque que deseamos imprimir y pulsamos en el icono "Emisión".

CINTA DE OPCIONES	Se encuentra en la parte superior de la pantalla de la aplicación y contiene cada una de las opciones del programa, agrupadas en distintas solapas, que a su vez están agrupadas en grupos de opciones.
CÓDIGOS CNAE	Visualización de las distintos Códigos Nacionales de Actividades Económicas que se ocupan de la cobertura de las contingencias por accidentes de trabajo y enfermedades profesionales. Solapa "Entorno/Grupo Seguridad Social/Icono Tablas de cotización/Códigos CNAE".
CÓDIGOS DE OCUPACIÓN	Tabla de mantenimiento de los códigos de ocupación fijados por la Seguridad Social. Solapa "Entorno/Grupo Seguridad Social/Icono Códigos ocupación".
CÓDIGOS POSTALES	Mantenimiento tablas de códigos postales. Solapa "Entorno/Grupo Auxiliares/Icono Tablas/Códigos Postales".
COMUNICACIÓN CERTIFICADO DE EMPRESA POR ERE/ ERTE.	Permite generar el certificado de empresa en el caso de los trabajadores que estén en un ERE/ ERTE. Solapa "Comunicación/Grupo SEPE/Icono Certificados/Procedimientos de ERE/ERTE" o solapa "Impresión/Grupo Seguridad Social/Icono Certificados/ Certificado de empresa por ERE/ERTE".
COMUNIDADES AUTÓNOMAS	Mantenimiento de la tabla de Comunidades Autónomas. Solapa "Entorno/Grupo Auxiliares/Icono Tablas/Comunidades autónomas".
MUNICIPIOS	Mantenimiento tablas de municipios. Solapa "Entorno/Grupo Auxiliares/Icono Tablas/Municipios".
CONCEPTOS RETRIBUTIVOS ABONADOS (CRA)	Permite el mantenimiento de los conceptos retributivos abonados, así como la emisión del fichero a enviar. Solapa "Trabajadores/Conceptos Retributivos Abonados CRA".

CONFIGURACIÓN DE IMPRESORA	Permite la configuración de las impresoras que se van a utiliza en la aplicación. Menú "Archivo/Opciones/Configuración de impresora".
CONFIGURACIÓN SISTEMA RED	Permite seleccionar las rutas en las que la aplicación guardará los ficheros creados el Sistema RED, así como los contadores y la configuración del Sistema RED (Acceso a WinSuite, Siltra, claves de autorización). Solapa "Comunicación/Grupo SILTRA/Icono Configuración/Configuración Sistema RED".
CONTRAT@	Permite la generación de los ficheros para su posterior envío a la aplicación Contrat@ del Servicio Público de Empleo, y de la gestión de la recepción de respuestas y creación de los ficheros PDF de los contratos. Solapa "Comunicación/Grupo SEPE/Icono Contrat@".
CONTRATOS	Permite acceder a los contratos y a los documentos anexos a los contratos. Solapa "Entorno/Contratos".
CONVENIOS	Opción que permite la gestión de todo lo relativo a los convenios. Solapa "Entorno/Grupo Convenios/Icono Convenios".
COPIAS DE SEGURIDAD MANUAL	Permite realizar copiar de seguridad de una empresa, incluyendo los datos genéricos (convenios, usuario, etc.), solo de los datos genéricos o completa (todas las empresas y datos genéricos). Solapa "Archivo/Seguridad/Copias de seguridad".
COSTES DE EMPRESA	Permite obtener informe de costes de empresa. Solapa "Impresión/Grupo Gestión/Icono Pagos-Costes/Costes de empresa".
CREACIÓN DE UN CONVENIO COLECTIVO	Permite crear, añadir o modificar un convenio colectivo. Solapa "Entorno/Grupo Convenios/Icono Convenios/Convenios".

ADAMS

DELEGACIONES DE HACIENDA	Tabla de mantenimiento de Delegaciones de Hacienda. Solapa "Entorno/Grupo AEAT/Delegaciones/Delegaciones".
DEPARTAMENTOS	Permite crear y dividir cada centro de trabajo en diferentes departamentos. Solapa "Empresa/Grupo Auxiliares/Departamentos".
DISEÑO IMPRESIÓN NÓMINAS	El sistema permite configurar los modelos de nóminas. Solapa "Nóminas/Grupo Emisión/Emitir/Diseños de impresión".

ERE/ERTE	Permite controlar gestiones consideradas como atípicas en la actividad laboral del trabajador. Solapa "Comunicación/Grupo SEPE/Icono Certificados/Procedimientos de ERE/ERTE".
EMPRESA	Ficha de la cinta de opciones que permite la creación y mantenimiento de los datos de las empresas.
ENLACE CONTABLE	Podemos realizar un enlace contable con CONTASOL. Solapa "Utilidades/Grupo Enlace contable/Icono CONTASOL".
ENTIDADES BANCARIAS	Permite gestionar las distintas entidades bancarias de la aplicación. Solapa "Archivo/Opciones/Entidades Bancarias".
ESCRITORIO	Zona que se encuentra debajo de la cinta de opciones, en la que se visualiza la fecha, la localización y la información del tiempo, además de visualizar varias opciones del programa.

FCL BOLETÍN	Permite obtener el boletín de cotización para la Fundación Laboral de la Construcción. Solapa "Impresión/Grupo Seguridad Social/Icono FCL Boletín".

G

GENERACIÓN CERTIFICADO DE EMPRESA POR CESE A TRAVÉS DE CERTIFIC@2	Acceso a una aplicación gestionada por el Servicio Público de Empleo que permite a los empresarios comunicar determinados datos de los trabajadores cuando estos hayan causado baja o suspensión en la empresa. Solapa "Comunicación/Grupo SEPE/Icono Certificados/Certific@2/Generación de fichero por cese".
GENERACIÓN FICHEROS AFI (AFILIACIÓN)	Permite generar los partes de alta, baja y variación de datos de los trabajadores para la transmisión a través del sistema RED. Solapa "Comunicación/Grupo SILTRA/Icono Afiliación/Afiliación".
GESTIÓN DE INCAPACIDADES	Permite registrar las ausencias del trabajador, debido a situaciones de ausencia por incapacidades temporales por enfermedad común, accidente de trabajo, etc. Solapa "Comunicación/Grupo SILTRA/Icono Incapacidades/Incapacidades".
GESTIÓN DE AUSENCIAS	Permite registrar las ausencias del trabajador, debido a situaciones de ausencia por vacaciones, permisos retribuidos, etc. Solapa "Empresa/Ausencias".

H

HACIENDAS FORALES	Tablas de retención del IRPF para las haciendas forales de Álava, Vizcaya, Guipúzcoa y Navarra. Solapa "Entorno/Grupo AEAT/Icono Tablas IRPF/Tablas IRPF de Comunidades Forales".

I

IMPRESIÓN	Permite la obtención personalizada de cualquier tipo de estadística e informe.
IMPRESIÓN DE NÓMINAS	Permite emitir e imprimir los recibos de salarios. Dentro de la ventana de nóminas, pulsar en el icono "Generar en PDF" o en el icono "Imprimir".

INFORMACIÓN PARA MODELOS OFICIALES AEAT	Se cumplimentarán los datos para los modelos oficiales. Solapa "Impresión/Modelos oficiales".
INFORMES	En esta opción se podrá obtener cualquier tipo de informe y estadística personalizada, seleccionando datos de cualquier fichero de la aplicación, con el fin de controlar la situación de la empresa.
INFORMES PLANTILLA MEDIA	Permite el cálculo de plantilla media de trabajadores. Solapa "Impresión/Grupo Empresa/Icono Empresa/Promedio".

LIQUIDACIONES COMPLEMENTARIAS	Liquidaciones complementarias a la Seguridad Social. Solapa "Comunicación/Fichero de bases/Liquidaciones complementarias de fichero de bases".

M

MANTENIMIENTO DE EMPRESAS	Permite crear, eliminar, cambiar el código a la empresa, traspasar información entre empresas, chequeo de la base de datos y apertura del siguiente ejercicio. Solapa "Archivo/Información".
MENÚ "ARCHIVO"	Se encuentra en la parte izquierda de las solapas de la cinta de opciones. Permite realizar las operaciones de gestión de archivos, de empresas y diversas opciones de la aplicación.
MODELO 111	Los datos son capturados de "Acumulados". Solapa "Impresión/Grupo AEAT/Icono Modelos Oficiales/Modelo 111".
MODELO 190	Resumen anual de las retenciones e ingresos a cuenta del Impuesto sobre la Renta de las Personas Físicas, de rendimientos del trabajo, actividades profesionales y premios. Solapa "Impresión/Grupo AEAT/Icono Modelos Oficiales/Modelo 190".

MUNICIPIOS	Mantenimiento de las tablas de municipios. Solapa "Entorno/Icono Tablas/Municipios".
MUTUAS AT Y EP	Fichero de entidades de accidentes de trabajo y enfermedades profesionales. Solapa "Entorno/Grupo Seguridad Social/Icono Mutuas AT y EP".

N

NUEVA EMPRESA	Permite crear una nueva empresa. Solapa "Archivo/Nuevo/Crear una nueva empresa".

P

PAGOS	Incluye toda la gestión sobre el pago de las nóminas. Solapa "Procesos/Grupo Pagos".
PAÍSES	Mantenimiento de las tablas de países. Solapa "Entorno/Grupo Auxiliares/Icono Tablas/Países".
PANTALLA INICIO SESIÓN	La primera pantalla que aparecerá al ejecutar el programa será la de inicio de sesión, donde se podrá elegir al usuario, seleccionar opciones que informa sobre la versión, la licencia de uso y otra información.
PANTALLA RECIENTE	Pantalla que se muestra una vez hayamos seleccionado el usuario, si no tenemos ninguna empresa abierta.
PROVINCIAS	Mantenimiento de las tablas de provincias. Solapa "Entorno/Grupo Auxiliares/Icono Tablas/Provincias".

RECEPCIÓN DE RESPUESTA	Permite la recepción de los ficheros de respuesta de Comunicación con el Servicio Público de Empleo Estatal. Solapa "Comunicación/Grupo SEPE/Recepción de respuesta".
RECIBO LIQUIDACIÓN DE COTIZACIONES	Permite la emisión del recibo de liquidación de cotizaciones (TC1). Solapa "Impresión/Grupo Seguridad Social/Icono Seguridad Social/ Recibo de liquidación de cotizaciones/Recibo de liquidación de cotizaciones".
RECIBO LIQUIDACIÓN DE COTIZACIONES DE ARTISTAS/TAURINOS	Permite la emisión del recibo de liquidación de cotizaciones de artistas y taurinos. Solapa "Impresión/Grupo Seguridad Social/Icono Seguridad Social/ Recibo de liquidación de cotizaciones/Recibo de liquidación de cotizaciones de Artistas/Taurinos".
RECIBO LIQUIDACIÓN DE COTIZACIONES S.E.A.	Permite la emisión del recibo de liquidación de cotizaciones del sistema especial agrario (TC1/8). Solapa "Impresión/Grupo Seguridad Social/Icono Seguridad Social/ Recibo de liquidación de cotizaciones/Recibo de liquidación de cotizaciones S.E.A.".
REGISTRO	Permite insertar los datos de registro de usuario para tener acceso al soporte técnico, así como acceder al envío de sugerencias, incidencias y al asistente de actualizaciones. Solapa "Archivo/Registro".
REGISTRO DIARIO DE JORNADA	Permite la gestión de las horas mensuales trabajadas por los trabajadores con contrato a tiempo parcial. Solapa "Empresa/Trabajadores/Registro Diario de Jornada".
RELACIÓN NOMINAL DE TRABAJADORES	Permite la emisión de la relación nominal de trabajadores (TC2). Solapa "Impresión/Grupo Seguridad Social/Icono Seguridad Social/Relación Nominal de Trabajadores".

RELACIÓN NOMINAL DE TRABAJADORES ARTISTAS/TAURINOS	Permite la emisión de la relación nominal de trabajadores artistas y taurinos. Solapa "Impresión/Grupo Seguridad Social/Icono Seguridad Social/Relación Nominal de Trabajadores/Relación Nominal de Trabajadores Artistas/Taurinos".
RELACIÓN NOMINAL DE TRABAJADORES S.E.A.	Permite la emisión de la relación nominal de trabajadores del sistema especial agrario. Solapa "Impresión/Grupo Seguridad Social/Icono Seguridad Social/Relación Nominal de Trabajadores/Relación Nominal de Trabajadores S.E.A.".

S

SISTEMA DE LIQUIDACIÓN DIRECTA (SILTRA)	Opción que permite el envío de las bases de cotización de los trabajadores para que la propia Seguridad Social calcule los boletines de cotización, así como gestionar las respuestas que envía la Seguridad Social y solicitar borrador de liquidación, fichero de cálculos, confirmación de liquidación y liquidación de complementarias de las bases. Solapa "Comunicación/Grupo SILTRA".
SISTEMA RED	Permite generar o transmitir los ficheros de cotización, afiliación, incapacidades temporales y comunicación de conceptos retributivos abonados. Solapa "Comunicación/Configuración/Configuración Sistema RED".

T

TABLAS DE COTIZACIÓN	Incluye las bases, tipos de cotización, grupos y códigos del CNAE. Solapa "Entorno/Grupo Seguridad Social/Icono Tablas de cotización".
TABLAS IRPF	Permite configurar los mínimos exentos de retención, así como la escala de retención a aplicar. Solapa "Entorno/Grupo AEAT/Icono Tablas IRPF".
TIPOS DE CONTRATOS	Permite crear, modificar o eliminar los distintos tipos de contratos. Solapa "Entorno/Grupo Contratos/Icono Contrato/Tipos de contratos".

TIPOS DE VÍAS PÚBLICAS	Mantenimiento tablas de vías públicas. Solapa "Entorno/Grupo Auxiliares/Icono Tablas/Tipos de vías públicas".
TRABAJADORES	Recoge todos los datos identificativos de trabajadores, contrato, conceptos retributivos e IRPF. Solapa "Empresa/Grupo Trabajadores/Icono Trabajadores".
TRANSFERENCIAS	Por medio de esta opción llevamos el mantenimiento de las transferencias y se podrá generar el fichero C34. Solapa "Procesos/Grupo Pagos/Icono Pagos/Transferencias".

USUARIOS	Para la gestión de los usuarios de la aplicación. "Archivo/Opciones/Usuarios".
UTILIDADES	Menú que incluye funciones como organización de ficheros, aviso de copias de seguridad, proceso de actualización, agenda, etc.

Blibliografía

A continuación, relacionamos una serie de manuales que consideramos interesantes como bibliografía relacionada con el temario:

- *Manual de usuario (NOMINASOL).* Software DelSOL, 2022.

  Se ha escogido esta obra porque proporciona explicaciones prácticas sobre todos los conceptos.

- *Gestión de Nóminas, Seguridad Social y Práctica Laboral.* Ediciones Valbuena, Madrid.

  Esta obra desarrolla los principales aspectos de la regulación relativa a Seguridad Social (inscripción de empresas, altas y bajas, cotización...) y relaciones laborales, a través de once capítulos en los que, tanto el estudioso de la materia como el profesional, podrán conocer nuestro actual sistema laboral y de Seguridad Social con las modificaciones operadas recientemente.

  Se ha escogido esta obra porque viene acompañada de diversos supuestos prácticos y del texto íntegro de normativa básica.

Webgrafía

Además, presentamos un listado de sitios web que consideramos de interés también para ampliar información:

❑ **Agencia Tributaria:** página web de la Agencia Tributaria, adscrita al Ministerio de Hacienda, con documentos, gestiones, información, etc.

https://sede.agenciatributaria.gob.es/

❑ **Seguridad Social:** página web de la Seguridad Social. Muestra los Organismos y Entidades que integran la Seguridad Social. Cuenta con publicaciones, servicios y documentación general a un solo clic.

http://www.seg-social.es/wps/portal/wss/internet/Inicio

❑ **SEPE:** el Servicio Público de Empleo Estatal (SEPE) es un organismo autónomo adscrito al Ministerio de Trabajo y Economía Social. El SEPE, junto con los Servicios Públicos de Empleo de las Comunidades Autónomas, forman el Sistema Nacional de Empleo. Este sistema asume las funciones del extinto Instituto Nacional de Empleo (INEM) desde 2003. Desde esta estructura estatal se promueven, diseñan y desarrollan medidas y acciones para el empleo, cuya ejecución es descentralizada, ajustadas a las diferentes realidades territoriales.

https://www.sepe.es/HomeSepe

❑ **Wolters Kluwer.** Software de nóminas. Líder en el desarrollo de Soluciones Integrales para Despachos Profesionales y Empresas.

https://www.wolterskluwer.com/es-es

❑ **Geyce AGP.** Software para despachos profesionales.

https://www.geyce.es/nominas-p-2-es

- ❏ **MICROAREA.** Software de gestión laboral.

  https://winlab.microarea.es/

- ❏ **MONITOR INFORMÁTICA.** Software para asesorías y empresas.

  https://www.monitorinformatica.com/

- ❏ **Programa NOMINASOL**, propiedad de Software DELSOL, S. A.

  https://www.sdelsol.com/programa-nominas-nominasol/